Smart Grid – Rechtsfragen eines intelligenten Energieversorgungssystems

Europäische Hochschulschriften

European University Studies

Publications Universitaires Européennes

Reihe II **Rechtswissenschaft**

Series II Law

Série II Droit

Band/ Volume **5990**

Susanne Keck

Smart Grid –
Rechtsfragen eines intelligenten Energieversorgungssystems

PETER LANG

Bibliografische Information der Deutschen Nationalbibliothek
Die Deutsche Nationalbibliothek verzeichnet diese Publikation in der Deutschen Nationalbibliografie; detaillierte bibliografische Daten sind im Internet über http://dnb.d-nb.de abrufbar.

Zugl.: Heidelberg, Univ., Diss., 2017

D 16
ISSN 0531-7312
ISBN 978-3-631-74863-3 (Print)
E-ISBN 978-3-631-74863-3 (E-PDF)
E-ISBN 978-3-631-74864-0 (EPUB)
E-ISBN 978-3-631-74865-7 (MOBI)
DOI 10.3726/b13477

Peter Lang – Berlin · Bern · Bruxelles · New York · Oxford · Warszawa · Wien

Diese Publikation wurde begutachtet.

www.peterlang.com

Meinen Eltern

Vorwort

Die vorliegende Arbeit wurde im Sommersemester 2017 von der Juristischen Fakultät der Universität Heidelberg als Dissertation angenommen. Rechtsakte, tatsächliche Entwicklungen und Literatur wurden bis August 2017 berücksichtigt.

Mein besonderer Dank gilt Herrn Prof. Dr. Wolfgang Kahl, M.A. für die umfassende Förderung und Betreuung dieser Arbeit, die konstruktiven Gespräche und wertvollen Anregungen sowie die zügige Erstellung des Erstgutachtens. Für die zügige Erstellung des Zweitgutachtens und weiterführende Hinweise danke ich Herrn Prof. Dr. Hanno Kube, LL.M. (Cornell).

Herzlich danken möchte ich zudem auch einigen Menschen, die mich verständnisvoll und hilfsbereit durch unterschiedliche Phasen meiner Promotion begleitet haben. Dr. Anja Moessinger, Christoph Mayer, LL.M. (Krakau), Eva-Maria Weber, Dr. Johann-Christoph Woltag, Sebastian Feige, Yi-Wen Chen, LL.M., Kanad Bagchi, LL.M., MSc. (Oxford), Sarah Reichsfreiin Droste zu Vischering und Padtberg, LL.M., Niharika Dhall, LL.M. und Dipl.-Wirtsch.-Ing. Svenja Dreger haben zum Gelingen dieser Arbeit auf die eine oder andere Weise beigetragen.

Zuletzt danke ich von ganzem Herzen meinen Eltern, Sonja Keck und Prof. Dr. Dr. h.c. Dipl.-Psych. Fritz Sixtus Keck. Sie haben mir eine sorgenfreie Ausbildung ermöglicht und mich jederzeit uneingeschränkt unterstützt. Ihnen ist diese Arbeit gewidmet.

Hamburg, im Oktober 2017 Susanne Keck

Inhaltsübersicht

Inhaltsverzeichnis

Abkürzungsverzeichnis

§	Paragraf
A.A./a.A.	anderer Auffassung
ABl.	Amtsblatt
Abs.	Absatz
a.E.	am Ende
a.F.	alte Fassung
Amtl.	Amtliche
Anh.	Anhang
Anl.	Anlage
Art.	Artikel
BB	Betriebs-Berater (Zeitschrift)
Bd.	Band
Begr.	Begründer
BFH	Bundesfinanzhof
BGBl.	Bundesgesetzblatt
BGH	Bundesgerichtshof
BMWi	Bundesministerium für Wirtschaft und Energie
BNetzA	Bundesnetzagentur
BKartA	Bundeskartellamt
BR-Drs.	Bundesrats-Drucksachen
BReg	Bundesregierung
BSI	Bundesamt für Sicherheit in der Informationstechnik
BT-Drs.	Bundestags-Drucksachen
BVerfG	Bundesverfassungsgericht
BVerfGE	Entscheidungen des Bundesverfassungsgerichts (amtliche Sammlung)
bzw.	beziehungsweise
ca.	circa
CO_2	Kohlenstoffdioxid
CR	Computer und Recht (Zeitschrift)
dass.	dasselbe
ders.	derselbe
dies.	dieselbe(n)
DÖV	Die Öffentliche Verwaltung (Zeitschrift)
DuD	Datenschutz und Datensicherheit (Zeitschrift)

DVBl	Deutsches Verwaltungsblatt (Zeitschrift)
ECLI	European Case Law Identifier
EE	Erneuerbare Energien
Einl.	Einleitung
emw	Energie. Markt. Wettbewerb. (Zeitschrift)
endg.	endgültig
EnWZ	Zeitschrift für das gesamte Recht der Energiewirtschaft (Zeitschrift)
ER	EnergieRecht (Zeitschrift)
Erw.grund	Erwägungsgrund
et	Energiewirtschaftliche Tagesfragen (Zeitschrift)
ew	Magazin für die Energiewirtschaft (Zeitschrift)
EWeRK	Zeitschrift des Institutes für Energie- und Wettbewerbsrecht in der Kommunalen Wirtschaft e.V. (Zeitschrift)
ewp	energie | wasser-praxis (Zeitschrift)
EU	Europäische Union
EuGH	Europäischer Gerichtshof
EuR	Europarecht (Zeitschrift)
EurUP	Zeitschrift für Europäisches Umwelt- und Planungsrecht (Zeitschrift)
EuWZ	Europäische Zeitschrift für Wirtschaftsrecht (Zeitschrift)
E&M	Energie & Management (Zeitschrift)
f.	folgend(e)
FEE	fluktuierende Erneuerbare Energien
ff.	fortfolgende
Fn.	Fußnote
GBl.	Gesetzblatt
gem.	gemäß
GewArch	Gewerbearchiv (Zeitschrift)
GPKE	Festlegung einheitlicher Geschäftsprozesse und Datenformate zur Abwicklung der Belieferung von Kunden mit Elektrizität
GVBl.	Gesetz- und Verordnungsblatt
Hrsg.	Herausgeber
Hs.	Halbsatz
HStR	Handbuch des Staatsrechts der Bundesrepublik Deutschland
IKT	Informations- und Kommunikationstechnologien
IR	InfrastrukturRecht (Zeitschrift)
ISMS	Informationssicherheitsmanagementsystem

ISO	International Organization for Standardization
IT	Informationstechnik
it	Information Technology (Zeitschrift)
i.V.m.	in Verbindung mit
Jura	Juristische Ausbildung (Zeitschrift)
JuS	Juristische Schulung (Zeitschrift)
JZ	JuristenZeitung (Zeitschrift)
Kap.	Kapitel
km	Kilometer
KommJur	Kommunaljurist (Zeitschrift)
KommP Spezial	KommunalPraxis Spezial (Zeitschrift)
KSzW	Kölner Schrift zum Wirtschaftsrechts (Zeitschrift)
kW	Kilowatt
kWh	Kilowattstunde
KWK	Kraft-Wärme-Kopplung
lit.	litera
MaBiS	Festlegung von Marktregeln für die Durchführung der Bilanzkreisabrechnung Strom
Mio.	Millionen
MMR	MultiMedia und Recht (Zeitschrift)
MPES	Festlegung von Marktprozessen für Einspeisestellen (Strom)
MsysV-E	Entwurf der Messsystemsverordnung
MW	Megawatt
m.w.N.	mit weiteren Nachweisen
N.N.	Nomen nominandum
Nr.	Nummer
NuR	Natur und Recht (Zeitschrift)
NVwZ	Neue Zeitschrift für Verwaltungsrecht (Zeitschrift)
NVwZ-RR	Rechtsprechungs-Report Verwaltungsrecht (Zeitschrift)
NZV	Neue Zeitschrift für Verkehrsrecht (Zeitschrift)
N&R	Netzwirtschaften und Recht (Zeitschrift)
OLG	Oberlandesgericht
p.a.	per annum
RdE	Recht der Energiewirtschaft (Zeitschrift)
REE	regelbare Erneuerbare Energien
REE	Recht der Erneuerbaren Energien (Zeitschrift)
RELP	Renewable Energy Law and Policy Review (Zeitschrift)
RefE	Referentenentwurf

RDV	Recht der Datenverarbeitung (Zeitschrift)
RegE	Regierungsentwurf
RL	Richtlinie
Rn.	Randnummer
Rs.	Rechtssache
S.	Satz/Seite
Slg.	Sammlung der Rechtsprechung des Gerichtshofes und des Gerichts Erster Instanz
smart.ER	Recht und Steuern der Smart Energy Services (Zeitschrift)
sog.	sogenannt(e)
TR	Technische Richtlinie
TWh	Terrawattstunden
u.a.	und andere/unter anderem
UAbs.	Unterabsatz
Unterkap.	Unterkapitel
Urt.	Urteil
v.	vom
VBlBW	Verwaltungsblätter für Baden-Württemberg (Zeitschrift)
verb.	verbundene
VerwArch	Verwaltungsarchiv (Zeitschrift)
vgl.	vergleiche
VkBl.	Verkehrsblatt
VO	Verordnung
Vol.-%	Volumenprozent
WiM	Festlegung zur Standardisierung von Verträgen und Geschäftsprozessen im Bereich des Messwesens
WiVerw	Wirtschaft und Verwaltung (Zeitschrift)
WuM	Wohnungswirtschaft und Mietrecht (Zeitschrift)
z.B.	zum Beispiel
ZD	Zeitschrift für Datenschutz (Zeitschrift)
ZfE	Zeitschrift für Energiewirtschaft (Zeitschrift)
ZfK	Zeitung für kommunale Wirtschaft (Zeitschrift)
Ziff.	Ziffer
ZNER	Zeitschrift für Neues Energierecht (Zeitschrift)
ZUM	Zeitschrift für Urheber- und Medienrecht (Zeitschrift)
ZUR	Zeitschrift für Umweltrecht (Zeitschrift)

Rechtsquellenverzeichnis

Europäische Rechtsquellen

AEUV	Vertrag über die Arbeitsweise der Europäischen Union, Fassung aufgrund des am 1.12.2009 in Kraft getretenen Vertrages von Lissabon (ABl. EG C 115 v. 9.5.2008, 47), zuletzt geändert durch die Akte über die Bedingungen des Beitritts der Republik Kroatien und die Anpassungen des Vertrages über die Europäische Union, des Vertrages über die Arbeitsweise der Europäischen Union und des Vertrages zur Gründung der Europäischen Gemeinschaften (ABl. EU L 112/21 v. 24.4.2012)
AGVO	Verordnung (EU) Nr. 651/2014 der Kommission vom 17. Juni 2014 zur Feststellung der Vereinbarkeit bestimmter Gruppen von Beihilfen mit dem Binnenmarkt in Anwendung der Artikel 107 und 108 des Vertrages über die Arbeitsweise der Europäischen Union (ABl. L 187 v. 26.6.2014, 1)
AFI-RL	Richtlinie 2014/94/EU des Europäischen Parlamentes und des Rates vom 22. Oktober 2014 über den Aufbau der Infrastruktur für alternative Kraftstoffe (ABl. L 307 v. 28.10.2014, 1)
DSGVO	Verordnung (EU) 2016/679 vom 27. April 2016 zum Schutz natürlicher Personen bei der Verarbeitung personenbezogener Daten, zum freien Datenverkehr und zur Aufhebung der Richtlinie 95/46/EG (Datenschutz-Grundverordnung) (ABl. L 119 v. 4.5.2016, 1)
EDL-RL	Richtlinie 2006/32/EG des Europäischen Parlamentes und des Rates vom 5. April 2006 über Endenergieeffizienz und Energiedienstleistungen und zur Aufhebung der Richtlinie 93/76/EWG des Rates (ABl. L 114 v. 27.4.2006, 64)
EED	Richtlinie 2012/27/EU des Europäischen Parlamentes und des Rates vom 25. Oktober 2009 zur Energieeffizienz, zur Änderung der Richtlinien 2009/125/EG und 2010/30/EU und zur Aufhebung der Richtlinien 2004/8/EG und 2006/32/EG (ABl. L 315 v. 14.11.2012, 1)

EE-RL	Richtlinie 2009/28/EG des Europäischen Parlamentes und des Rates vom 23. April 2009 zur Förderung der Nutzung von Energie aus erneuerbaren Quellen und zur Änderung und anschließenden Aufhebung der Richtlinie 2001/77/EG und 2003/30/EG (ABl. L 140 v. 5.6.2009, 16)
Effort-sharing-Entscheidung	Entscheidung Nr. 406/2009/EG des Europäischen Parlamentes und des Rates vom 23. April 2009 über die Anstrengungen der Mitgliedstaaten zur Reduktion ihrer Treibhausgasemissionen mit Blick auf die Erfüllung der Verpflichtungen der Gemeinschaft zur Reduktion der Treibhausgasemissionen bis 2020 (ABl. L 140 v. 5.6.2009, 136)
EltRL	Richtlinie 2009/72/EG des Europäischen Parlamentes und des Rates vom 13. Juli 2009 über gemeinsame Vorschriften für den Elektrizitätsbinnenmarkt und zur Aufhebung der Richtlinie 2003/54/EG (ABl. L 211 v. 14.8.2009, 55)
Empfehlung 2012/148/EU	Empfehlung der Kommission vom 9. März 2012 zu Vorbereitungen für die Einführung intelligenter Messsysteme (ABl. L 73 v. 13.3.2012, 9)
EnergieagenturVO	Verordnung (EG) Nr. 713/2009 des Europäischen Parlamentes und des Rates vom 13. Juli 2009 zur Gründung einer Agentur für die Zusammenarbeit der Energieregulierungsbehörden (ABl. L 211 v. 14.8.2009, 1)
GasfernleitungsVO	Verordnung (EG) Nr. 715/2009 des Europäischen Parlamentes und des Rates vom 13. Juli 2009 über die Bedingungen für den Zugang zu den Erdgasfernleitungsnetzen und zur Aufhebung der Verordnung (EG) Nr. 1775/2009 (ABl. L 211 v. 14.8.2009, 36)
GasRL	Richtlinie 2009/73/EG des Europäischen Parlamentes und des Rates über gemeinsame Vorschriften für den Erdgasbinnenmarkt und zur Aufhebung der Richtlinie 2003/55/EG (ABl. L 211 v. 14.8.2009, 94)
GRCh	Charta der Grundrechte der Europäischen Union (ABl. C 364 v. 18.12.2000, 1)

RL 95/46/EG	Richtlinie 96/46/EG des Europäischen Parlamentes und des Rates zum Schutz natürlicher Personen bei der Verarbeitung personenbezogener Daten und zum freien Datenverkehr (ABl. L 281 v. 23.11.1995, 31)
RL 2002/58/EG	Richtlinie 2002/58/EG des Europäischen Parlamentes und des Rates über die Verarbeitung personenbezogener Daten und den Schutz der Privatsphäre in der elektronischen Kommunikation (Datenschutzrichtlinie für die elektronische Kommunikation) (ABl. L 201 v. 31.7.2002, 37)
RL 2002/91/EG	Richtlinie 2002/91/EG des Europäischen Parlamentes und des Rates vom 16. Dezember 2002 über die Gesamtenergieeffizienz von Gebäuden (ABl. L 1 v. 4.1.2003, 65)
RL 2003/55/EG	Richtlinie 2003/55/EG des Europäischen Parlamentes und des Rates vom 26. Juni 2003 über gemeinsame Vorschriften für den Erdgasbinnenmarkt und zur Aufhebung der Richtlinie 98/30/EG (ABl. L 176 v. 15.7.2003, 57)
RL 2003/96/EG	Richtlinie 2003/96/EG des Rates vom 27. Oktober 2003 zur Restrukturierung der gemeinschaftlichen Rahmenvorschriften zur Besteuerung von Energieerzeugnissen und elektrischem Strom (ABl. L 283 v. 31.10.2003, 51)
RL 2007/46/EG	Richtlinie 2007/46/EG des Europäischen Parlamentes und des Rates vom 5. September 2007 zur Schaffung eines Rahmens für die Genehmigung von Kraftfahrzeugen und Kraftfahrzeuganhängern sowie von Systemen, Bauteilen und selbstständigen technischen Einheiten für diese Fahrzeuge (Rahmenrichtlinie) (ABl. L 263 v. 9.10.2007, 1)
RL 2009/29/EG	Richtlinie 2009/29/EG des Europäischen Parlamentes und des Rates vom 23. April 2009 zur Änderung der Richtlinie 2003/87/EG zweck Verbesserung und Ausweitung des Gemeinschaftssystems für den Handel mit Treibhausgasemissionszertifikaten (ABl. L 140 v. 5.6.2009, 63)

RL 2009/30/EG	Richtlinie 2009/30/EG des Europäischen Parlamentes und des Rates vom 23. April 2009 zur Änderung der Richtlinie 98/70/EG im Hinblick auf die Spezifikationen für Otto-, Diesel- und Gasölkraftstoffe und die Einführung eines Systems zur Überwachung und Verringerung der Treibhausgasemissionen sowie zur Änderung der Richtlinie 1999/32/EG des Rates im Hinblick auf die Spezifikationen für von Binnenschiffen gebrauchte Kraftstoffe und zur Aufhebung der Richtlinie 93/12/EWG(ABl. L 140 v. 5.6.2009, 88)
RL 2009/31/EG	Richtlinie 2009/31/EG des Europäischen Parlamentes und des Rates vom 23. April 2009 über die geologische Speicherung von Kohlendioxid und zur Änderung der Richtlinie 85/337/EWG des Rates sowie der Richtlinien 2000/60/EG, 2001/80/EG, 2004/35/EG, 2006/12/EG und 2008/1/EG des Europäischen Parlaments und des Rates sowie der Verordnung (EG) Nr. 1013/2006 (ABl. L 140 v. 5.6.2009, 114)
RL 2010/31/EU	Richtlinie 2010/31/EU des Europäischen Parlamentes und des Rates vom 19. Mai 2010 über die Gesamtenergieeffizienz von Gebäuden (Neufassung), (ABl. L 153 v. 18.6.2010, 13)
RL 2014/32/EU	Richtlinie 2014/32/EG des Europäischen Parlamentes und des Rates vom 26. Februar 2014 zur Harmonisierung der Rechtsvorschriften der Mitgliedstaaten über die Bereitstellung von Messgeräten auf dem Markt (Neufassung) (ABl. L 96 v. 29.3.2014, 149)
StromhandelsVO	Verordnung (EG) Nr. 714/2009 des Europäischen Parlamentes und des Rates vom 13. Juli 2009 über die Netzzugangsbedingungen für den grenzüberschreitenden Stromhandel und zur Aufhebung der Verordnung (EG) Nr. 1228/2003 (ABl. L 211 v. 14.8.2009, 15)
VO (EG) Nr. 443/2009	Verordnung (EG) Nr. 443/2009 des Europäischen Parlamentes und des Rates vom 23. April 2009 zur Festsetzung von Emissionsnormen für neue Personenkraftwagen im Rahmen des Gesamtkonzepts der Gemeinschaft zur Verringerung der CO2-Emissionen von Personenkraftwagen und leichten Nutzfahrzeugen (ABl. L 140 v. 5.6.2009, 1)

VO (EU) Nr. 347/2013	Verordnung (EU) Nr. 347/2013 des Europäischen Parlamentes und des Rates vom 17. April 2013 zu Leitlinien für die transeuropäische Energieinfrastruktur und zur Aufhebung der Entscheidung Nr. 1364/2006/EG und zur Änderung der Verordnungen (EG) Nr. 713/2009, (EG) Nr. 714/2009 und (EG) Nr. 715/2009 (ABl. L 115 v. 25.4.2013, 39)

Nationale Rechtsquellen

AbLaV	Verordnung über Vereinbarungen zu abschaltbaren Lasten (Verordnung zu abschaltbaren Lasten – AbLaV) vom 16.8.2016 (BGBl. I S. 1984), zuletzt geändert durch Art. 9 des Gesetzes vom 22.12.2016 (BGBl. I S. 3106)
ARegV	Verordnung über die Anreizregulierung der Energieversorgungsnetze (Anreizregulierungsverordnung) vom 29.10.2007 (BGBl. I S. 2529), zuletzt geändert durch Art. 5 des Gesetzes vom 17.7.2017 (BGBl. I S. 2503)
2. ARegVÄndV	Zweite Verordnung zur Änderung der Anreizregulierungsverordnung vom 14. September 2016 (BGBl. I. S. 2147)
BauGB	Baugesetzbuch in der Fassung der Bekanntmachung vom 23.9.2004 (BGBl. I S. 2414), zuletzt geändert durch Art. 2 des Gesetzes vom 30.6.2017 (BGBl. I S. 2193)
BauO Berlin	Bauordnung für Berlin vom 29.9.2005 (GVBl. S. 495), zuletzt geändert durch Gesetz vom 17.6.2016 (GVBl. S. 361)
BDSG	Bundesdatenschutzgesetz in der Fassung der Bekanntmachung vom 14.2.2003 (BGBl. I S. 66), zuletzt geändert durch Art. 7 des Gesetzes vom 30.6.2017 (BGBl. I S. 2097)
BGB	Bürgerliches Gesetzbuch in der Fassung der Bekanntmachung vom 2.1.2002 (BGBl. I S. 42, 2909; berichtigt 2003 I S. 738), zuletzt geändert durch Art. 2 des Gesetzes vom 17.7.2017 (BGBl. I S. 2513)
BSIG	Gesetz über das Bundesamt für Sicherheit in der Informationstechnik (BSI-Gesetz – BSIG) vom 14.8.2009 (BGBl. I S. 2821), zuletzt geändert Art. 1 des Gesetzes vom 23.6.2017 (BGBl. I S. 1885)

BSIZertV	Verordnung über das Verfahren der Erteilung von Sicherheitszertifikaten und Anerkennungen durch das Bundesamt für Sicherheit in der Informationstechnik (BSI-Zertifizierungs- und -Anerkennungsverordnung – BSI ZertV) vom 17.12.2014 (BGBl. I S. 2231), zuletzt geändert durch Art. 40 des Gesetzes vom 29. März 2017 (BGBl. I S. 626)
DSAnpUG-EU	Gesetz zur Anpassung des Datenschutzrechts an die Verordnung (EU) 2016/679 und zur Umsetzung der Richtlinie (EU) 2016/680 (Datenschutz- Anpassungs- und -Umsetzungsgesetz EU (DSAnpUG-EU) vom 30.6.2017 (BGBl. I S. 2097)
EEG	Erneuerbare-Energien-Gesetz vom 21.7.2014 (BGBl. I S. 1066), zuletzt geändert (auch EEG 2017) durch Art. 3 des Gesetzes vom 17.7.2017 (BGBl. I S. 2503)
EEG a.F. (2014)	Erneuerbare-Energien-Gesetz vom 21.7.2014 (BGBl. I S. 1066), zuletzt geändert (auch EEG 2014) durch Art. 15 des Gesetzes vom 29.8.2016 (BGBl. I S. 2034)
EEG a.F. (2012) (auch EEG 2012)	Erneuerbare-Energien-Gesetz vom 25.10.2008 (BGBl. I S. 2074), zuletzt geändert (auch EEG 2012) durch Art. 5 des Gesetzes vom 20.12.2012 (BGBl. I S. 2730), aufgehoben durch Art. 23 S. 2 des Gesetzes vom 21.7.2014 (BGBl. I. S. 1066)
EEG 2009	Erneuerbare-Energien-Gesetz vom 25.10.2008 (BGBl. I S. 2074), zuletzt geändert durch Art. 1 des Gesetzes vom 28.7.2011 (BGBl. I S. 1634)
EEG a.F. (2004)	Erneuerbare-Energien-Gesetz vom 21.7.2004 (BGBl. I S. 1918), zuletzt geändert durch Art. 1 des Gesetzes vom 7.11.2006 (BGBl. I S. 2550), außer Kraft gesetzt durch Art. 7 des Gesetzes vom 25.10.2008 (BGBl. I S. 2074)
EEGÄndG	Gesetz zur Einführung von Ausschreibungen für Strom aus erneuerbaren Energien und zu weiteren Änderungen des Rechts der erneuerbaren Energien vom 13.10.2016 (BGBl. I S. 2258)

EKFG	Gesetz zur Errichtung eines Sondervermögens „Energie- und Klimafonds“ (EKFG) vom 8.12.2010 (BGBl. I S. 1807), zuletzt geändert durch Art. 1 des Gesetzes vom 22.12.2014 (BGBl. I S. 2431)
EMobStFG	Gesetz zur steuerlichen Förderung von Elektromobilität im Straßenverkehr vom 7.11.2016 (BGBl. I S. 2498)
EnLAG	Gesetz zum Ausbau von Energieleitungen (Energieleitungsausbaugesetz – EnLAG) vom 21.8.2009 (BGBl. I S. 2870), zuletzt geändert durch Art. 14 des Gesetzes vom 22.12.2016 (BGBl. I S. 3106)
EnWG	Energiewirtschaftsgesetz vom 7.7.2005 (BGBl. I S. 1970, berichtigt 3621), zuletzt geändert durch Art. 1 des Gesetzes vom 17.7.2017 (BGBl. I S. 2503)
EnWNG	Gesetz zur Neuregelung energiewirtschaftlicher Vorschriften vom 26.7.2011 (BGBl. I S. 1554)
3. EnWNG	Drittes Gesetz zur Neuregelung energiewirtschaftsrechtlicher Vorschriften vom 20.12.2012 (BGBl. I S. 2730)
EStG	Einkommenssteuergesetz in der Fassung der Bekanntmachung vom 8.10.2009 (BGBl. I S. 3366, 3862) zuletzt geändert durch Art. 2 des Gesetzes vom 17.7.2017 (BGBl. I S. 2443)
FZV	Fahrzeug-Zulassungsverordnung vom 3.2.2011 (BGBl. I. S. 139), zuletzt geändert durch Art. 2 der Verordnung vom 23.3.2017 (BGBl. I S. 522)
GaVO	Hessische Verordnung über den Bau und Betrieb von Garagen und Stellplätzen (Garagenverordnung – GaV) vom 17.11.2014 (GVBl. S. 286)
GasNEV	Verordnung über die Entgelte für den Zugang zu Gasversorgungsnetzen (Gasnetzentgeltverordnung – GasNEV) vom 25.7.2005 (BGBl. I S. 2197), zuletzt geändert durch Art. 118 des Gesetzes vom 29.3.2017 (BGBl. I S. 626)
GasNZV	Verordnung über den Zugang zu den Gasversorgungsnetzen (Gasnetzzugangsverordnung – GasNZV) vom 3.9.2010 (BGBl. I S. 1261), zuletzt geändert durch Art. 119 des Gesetzes vom 29.3.2017 (BGBl. I S. 626)

GDEW	Gesetz zur Digitalisierung der Energiewende vom 29.8.2016 (BGBl. I S. 2034)
GG	Grundgesetz für die Bundesrepublik Deutschland in der im Bundesgesetzblatt Teil III, Gliederungsnummer 100-1, veröffentlichten bereinigten Fassung, zuletzt geändert durch Art. 1 des Gesetzes vom 13.7.2017 (BGBl. I S. 2347)
InfrastrPlBeschlG	Gesetz zur Beschleunigung von Planungsverfahren für Infrastrukturvorhaben vom 9.12.2006 (BGBl. I S. 2833, berichtigt BGBl. I S. 691 2007)
KAV	Verordnung über Konzessionsabgaben für Strom und Gas (Konzessionsabgabenverordnung – KAV) vom 9.1.1992, zuletzt geändert durch Art. 3 Abs. 4 der Verordnung vom 1.11.2006 (BGBl. I S. 2477)
KraftStG	Kraftfahrzeugsteuergesetz in der Fassung der Bekanntmachung vom 26.9.2002 (BGBl. I S. 3818), zuletzt geändert durch Art. 2 des Gesetzes vom 6.6.2017 (BGBl. I S. 1491)
KWKG (auch KWKG 2017)	Kraft-Wärme-Kopplungsgesetz vom 21.12.2015 (BGBl. I S. 2498), zuletzt geändert durch Art. 9 des Gesetzes vom 22.12.2016 (BGBl. I S. 3106)
KWKG a.F. (2012)	Kraft-Wärme-Kopplungsgesetz vom 19.3.2002 (BGBl. I S. 1092), zuletzt geändert durch Art. 331 der Verordnung vom 31.8.2015 (BGBl. I S. 1474); Gesetz aufgehoben durch Art. 3 Abs. 3 des Gesetzes vom 21.12.2015 (BGBl. I S. 2498)
LBO BW	Landesbauordnung Baden-Württemberg vom 5.3.2010 (GBl. 2010, S. 357, berichtigt S. 416), zuletzt geändert durch die Verordnung vom 23.2.2017 (GBl. S. 99)
LSV	Verordnung über technische Mindestanforderungen an den sicheren und interoperablen Aufbau und Betrieb von öffentlich zugänglichen Ladepunkten für Elektromobile (Ladesäulenverordnung – LSV) vom 9.3.2016 (BGBl. I S. 457), zuletzt geändert durch Art. 1 der Verordnung vom 1.6.2017 (BGBl. I S. 1520)

MessZV	Messzugangsverordnung vom 17. Oktober 2008 (BGBl. I S. 2006), zuletzt geändert durch Art. 14 des Gesetzes vom 25. Juli 2013 (BGBl. I S. 2722); Verordnung aufgehoben durch Art. 12 des Gesetzes zur Digitalisierung der Energiewende vom 29.8.2016 (BGBl. I S. 2034)
MsbG	Gesetz über den Messstellenbetrieb und die Datenkommunikation in intelligenten Energienetzen (Messstellenbetriebsgesetz – MsbG) vom 29. August 2016 (BGBl. I S. 2034), zuletzt geändert durch Art. 15 des Gesetzes vom 22.12.2016 (BGBl. I S. 3106)
NABEG	Netzausbaubeschleunigungsgesetz Übertragungsnetz (NABEG) vom 28.7.2011 (BGBl. I S. 1690), zuletzt geändert durch Art. 120 des Gesetzes vom 29.3.2017 (BGBl. I S. 626)
NABEEG	Gesetz über Maßnahmen zur Beschleunigung des Netzausbaus Elektrizitätsnetze vom 28.7.2011 (BGBl. I S. 1690)
2. NABEEG	Zweites Gesetz über Maßnahmen zur Beschleunigung des Netzausbaus Elektrizitätsnetze vom 23.7.2013 (BGBl. I S. 2543)
NAV	Verordnung über Allgemeine Bedingungen für den Netzanschluss und dessen Nutzung für die Elektrizitätsversorgung in Niederspannung (Niederspannungsanschlussverordnung) vom 1.11.2006 (BGBl. I S. 2477), zuletzt geändert durch Art. 7 des Gesetzes vom 29.8.2016 (BGBl. I S. 2034)
NeMoG	Gesetz zur Modernisierung der Netzentgeltstruktur (Netzentgeltmodernisierungsgesetz) vom 17.7.2017 (BGBl. I S. 2503)
StromMG	Gesetz zur Weiterentwicklung des Strommarktes (Strommarktgesetz) vom 26.7.2016 (BGBl. I S. 1786)
StromNEV	Verordnung über die Entgelte für den Zugang zu Elektrizitätsversorgungsnetzen (Stromnetzentgeltverordnung) vom 25.7.2005 (BGBl. I S. 2225), zuletzt geändert durch Art. 8 des Gesetzes vom 22.12.2016 (BGBl. I S. 3106)
StromNZV	Stromnetzzugangsverordnung vom 25.7.2005 (BGBl. I S. 2243), zuletzt geändert durch Art. 4 des Gesetzes vom 17.7.2017 (BGBl. I S. 2503)

StromStG	Stromsteuergesetz vom 24.3.1999 (BGBl. I S. 378; berichtigt 2000 I S. 147), zuletzt geändert durch Art. 19 Abs. 13 des Gesetzes vom 23.12.2016 (BGBl. I S. 3234)
StromStV	Stromsteuer-Durchführungsverordnung vom 31.5.2000 (BGBl. I S. 794), zuletzt geändert durch Art. 3 der Verordnung vom 4.5.2016 (BGBl. I S. 1158)
StVG	Straßenverkehrsgesetz in der Fassung der Bekanntmachung vom 5.3.2003 (BGBl. I S. 310, 919), zuletzt geändert durch Art. 8 des Gesetzes vom 17.7.2017 (BGBl. I S. 2421)
TKG	Telekommunikationsgesetz vom 22.6.2004 (BGBl. I S. 1190), zuletzt geändert durch Art. 1 des Gesetzes vom 27.6.2017 (BGBl. I S. 1963)
TMG	Telemediengesetz vom 26.2.2007 (BGBl. I S. 179), zuletzt geändert durch Art. 1 des Gesetzes vom 21.7.2016 (BGBl. I S. 1766)
WEG	Wohnungseigentumsgesetz in der im Bundesgesetzblatt Teil III, Gliederungsnummer 403-1, veröffentlichten bereinigten Fassung, das zuletzt durch Art. 4 des Gesetzes vom 5.12.2014 (BGBl. I S. 1962)

§ 1 Einleitung

A. Einführung in die Thematik

Die Energiewende als Projekt der Transformation des Energieversorgungssystems, bei welchem bis zum Jahr 2050 mindestens 80% des erzeugten Stroms aus erneuerbaren Energiequellen stammen sollen, in welchem gleichzeitig aber effizienter mit der Energie umgegangen und ein besserer Klimaschutz sichergestellt wird, ist ein langwieriger, tief greifender und von mehreren Generationen voranzutreibender Prozess.[1] Das bisherige Energieversorgungssystem hat ob der durch die Energiewende gestellten Herausforderungen künftig keinen Bestand mehr. Das historisch gewachsene Energieversorgungssystem mit seiner eindimensionalen Netz- und Versorgungsstruktur ist nicht darauf ausgelegt, die gerade stattfindenden und noch zu erwartenden Änderungen zu bewältigen.[2] Das Energiesystem von morgen muss und wird daher von einer stärkeren Komplexität und Flexibilität geprägt sein. Trotz eines stetig steigenden Anteils von dargebotsabhängigen erneuerbaren Energiequellen darf die Versorgungssicherheit zu keinem Zeitpunkt gefährdet sein. Dies erfordert eine bessere Abstimmung von Erzeugung und Verbrauch sowie eine effizientere Nutzung des zum jeweiligen Zeitpunkt vorhandenen Stroms. Während bislang die Stromerzeugung der Verbrauchslast folgt, muss sich künftig der Verbrauch eher an der fluktuierenden Erzeugung orientieren.

Zur Bewältigung der skizzierten Herausforderungen muss das bestehende Energieversorgungssystem intelligenter, sprich technisch zeitgemäßer und hochwertiger ausgestattet, besser vernetzt und insgesamt flexibler gemacht werden. Ohne die Weiterentwicklung des derzeitigen Versorgungssystems zu einem intelligenten Energieversorgungssystem kann die Energiewende nicht erfolgreich abgeschlossen werden.[3]

Durch eine stärkere Digitalisierung des Energieversorgungssystems mithilfe moderner Informations- und Kommunikationstechnologien sollen dessen Akteure, allen voran Letztverbraucher, Stromerzeuger und Netzbetreiber, aber auch

1 Siehe zu dieser Einschätzung auch *Gawel* u.a., ZUR 2014, S. 219 (219).

2 Die Arbeit betrachtet lediglich den Stromsektor. Andere Energiebereiche wie der Gas- und Wärmesektor werden nur dann in Betracht gezogen, soweit dies aus thematischen Gründen erforderlich ist.

3 Zur Bezeichnung des Aufbaus intelligenter Energieversorgungsnetze als „alternativlos" siehe *Lange*, EWeRK 2016, S. 165 (165) m.w.N.

Speicherbetreiber, Elektrofahrzeugnutzer und Energiedienstleister wie Aggregatoren umfassend miteinander vernetzt werden. Diese Vernetzung ermöglicht einerseits eine bessere Flexibilisierung und Koordinierung des Energieversorgungssystems und seiner Akteure. Sie führt andererseits aber zum Entstehen eines hohen Anpassungs- und Gestaltungsbedarfs an mehreren Stellen des Energieversorgungssystems, wie etwa hinsichtlich des Strommarktdesigns, der Setzung geeigneter Anreize für Investitionen in intelligente Messtechnik und Netze sowie der Fördermöglichkeiten bestimmter Marktakteure. Zudem birgt eine solche Vernetzung Risiken, namentlich in Bezug auf den Datenschutz des Letztverbrauchers. Überdies ist die bessere Abstimmung von Erzeugung und Verbrauch von einem aktiven Mitwirken aller Akteure des Energieversorgungssystems abhängig.

B. Ziel und Gang der Untersuchung

Ziel der Arbeit ist es, den im Aufbau bzw. im Umbruch befindlichen Rechtsrahmen für verschiedene Aspekte und Teilbereiche eines intelligenten Energieversorgungssystems („Smart Grid“) systematisch darzustellen und auf seine Kohärenz hin zu untersuchen.[4] Während sich bisherige juristische Arbeiten zum Thema „intelligente Energieversorgung“ jeweils auf bestimmte Einzelfragen fokussiert haben,[5] zielt die vorliegende Arbeit darauf ab, eine umfassende Darstellung über den aktuellen Stand des Rechts einer intelligenten Energieversorgung zu geben. Die Arbeit analysiert die für das Smart Grid im aktuellen Rechtsrahmen bestehenden Implementationsansätze, fokussiert sich dabei auf die aus Sicht der Verfasserin drängendsten und interessantesten Rechtsfragen und formuliert konkrete Vorschläge zur Weiterentwicklung des geltenden Rechts.

---

4 Zum Begriff der Kohärenz und dem dahinter stehenden grundlegenden Gedanken der Verklammerung und Herstellung eines Zusammenhangs einzelner Aspekte, Bereiche oder Politiken „im Sinne eines harmonischen Ganzen“ siehe etwa *Ruffert,* in: Calliess/Ruffert, EUV/AEUV, Art. 7 AEUV Rn. 2 sowie *Schmidt-Aßmann,* Kohärenz und Konsistenz, S. 5 f.

5 Siehe *Wieser,* Intelligente Elektrizitätsversorgungsnetze, zum Rechtsrahmen für intelligente Messsysteme und intelligente Stromnetze im EnWG 2011 und EEG 2012; *Albrecht,* Intelligente Stromzähler als Herausforderung für den Datenschutz, und *Bräuchle,* Datenschutzprinzipien in IKT-basierten kritischen Infrastrukturen, zu den datenschutzrechtlichen Aspekten der Einführung intelligenter Messsysteme sowie *Weis,* E-Mobility, und *Helbig,* Elektromobilität, zur Integration von öffentlichen Ladestationen und Elektrofahrzeugen in den Energiemarkt.

Die ungebrochene Aktualität des Themas ist nicht zuletzt an den deutlichen Änderungen des Rechtsrahmens für "Smart Grids" in den vergangenen Jahren ablesbar. Der Gesetzgeber hat sich des durch die tatsächlichen Gegebenheiten, Herausforderungen und Risiken eines intelligenten Energieversorgungssystems entstehenden rechtlichen Gestaltungsbedarfs in der jüngeren Vergangenheit bereits in verschiedenen Bereichen angenommen. Im Jahr 2016 wurden mit dem Gesetz zur Digitalisierung der Energiewende, dem Strommarktgesetz sowie einer neuerlichen EEG-Novelle entscheidende Weichen für den Fortgang der Transformation des Energieversorgungssystems gestellt. Dennoch sind auch in den kommenden Jahren weitere Aktivitäten des Gesetzgebers zu erwarten, das Impulspapier „Strom 2030" des Bundesministeriums für Wirtschaft und Energie lässt diese bereits erahnen.[6]

Im Anschluss an diese Einleitung werden in *§ 2* zunächst die politischen, tatsächlichen und technischen Rahmenbedingungen einer intelligenten Energieversorgung aufbereitet. Nach Ausführungen zu den sowohl auf unionaler Ebene von der Europäischen Union als auch auf nationaler Ebene von der Deutschen Bundesregierung verfolgten energiepolitische Zielen und einer Schilderung der Herausforderungen für das bisherige Energieversorgungssystem folgt eine eingehende Darstellung der verschiedenen Bausteine einer intelligenten Energieversorgung, auf welche im Fortgang der Arbeit näher eingegangen wird.

Anschließend werden in den §§ 3–6 die wichtigsten Bereiche eines intelligenten Energieversorgungssystems auf sich stellende Rechtsfragen hin untersucht.

§ 3 widmet sich dem durch den Aufbau eines intelligenten Energieversorgungssystems entstehenden Investitionsbedarf im Bereich der Energieversorgungsinfrastruktur. Zunächst werden die unionsrechtlichen Vorgaben zu intelligenten Messsystemen dargestellt und einer Überprüfung anhand der Regelungen der Charta der Grundrechte der Europäischen Union unterzogen. Der Schwerpunkt der Untersuchung liegt sodann auf der Analyse der im Rahmen des Gesetzes zur Digitalisierung der Energiewende im Messstellenbetriebsgesetz festgelegten Regelungen zur Installation von und Investition in intelligente Messtechnik. Es wird dargestellt, welche Vorgaben zur Installation intelligenter Messtechnik bestehen, an wen diese adressiert sind und wer die Kosten der Installation zu tragen hat. Zudem wird die Vereinbarkeit der gesetzlichen Festlegungen mit den Vorgaben des Grundgesetzes untersucht. Im Anschluss daran wendet sich der Blick auf die bestehenden Netzausbau- und Investitionspflichten. Es wird der Frage nachgegangen, ob bzw. inwieweit diese Regelungen Vorgaben zur intelligenten Modernisierung

6 Siehe hierzu *BMWi*, Impulspapier Strom 2030, S. 1 ff.

der Netzinfrastruktur enthalten. Überdies wird geprüft, ob die Anreizregulierungsverordnung ausreichende Anreize für die Netzbetreiber zur Investition in eine intelligente Netzinfrastruktur bereithält.

In *§ 4* wird das für die Etablierung eines intelligenten Energieversorgungssystems grundlegend notwendige Energieinformationsnetz eingehend analysiert. An eine kurze Darstellung der durch die Schaffung eines Energieinformationsnetzes entstehenden Risiken für die Anschlussnutzers schließt sich die Untersuchung des im Messstellenbetriebsgesetz gewählten Datensicherheitsansatzes an, welche sich sowohl der Sicherstellung der Datensicherheit des intelligenten Messsystems selbst als auch der Gewährleistung einer sicheren Übermittlung der Daten von einem intelligenten Messsystem an einen Kommunikationspartner widmet. In der sich anschließenden Analyse der datenschutzrechtlichen Aspekte intelligenter Messsysteme findet neben der Klärung der anzuwendenden Datenschutzregelungen insbesondere die Frage, ob die Vorgaben des Messstellenbetriebsgesetzes den Grundsätzen der Erforderlichkeit und Datensparsamkeit hinreichend Rechnung tragen, besondere Beachtung. Das Kapitel endet mit einer Prüfung der Vereinbarkeit der gesetzlichen Regelungen mit den Grundrechten der Betroffenen.

Eine intelligente Energieversorgung bedarf eines intelligenten Strommarktes, welcher als Schnittstelle zwischen einem wettbewerblich organisierten Markt und einem regulierten Netzbereich fungiert. *§ 5* setzt sich daher mit den Aspekten des insbesondere im Rahmen des Strommarktgesetzes neu strukturierten Strommarktes auseinander, welche für die Umsetzung des sog. Smart Markets von Interesse sind. Die Untersuchung analysiert sowohl für den Stromverbrauch als auch für die Stromerzeugung Optionen und Anreizmöglichkeiten für deren Flexibilisierung. Sodann wird überprüft, inwieweit bzw. durch welche Marktakteure bestehende verbrauchs- und erzeugungsseitige Flexibilisierungsoptionen im Rahmen eines intelligenten Energiemanagements in den Strommarkt integriert werden können.

§ 6 geht schließlich auf die markt- und netzseitigen Einsatzmöglichkeiten von Energiespeichern ein. Dabei widmet sich die Darstellung zunächst dem Bereich stationärer Energiespeicher. Der Diskussion über die Möglichkeit einer rechtlichen Klassifizierung stationärer Stromspeicher anhand der im Energiebereich de lege lata existierenden Kategorien folgt eine Untersuchung bestehender Markteintrittsbarrieren für und des Vorhandenseins ausreichender Investitionsanreize in Energiespeicher. Dabei wird neben dem Stromsektor mit Blick auf die Power to Gas-Technologie auch der Gassektor untersucht. Der Abschnitt schließt mit dem Vorschlag einer Legaldefinition für Stromspeicheranlagen. Im Anschluss daran werden die Möglichkeiten des Einsatzes von Elektrofahrzeugen als mobile

Speicher zur Stabilisierung des Energiesystems im bestehenden Rechtsrahmen analysiert. Dies erfordert zunächst eine Prüfung von zur Etablierung von Elektromobilität am Markt notwendigen Voraussetzungen. Namentlich wird das Bestehen von Anreizen zum Aufbau einer ausreichenden öffentlichen und privaten Ladeinfrastruktur sowie von Anreizen zur Investition in Elektrofahrzeuge analysiert. Darauf folgt sodann eine Untersuchung der Möglichkeiten, Elektromobile bereits zum jetzigen Zeitpunkt im Energieversorgungssystem als Flexibilitätsoption nutzbar zu machen.

Die Arbeit schließt in *§ 7* mit einem Resümee.

§ 2 Die Komponenten einer intelligenten Energieversorgung

A. Das Ziel einer zukunftsfähigen Energieversorgung

I. Die energiepolitischen Ziele der Europäischen Union

In ihrer Energiepolitik verfolgt die EU die übergeordneten Ziele Nachhaltigkeit, Wettbewerbsfähigkeit und Versorgungssicherheit.[7] Um dem Klimawandel zu begegnen und eine Reduktion der CO_2-Emissionen zu erreichen, einigte sich die EU im Rahmen des Konzeptes „Europa 2020“[8] auf die sog. „20-20-20-Ziele“. Diese umfassen die Reduzierung der Treibhausgasemissionen um 20% im Vergleich zum Jahr 1990, die Steigerung der Energieeffizienz um 20% gegenüber dem Bezugsjahr 2005 sowie die Erhöhung des Anteils Erneuerbarer Energien[9] am Energieverbrauch der EU auf 20% jeweils bis zum Jahre 2020.[10] Aufbauend auf diesen Zielen werden im EU-2030-Klima- und Energierahmen die Ziele für den Zeitraum von 2021 bis 2030 fortgeschrieben. Danach sollen die Treibhausgasemissionen bis um 40% gegenüber 1990 gemindert, die Energieeffizienz um mindestens 27% gesteigert und der Anteil Erneuerbarer Energien am Energieverbrauch auf 27% erhöht werden.[11] Die Erreichung dieser Ziele soll

---

7 Siehe Art. 194 Abs. 1 AEUV sowie *Europäische Kommission,* Mitteilung „Energie 2020 – Eine Strategie für wettbewerbsfähige, nachhaltige und sichere Energie“, KOM (2010) 639 endg., S. 2.

8 Das Konzept nennt fünf Kernziele, die bis 2020 erreicht werden sollen. Siehe *Europäische Kommission,* Mitteilung „Europa 2020 – Eine Strategie für intelligentes, nachhaltiges und integratives Wachstum“, KOM (2010) 2020 endg., S. 5; *Europäischer Rat,* Schlussfolgerungen vom 17. Juni 2010, EUCO 13/10.

9 Als „erneuerbar“ werden Energiequellen bezeichnet, die eine Wiederbildung mindestens im Umfang ihres Verbrauchs aufweisen. Im Gegensatz dazu sind „fossile“ Energiequellen (z.B. Erdöl, Erdgas) aufgrund des Verbrauchs durch den Menschen endlich und damit nicht-erneuerbar, vgl. *Zahoransky* u.a., Energietechnik, S. 28.

10 *Europäischer Rat,* Beschluss vom 8./9. März 2007, Schlussfolgerungen des Vorsitzes vom 2. Mai 2007, 7224/1/07 REV1. Siehe auch *Europäische Kommission,* Mitteilung „20 und 20 bis 2020“, KOM (2008) 30 endg. sowie *dies.,* Mitteilung „Energie 2020“, KOM (2010) 639 endg.

11 *Europäischer Rat,* Schlussfolgerungen vom 23./24. Oktober 2014, EUCO169/14. Siehe hierzu auch das sog. „Winterpaket“ der Europäischen Kommission, in welchem diese vorschlägt, das Energieeffizienzziel für die EU auf ein verbindliches Ziel von 30%

durch zahlreiche Maßnahmen und Legislativakte der EU gewährleistet werden.[12] Für die Zukunft hat die Europäische Kommission in ihrem „Energiefahrplan 2050“ die noch ehrgeizigere Vorstellung einer kohlenstoffneutralen Wirtschaft formuliert.[13] Um die Reduktion des bei der Stromerzeugung entstehenden CO_2-Ausstoßes erreichen zu können, fördert die EU die Entwicklung kohlenstoffarmer Technologien und Maßnahmen zur Energieeffizienzsteigerung. Kurz- und langfristige Schwerpunkte werden dabei unter anderem auf die Schaffung eines einheitlichen, europäischen intelligenten Elektrizitätsnetzes sowie auf die Weiterentwicklung von kosteneffizienten Energiespeichertechnologien gelegt.[14] Zudem soll die europäische Energieinfrastruktur modernisiert, ausgebaut und verknüpft werden.[15] Da ein großer Teil der CO_2-Emissionen aus dem Verkehrssektor herrührt, bieten elektrisch betriebene Fahrzeuge eine weitere Möglichkeit zur Emissionsreduktion (sog. Elektromobilität).[16] Die Steigerung des Anteils der

---

bis 2030 zu erhöhen, *Europäische Kommission,* Mitteilung „Saubere Energie für alle Europäer“, COM (2016) 860 final, S. 5.

12 Siehe hinsichtlich der Maßnahmen zur Umsetzung der „20-20-20-Ziele“ etwa die im Rahmen des sog. Klimapaketes erlassenen Richtlinien EE-RL; RL 2009/29/EG; RL 2009/31/EG; RL 2009/30/EG; die Effort-sharing-Entscheidung und die VO (EG) Nr. 443/2009. Vgl. weiterhin die erlassenen Richtlinien EtRL; GasRL; EED und die EnergieagenturVO; StromhandelsVO sowie GasfernleitungsVO. Die bestehenden Rechtsakte sollen weiterentwickelt und um neue Akte ergänzt werden, um die gesetzten Ziele bis 2030 erreichen zu können. Unter anderem sind eine Reform der EE-RL und der EED, ein Legislativpaket zum Strommarktdesign sowie eine GovernanceVO geplant. Siehe hierzu umfassend *Europäische Kommission,* COM (2016) 860 final, S. 1 ff. sowie *Kahles* u.a., Würzburger Berichte zum Umweltenergierecht Nr. 24, S. 1 ff.

13 Als „kohlenstoffneutral“ wird eine Reduktion der CO_2-Emissionen bis 2050 um 85–90% im Vergleich zu 1990 bezeichnet, vgl. *Europäische Kommission,* Mitteilung „Energiefahrplan 2050“, KOM (2011) 885 endg., S. 2.

14 *Europäische Kommission,* Mitteilung „Ein Europäischer Strategieplan für Energietechnologie (SET-Plan)“, KOM (2007) 723 endg., S. 5 ff.

15 Siehe VO (EU) Nr. 347/2013, Erw.grund 1, 3 und 4, Art. 15, Anh. I.

16 Der CO_2-Ausstoß soll hier bis zum Jahre 2050 um ca. 60% gegenüber 1990 gesenkt werden. Der Fokus wird unter anderem auf Elektrofahrzeuge als umweltfreundlicher Mobilitätsalternative gelegt. Bis 2020 sollen zudem mindestens 10% des Endenergieverbrauchs im Verkehrssektor durch Erneuerbare Energien gedeckt werden (Art. 3 Abs. 4 EE-RL). Näher *Europäische Kommission,* Mitteilung „Ein Fahrplan für den Übergang zu einer wettbewerbsfähigen CO_2-armen Wirtschaft bis 2050“, KOM (2011) 112 endg., S. 6; *dies.,* Weißbuch „Fahrplan zu einem einheitlichen europäischen Verkehrsraum“, KOM (2011) 144 endg., S. 3; *dies.,* Strategiepapier „Eine europäische Strategie für saubere und energieeffiziente Fahrzeuge“, KOM (2010) 186 endg., S. 4.

Elektromobile an den hergestellten und in Verkehr gebrachten Fahrzeugen innerhalb der EU wird zudem als wichtiges Instrument zur Energieeffizienzerhöhung im Verkehrssektor gesehen.[17] Bis 2020 sollen in der EU acht bis neun Mio. Elektrofahrzeuge auf den Straßen sein.[18]

II. Das Energiekonzept der Bundesregierung

Bei dem nicht minder ambitionierten Energiekonzept der Deutschen Bundesregierung aus dem Jahr 2010 handelt es sich um ein bis zum Jahr 2050 angelegtes Gesamtkonzept, dessen Primärziel es ist, Energie aus erneuerbaren Quellen als Hauptenergieträger in Deutschland zu etablieren.[19] Der Anteil der Erneuerbaren Energien am Bruttostromverbrauch soll bis zum Jahre 2020 35% betragen und dann bis zum Jahre 2050 stufenweise auf 80% erhöht werden;[20] am Bruttoendenergieverbrauch sollen Erneuerbare Energien bis 2020 einen Anteil von 18% und bis 2050 von 60% ausmachen.[21] Daneben sollen die Treibhausgasemissionen bis 2020 um 40% und bis 2050 stufenweise um 80% gegenüber 1990 gesenkt werden. Die Kernenergie wurde bei den Planungen zunächst als Brückentechnologie auf dem Weg zu einer ausschließlich aus erneuerbaren Energiequellen gespeisten Energieversorgung mit einbezogen,[22] allerdings beschloss Deutschland

---

17 Vgl. EE-RL, Erw.grund 28. Die verkehrs- und energiepolitischen EU-Ziele werden so verbunden.

18 *Europäische Kommission,* Mitteilung „Saubere Energie für den Verkehr: Eine europäische Strategie für alternative Kraftstoffe", COM (2013) 17 final, S. 7.

19 Zu den folgenden Ausführungen *BMWi/BMU,* Energiekonzept vom 28. September 2010, BT-Drs. 17/3049, S. 2. Den Weg zum Energiekonzept zeichnen *Kahl/Bews,* Jura 2014, S. 1004 (1004 f.) nach.

20 Vgl. § 1 Abs. 2 EEG. Der Bruttostromverbrauch umfasst die Gesamtstrommenge eines Staates abzüglich der ausgeführten Mengen, siehe *BReg,* Glossar zu Energie, Stichwort Bruttostromverbrauch. Im Jahr 2015 wurden bereits knapp 30% des Bruttostromverbrauchs in Deutschland durch Erneuerbare Energien gedeckt, siehe hierzu die Zahlen von *BReg,* Bilanz zur Energiewende 2015, S. 2 (27,8%) sowie *Grote/Mennel/Werner,* et 11/2016, S. 8 (8) (31,6%).

21 Der Bruttoendenergieverbrauch setzt sich aus den Energieprodukten (z.B. Strom, Gas, Benzin), die den Verbrauchern zu energetischen Zwecken geliefert werden, sowie dem von der Energiewirtschaft für die Erzeugung benötigten Energieverbrauch zusammen. Zudem werden auch die Verluste bei der Energieverteilung und -übertragung mit eingerechnet, vgl. Art. 2 lit. f EE-RL. Die Zielmarke von 18% bis 2020 ist für Deutschland in Art. 3 Abs. 1, Anh. I EE-RL festgesetzt. Im Jahr 2015 betrug der EE-Anteil am gesamten Endenergieverbrauch 12,4%, siehe *BReg,* Bilanz zur Energiewende 2015, S. 2.

22 BT-Drs. 17/3049, S. 8 ff.

unter dem Eindruck der Atomreaktorkatastrophe im japanischen Fukushima im März 2011 den endgültigen Ausstieg aus der Kernenergie als Energieträger.[23] Um diese – nach Wegfall der Kernkraft als einer nur noch temporär zur Verfügung stehenden Brückentechnologie – sehr ehrgeizigen Ziele erreichen zu können, war es notwendig, die Weichen für eine Änderung in der bisherigen Energieversorgungsstruktur zu stellen. In einem äußerst raschen Gesetzgebungsverfahren wurde zunächst im Juli 2011 ein umfassendes Gesetzespaket verabschiedet, welches die sog. Energiewende in Deutschland endgültig einläutete.[24] Im Jahr 2016 wurden weitere Legislativakte erlassen, mithilfe derer die Umgestaltung des bisherigen Energieversorgungssystems vorangebracht werden soll.[25]

In Bezug auf die Etablierung von Elektromobilität sollen bis 2020 eine Million und bis 2030 sechs Millionen Elektrofahrzeuge auf Deutschlands Straßen gebracht werden.[26]

III. Herausforderungen für das bisherige Energieversorgungssystem

Zur Umsetzung der Ziele der EU und der Bundesregierung bedarf es weitreichender Änderungen des bisherigen Systems der Energieversorgung. Diese betreffen

---

23 Die letzten Atomkraftwerke werden mit Ablauf des 31. Dezember 2022 abgeschaltet.

24 Das acht Einzelgesetze umfassende Gesetzespaket (hierunter das NABEEG, das EEG 2012 und das EnWNG) wurde am 6. Juni 2011 in den Bundestag eingebracht. Am 30. Juni 2011 erfolgte dort bereits der Gesetzesbeschluss. Siehe näher hierzu *Sellner/Fellenberg*, NVwZ 2011, S. 1025 ff.

25 Zu den Gesetzen, die im Jahr 2016 erlassen wurden, zählen etwa das StromMG, das GDEW, das EEG 2017. Siehe zum Stand der Energiewende auch *BMWi*, Impulspapier Strom 2030, S. 2 ff.

26 BT-Drs. 17/3049, S. 14. Hierzu auch *Herz/Hennig*, ZNER 2016, S. 132 (132). Deutschland soll zum Leitmarkt und -anbieter für Elektromobilität werden. Zur Erreichung der gesetzten Ziele sollen der „Nationale Entwicklungsplan Elektromobilität" und das Beratungsgremium der „Nationalen Plattform Elektromobilität" (NPE) beitragen. Näher *BReg*, Nationaler Entwicklungsplan Elektromobilität, S. 26 ff.; *dies.*, Regierungsprogramm Elektromobilität, S. 8, 11, 23; *NPE*, Zwischenbericht 2010, S. 12. Derzeit ist man von den Zielen noch weit entfernt: Zu Beginn des Jahres 2016 waren 169.137 Elektro- und Hybridfahrzeuge beim Kraftfahrtbundesamt registriert. Immerhin konnte bei den Neuzulassungen von reinen Elektrofahrzeugen gegenüber dem Vorjahr eine Steigerung von 37% und bei Plug-in-Hybridfahrzeugen von 145% verzeichnet werden. Siehe hierzu *BMVI*, Nationaler Strategierahmen, S. 9, 11. Die NPE geht davon aus, dass weitere Fördermaßnahmen und eine Anpassung der bisherigen Rahmenbedingungen notwendig sind, um bis 2020 mehr als ca. 600.000 Elektrofahrzeuge auf Deutschlands Straßen sehen zu können, vgl. *NPE*, Fortschrittsbericht 2012, S. 47.

die Bereiche Erzeugung, Transport und Verbrauch sowie die Informations- und Kommunikationsstruktur des Energiesystems.[27] Das Energiesystem von morgen wird von einer stärkeren Komplexität und Flexibilität geprägt sein, als es derzeit der Fall ist.

1. Konventioneller Kraftwerkspark und Erneuerbare Energien

In dem von Zentralität sowie einer hierarchischen Struktur geprägten Versorgungssystem mit Elektrizität stellen die Energieversorgungsunternehmen der vier Regelzonen den Großteil des für die öffentliche Versorgung in Deutschland benötigten Stroms bereit.[28] Das zum Transport des Stroms vom Erzeuger zum Verbraucher dienende Stromnetz besteht aus vier Spannungsebenen, wobei die Stromübertragung grundsätzlich „einseitig", von der höchsten in die niedrigste Spannungsebene, erfolgt und das Gleichgewicht zwischen Erzeugung und Nachfrage auf den einzelnen Spannungsebenen verwirklicht wird.[29] Die Netze werden entsprechend ihrer Funktion in Übertragungs- und Verteilnetze unterteilt.[30]

---

27 Siehe anschaulich hierzu *Albrecht,* Intelligente Stromzähler als Herausforderung für den Datenschutz, S. 169 ff. Aufgrund der enormen Änderungsnotwendigkeiten wird die Energiewende als „dritte industrielle Revolution" gesehen (so US-Ökonom *Jeremy Rifkins,* zitiert nach *Missling,* E&M 2013, S. 3) bzw. von einem „Jahrhundertprojekt" (*Löscher* in: Der Spiegel, 38/2011, S. 86 [87]) gesprochen.

28 *Schwab,* Elektroenergiesysteme, S. 13; *Heuck/Dettmann/Schulz,* Elektrische Energieversorgung, S. 3. Für die Regelzonen sind die Energieunternehmen E.ON Energie AG, RWE AG, Vattenfall Europe AG und EnBW AG zuständig. Zur Entwicklung des Energieversorgungssystems sowie zur Liberalisierung ab Ende der 1990er Jahre *Schwab,* Elektroenergiesysteme, S. 11 ff.; *Zahoransky* u.a., Energietechnik, S. 483 ff.; *Gundel/Germelmann,* EuZW 2009, S. 763 ff.

29 *Schwab,* Elektroenergiesysteme, S. 457 f.; *Heuck/Dettmann/Schulz,* Elektrische Energieversorgung, S. 84 ff., Anh. S. 747; *Riechmann,* in: Bartsch u.a., Stromwirtschaft, Kap. 1 Rn. 10; *Wesselak* u.a., Regenerative Energietechnik, S. 708.

30 Die aus Transport- und Übertragungsnetzen bestehende Übertragungsnetzebene dient dem Transport der elektrischen Energie (§ 3 Nr. 32 EnWG). Über Kuppelstellen sind die einzelnen Transportnetze zu einem Verbundnetz zusammengeschlossen, was den Energieaustausch zwischen den Transportnetzen erlaubt. Über ein europaweites Verbundnetz, dem „Verband Europäischer Übertragungsnetzbetreiber" ("ENTSO-E") ist dies auch staatenübergreifend möglich. Hierzu *Ruge,* in: Gundel/Lange, Umbau der Energienetze, S. 85 (98 f.); *Heuck/Dettmann/Schulz,* Elektrische Energieversorgung, S. 4 f., 87. Großkraftwerke speisen zudem auf der Übertragungsnetzebene ihre Elektrizität ein. Die Verteilnetzebene, die 98% des deutschen Gesamtnetzes ausmacht, besteht aus Hoch-, Mittel- und Niederspannungsnetzen (§ 3 Nr. 37 EnWG). Auf der Niederspannungsebene, die mit elektrischer Energie aus dem Mittelspannungsnetz gespeist

Die erzeugte Energie ist bis dato generell schwer in großem Maße speicherbar, daher müssen die eingesetzten Kraftwerke gemäß dem Grundsatz „Erzeugung folgt Last" immer genau so viel Energie erzeugen, wie auf der Verbraucherseite Leistung angefordert wird.[31] Aufgrund eines variierenden Strombedarfs schwankt der sog. verbraucherseitige „Lastgang" innerhalb eines Tages stark. Zudem ist er an Werktagen anders ausgeprägt als an Wochenenden. Weiterhin unterliegt er jahreszeitlichen Schwankungen.[32] Neben den konventionellen Kraftwerken erzeugen Energieanlagen Strom, die elektrische Energie aus regenerativen Quellen gewinnen.[33] Die Zielsetzung des Ausbaus der Erneuerbaren Energien[34], der im Jahr 1991 mit dem StrEG begann, wurde über die Jahre hinweg bei jeder EEG-Novelle erhöht.[35] Die zur Verfügung stehenden Erneuerbaren Energien können in zwei Arten unterteilt werden. Unter den Begriff der Regelbaren Erneuerbaren Energien (REE) fallen leicht speicherbare und kontinuierlich vorhandene Energieträger, deren Einsatz in Energieanlagen plan- und regelbar ist und welche sich daher zur Deckung der Residuallast sowie zum Einsatz im Grundlastbetrieb eignen.[36] Hingegen hängt das Angebot von Fluktuierenden Erneuerbaren Energien (FEE) von äußeren, vom Menschen nicht beeinflussbaren Gegebenheiten ab. Die Energieträger Sonnenenergie und Windkraft lassen sich nicht steuern und kommen aufgrund dessen nicht für die Nutzung im Grundlastbetrieb infrage.[37] Die installierte Leistung von FEE-Anlagen sowie ihr Beitrag zur Strombereitstellung wuchs in den

---

wird, sind alle Verbraucher angeschlossen, welche keiner größeren Spannung als jener im Niederspannungsnetz bedürfen. Hierzu zählen etwa Gewerbe- und Haushaltskunden und Landwirtschaftsbetriebe. Größere Verbraucher entnehmen ihren Strom aus dem Mittelspannungsnetz. Näher hierzu *Riechmann,* in: Bartsch u.a., Stromwirtschaft, Kap. 1 Rn. 11; *Schwab,* Elektroenergiesysteme, S. 537.

31 *Schwab*, Elektroenergiesysteme, S. 51. Die eingesetzten Kraftwerke lassen sich in Grundlast-, Mittellast- sowie Spitzenlastkraftwerke unterteilen. Näher *Wesselak* u.a., Regenerative Energietechnik, S. 706.

32 Lastgang ist „die Gesamtheit aller Leistungsmittelwerte, die über eine ganzzahlige Anzahl von Messperioden gemessen wird" (§ 2 Nr. 3 StromNZV). Siehe näher *Wesselak* u.a., Regenerative Energietechnik, S. 707.

33 Im Folgenden werden diese Anlagen auch als „EE-Anlagen" bezeichnet.

34 Hinsichtlich der unter diesen Begriff fallenden Energiequellen vgl. § 3 Nr. 21 EEG.

35 Zur Entwicklung *Altrock/Oschmann,* in: Altrock/Oschmann/Theobald, EEG 2012, Einf. Rn. 1 ff., 13 ff.

36 Hierunter fallen etwa Biomasse und Wasserkraft. Die Residuallast bezeichnet die verbleibende Last, die nicht durch die Leistung von FEE-Anlagen gedeckt wird. Näher *Wesselak* u.a., Regenerative Energietechnik, S. 705 f.; *UBA,* Energieziel 2050, S. 85.

37 *Zahoransky* u.a., Energietechnik, S. 494 f.

letzten Jahren von allen zur Verfügung stehenden regenerativen Energiequellen am stärksten an und wird sich auch in den kommenden Jahren weiter erhöhen.[38] Dieser stetig wachsende Anteil muss in das Energieversorgungssystem integriert werden.[39]

2. Auswirkungen auf das Stromnetz

Die zunehmende *Dezentralisierung* der Stromerzeugung hat Folgen für die Infrastruktur des Energieversorgungsnetzes. Die größere Anzahl von EE-Anlagen macht einen Leitungsausbau im konventionellen Sinne notwendig, da das Stromnetz in seiner derzeitigen Ausgestaltung an seine *Kapazitätsgrenze* stößt. Große Windparks zu Lande (onshore) und zu Wasser (offshore) werden ihre Energie aufgrund ihrer Anlagenleistung auf der Übertragungsnetzebene einspeisen.[40] Damit trotz der Konzentration der Windparks im windreicheren Norden Deutschlands[41] gewährleistet ist, dass der dort erzeugte Strom auch in Verbrauchszentren in anderen Teilen Deutschlands genutzt werden kann, bedarf es einer massiven Kapazitätserweiterung des Netzes, primär auf der Übertragungsnetz-, aber auch auf der Verteilnetzebene.[42]

---

38 Vgl. *BMWi*, Entwicklung der erneuerbaren Energien in Deutschland im Jahr 2016, Stand 2/2017, Folien 7, 11, 12. Die Wachstumspotenziale der Biomasse ab 2020 werden dagegen gering eingestuft, vgl. *BMU*, Nationaler Aktionsplan für erneuerbare Energien, S. 111, 117.

39 Die installierte Leistung konventioneller Kraftwerke wird aufgrund des verstärkten Zubaus von EE-Anlagen zurückgehen. Die *dena*, Integration EE, S. 77, geht von einem Rückgang von ca. 37% der installierten Leistung konventioneller Kraftwerke bis 2050 aus. Zur Gewährleistung der Versorgungs- und Systemsicherheit auch bei einem hohen Anteil von FEE-Anlagen bedarf es dennoch genügend dargebotsunabhängiger Kraftwerkskapazität. Bei sog. Reservekraftwerken handelt es sich in der Regel um konventionelle Kraftwerke, die langfristig nicht mehr betrieben werden sollen. Anstatt die Kraftwerke stillzulegen, werden sie in „Kaltreserve" gestellt und bei Bedarf wieder hochgefahren. Siehe hierzu *Stelter/Ipsen*, EnWZ 2016, S. 483 (486). Zum dennoch notwendigen mittelfristigen Zubau neuer konventioneller Kraftwerke vgl. *CDU/CSU/SPD*, Koalitionsvertrag 2013, S. 41; *BMWi*, Weißbuch „Ein Strommarkt für die Energiewende", S. 89.

40 Bis 2030 sollen allein die offshore-Windparks über eine installierte Leistung von 15 GW verfügen, vgl. § 4 Nr. 2 lit. b) EEG.

41 Vgl. *Steinbach*, in: Steinbach, NABEG/EnLAG/EnWG, Teil 1 Rn. 3.

42 Der zusätzliche Bedarf an Höchstspannungsleitungen sowie die dafür erforderlichen Investitionen werden in den sog. Netzentwicklungsplänen (NEP) der Übertragungsnetzbetreiber ermittelt, vgl. §§ 12a ff. EnWG. Damit diese „Stromautobahnen" möglichst rasch

Ein nur konventioneller Ausbau der Netze trägt jedoch nicht zur vollständigen Integration von Erneuerbaren Energien in das Energieversorgungssystem bei. Die bereits bestehenden sowie die neu hinzukommenden EE-Anlagen sind häufig regional installiert und speisen ihren erzeugten Strom größtenteils in das Verteilnetz ein.[43] Insbesondere auf der Verteilnetzebene wird es daher bei einer den momentanen Bedarf übersteigenden Stromeinspeisung in verstärktem Maße zu *Stromrückflüssen* aus den unteren in höhere Spannungsebenen kommen.[44] Diese Veränderung der Stromflussrichtung war im hierarchisch aufgebauten Stromnetzsystem nicht vorgesehen. Daher verfügt die Infrastruktur der Stromnetze auf Verteilnetzebene größtenteils nicht über die erforderliche Sensorik, Steuerung und Regelung, um bidirektionale Stromflüsse bewältigen zu können.[45] Um auf die unregelmäßige Einspeisung von FEE und die sich ändernden Lastflussrichtungen reagieren zu können, müssen die Verteilnetze flexibler werden. Hierfür bedarf es einer technologischen Modernisierung ihrer Netzinfrastruktur.[46] Der Netzbetreiber benötigt mehr Informationen über den Zustand des Netzes und daran angeschlossene Einheiten sowie bessere Steuerungs- und Regelungsmöglichkeiten, um Stromangebot und Stromnachfrage besser abstimmen zu können.[47]

---

errichtet werden können, wurden mehrere Gesetze verabschiedet, vgl. hierzu das EnLAG, das InfrastrPlBeschlG und das NABEG. Letzteres soll durch beschleunigte Planungs- und Genehmigungsverfahren für Höchstspannungsleitungen zur schnellen Schaffung der Infrastruktur beitragen. In seiner Ausgestaltung wirft es viele Probleme auf, die nicht Bestandteil dieser Bearbeitung sind. Hierzu *Calliess/Dross,* JZ 2012, S. 1002 ff.; *Erbguth,* DVBl 2012, S. 325 ff.; *Durner,* NuR 2012, S. 369 ff.; *Kment,* RdE 2011, S. 341 ff. Für das Verteilnetz nimmt die *dena* einen Ausbaubedarf von insg. 135.000–193.000 km bis 2030 an, vgl. *dena,* dena-Verteilnetzstudie, S. 7.

43 *Steinwärder,* in: Aichele/Doleski, Smart Market, S. 142 (155). Im Jahr 2015 speisten etwa 80% der EE-Anlagen in das Verteilnetz ein, vgl. *Lange,* EWeRK 2016, S. 165 (168) m.w.N.

44 *Steinbach,* in: Steinbach, NABEG/EnLAG/EnWG, Teil 1 Rn. 4.

45 *Säcker,* EnWZ 2016, S. 294 (295); BT-Drs. 18/5948, Bericht des Ausschusses für Bildung, Forschung und Technikfolgenabschätzung v. 8. September 2015, S. 82 f. Auf der Übertragungsnetzebene ist die Infrastruktur dagegen bereits technisch entsprechend ausgestattet, siehe *Schwab,* Elektroenergiesysteme, S. 457 f.

46 Auf der heterogen strukturierten Verteilnetzebene variiert der Modernisierungsbedarf von Netz zu Netz. Er hängt von Größe und Versorgungsaufgabe des Netzgebiets, der Kundenanzahl und bereits vorhandener Effizienz ab. Hierzu *Bruns* u.a., Netze als Rückgrat der Energiewende, S. 170 f.

47 *BNetzA,* „Smart Grid" und „Smart Market", S. 18; BT-Drs. 18/5948, S. 82 f.

3. *Auswirkungen auf den Strommarkt*

Das Prinzip der Versorgungssicherheit beinhaltet neben dem Kriterium der stets ausreichenden Verfügbarkeit von Energie die Kriterien der Sicherheit und Zuverlässigkeit der öffentlichen Stromversorgung. Der Leistungsfluss im Stromnetz muss so erfolgen, dass die Stromversorgung der Verbraucher nicht gefährdet ist.[48] Das bisherige Konzept, wonach die Erzeugung auf die momentane Verbrauchslast abgestimmt wird, ist bei einer vermehrt dargebotsabhängigen Stromerzeugung durch FEE-Anlagen nicht mehr umzusetzen. Um künftig die Netzstabilität aufrechterhalten und Netzengpässe vermeiden zu können, müssen dem Netzbetreiber über die Möglichkeit des Einsatzes von Systemdienstleistungen hinaus[49] „Flexibilitätsoptionen"[50] zur Verfügung stehen, mit welchen er für eine gleichmäßige Netzauslastung sorgen kann.

a) *Flexibilitätsoptionen auf Verbrauchs- und Erzeugungsseite*

Für eine effektive Nutzung der Energie müsste sich in einem Energieversorgungssystem mit einem hohen Anteil von FEE idealerweise die Verbraucherseite an der zur Verfügung stehenden erzeugten Energie orientieren. Durch Steuerungsmaßnahmen soll die Verbraucherseite flexibilisiert und die Stromnachfrage von

---

48 Hierzu *Schwab*, Elektroenergiesysteme, S. 5 ff.

49 Um die Funktionstüchtigkeit des Übertragungsnetzes zu gewährleisten, sind die Netzbetreiber zu sog. „Systemdienstleistungen" verpflichtet. Maßgeblich dafür, dass das Stromnetz stabil bleibt, ist die Aufrechterhaltung der Spannung und Frequenz. Im Rahmen der Frequenzhaltung sind Abweichungen von der Nennfrequenz durch Regelenergie auszugleichen. Im Rahmen der Spannungshaltung sind die im Netz auftretenden Spannungsabweichungen innerhalb des vorgesehenen Toleranzbands zu halten. Hierfür muss das Gleichgewicht der im Rahmen des Stromflusses auftretenden sog. Blindleistungsströme aufrechterhalten werden (hierzu *Bartsch/Pohlmann*, in: Säcker, BerlKommEnR 2010, § 24 EnWG Anh. A [StromNZV], § 18 Rn. 7; *Patzelt/Schweinzer*, Elektrische Meßtechnik, S. 42 f.). Aufgrund des Rückgangs der installierten Leistung konventioneller Kraftwerke und des wachsenden Anteils der Stromeinspeisung durch EE-Anlagen müssen diese künftig stärker als bisher zur Erbringung von netzstabilisierenden Systemdienstleistungen herangezogen werden. Die Systemverantwortung der Übertragungsnetzbetreiber ist im sog. "TransmissionCode 2007", jene der Verteilnetzbetreiber im "DistributionCode2007" konkretisiert, vgl. *VDN*, TransmissionCode 2007, S. 49 ff.; *ders.*, DistributionCode 2007, S. 24 ff. Näher *Müller-Kirchenbauer/Zenke*, et 11/2001, S. 696 (696); *Wesselak* u.a., Regenerative Energietechnik, S. 709. Im Überblick auch *Säcker*, EnWZ 2016, S. 294 (299 f.).

50 *Hauser*, ER 2013, S. 102 (102).

der Stromerzeugung zur Glättung der Lastkurve zeitlich entkoppelt werden.[51] Steuerungsmaßnahmen können netzorientiert zur Netzentlastung erfolgen, indem der Netzbetreiber bestimmte Verbrauchseinrichtungen im Rahmen einer direkten Lastkontrolle gezielt abschaltet, oder marktorientiert stattfinden, indem Verbraucher indirekt zu einem bestimmten Verhalten anregt werden.[52] Potenziale zur Lastverschiebung werden dabei bei den drei Verbrauchergruppen Industrie, Gewerbe/Handel/Dienstleistungen (GHD) sowie Haushalt gesehen.[53]

Im *Industriesektor* liegen die vergleichsweise geringsten Potenziale. Die Eignung zur Lastverschiebung hängt stark von den jeweiligen Industriezweigen ab, da industrielle Herstellungsprozesse oftmals bereits optimiert sind.[54] Im Vergleich zum Industriesektor sind die Lasten im Sektor *GHD* durchschnittlich niedriger, eignen sich aber eher für eine Verlagerung.[55] Die größten Potenziale für Lastverschiebungen werden im Sektor der *Haushaltskunden* gesehen, da in privaten Haushalten eine große Anzahl elektrischer Geräte vorhanden ist, die als steuerbar eingestuft werden.[56] Um zu den Verbrauchergruppen Industrie und GHD vergleichbare Lastverschiebungen erreichen zu können, muss jedoch ein Pool

---

51 Es wird insoweit vom sog. *Demand Side Management* gesprochen, vgl. *VDE*, Demand Side Integration, S. 8; *Lohnert/Kaczynski*, in: Aichele/Doleski, Smart Market, S. 555 (560 f.).

52 BT-Drs. 16/9470, S. 7; *Albrecht*, Intelligente Stromzähler als Herausforderung für den Datenschutz, S. 106 ff.; *Güneysu/Wieser*, ZNER 2011, S. 417 (418); *dena*, dena-Verteilnetzstudie, S. 198 f. Bei einer netzdienlichen Steuerung ist die den Netznutzern im Gegenzug zu gewährende Netzentgeltreduktion (§ 14a EnWG) für den Netzbetreiber im Endeffekt günstiger als ein ansonsten erforderlicher Netzausbau, vgl. *Raabe/Ullmer*, it 55 (2013), S. 63 (64). Näher in § 5 A. I.

53 Die Auswirkungen einer Verbrauchssteuerung auf das Stromsystem werden in existierenden Studien beurteilt. Welche der theoretisch vorhandenen Lasten tatsächlich verschoben werden können, hängt von mehreren Umständen ab (z.B. Verbrauchsgruppe, Tages- oder Jahreszeit, Lebensgewohnheiten, Tarifangeboten). Vgl. *dena*, dena-Verteilnetzstudie, S. 249; *VDE*, Demand Side Integration, S. 97 ff.; *dena*, dena-Netzstudie II – Endbericht, S. 405 ff.; *Ernst& Young*, Kosten-Nutzen-Analyse, S. 110 f., 114 ff.; *DLR/IWES/IFNE*, Langfristszenarien und Strategien für den Ausbau der EE – Schlussbericht, S. 194; *Münch* u.a., et 5/2012, S. 44, 48.

54 *dena*, dena-Netzstudie II – Endbericht, S. 419; *AEE*, Renews Spezial Nr. 58, S. 13; *BEE*, Kompassstudie Marktdesign, S. 39 f.; *VDE*, Demand Side Integration, S. 110 ff.

55 Potenziale gibt es etwa im Rahmen thermischer Prozesse. *Ernst& Young*, Kosten-Nutzen-Analyse, S. 119; *BEE*, Kompassstudie Marktdesign, S. 39; *UBA*, Energieziel 2050, S. 41 f.; *AEE*, Renews Spezial Nr. 58, S. 13 f., 16; *VDE*, Demand Side Integration, S. 97 ff.

56 *dena*, dena-Verteilnetzstudie, S. 249; *VDE*, Demand Side Integration, S. 97 ff.; *Ernst& Young*, Kosten-Nutzen-Analyse, S. 110 f., 119 ff. m.w.N.

von Haushalten gleichzeitig angesteuert werden. Der Aufwand, der aufgebracht werden muss, um möglichst viele Verbraucher zu einem dienlichen Verbrauchsverhalten zu bewegen, ist bei den Haushaltskunden ungleich höher als bei den anderen Verbrauchsgruppen.[57] Da die Bereitschaft der Haushaltskunden, ihr Verbrauchsverhalten zu ändern, erst in Pilotprojekten getestet wurde, ist noch nicht absehbar, inwieweit die preislichen Anreize die breite Masse der Haushaltskunden dazu anregen werden, Energie bewusster zu nutzen und so einen Beitrag zur Verbrauchsflexibilisierung zu leisten.[58]

Das Pendant auf der Erzeugerseite, welches Flexibilisierungsoptionen bietet, ist ein intelligentes Einspeisemanagement. EE-Anlagen müssen wegen ihres wachsenden Anteils an der Stromerzeugung nicht nur besser in das Versorgungssystem, sondern auch in den Strommarkt integriert werden. In diesem Zusammenhang ist das Konzept der sog. „virtuellen Kraftwerke" erwähnenswert, bei welchem mehrere Energieerzeuger, Speicher und/oder Verbraucher zu einem „nur auf dem Papier" bestehenden Kraftwerk gebündelt werden.[59] Soweit in diesem Kraftwerk FEE-Anlagen mit regelbaren Energieanlagen gekoppelt werden, kann eine stetigere, besser steuerbare Energieeinspeisung erreicht werden.[60]

b) Einsatz von Energiespeichern

Eine weitere Möglichkeit zur Vermeidung von Netzengpässen ist die zeitliche Abkopplung der Stromerzeugung von der direkten Stromabnahme. Durch den Einsatz von Energiespeichern kann die erzeugte Energie in Zeiten des Erzeugungsüberschusses gespeichert und später, bei bestehender Bedarfsunterdeckung, wieder abgegeben werden.[61] Stromspeicher könnten im künftigen Energiesystem langfristig eine integrierende und zwischen Erneuerbaren

---

57 *AEE*, Renews Spezial Nr. 58, S. 16. Der Verbraucher kann nur dann das günstigste Stromangebot wählen, wenn der Energieversorger verschiedene Tarife anbietet. Im Jahr 2015 boten von 1.238 Stromlieferanten knapp 12% lastvariable und 70% tageszeitabhängige Tarife an, vgl. *BNetzA/BKartA*, Monitoringbericht 2016, S. 183, 198. Näher zu variablen Tarifen in § 5 A. II. 2.

58 Vgl. etwa zu den Erfahrungen mit „Testkunden" und erzielten Verbrauchsverlagerungen das Projekt „Modellstadt Mannheim (moma)", *Kießling*, Abschlussbericht Modellstadt Mannheim, S. 116.

59 Näher zum Konzept des virtuellen Kraftwerks etwa *Kreusel*, et 11/2013, S. 90 (91).

60 Man spricht in diesem Zusammenhang auch vom sog. *Supply Side Management*. Näher *Schwab*, Elektroenergiesysteme, S. 256 f.; *VDE*, Smart Distribution 2020, S. 13 f; *Hochloff* u.a., in: Müller, 20 Jahre Recht der Erneuerbaren Energien, S. 841 (848 f.).

61 Speicher sind bereits heute vereinzelt im Einsatz, künftig bedarf es ihrer jedoch flächendeckend, siehe *Sailer*, ZNER 2011, S. 249 m.w.N. Die derzeitige Speicherkapazität

Energien, konventionellen Kraftwerken, Netzen und Verbrauchern ausgleichende Rolle übernehmen.[62] Fraglich ist indes, ob ein schneller Ausbau der Speicherinfrastruktur geboten ist, da die erforderliche Flexibilität des Stromsystems verschiedenen Studien zufolge bis zu einem hohen Anteil von Erneuerbarer Energien auch ohne Stromspeicher erreicht werden kann.[63]

4. *Integration aktiver Verbraucherrollen sowie der Elektromobilität*

Mit sog. Prosumern und der Elektromobilität kommen künftig neue Formen von Akteuren hinzu, welche in das Energiesystem integriert werden müssen.

Prosumer sind Verbraucher, die nicht lediglich passiv Strom abnehmen, sondern eine aktive Rolle übernehmen, indem sie selbst Energie erzeugen und in das Netz einspeisen.[64] Die Folge ihrer Doppelrolle ist netzseitig ein erhöhter Koordinationsaufwand auf der Verteilnetzebene.[65] Die Erhöhung des Anteils von *Elektrofahrzeugen* am Gesamtfahrzeugbestand bedeutet zunächst das Hinzutreten eines weiteren Verbrauchselements, welches den Gesamtstrombedarf erhöht.[66] Trotz des zusätzlich benötigten Strombedarfs wird Elektromobilen in Bezug auf die Integration Erneuerbarer Energien in das Energieversorgungssystem und der Aufrechterhaltung der Netzstabilität das Potenzial zugeschrieben,

---

reicht für ca. 39 Minuten des bundesdeutschen Strombedarfs, vgl. *Lehnert/Vollprecht*, ZNER 2012, S. 356 (357) m.w.N.

62 Dieser Integrationsfaktor der Speicher wird sowohl auf nationaler wie auch europäischer Ebene herausgestellt, vgl. hierzu BT-Drs. 17/3049, S. 12 sowie Erw.grund 57, Art. 16 Abs. 1 EE-RL.

63 Erst bei einem Anteil fluktuierender Erneuerbarer Energien von ca. 60%, welcher für das Jahr 2040 prognostiziert wird, wird von einem erhöhten Speicherbedarf ausgegangen. Unterhalb dieser Grenze werden Speicher als kurzfristige Speicheroption nur dann als notwendig angesehen, soweit das Energiesystem über keine anderweitigen Flexibilisierungsoptionen (z.B. Lastmanagement) verfügt, vgl. *Agora*, Stromspeicher, S. 3 f.; *Stenzel*, et 9/2015, S. 38 (38); *Fraunhofer IWES*, Roadmap Speicher, S. 13; *Kunze/Funk*, EWeRK 2013, S. 252 (254).

64 Prosumer haben z.B. Solaranlagen auf dem Dach, um einen Teil ihres Strombedarfs zu decken oder den erzeugten Strom gegen entsprechende Vergütung ins Netz einzuspeisen, siehe *BDEW*, Diskussionspapier Smart Grids 2011, S. 5; *BDEW/ZVEI*, Smart Grids in Deutschland, S. 21. Das Wort "Prosumer" setzt sich aus den beiden Wörtern "Producer" und "Consumer" zusammen.

65 Dieser muss mit Mess-, Steuer- und Regeltechnik bewältigt werden. Näher *Hoffknecht/Wengeler/Wunderer*, in: Servatius/Schneidewind/Rohlfing, Smart Energy, S. 113 (114).

66 *Hanemann/Behnert/Bruckner*, et 11/2016, S. 77 (77); *Pehnt*, in: Müller, 20 Jahre Recht der Erneuerbaren Energien, S. 483 (486); *Pehnt* u.a., ZfE 35 (2011), S. 221 (225).

einen ausgleichenden Beitrag leisten zu können, indem sie in Zeiten negativer Residuallast Strom aus FEE-Anlagen aufnehmen und so zur Vermeidung einer Abregelung von EE-Anlagen beitragen.[67] Entscheidend für diesen positiven Beitrag ist, dass das Aufladen der Fahrzeuge kontrolliert erfolgt. Dies erfordert eine Steuerung des Ladevorgangs (im Bereich der Elektromobilität "Grid-to-Vehicle" genannt).[68] Ein weiteres Potenzial von Elektrofahrzeugen wird in ihrer Funktion als mobile Speicher gesehen. Beim sog. bidirektionalen Laden ("Vehicle-to-Grid")[69] nutzen die Elektromobile den in ihren Batteriespeichern befindlichen Strom nicht bzw. nicht gänzlich zur Fortbewegung, sondern speisen diesen wieder in das Stromnetz ein, wenn dort eine Bedarfsunterdeckung vorliegt.[70]

5. *Informations- und Kommunikationstechnologien*

Der Schlüssel, um das skizzierte Energieversorgungssystem koordinieren und steuern zu können, wird im Einsatz moderner Informations- und Kommunikationstechnologien (IKT) gesehen, durch welche die einzelnen Komponenten über ein sog. Energieinformationsnetz verknüpft werden.[71] Insbesondere auf der Verteilnetzebene ist die technologische Weiterentwicklung von besonderem Interesse, da IKT auf dieser Ebene noch nicht flächendeckend eingesetzt werden.[72] Um die nun vermehrt auftretenden bidirektionalen Leistungsflüsse

---

67 *Pehnt*, in: Müller, 20 Jahre Recht der Erneuerbaren Energien, S. 483 (489).

68 Näher zur Möglichkeiten der Lastflexibilisierung der Verbraucherseite in § 5 A.

69 *NPE*, Zwischenbericht AG 3 2010, S. 17, verwendet den Begriff bidirektionales Laden. Von "Vehicle-to-Grid" sprechen etwa *Grothe/Steible*, VBlBW 2015, S. 57 (58).

70 Diese Nutzung wird erst langfristig möglich sein, da sie von Faktoren abhängt, die derzeit noch erforscht bzw. aufgebaut werden: Neben der Erhöhung der Fahrzeuganzahl sind dies die Herstellung kostengünstigerer und länger funktionsfähiger Batterien und der Aufbau einer öffentlichen, flächendeckenden Ladeinfrastruktur, siehe *NPE*, Zwischenbericht 2010, S. 17; *AEE*, Renews Spezial Nr. 33, S. 16 f.; *Gerstner/Kanatschnig*, ZNER 2015, S. 424 (425).

71 Zu diesem Begriff *Orlamünder*, in: Tenbohlen/Orlamünder/Müller-Elschner, Verteilen und Speichern von Energie im Smart Grid, S. 11. *Schwab*, Elektroenergiesysteme, S. 571, verwendet den Begriff „Kommunikationsnetz". Fortan wird zur Abgrenzung des hier betrachteten Netzes von anderen Kommunikationsnetzen nur der Begriff Energieinformationsnetz verwendet.

72 Im hierarchisch aufgebauten Stromnetz reichte die schätzungsweise Zustandsbestimmung im Verteilnetz grundsätzlich aus. Bei der Netzleittechnik werden viele Abläufe (z.B. bei der Überwachung und Steuerung des Netzes) daher nicht messtechnisch erfasst und manuell ausgeführt. Siehe *VDE*, Positionspapier Energieinformationsnetze und -systeme, S. 27, 30; *Appelrath/Kagermann/Mayer*, Future Energy Grid, S. 44; *Orlamünder*,

verarbeiten zu können, muss der Netzbetreiber über mehr Netzzustandsinformationen verfügen.[73] Neben der besseren Koordinierung und Steuerung der technischen Komponenten sollen mithilfe der IKT sämtliche Akteure, die im Energieversorgungssystem eine Rolle spielen, im Sinne einer multidirektionalen Kommunikation verknüpft und in einem optimierten Netzmanagement gesteuert werden.[74]

IV. Bewältigung der Herausforderungen durch den Aufbau eines Smart Grid

Die zur Verwirklichung einer den künftigen Herausforderungen gewachsenen Energieversorgung erforderliche Anpassung des Energieversorgungssystems hat Auswirkungen auf alle in das Energieversorgungssystem involvierten Akteure. Sie erfordert die Änderung von Verhaltensgewohnheiten, Systemveränderungen und umfassende Investitionen in die Netzinfrastruktur. Besonders auf der Verteilnetzebene besteht ein erhöhter Anpassungs- und Investitionsbedarf. Ein wichtiger Bestandteil, der zur Bewältigung der geschilderten Herausforderungen, sprich zur Aufrechterhaltung der Versorgungssicherheit, besserer Energieeffizienz sowie Klimaschutz beitragen soll, ist das intelligente Netz bzw. Smart Grid.[75] Der Transformationsprozess des bisherigen Versorgungssystems zu einer intelligenten Energieversorgung kann nur gelingen, wenn der Rechtsrahmen ein Gesamtkonzept bereithält, welches in sich schlüssig ist und die richtigen Anreize

---

in: Tenbohlen/Orlamünder/Müller-Elschner, Verteilen und Speichern von Energie im Smart Grid, S. 11 (13); *Grote/Mennel/Werner,* et 11/2016, S. 8 (9).

73 Dafür müssen z.B. die Ortsnetzstationen mit IKT „aufgerüstet“, regelbare Transformatoren installiert und aufwändigere Schutztechniken verwendet werden.

74 *BNetzA,* „Smart Grid“ und „Smart Market“, S. 11; *Europäische Kommission,* Mitteilung „Intelligente Stromnetze: von der Innovation zur Realisierung“, KOM (2011) 202 endg., S. 2 f. Die in das Energieinformationsnetz einzubindenden Akteure sind vielfältig. Aus dem „Kernbereich“ der Energieversorgung sind dies Netzbetreiber, Erzeuger und Verbraucher. Von den indirekt mit der Energieversorgung befassten Rollen zählen hierzu etwa Akteure in Abrechnung und Handel (Energiehändler/-lieferanten, Energiebörse, Bilanzkreisverantwortliche) oder Dienstleister (Messstellenbetreiber und Messdienstleister, Energiedienstleister, Kommunikationsnetzbetreiber). Hinzu treten neue Rollen wie die Betreiber von Energiespeichern sowie Elektrofahrzeuge. Siehe *Orlamünder,* in: Tenbohlen/Orlamünder/Müller-Elschner, Verteilen und Speichern von Energie im Smart Grid, S. 11 (13 f., 21 f.). Soweit im Folgenden von Akteuren gesprochen wird, wird auf die Gesamtheit der soeben genannten Beteiligten Bezug genommen.

75 *Europäische Kommission,* KOM (2011) 112 endg., S. 12, 15 f., 18; VO (EU) Nr. 347/2013, Erw.grund 8; BT-Drs. 17/9400, S. 43.

setzt. Bevor der bestehende Rahmen untersucht wird, wird im Folgenden zunächst näher dargestellt, welche Komponenten für die Schaffung einer intelligenten Energieversorgung erforderlich sind.

B. Bausteine einer intelligenten Energieversorgung

I. Das intelligente Netz („Smart Grid")

Eine einheitliche Definition des intelligenten Energieversorgungssystems, intelligenten Netzes, Smart Energy Systems bzw. Smart Grids[76] gibt es nicht. Die Definitionen divergieren, je nachdem, worauf bei der Betrachtung der Schwerpunkt gesetzt wird. Die *Europäische Union* sowie der *BDEW* verwenden eine umfassende Definition und verstehen unter einem intelligenten Netz „ein Stromnetz, das auf kosteneffiziente Weise das Verhalten und die Handlungen aller daran angeschlossenen Nutzer – einschließlich Erzeuger, Verbraucher und Akteure, die sowohl Erzeuger als auch Verbraucher sind – integrieren kann, damit ein wirtschaftlich effizientes und nachhaltiges Stromnetz mit geringen Verlusten, hoher Qualität, großer Versorgungssicherheit und hoher technischer Sicherheit gewährleistet wird."[77] Aus einer rein technischen Perspektive werden unter Smart Grids Versorgungsgebiete verstanden, in denen nach der Installierung neuer Leitsysteme in den Netzen „eine große Anzahl großflächig verteilter dezentraler Einspeisungen und vor allem steuerbarer Lasten zu einem gemeinsamen, möglichst optimierten Systemverhalten zusammengefasst" werden.[78] Mitunter wird auch mehr auf den Aspekt der Inklusion der Verbraucher in das derzeitige Energiesystem abgestellt. Unter Smart Grids werden insofern Verteilnetze, „ergänzt

---

76 Die Begriffe werden aufgrund des sinngleichen Gebrauchs in der Literatur (vgl. nur *BMWi*, 6. Energieforschungsprogramm, S. 93) fortan synonym verwendet, auch wenn der VDE zutreffend anmerkt, dass der Begriff "intelligentes Netz" eigentlich zu kurz greift, um alle Aspekte des Smart Grids zu erfassen, und eher von einem intelligenten Energieversorgungssystem bzw. Smart Energy System gesprochen werden sollte, vgl. *VDE*, Normungsroadmap Smart Grid, S. 13 ff.; *VDE*, Positionspapier Energieinformationsnetze und -systeme, S. 61.

77 Siehe die Legaldefinition in Art. 2 Nr. 7 VO Nr. 347/2013 sowie *European Task Force for Smart Grids*, Expert Group 1 – Final Deliverable, S. 6. Der *BDEW* bezieht sich auf die Definition der Task Force, vgl. *BDEW*, Roadmap Smart Grids, S. 12. Der *VDE* verwendet ebenfalls eine umfassende Definition, die der soeben zitierten inhaltlich weitgehend entspricht, jedoch die Rolle der IKT als „Bindeglied" zwischen den einzelnen Akteuren im Energieversorgungssystem stärker betont, vgl. *VDE*, Normungsroadmap Smart Grid, S. 13.

78 *Zahoransky* u.a., Energietechnik, S. 495 f.

um ein netzspezifisches Kommunikationsnetz, das eine bidirektionale Datenkommunikation zwischen Endverbrauchern und ihren Netzbetreibern (…) ermöglicht“, verstanden.[79]

Die verschiedenen Begriffsbestimmungen zeigen, dass es *das eine* Smart Grid nicht gibt, sondern je nach Ausgangssituation an verschiedenen Orten unterschiedlichen Aspekten des Smart Grid ein stärkeres Gewicht zukommt.[80] Um in allen denkbaren Ausgangssituationen eine adäquate Lösung zu finden, bietet sich eine umfassende Definition an. Der Begriff des intelligenten Netzes wird daher im Folgenden weit, nämlich im Sinne eines Oberbegriffes genutzt, welcher die Gesamtheit des intelligenten Energieversorgungssystems umfasst und die im Folgenden näher dargestellten Komponenten des Energieinformationsnetzes, des intelligenten Messsystems, die notwendigen Automatisierungsprozesse sowie die im Smart Grid involvierten Akteure mit einschließt.

Auf europäischer und auf nationaler Ebene wird der Übergang vom jetzigen in ein intelligentes Energieversorgungssystem als Prozess gesehen, der Schritt für Schritt zu planen und durchzuführen ist. Auf beiden Ebenen kommt der Fortentwicklung und Implementierung des Smart Grids große Aufmerksamkeit zu.[81]

II. Das Energieinformationsnetz

Innerhalb des intelligenten Netzes lassen sich drei Systemebenen unterscheiden[82]: Im „Kern“ existieren dezentrale, geschlossene, heterogene Systeme, innerhalb

---

79 *Schwab*, Elektroenergiesysteme, S. 571. In diese Richtung geht auch die Begriffsbestimmung der EU in Ziff. I. 3.a) der Empfehlung 2012/148/EU. Allerdings verweist sie gleichzeitig auf die Legaldefinition in Art. 2 Nr. 7 VO (EU) Nr. 347/2013 (Fn. 15).

80 *Angenendt/Boesche/Franz*, RdE 2011, S. 117 (117 f.).

81 Der Aufbau intelligenter Netze wurde auf EU-Ebene als „Vorhaben von gemeinsamem Interesse“ eingestuft, dessen Realisierung bis 2020 Priorität zukommt, vgl. VO (EU) Nr. 347/2013, Anhang I Nr. 10 (Fn. 15). Die aus Experten bestehende European Task Force for Smart Grids sowie die aus Netzbetreibern zusammengesetzte Europäische Stromnetzinitiative EEGI befassen sich mit der Erarbeitung von Leitlinien, einer Roadmap sowie eines Umsetzungsplanes für die Einführung von Smart Grids. Auf nationaler Ebene erarbeitet die Plattform „Zukunftsfähige Energienetze“ Vorschläge in Bezug auf den Stromleitungsausbau sowie die Modernisierung der Stromnetze. Europaweit (in der EU sowie in der Schweiz und in Norwegen) existieren derzeit 459 Smart Grid-Projekte, in welche ca. 3,15 Mrd. Euro investiert wurden, wobei 90% der Projekte eine öffentliche Förderung erhielten, vgl. *Europäische Kommission*, Smart Grid Projects Outlook 2014, S. 24, 43.

82 Die folgende Beschreibung orientiert an den Darstellungen von *Appelrath/Kagermann/Mayer*, Future Energy Grid, S. 23 Abb. 2 sowie *Eckert/Krauß*, DuD 2011, S. 535 (535 f.).

welcher die einzelnen Akteure Daten technischer, physikalischer oder prozessualer Art gewinnen und für ihre Zwecke nutzen.[83] Diese erfassten Daten sollen künftig auf einer informationstechnisch vernetzten Systemebene, dem beschriebenen Smart Grid, bereichsübergreifend von anderen Akteuren genutzt werden können, um so eine zielgerichtete und effiziente Koordinierung verschiedener Akteure innerhalb des Systems durchführen zu können. Damit dies erfolgen kann, bedarf es einer informations- und kommunikationstechnischen Infrastruktur als „dazwischen geschalteter" Ebene, die als „Schnittstelle" fungierend die Informationen zweier verschiedener Netzarten zusammenführt und überträgt, nämlich einerseits Daten, die das Energienetz betreffen, und andererseits Daten, die Daten- und Telekommunikationsdienste betreffen.[84] Die Übertragung der Daten ist dabei bidirektional zwischen Sender und Empfänger möglich und kann in Echtzeit erfolgen.[85] Damit ein Informationsaustausch zwischen den Akteuren des Energiesystems stattfinden kann, bedarf es zweier Infrastrukturelemente: Neben dem Vorhandensein eines Übertragungsmediums für den Datenaustausch zwischen den Akteuren müssen die Akteure über die notwendigen Einrichtungen und Geräte verfügen, um am Datenaustausch teilnehmen zu können. Die aus diesen beiden Infrastrukturelementen bestehende Ebene wird in § 2 S. 1 Nr. 7 MsbG als Kommunikationsnetz bezeichnet. Im Folgenden wird in Bezug auf diese Ebene von einem Energieinformationsnetz gesprochen.

1. Verschmelzung von Kommunikations- und Energieversorgungsinfrastruktur

Die Etablierung eines Energieinformationsnetzes führt zu einer Verschmelzung der Energieversorgungs- mit der Kommunikationsinfrastruktur, die Standardisierungen erforderlich macht, um eine Interoperabilität zwischen den Netzebenen und verschiedenen IKT-Systemen herzustellen und den multidirektionalen Datenaustausch gewährleisten zu können.[86] Es bedarf vorgegebenen technischen Mindestanforderungen und definierten Schnittstellen[87], da nur mithilfe einer Beschränkung der Kommunikationsarten auf einige wenige, definierte Protokolle

83 Dies betrifft z.B. Daten zu Erzeugungsmengen, zur Verbrauchsmessung, zur Energieverteilung oder zum Netzzustand, siehe *Eckert*, Sicherheit im Smart Grid, S. 4.

84 *Benze*, Energy2.0 4/2011, S. 64 (64); *Eckert*, Sicherheit im Smart Grid, S. 4.

85 Mit Übertragung in Echtzeit ist eine Übertragung im 15-Minuten-Takt gemeint, vgl. *Schönberg*, in: Servatius/Schneidewind/Rohlfing, Smart Energy, S. 379 (380).

86 *Rumsch*, in: Servatius/Schneidewind/Rohlfing, Smart Energy, S. 337 (349); *Roß*, in: Servatius/Schneidewind/Rohlfing, Smart Energy S. 287 (289).

87 *Grandel*, in: Servatius/Schneidewind/Rohlfing, Smart Energy, S. 221 (229).

Kompatibilität zwischen den verschiedenen Komponenten innerhalb des komplexen Gesamtsystems hergestellt werden kann.[88]

Durch die Schaffung des Energieinformationsnetzes erhalten die der digitalen Erfassung und Übertragung von Daten immanenten Datensicherheits- und Datenschutzrisiken Einzug in das Energiesystem. Zwar ist die Nutzung des Kommunikationsnetzes im Energierecht nicht neu,[89] im Energieinformationsnetz müssen künftig jedoch deutlich mehr Daten zwischen einer größeren Anzahl von Akteuren kommuniziert werden als bisher, um das Gleichgewicht zwischen Energieerzeugung und Energieverbrauch in einem intelligenten Netz aufrechterhalten zu können. Dies betrifft sowohl die Menge der auszutauschenden Daten als auch die Frequenz des Austauschs. Mithilfe intelligenter Messsysteme, welche in der Lage sind, jährlich ca. 35.000 Messwerte in Echtzeit zu sammeln,[90] sollen bei Letztverbrauchern künftig neben der Erfassung von Abrechnungsdaten, die der Energielieferant für die Erstellung der Verbrauchsabrechnung benötigt, auch exakte Messdaten oder Daten über den Status unterbrechbarer Verbrauchseinrichtungen erfasst werden. Diese sollen den Akteuren des Energiesystems Aufschluss über den Energieverbrauch des Einzelnen geben und es ihnen ermöglichen, Verbrauchsmuster anzufertigen und anhand dieser Kenntnisse einzelne Einrichtungen oder Geräte eines Verbrauchers direkt zu steuern.[91] Ein besonders starker Anstieg der Menge an erhobenen Daten wird bei der Gruppe der Letztverbraucher und innerhalb dieser Gruppe bei solchen Verbrauchern zu verzeichnen sein, bei welchen bisher keine registrierende Leistungsmessung vorgenommen wird.[92]

---

88 *VDE*, Positionspapier Energieinformationsnetze und -systeme, S. 79; *Beth*, Rechtsprobleme proprietärer Standards, S. 38.

89 Netzbetreiber, Messstellenbetreiber, Messdienstleister und Stromlieferanten tauschten bereits im bisherigen Energiesystem untereinander im Rahmen verschiedener Geschäftsprozesse Daten (vgl. § 12 MessZV a.F.) und Energiemengendaten aus (vgl. § 4 StromNZV). Zudem erfolgte die Übermittlung von Messdaten an den Messstellenbetreiber bei Letztverbrauchern mit einer registrierenden Leistungsmessung bereits unter Zuhilfenahme der Kommunikationsinfrastruktur (vgl. Fn. 113).

90 *Müller*, DuD 2010, S. 359 (360). Da die Geräte technisch in der Lage sind, die Messwerte sekundengenau zu erfassen, kann jedes einzelne Messsystem theoretisch rund 31,5 Millionen Messwerte pro Jahr erheben, vgl. *Lüdemann/Jürgens/Sengstacken*, ZNER 2013, S. 592 (592). Mit einer Datenerfassung in Echtzeit ist eine Messung im Viertelstundentakt gemeint (vgl. Fn. 85).

91 *Hladjk*, DuD 2011, S. 552 (552).

92 Soweit das Messstellenbetriebsgesetz keine Zählerstandsgangmessung anordnet (vgl. § 12 StromNZV, § 55 MsbG, hierzu näher § 4 C. IV. 1.), werden Letztverbraucher wie

2. *Intelligente Geräte und Gateways*

Im Energieinformationsnetz bedarf es intelligenter Geräte, die innerhalb der einzelnen Systeme der Akteure eingesetzt werden, um Netz-, Erzeugungs- und Verbrauchszustände digital und in Echtzeit abzurufen. Zudem werden überall dort, wo eine Datenübertragung erfolgen soll, Kommunikationseinheiten (sog. Gateways) benötigt, welche die intelligenten Geräte als Bindeglied über verschiedene Schnittstellen mit verschiedenen Netzen verbinden.[93] Dies kann entweder eine Verbindung im Weitverkehrs- oder einem lokalen Netz sein.[94]

3. *Übertragungstechnologien*

Für die Ermöglichung der Kommunikation mit einem lokalen Netz oder einem Weitverkehrsnetz[95] kommen zur Datenübertragung drahtgebundene und drahtlose Technologien sowie eine Übertragung über das Stromnetz in Betracht.

Hinsichtlich der *drahtgebundenen* Technologien stehen zur Übertragung das Telefonnetz als klassische Schmalbandtechnik[96], digitale Anschlüsse, das Kabelnetz sowie die Übertragung mit Glasfaserkabeln zur Verfügung.[97] Vor allem Letztere können über codierte Lichtsignale große Datenmengen übertragen und zeichnen durch eine hohe Robustheit aus. Die bereits ausgereifte Technik ist aufgrund

---

Haushaltskunden und Gewerbetreibende einem standardisierten Lastprofil zugeordnet, welches auf statistischen Erhebungen der Verbrauchsmengen basiert. Die Daten dieser Verbraucher werden durch einen Drehstromzähler erfasst und in der Regel einmal jährlich vom Messstellenbetreiber ermittelt, indem entweder ein Mitarbeiter des Messstellenbetreibers die Daten vom Zähler abliest oder der Kunde diesem die Messwerte übermittelt. Näher hierzu *Karg*, DuD 2010, S. 365 (365); *Raabe* u.a., in: Raabe u.a., Datenschutz in Smart Grids, S. 10 (11 f.).

93 Vgl. zu den Gateways die Legaldefinition in § 2 S. 1 Nr. 19 MsbG.

94 *Laupichler* u.a., DuD 2011, S. 542 (543); *Eckert/Krauß*, DuD 2011, S. 535 (536).

95 Zu den verschiedenen Netzen *Zayer*, et 5/2017, S. 8 (8); *Laupichler* u.a., DuD 2011, S. 542 (543). Lokale Netze (z.B. innerhalb eines Hauses) ermöglichen die Kommunikation innerhalb der Subsysteme der einzelnen Akteure, Weitverkehrsnetze dienen der Kommunikation zwischen den Akteuren.

96 Es existieren schmalbandige sowie breitbandige Technologien, welche sich in ihren Übertragungsgeschwindigkeiten unterscheiden. Schmalbandsysteme nutzen nur einen Kanal zur Datenübertragung. Bei Breitbandsystemen wird hingegen die Bandbreite der Übertragung auf mehrere Kanäle aufgeteilt und so eine höhere Übertragungsrate erreicht. Siehe hierzu *Mandl/Bakomenko/Weiß*, Grundkurs Datenkommunikation, S. 22.

97 Näher zu den Technologien *Orlamünder*, Nachhaltiges Energieinformationsnetz, S. 26 ff.; *Ernst&Young*, Kosten-Nutzen-Analyse, S. 44 f.

hoher Verlegekosten noch nicht flächendeckend verbreitet. Hinsichtlich *drahtloser* Technologien können Mobilfunktechniken, eine Verbindung via Satellit, die "Code Division Multiple Access"-Technologie[98] und sonstige Funktechniken[99] verwendet werden. Eine von den zuvor genannten Technologien abweichende Datenübertragung ist mit der sog. *Powerline-Technik* möglich, die Übertragungen über Schmalband oder Breitband erlaubt. Bei dieser Technik werden vorhandene Stromleitungen der Nieder- und Mittelspannungsebene durch Einsatz von Trägerfrequenzanlagen zur Datenübertragung mitgenutzt. Dafür müssen die Stromnetze in Teilen umgerüstet werden.[100] Die Powerline-Technik ist noch nicht ausgereift, ihr Störpotenzial ist aufgrund schlechter Abschirmung der Stromkabel noch hoch und die Effizienz vergleichsweise gering.[101]

Es wird davon ausgegangen, dass im Rahmen der Realisierung des Smart Grids mehrere dieser Technologien zum Einsatz kommen werden.[102] Die konkrete Technologiewahl hängt von mehreren Faktoren und nicht zuletzt davon ab, welche Technologien am Standort des Letztverbrauchers zur Verfügung stehen bzw. wie hoch der wirtschaftliche Aufwand ist, ihn mit einer bestimmten Technologie auszustatten.

III. Moderne Messeinrichtungen und intelligente Messsysteme

Intelligenter Messsysteme bedarf es im Smart Grid, um die Zustände im Netz an ausgewählten Punkten besser zu kennen und damit auch bei einer schwankenden Erzeugung ein Gleichgewicht zwischen Erzeugung und Verbrauch von Strom herstellen zu können. Moderne Messeinrichtungen bzw. intelligente Zähler sind

---

98 Diese Technologie ermöglicht die Übertragung von Datenströmen mehrerer Quellen auf einer Frequenz. In Deutschland ist sie derzeit wenig verfügbar. In anderen europäischen Ländern wird sie vielerorts eingesetzt. Siehe *Ernst& Young*, Kosten-Nutzen-Analyse, S. 44, 48; *Sörries*, CR 2012, S. 707 (710).

99 Näher *Sörries*, CR 2012, S. 707 (710).

100 Die Umrüstung betrifft z.B. Trafostationen und Datenkonzentratoren. Siehe *Orlamünder*, Nachhaltiges Energieinformationsnetz, S. 30; *Ernst& Young*, Kosten-Nutzen-Analyse, S. 46 f.

101 *Orlamünder*, Nachhaltiges Energieinformationsnetz, S. 30; *Ernst& Young*, Kosten-Nutzen-Analyse, S. 46 f.; *Sörries*, Energy2.0 2/2012, S. 54 (56 f.); *Offner*, et 4/2016, S. 14 (15 f.). Die Techniken werden derzeit in kleineren Projekten weiter getestet.

102 Siehe hierzu die Einschätzungen von *Schönberg*, in: Servatius/Schneidewind/Rohlfing, Smart Energy, S. 379 (390 ff.); *Sörries*, CR 2012, S. 707 (710); *Ernst& Young*, Kosten-Nutzen-Analyse, S. 175, 190; *Braun*, et 6/2011, S. 20 (21) sowie *Schwab*, Elektroenergiesysteme, S. 573 f.

Voraussetzung dafür, dass Daten der Akteure im Energieversorgungssystem in aktueller Form bzw. in Echtzeit zur Verfügung stehen.

1. Begriffe

Zunächst ist zu klären, was unter den Begriffen moderne Messeinrichtung, intelligentes Messsystem und Smart Meter bzw. Smart Metering zu verstehen ist.

Auf *Ebene der EU* werden die Begriffe „intelligentes Messsystem" und „intelligentes Verbrauchserfassungssystem" bzw. "smart metering system" und "intelligent metering system" synonym verwendet. Hierunter wird „ein elektronisches System, das den Energieverbrauch messen kann, wobei mehr Informationen als mit einem herkömmlichen Zähler bereitgestellt werden, und das Daten unter Nutzung einer Form der elektronischen Kommunikation übertragen und empfangen kann," verstanden.[103] Der Begriff „intelligenter Zähler" bzw. "smart meter" findet ebenfalls Verwendung, jedoch ohne hierfür eine eigene Definition einzuführen.[104] Zudem ist auf EU-Ebene von einem „individuellen Zähler" die Rede, welcher den „tatsächlichen Energieverbrauch des Endkunden und die tatsächliche Nutzungszeit widerspiegeln" soll.[105]

Auf *nationaler Ebene* wird der Begriff des „intelligenten Messsystems" ebenfalls verwendet. Nach § 2 S. 1 Nr. 7 des Messstellenbetriebsgesetzes (MsbG) ist darunter „eine über ein Smart-Meter-Gateway in ein Kommunikationsnetz eingebundene moderne Messeinrichtung zur Erfassung elektrischer Energie, das den tatsächlichen Energieverbrauch und die tatsächliche Nutzungszeit widerspiegelt (...)" zu verstehen. Eine „moderne Messeinrichtung" ist dabei „eine Messeinrichtung, die den tatsächlichen Elektrizitätsverbrauch und die tatsächliche Nutzungszeit widerspiegelt und über ein Smart-Meter-Gateway sicher in ein Kommunikationsnetz eingebunden werden kann" (§ 2 S. 1 Nr. 15 MsbG).[106] Daneben enthält das MsbG in § 2 S. 1 Nr. 13 den Begriff des „Messsystems", welches

103 *Europäische Kommission,* Empfehlung 2012/148/EU, Ziff. 3 lit. b sowie Art. 2 Nr. 28 EED. Eine beinahe wortgleiche Definition ist auch in Art. 2 Nr. 18 des Vorschlags für eine Neufassung der EltRL vorgesehen, vgl. *Europäische Kommission,* COM (2016) 864 final, S. 61.

104 *Europäische Kommission,* Mitteilung „Erneuerbare Energien: ein wichtiger Faktor auf dem europäischen Energiemarkt", KOM (2012) 271 endg., S. 9 verweist für den intelligenten Zähler auf die EltRL. Dort ist aber primär von intelligenten Messsystemen die Rede, der Begriff intelligenter Zähler wird nur kurz und ohne nähere Ausführungen in EltRL, Anh. I Abs. 2 gebraucht.

105 Vgl. Art. 13 Abs. 1 EDL-RL; Art. 9 Abs. 1 EED.

106 Zum Begriff des Smart Meter Gateway siehe ausführlich in § 4 B. I. 2.

als „eine in ein Kommunikationsnetz eingebundene Messeinrichtung“ definiert wird, sowie in § 2 S. 1 Nr. 10 den Begriff der „Messeinrichtung“, worunter ein für die Gewinnung von Messwerten eingesetztes Messgerät zu verstehen ist. Wie die verschiedenen Definitionen im MsbG zeigen, orientiert sich der deutsche Gesetzgeber nur im Ansatz an den unionsrechtlichen Begrifflichkeiten. Der Begriff der „modernen Messeinrichtung“ enthält Elemente der Definition des individuellen Zählers auf Ebene der EU. Die Funktion der modernen Messeinrichtung ist aber nicht auf eine Visualisierung des Energieverbrauchs beschränkt, sondern muss sich immer in ein intelligentes Messsystem einfügen können. Im Gegensatz zu einer „modernen Messeinrichtung“ ist ein „Messsystem“ bereits in ein Kommunikationsnetz eingebunden. Allerdings besitzt ein „Messsystem“ im Gegensatz zu einem „intelligenten Messsystem“ keine Zertifizierung des Bundesamtes für Sicherheit in der Informationstechnik (BSI) und kann deswegen nicht zur Kommunikation in einem intelligenten Energienetz eingesetzt werden.[107]

Wie die Darstellung zeigt, werden auf unionaler und nationaler Ebene verschiedene, nur zum Teil deckungsgleiche Begriffe verwendet.[108] Im Schrifttum werden die Termini ebenfalls nicht einheitlich genutzt.[109] Die Begriffsvielfalt, die insbesondere auch durch die Einführung neuer Definitionen im Messstellenbetriebsgesetz

---

107 Vgl. BT-Drs. 18/7555, S. 73 f. Der Gesetzgeber will mit dem Begriff des „Messsystems“ solche Messeinrichtungen erfassen, die zwar fernausgelesen werden können, aber nicht datensicherheits- und datenschutzrechtlichen Vorgaben des BSI entsprechen. Als Beispiel nennt der Gesetzgeber explizit „aktuell verfügbare sogenannte Smart Meter“, siehe BT-Drs. 18/7555, S. 74.

108 Zum Teil ist dies freilich auf die verschiedenen technischen Entwicklungsstufen der Geräte im Zeitpunkt der Erstellung der jeweiligen Dokumente zurückzuführen.

109 Vgl. etwa *vom Wege/Wagner,* N&R 2016, S. 2 (3), welche die Begriffe „intelligentes Messsystem“ und „moderne Messeinrichtung“ unter dem Oberbegriff „intelligente Messtechnik“ zusammenfassen. *Hoffknecht/Wengeler/Wunderer,* in: Servatius/Schneidewind/Rohlfing, Smart Energy, S. 113 (121) nutzen den Begriff Smart Meter als Oberbegriff und unterscheiden dann zwischen „Basis-“ und „Mehrwertprodukt“, wobei damit verschiedene Gerätausformungen gemeint sind. *Ernst& Young,* Kosten-Nutzen-Analyse, S. 35 führt den Begriff des „modernen Messsystems“ auf. *Benz,* ZUR 2008, S. 457 (458) setzt den Begriff Smart Metering mit dem „Einsatz intelligenter Stromzähler und (…) dadurch ermöglichten technischen Anwendungen und Dienstleistungen“ gleich. Das BMWi verwendet die Begriffe „intelligente Messsysteme“ und “Smart Meter” synonym, siehe *BMWi,* Häufig gestellte Fragen rund um intelligente Messsysteme, Wozu dienen intelligente Messsysteme? (abrufbar unter: https://www.bmwi.de/Redaktion/DE/FAQ/Intelligente-Messsysteme-Zaehler/faq-intelligente-netze-intelligente-zaehler.html, zuletzt abgerufen am 20.8.2017).

entstanden ist,[110] erschwert einen einfachen Zugang zur Materie.[111] Um ein wenig Klarheit zu schaffen, wird im Folgenden im Sinne eines allgemeinen Oberbegriffs von elektronischen Zählern gesprochen, wenn Geräte beschrieben werden, die den tatsächlichen Energieverbrauch des Endkunden und die tatsächliche Nutzungszeit widerspiegeln können. Zudem wird von „intelligenter Messtechnik“[112] oder von “Smart Metern” gesprochen, wenn sowohl „intelligente Messsysteme“ wie auch „moderne Messeinrichtungen“ gemeint sind. Um zwischen „intelligenten Messsystemen“ und „Messsystemen“ unterscheiden zu können, werden Letztere bei Bedarf mit dem Zusatz „nicht den Vorgaben des BSI-Schutzprofils entsprechende“ Messsysteme ergänzt.

2. *Angestrebte Wirkungen*

Von dem Einsatz intelligenter Messtechnik erhofft man sich positive Auswirkungen in verschiedenen Bereichen des Energiesystems.

Bezüglich der *Verbraucher* erfolgte die Bereitstellung von Informationen im bisherigen Energieversorgungssystem auf zwei Arten. Während bei der einen Art der Verbrauchsmessung, der registrierenden Leistungsmessung, zur Kommunikation zwischen Verbraucher und Messstellenbetreiber bereits IKT eingesetzt wurden, erfolgte die Messung bei der anderen Art mithilfe eines elektromechanischen Drehstromzählers.[113] Um bei diesem verbrauchs- und zeitungenauen

110 Der Begriff der „modernen Messeinrichtung“ war in den §§ 21c ff. EnWG a.F., in welchen Aspekte eines “Smart Metering” nach der EnWG-Novelle 2011 zunächst geregelt worden waren, nicht enthalten. Zudem wurde der Begriff des „Messsystems“ einheitlich für Messeinrichtungen genutzt, die nunmehr als „intelligente Messsysteme“ definiert werden.

111 Beispielsweise hätte es sich angeboten, statt des Begriffes „moderne Messeinrichtung“ den Begriff „intelligenter Zähler“ zu verwenden. Während das „intelligente Messsystem“ aufgrund seiner Kommunikationsfähigkeit Teil des intelligenten Netzes ist, ist es die „moderne Messeinrichtung“ an sich nicht, sie besitzt jedoch die technischen Voraussetzungen und damit die Intelligenz, um in ein intelligentes Messsystem eingebunden zu werden.

112 Zum Vorschlag dieses Begriffs siehe *vom Wege/Wagner*, N&R 2016, S. 2 (3).

113 Die registrierende Leistungsmessung wurde bei Letztverbrauchern angewendet, die einen Verbrauch von über 100.000 KWh p.a. haben (§ 12 Abs. 1 StromNZV a.F.). Dies betraf Gewerbe- und Industriekunden. Die Messung erfolgte viertelstündlich mittels eines Lastgangzählers (§ 18 StromNZV a.F., § 10 Abs. 2 MessZV a.F.). Die erfassten Daten wurden, meist einmal pro Tag, an den Messstellenbetreiber übermittelt, welcher dem Verbraucher sodann, zumeist am Folgetag, ein Verbrauchsprofil des vorherigen Tages übermittelte, das er selbst auch zur Prognose des künftigen

Messverfahren den Stromverbrauch der Kunden abschätzen zu können, wurden sog. Standardlastprofile eingesetzt.[114] Durch den Einsatz von intelligenter Messtechnik soll der Stromverbrauch bei Kunden, bei welchen bisher eine elektromechanische Verbrauchsmessung erfolgt, transparenter gemacht werden. Dies soll für die Verbraucher ein Anreiz sein, Strom effizienter zu nutzen.[115]

In Bezug auf die *Energieerzeuger*, die ihren Strom nach dem EEG oder dem KWKG einspeisen, soll die Einführung von intelligenten Messsystemen zu einer besseren Erfassung von aktuellen Einspeisemengen beitragen.[116] Überdies eröffnet die Einbindung der Erzeugungsanlagen in ein intelligentes Netz die Möglichkeit, diese bei Bedarf mithilfe eines Steuerungsbefehls abzuregeln.[117]

Dem *Netzbetreiber* ermöglichen intelligente Messsysteme einen besseren Netzbetrieb und ein besseres Netzmanagement. Daten von Erzeugern und Verbrauchern oder anderen Punkten im Netz, wie etwa Ortsnetzstationen, können in Echtzeit an den Netzbetreiber übermittelt werden, welcher damit über aktuellere und qualitativ hochwertigere Netzzustandsinformationen verfügt.[118]

Mit Blick auf *Energiehandel und Energievertrieb* wird davon ausgegangen, dass sich durch die aktuelleren Daten neue Geschäftsmodelle und Dienstleistungen in verschiedenen Bereichen entwickeln werden.[119] Zudem werden Potenziale im

---

Stromverbrauchs nutzte. Die Verbrauchsmessung mit dem Drehstromzähler wurde grundsätzlich bei Kunden eingesetzt, deren Verbrauch unter 100.000 KWh p.a. liegt. Dies betraf Haushaltskunden und kleinere Gewerbekunden. In regelmäßigen Abständen von zumeist einem Jahr wurde der Verbrauch des Kunden gemessen, vgl. § 10 Abs. 1 MessZV a.F. Siehe zur alten Rechtslage *Bartsch/Pohlmann*, in: Säcker, BerlKommEnR 2010, § 24 EnWG Anh. A (StromNZV), § 18 Rn. 6 ff.

114 Die Lastprofile orientieren sich am typischen Abnahmeprofil der einzelnen Gruppen, vgl. § 12 Abs. 1 und 2 StromNZV. Im gesamten Bundesgebiet wurde diese Verbrauchsmessungsart im Jahr 2015 an ca. 44 Mio. Zählpunkten genutzt, vgl. *BNetzA/BKartA*, Monitoringbericht 2016, S. 242 f.

115 *Lüdemann/Ortmann/Pokrant*, EnWZ 2016, S. 339 (340); *Benz*, ZUR 2008, S. 457 (458).

116 Durch mehr und qualitativ bessere Daten können exaktere Lastprofile erstellt und der Einsatz von Kraftwerken besser geplant werden. Siehe BT-Drs. 17/9400, S. 12; *BMWi/BMU*, 1. Monitoringbericht, S. 63; *Ernst& Young*, Kosten-Nutzen-Analyse, S. 122, 127.

117 *Dinter*, ER 2015, S. 229 (229 f.).

118 Dies betrifft vor allem die Verteilnetzebene. Der Einsatz intelligenter Messsysteme eröffnet zudem Einspar- sowie Aufwandsreduktionspotenziale (z.B. bzgl. der Erstellung der Lastprognosen). Siehe *Dinter*, ER 2015, S. 229 (230); *Haber/Bliem*, et 1,2/2010, S. 108 (109); *Ernst& Young*, Kosten-Nutzen-Analyse, S. 110 m.w.N., 122 f.; *BNetzA*, „Smart Grid“ und „Smart Market“, S. 8 f.

119 Für Energieversorger entsteht durch ein am Stromverbrauch orientiertes Kundenverhalten die Möglichkeit, ihre Produktepalette auszuweiten (z.B mehrere Tarife

Messstellenbereich in Bezug auf die Verbesserung und kostengünstigere Gestaltung von Geschäftsprozessen gesehen.[120] Dem Energievertrieb ermöglichen aktuellere Daten eine Optimierung der Energiebeschaffung, da bei der Kalkulation statt auf Verbrauchsprognosen auf Informationen zu realen Verbräuchen zugegriffen werden kann.[121]

3. *Technischer Entwicklungsstand und Rolloutstrategie*

Die technischen Komponenten, derer es in Bezug auf elektronische Zähler sowie intelligente Messtechnik bedarf, sind grundsätzlich bereits vorhanden. Außerhalb von Pilotprojekten waren in Deutschland im Jahr 2015 bei ca. 6 Mio. Haushaltskunden elektronische Zähler im Einsatz.[122] Moderne Messeinrichtungen und intelligente Messsysteme wurden bereits an knapp 90.000 Zählpunkten eingesetzt, jedoch ist man von einer flächendeckenden Einführung in Deutschland noch weit entfernt.[123] Zur Gewährleistung von Kompatibilität und Interoperabilität der Geräte verschiedener Hersteller befassen sich Normungsgremien auf europäischer und nationaler Ebene mit unterschiedlichen Standardisierungsaspekten der modernen Messeinrichtungen und intelligenten Messsysteme. National spielt neben dem Aspekt der Kommunikationsfähigkeit der Geräte der Schutz und die Sicherheit der übertragenen Daten eine wichtige Rolle, um Datenmissbrauch und die Ermöglichung von Rückschlüssen auf das Verbrauchsverhalten der Nutzer zu vermeiden.[124]

Nach den Vorstellungen der EU sollen bis zum Jahr 2020 80% der Verbraucher mit einem intelligenten Messsystem ausgestattet sein. Um zu vermeiden, dass eine flächendeckende Einführung (sog. Rollout) unverhältnismäßige Kosten verursacht, konnten die Mitgliedstaaten die Einführung intelligenter Messtechnik von

---

anzubieten). Zudem ergeben sich Möglichkeiten für neue Dienstleistungen im Bereich des Energiemanagements. Siehe hierzu *Ernst& Young*, Kosten-Nutzen-Analyse, S. 124 ff.; BT-Drs. 18/7555, S. 81 sowie noch ausführlicher in § 5 C. I.

120 *Ernst& Young*, Kosten-Nutzen-Analyse, S. 148.

121 Zur Kalkulation anhand von Verbrauchsprognosen *Böwing*, in: Baur/Salje/Schmidt-Preuß, Regulierung in der Energiewirtschaft, S. 837 Rn. 47, S. 839 Rn. 54.

122 *BNetzA/BKartA*, Monitoringbericht 2016, S. 242.

123 *BNetzA/BKartA*, Monitoringbericht 2016, S. 242. Hierzu ausführlich unter § 3 A.

124 *Renner*, DuD 2011, S. 524 (525). Das Bundesamt für Sicherheit in der Informationstechnik (BSI) wurde im September 2010 damit beauftragt, zur Sicherstellung der Datensicherheit ein Schutzprofil für das Smart Meter Gateway zu erarbeiten. Hierzu anschaulich *Goldschmidt*, in: Schartner/Lipp, Security 2014, S. 315 ff. Siehe näher zum Schutzprofil in § 4 B. I. 2. b).

einer gesamtwirtschaftlichen Bewertung abhängig machen.[125] Die durchgeführte Kosten-Nutzen-Analyse kam zu dem Ergebnis, dass ein für alle Letztverbraucher verpflichtender Rollout von intelligenten Messsystemen mit Kosten verbunden wäre, welche die Einsparmöglichkeiten übersteigen.[126] Eine Einführung allein auf freiwilliger Basis sollte im Hinblick auf positive netzdienliche Auswirkungen von intelligenten Messsystemen jedoch auch nicht angestrebt werden.[127] Anstelle des von der EU angestrebten Rolloutszenarios wurde ein sog. „Rolloutszenario Plus" vorgeschlagen, welches eine stufenweise, am individuellen Nutzenpotenzial orientierte Einführung intelligenter Messsysteme empfahl. Zu den bereits in § 21c EnWG a.F. festgelegten Pflichteinbaufällen sollten Verpflichtungen zum Einbau intelligenter Messsysteme für kleine EE- und KWK-Anlagen hinzukommen.[128] Zudem wurde ein schrittweiser Rollout von im Vergleich zu intelligenten Messsystemen kostengünstigeren modernen Messeinrichtungen für Haushaltskunden empfohlen.[129]

IV. Entstehung eines intelligenten Strommarkts

Während der Fokus des Smart Grid auf der Herstellung eines netzseitigen Gleichgewichts zwischen Erzeugung und Verbrauch liegt, soll durch die Etablierung eines intelligenten Strommarkts, eines sog. Smart Market, ihr marktseitiges Gleichgewicht erreicht werden.[130] Je mehr es gelingt, die von Erneuerbaren Energien dominierte Erzeugung von und die Nachfrage nach Strom über den Markt abzustimmen, desto effizienter und optimaler kann das Netz ausgelastet

---

125 Siehe Anh. I Abs. 2 EltRL. Anhand der Ergebnisse der positiven wirtschaftlichen Bewertung ist ein Plan zur Einführung von intelligenten Messsystemen innerhalb von 10 Jahren zu erstellen. Die Bewertung war bis 3. September 2012 vorzunehmen. Die vom BMWi in Auftrag gegebene Kosten-Nutzen-Analyse wurde im Juli 2013 veröffentlicht. Siehe hierzu auch § 3 A.I.2.

126 *Ernst& Young*, Kosten-Nutzen-Analyse, S. 186, 217. Gegen einen flächendeckenden Rollout hatte sich zuvor bereits die *BNetzA* ausgesprochen, vgl. *BNetzA*, „Smart Grid" und „Smart Market", S. 8 f.

127 *Ernst& Young*, Kosten-Nutzen-Analyse, S. 186, 218.

128 Kraft-Wärme-Kopplungs-Anlagen werden im Folgenden als „KWK-Anlagen" bezeichnet. Die Empfehlung umfasste als netzdienlich eingestufte Anlagen, die vor dem 4. August 2011 in Betrieb genommen wurden und/oder eine Anschlussleistung von mehr als 0,25 kW aufweisen. Siehe näher *Ernst& Young*, Kosten-Nutzen-Analyse, S. 104, 157, 181 f., 218.

129 *Ernst& Young*, Kosten-Nutzen-Analyse, S. 166. Siehe zu den Ergebnissen der Kosten-Nutzen-Analyse auch *Goette*, et 9/2013, S. 91 (91).

130 Zu diesen Begriffen *BNetzA*, „Smart Grid" und „Smart Market", S. 11 ff.

werden. Der Bedarf an Netzausbau und konventionellen Reservekraftwerken sinkt.[131] Dazu müssen die zur Verfügung stehenden Erzeugungsmengen und Lastflüsse durch geeignete Anreize flexibilisiert und durch ein entsprechendes Einspeise- und Lastmanagement aufeinander abgestimmt werden.[132] Durch die größere Anzahl dezentraler Erzeugungsanlagen und das Angebot neuer Dienstleistungen werden sich die Marktteilnehmer und die Marktrollen sowie letztlich die Struktur des Strommarktes verändern.[133]

V. Stromspeicher

Stromspeicheranlagen können einen Beitrag für eine sichere und qualitativ hochwertige Energieversorgung leisten, da sie eine zeitliche Abkopplung von Stromerzeugung und Strombedarf ermöglichen, eine Ausgleichsoption für Energiefluktuationen darstellen und zur Bereitstellung von Netzsystemdienstleistungen eingesetzt werden können.[134] Unabhängig von den unterschiedlichen Speichertechnologien nehmen Stromspeicher im Rahmen eines Ladevorgangs Energie auf, welche in den Speichern über einen bestimmten Zeitraum gespeichert und im Bedarfsfall im Rahmen eines Entladevorgangs kontrolliert wieder abgegeben wird.[135] Die Speicherung erfolgt dabei durch Umwandlung der zu speichernden Energie in eine andere Energieform.[136] Anhand der Speicherkapazität der Anlagen wird zwischen Kurzzeit- und Langzeitspeichern unterschieden, deren Einsatz sich an ihrer wirtschaftlichen und technischen Wirkkraft

---

131 *Ekardt/Valentin,* Das neue Energierecht, Kap. F, S. 126; *Missling,* in: Danner/Theobald, Energierecht, § 14a EnWG Rn. 4 f. Siehe allgemein auch noch Lietz, ER 2015, 61 (Fn. 1 ff.).

132 *BNetzA,* „Smart Grid“ und „Smart Market“, S. 12 f.; *Steinwärder,* in: Aichele/Doleski, Smart Market, S. 143 (146); *Servatius/Sörries,* in: Aichele/Doleski, Smart Market, S. 705 (715 f.).

133 *Steinwärder,* in: Aichele/Doleski, Smart Market, S. 143 (155 f.).

134 *Rummich,* Energiespeicher, S. 4; *Stenzel,* et 9/2015, S. 38 (38). Im Folgenden werden die Begriffe „Energiespeicheranlagen“, „Energiespeicher“, „Stromspeicher“ und „Speicher“ synonym verwendet.

135 *Rummich,* Energiespeicher, S. 3. Siehe detaillierter *Zahoransky* u.a., Energietechnik, S. 509 ff.

136 Für diese Speicherung stehen elektrochemische (Batterien/Akkumulatoren, Elektrolyse-Wasserstoff, Brennstoffzellen), thermische (Dampfspeicher) und mechanische Speicher (Pump-, Druckluft- und Schwungmassespeicher) zur Verfügung. Zu diesen und weiteren Speichertechnologien siehe *Rummich,* Energiespeicher, S. 4; *Schwab,* Elektroenergiesysteme, S. 257 f.; *Neupert* u.a., Energiespeicher, S. 84 ff., 136 ff.; *Oertel,* Energiespeicher, S. 37 ff., 44 ff., 86 ff.

orientiert.[137] In Bezug auf eine Stromversorgung mit einem stetig wachsenden Anteil von Erneuerbaren Energien sind vor allem Speicher mit großer Speicherkapazität von Interesse. Diese ist bei Pumpspeichern, Druckluftspeichern und der Speicherung in elektrochemischen Speichern vorhanden.[138] Daher wird auf diese im Folgenden vertieft eingegangen.

1. Pumpspeicheranlagen

Pumpspeicherwerke sind Wasserkraftwerke, die zusätzlich zum Generatorbetrieb mit einem Pumpbetrieb ausgestattet sind, mit welchem überschüssige elektrische Energie dazu genutzt wird, Wasser von einem niedriger in ein höher gelegenes Speicherbecken zu pumpen. Bei einem späteren Bedarf von Energie wird das Wasser in das untere Becken abgeleitet. Der dabei durch Umwandlung entstehende Strom kann in das Stromnetz eingespeist werden.[139]

Aufgrund ihrer hohen Wirkungsgrade von bis zu 85%, ihrer hohen Verfügbarkeit und ihrer geringen Anfälligkeit sind die technologisch ausgereiften Pumpspeicher weltweit sowohl als Langzeit- als auch als Kurzzeitenergiespeicher im Einsatz.[140] In Deutschland stellen Pumpspeicher derzeit 95% der zur Verfügung stehenden Leistung netzgekoppelter Energiespeicher.[141] Während es hierzulande topografisch und geografisch bedingt nur noch begrenztes Ausbaupotenzial für die Speicher gibt, werden auf Europa bezogen noch Ausbaupotenziale gesehen, weswegen erwogen wird, neue Speicherkapazitäten für Deutschland mithilfe eines

---

137 *Sailer*, in: Müller, 20 Jahre Recht der Erneuerbaren Energien, S. 777 (785 f.).

138 Welche Speichertechnologie im Rahmen eines Smart Grid führend sein wird, ist derzeit nicht absehbar. Einige der Technologien befinden sich noch im Entwicklungsstadium. Neben der technischen Reife wird für ihre Marktdurchsetzung vor allem die Wirtschaftlichkeit entscheidend sein. Siehe hierzu bereits *BMU*, EEG Erfahrungsbericht 2011, S. 30 f.; *VDE,* Energiespeicher, S. 7, 21; *Stenzel,* et 9/2015, S. 38 (38).

139 Vgl. *SRU,* Wege zur 100% erneuerbaren Stromversorgung, S. 157; *Schütte/Preuß,* NVwZ 2012, S. 535 (536).

140 *Sauer,* Solarzeitalter 04/2006, S. 12 (18), bezeichnet die Anlagen als „das Rückgrat der großen Stromversorgungsnetze". Zum Wirkungsgrad siehe *Neupert* u.a., Energiespeicher, S. 14 f.

141 *Auer/Keil,* Moderne Stromspeicher, S. 7. In Deutschland sind derzeit 31 Pumpspeicher im Einsatz, der größte mit einer Leistung von 1.060 MW und einer Speicherkapazität von 8,4 GWh befindet sich in Goldistahl/Thüringen.

grenzüberschreitenden Netzausbaus zu erschließen.[142] Ob dies in kurz- bzw. mittelfristiger Perspektive realisierbar ist, wird jedoch teils stark angezweifelt.[143]

2. *Druckluftspeicheranlagen*

Konventionelle (sog. diabate) Druckluftspeicherkraftwerke sind Gasturbinenkraftwerke, die überschüssige elektrische Energie dazu verwenden, Umgebungsluft zu pressen und in unterirdischen Hohlräumen (sog. Kavernen) zu speichern. Bei Bedarf an elektrischer Energie kann die komprimierte Luft Turbinen zugeleitet und mittels eines Generators Strom erzeugt werden.[144] Druckluftspeicher ähneln Pumpspeicherkraftwerken hinsichtlich ihrer Betriebscharakteristika und können wie diese auch zur Bereitstellung von Systemdienstleistungen genutzt werden.[145] Der Wirkungsgrad konventioneller Druckluftspeicher liegt bei ca. 50%.[146] Im Gegensatz zu den Pumpspeichern ist bei Druckluftspeichern noch Ausbaupotenzial vorhanden. In Deutschland stehen Salzkavernen zur Verfügung, welche sich relativ schnell und wirtschaftlich vertretbar mittels Auslaugung zu Druckluftspeichern umgestalten lassen.[147]

---

142 Zu den Potentialen in Deutschland *SRU,* Wege zur 100% erneuerbaren Stromversorgung, S. 157; *Auer/Keil,* Moderne Stromspeicher, S. 7; *AEE,* Renews Spezial Nr. 57, S. 9. Eine Alternative wird in der Anschlussnutzung unterirdischer Steinkohlebergwerke gesehen, vgl. *Wieser,* ZUR 2011, S. 240 (241 m.w.N). Auf Europa bezogen werden in Skandinavien und der Alpenregion Potenziale gesehen, siehe BT-Drs. 17/3049, S. 12; *Becker,* ZNER 2010, S. 531 (532) m.w.N.

143 Vgl. *Bruns* u.a., Netze als Rückgrat der Energiewende, S. 18. In Bezug auf Norwegen bestehen derzeit keine ausreichend leistungsstarken grenzüberschreitenden Netze, zudem regt sich in Norwegen selbst Widerstand gegen den deutschen Plan. Näher *Trost* u.a., ZfE 3 (2012), S. 173 (176 f.).

144 *SRU,* Wege zur 100% erneuerbaren Stromversorgung, S. 158. Weltweit sind lediglich zwei derartige Druckluftspeicher im Einsatz, einer wurde 1978 im niedersächsischen Huntorf, der andere 1991 im US-amerikanischen McIntosh in Betrieb genommen.

145 *VDE,* Energiespeicher, S. 22.

146 Die Erhöhung des Wirkungsgrades auf 70% durch sog. adabiate Druckluftspeicher wird derzeit erforscht. Siehe *Sailer,* in: Müller, 20 Jahre Recht der Erneuerbaren Energien, S. 777 (787); *SRU,* Wege zur 100% erneuerbaren Stromversorgung, S. 158; *Schütte/Preuß,* NVwZ 2012, S. 535 (536).

147 *Zahoransky* u.a., Energietechnik, S. 519 f. Die Salzstöcke können auch für die Speicherung von Wasserstoff, Erdgas oder CO_2 genutzt werden. Insofern sind Nutzungskonflikte denkbar.

3. *Wasserstoff- und Methanspeicherung ("Power to Gas")*

Unter dem Schlagwort "Power to Gas" wird die Umwandlung elektrischer Energie in Wasserstoff oder synthetisches Gas/Methan zusammengefasst. Mithilfe eines Elektrolyseverfahrens kann elektrische Energie in verdichteten oder verflüssigten *Wasserstoff* umgewandelt werden.[148] Komprimierter Wasserstoff enthält ca. 70% der elektrischen Energie und ist aufgrund seiner großen Energiedichte grundsätzlich gut transportierbar und speicherbar.[149] Problematisch ist, dass keine Infrastruktur an Wasserstoffgasnetzen und -speichern vorhanden ist. Bis zu einer Konzentration von 5 Vol.-% ist derzeit eine Beimischung von Wasserstoff in Erdgas und eine Einspeisung in das herkömmliche Erdgasnetz möglich.[150] Durch den Speicherungs- und Rückverstromungsprozess wird bei dieser Speichertechnologie von einem Wirkungsgrad von ca. 40% ausgegangen.[151] In einem zweiten Prozess kann der Wasserstoff durch Zugabe von Kohlendioxid in *Methangas* umgewandelt werden, welches in dieser Form direkt in sämtlichen Erdgasverbrauchsfeldern wie Netzen, Speichern, Gaskraftwerken, Heizgeräten und Erdgas-Automobilen genutzt werden kann.[152] Durch erneute Energieverluste liegt der Wirkungsgrad dieser Technologie bei ca. 35%.[153] Aufgrund der direkten, keinen Beimischungsgrenzen unterliegenden Nutzungsmöglichkeiten der Gasnetzinfrastruktur sowie der verschiedenen Einsatzmöglichkeiten in den Bereichen Strom, Wärme/Kälte und Verkehr wird die Methanspeicherung gegenüber der Wasserstoffspeicherung als vorzugswürdig angesehen.[154] Beide Power to Gas-Technologien sind noch nicht marktreif.[155] Ein wirtschaftlich sinnvoller Einsatz von Power to Gas-Anlagen wird

---

148 *Schmid,* Speicherungsmöglichkeiten; *Pehnt/Höpfner,* Wasserstoff- und Stromspeicher, S. 6.

149 Die Speicherung kann z.B. in konventionellen Gasspeichern erfolgen. Siehe näher *Dietrich/Ahnsehl,* et 3/2010, S. 14 (15) m.w.N.; *Schmid,* Speicherungsmöglichkeiten.

150 Hierzu näher *Antoni/Kostka,* ewp 12/2012, S. 100; *Auer/Keil,* Moderne Stromspeicher, S. 11 m.w.N; *Valentin/von Bredow,* et 12/2011, S. 99 (102).

151 *VDE,* Energiespeicher, S. 25; *Schmid,* Speicherungsmöglichkeiten; *SRU,* Wege zur 100% erneuerbaren Stromversorgung, S. 160.

152 *Schmid,* Speicherungsmöglichkeiten. Vertiefend zu diesem Konzept *Sterner,* Bioenergy and renewable power methane in integrated 100% renewable energy systems, S. 104 ff.

153 Näher *Schmid,* Speicherungsmöglichkeiten; *SRU,* Wege zur 100% erneuerbaren Stromversorgung, S. 160; *BMU,* EEG Erfahrungsbericht 2011, S. 28.

154 *SRU,* Wege zur 100% erneuerbaren Stromversorgung, S. 160.

155 Beide Technologien werden weiter erforscht und in verschiedenen Projekten erprobt. Siehe näher *Valentin/von Bredow,* et 12/2011, S. 99 (100) m.w.N.; *Bruns* u.a., Netze

erst ab dem Jahre 2030 erwartet, da erst dann so viel Überschussstrom aus Erneuerbaren Energien gespeichert werden muss, dass sich der Betrieb der Energiespeicher lohnt.[156] Im Rahmen des Smart Grid werden die Power to Gas-Technologien trotz der derzeit noch bestehenden wirtschaftlichen Hindernisse als wichtiger Zukunftsfaktor gehandelt. Sie sind unabhängig von geologischen Restriktionen und eignen sich besonders als Langzeitspeicher.[157]

4. *Batteriespeicher*

Bei Batteriespeichern und Akkumulatoren[158] handelt es sich um elektrochemische Speicher, die stationär und mobil eingesetzt werden können. Es stehen verschiedene Batteriespeicher zur Verfügung, die sich aufgrund der verwendeten Materialen hinsichtlich von Nennspannung, Energiedichte, Wirkungsgrad, Anzahl der Ladezyklen und Kosten unterscheiden.[159] Im Bereich stationärer Stromspeicher werden Batteriesysteme bereits heute zur kurz- und mittelfristigen Energiespeicherung sowie bei der Erbringung von Systemdienstleistungen eingesetzt.[160] Welches Batteriesystem im Smart Grid verstärkt zum Einsatz kommen wird, lässt sich nicht eindeutig beurteilen.[161] Die Aussichten dafür, dass sie als Langzeitspeicher eine tragende Rolle übernehmen, werden jedoch als eher gering eingeschätzt.[162]

---

als Rückgrat der Energiewende, S. 18; *dena,* Power to Gas-Thesenpapier: Technik und Technologieentwicklung, S. 3 f.

156 *Trost* u.a., ZfE 3 (2012), S. 173 (188 f.); *Euler,* ZNER 2013, S. 487 (490) m.w.N.

157 *dena,* Power to Gas-Thesenpapier: Technik und Technologieentwicklung, S. 3; *Antoni/Kostka,* ewp 12/2012, S. 100 (102); *Dietrich/Ahnsehl,* et 3/2010, S. 14 (15). Kritisch zur Forcierung der Technologien aufgrund hoher Kosten bei geringem Wirkungsgrad *Eisenbeiß,* et 12/2011, S. 18 (19).

158 Hierzu *Oertel,* Energiespeicher, S. 55 Fn. 36; *Schwab,* Elektroenergiesysteme, S. 261.

159 Zu den verschiedenen Batteriearten ausführlich *Neupert* u.a., Energiespeicher, S. 37 ff.; *BReg,* Nationaler Entwicklungsplan Elektromobilität, S. 50 ff.; *AEE,* Renews Spezial Nr. 57, S. 18 ff.

160 Näher *Zahoransky* u.a., Energietechnik, S. 524 f.; *Neupert* u.a., Energiespeicher, S. 38.

161 *Oertel,* Energiespeicher, S. 72 f.

162 Siehe *Wieser,* ZUR 2011, S. 240 (241); *SRU,* Wege zur 100% erneuerbaren Stromversorgung, S. 161; *Sailer,* in: Müller, 20 Jahre Recht der Erneuerbaren Energien, S. 777 (788).

VI. Elektromobilität

Eine allgemein anerkannte Definition des Begriffs „Elektromobilität" besteht nicht. Dies hängt damit zusammen, dass unterschiedliche technische Konzepte existieren, mit welchen Fahrzeuge elektrisch betrieben werden können. Auf europäischer Ebene wird ein Elektrofahrzeug als „Kraftfahrzeug mit einem Antriebsstrang, der mindestens einen nichtperipheren elektrischen Motor als Energiewandler mit einem elektrisch aufladbaren Energiespeichersystem, das extern aufgeladen werden kann, enthält", definiert.[163] Auf nationaler Ebene findet sich im Elektromobilitätsgesetz in § 2 Nr. 1 EmoG der Begriff des elektrisch betriebenen Fahrzeuges, welches als „ein reines Batterieelektrofahrzeug, ein von außen aufladbares Hybridelektrofahrzeug oder ein Brennstoffzellenfahrzeug" definiert ist.[164] Die drei Arten des elektrisch betriebenen Fahrzeugs werden in § 2 Nr. 2 bis 4 EmoG konkreter bestimmt. In der Ladesäulenverordnung wird ein Elektromobil als reines Batterieelektrofahrzeug oder von außen aufladbares Hybridelektrofahrzeug definiert, vgl. § 2 Nr. 1 LSV. Brennstoffzellenfahrzeuge fallen hingegen, freilich mangels Notwendigkeit zur Aufladung an einem Ladepunkt, nicht von der Definition umfasst. Das *Bundesumweltministerium* fasst unter den Begriff alle Fahrzeuge, „die von einem Elektromotor angetrieben werden und ihre Energie überwiegend aus dem Stromnetz beziehen, also extern aufladbar sind."[165] Steuerrechtlich werden Elektromobile als „Fahrzeuge mit Antrieb ausschließlich durch Elektromotoren, die ganz oder überwiegend aus mechanischen oder elektrochemischen Energiespeichern oder aus emissionsfrei betriebenen Energiewandlern gespeist werden", definiert.[166] Im Folgenden wird die Bezeichnung „Elektrofahrzeug" bzw. „Elektromobil" als Oberbegriff für alle zumindest teilweise mit elektrischer Energie betriebenen Mobile verwendet. Eine notwendige weitere Spezifizierung wird als solche kenntlich gemacht.

Um den „Paradigmenwechsel"[167] hin zu einer elektrischen Mobilität zu erreichen, müssen in verschiedenen Bereichen technische und wirtschaftliche

---

163 Art. 2 Nr. 2 AFI-RL. Zur Legaldefinition des Fahrzeugs vgl. Art. 3 Nr. 11 der RL 2007/46/EG.

164 Vor Inkrafttreten des EmoG am 12. Juni 2015 wurde eine ähnliche Definition, welche ihren Fokus stärker auf den Antrieb des Fahrzeugs legte, bereits vom Bundesverkehrsministerium genutzt, siehe *BMVBS*, Verkehrsblattverlautbarung vom 21.02.2011, „Zusatzzeichen zur Vorhaltung von Parkflächen für Elektrofahrzeuge" (VkBl. 5/2011, S. 199).

165 *BMUB*, Erneuerbar mobil, S. 9.

166 Vgl. § 9 Abs. 2 KraftStG.

167 *BReg*, Nationaler Entwicklungsplan Elektromobilität, S. 3.

Herausforderungen gemeistert werden. Zur Gewährleistung von Kompatibilität und Interoperabilität der eingesetzten Komponenten ist zudem eine Standardisierung wichtig, da in der Elektromobilität im Vergleich zum Bereich des „stationären" Smart Grids neben den Bereichen Energie und Telekommunikation mit dem Verkehrs- bzw. Automobilsektor noch eine dritte Komponente hinzutritt.[168] Aufgrund der in den kommenden Jahren schwer vorhersagbaren Akzeptanz und Kaufbereitschaft der Nutzer/Kunden hat sich die Bundesregierung für eine dreiphasige Markteinführung entschieden.[169]

1. Antriebs- und Batterietechnologien

Es stehen mehrere technische Antriebskonzepte für die Umsetzung eines Elektrofahrzeugs bereit.[170] Wegen des in reinen Elektrofahrzeugen, Fahrzeugen mit Reichweitenverlängerung und Plug-In-Hybridfahrzeugen liegenden Potenzials zur Nutzung Erneuerbarer Energien im Verkehrssektor liegt der Fokus der Forschung auf diesen Technologien. Fahrzeuge mit Reichweitenverlängerung und Plug-In-Hybridfahrzeuge werden dabei als Brückentechnologien zum Übergang in eine „Autolandschaft" aus reinen Elektrofahrzeugen gesehen.[171]

In Bezug auf die Batterietechnologien kommt es im mobilen Bereich vor allem auf die Energiedichte an, da die im Fahrzeug mitgeführten Speicher nicht

---

168 *NPE,* Normungs-Roadmap Elektromobilität, Version 1, S. 4, 12.

169 Phase 1 (2010–2014) war der Marktvorbereitung gewidmet. Phase 2 (2015–2017) konzentriert sich auf den Markthochlauf von Fahrzeugen und Ladeinfrastruktur. In Phase 3 (2018–2020) soll der Massenmarkt erreicht werden. Im Jahr 2020 sollen 1 Million Elektrofahrzeuge auf den Straßen fahren. Siehe *NPE,* Fortschrittsbericht 2014, S. 3 f.

170 Reine Elektrofahrzeuge verfügen über einen Elektromotor mit am Netz aufladbarer Batterie und werden zu 100% aus elektrischer Energie gespeist. Hybridfahrzeuge kombinieren den Antrieb aus Verbrennungsmotor und Elektromotor. Kann die Batterie der Hybridfahrzeuge über das Stromnetz aufgeladen werden, spricht man von "Plug-in"-Hybridfahrzeugen. Fahrzeuge mit Reichweitenverlängerung sind neben einem Elektromotor mit einem Verbrennungsmotor oder einem Brennstoffantrieb ausgestattet. Es handelt sich damit bei ihnen auch um (Plug-In-)Hybridfahrzeuge. Der Antrieb erfolgt aber immer primär elektrisch, die Reichweitenverlängerung wird nur ersatzweise genutzt. Brennstoffzellenfahrzeuge verfügen über einen Elektromotor, der durch die in einer Brennstoffzelle erzeugte Energie gespeist wird. Näher *BReg,* Nationaler Entwicklungsplan Elektromobilität, S. 7; *BMUB,* Erneuerbar Mobil, S. 8; *Maslaton/Hauk,* NVwZ 2015, S. 555 (558).

171 *BReg,* Nationaler Entwicklungsplan Elektromobilität, S. 6 f.; *BMUB,* Erneuerbar Mobil, S. 18.

zu schwer und nicht zu groß sein dürfen, andererseits aber eine möglichst große Reichweite erzielt werden soll.[172] Zudem spielen Sicherheit und Wirtschaftlichkeit der Elektrofahrzeuge eine große Rolle.[173] Für den Einsatz im mobilen Bereich werden mehrere Batterietechnologien als geeignet angesehen.[174]

2. *Ladeinfrastruktur*

Das Aufladen der Fahrzeugbatterien der Elektrofahrzeuge erfolgt durch Anschluss an das öffentliche Stromnetz. Als Ladepunkte kommen der private Hausanschluss des Fahrzeugnutzers/Stromkunden sowie zur Nutzung bereitgestellte Ladepunkte des Arbeitgebers oder gewerblicher Einrichtungen in Betracht. Um für Elektromobilität eine breite Akzeptanz in der Bevölkerung zu erzeugen, wird es als unerlässlich erachtet, den Nutzern eine darüber hinausgehende flächendeckende, „diskriminierungsfrei zugängliche und gewissen Mindestanforderungen genügende Infrastruktur zur Verfügung zu stellen."[175] Es bedarf Ladepunkte im öffentlichen Raum, die von jedermann einfach und unkompliziert zum Laden eines Elektrofahrzeugs genutzt werden können. Dies betrifft die Art der Messeinrichtungen und Ladetechnologien[176] sowie die zu verwendenden Abrechnungssysteme.[177] Hinsichtlich der Art der Messeinrichtungen ist die technische

---

172 *Oertel,* Energiespeicher, S. 114; *AEE,* Renews Spezial Nr. 57, S. 6.

173 *BReg,* Nationaler Entwicklungsplan Elektromobilität, S. 20.

174 Näher *Oertel,* Energiespeicher, S. 114; *VDE,* Energiespeicher, S. 34. In Ergänzung zu Batterien wird im Einsatz von Doppelschichtkondensatoren eine Technologie für Elektromobilität gesehen, hierzu näher *BReg,* Nationaler Entwicklungsplan Elektromobilität, S. 11, 27, 30, 49.

175 *NPE,* Zweiter Bericht 2011, S. 33.

176 Für das Laden der Batterie stehen mit dem Aufladen mittels Kabel, dem induktiven Laden und dem Batteriewechsel drei Technologiekonzepte zur Verfügung, welche sich in ihrem Entwicklungsstand, der Ladedauer und der zu erwartenden Akzeptanz von Fahrzeughersteller und -nutzer unterscheiden. Näher *Rettberg,* IR 2013, S. 290 ff.; *NPE,* Zweiter Bericht Anhang, S. 19; *Reichert/Reimann/Lohr,* in: Servatius/Schneidewind/Rohlfing, Smart Energy, S. 453 (458 f. m.w.N.); *Lorkowski,* in: Boesche u.a., Handbuch Elektromobilität, S. 115 (121 f.).

177 Hinsichtlich der Abrechnungskonzepte stellt sich die Herausforderung, dass sich die Abrechnung grundsätzlich auf einen Anschlusspunkt bezieht und durch einen mit dem Ladepunktnutzer vertraglich verbundenen Stromanbieter oder Ladepunktbetreiber erfolgt. Ein öffentlicher Ladepunkt sollte jedoch von allen Elektromobilnutzern in Anspruch genommen und die entnommene Strommenge dem jeweiligen Fahrzeugnutzer zur Abrechnung zugeordnet werden können, ohne dass eine vertragliche Verbindung zum Betreiber der einzelnen Ladesäule besteht (sog. E-Roaming).

Entwicklung von öffentlich zugänglichen Ladepunkten derzeit am weitesten fortgeschritten.[178]

3. *Systemintegration*

Um nicht nur zu einer Erhöhung des Gesamtstrombedarfs beizutragen, sondern im künftigen Energiesystem eine „dienende Rolle“ übernehmen zu können, sollen Elektrofahrzeuge in einem zweiten Schritt ins Stromnetz integriert werden.[179] Zum einen soll mithilfe von “Grid-to-Vehicle”-Management ihr Ladevorgang kontrolliert werden. Zum anderen sollen Elektrofahrzeuge langfristig im Rahmen des “Vehicle-to-Grid”-Konzeptes als mobile Speicher Energie dann laden und zwischenspeichern, wenn ein Stromüberangebot besteht, und Energie ins Netz zurückspeisen, wenn eine Bedarfsunterdeckung gegeben ist. Da einzelne Fahrzeugbatterien eine eher geringe Speicherkapazität aufweisen, werden Elektrofahrzeuge nur in der Masse einen Beitrag zur Stabilität des Energiesystems leisten können.

Damit ein Beitrag zur Netzstabilität möglich ist, bedarf es ausreichender Daten über den Lade- sowie Netzzustand, eines Informationsaustausches zwischen den Akteuren sowie Überwachungs-, Regel- und Steuerungsmechanismen über IKT-Schnittstellen.[180] Die informationstechnische Vernetzung der

---

Siehe näher *Orlamünder,* in: Tenbohlen/Orlamünder/Müller-Elschner, Verteilen und Speichern von Energie im Smart Grid, S. 11 (46); *Fest/Franz/Gaul,* et 5/2010, S. 79 (79 ff.); *NPE,* Zweiter Bericht Anhang, S. 17.

178 Der von der Nationalen Plattform Elektromobilität zunächst prognostizierte Bedarf von ca. 118.000 Ladepunkten ab dem Jahr 2014 (*NPE,* Zweiter Bericht 2011, S. 37 Abb. 12, S. 38 Abb. 14) wurde aufgrund des schleppenden Markthochlaufs zunächst auf etwa 77.000 öffentliche Ladepunkte (*NPE,* Fortschrittsbericht 2014, S. 45 f.) und schließlich auf ca. 43.000 Ladepunkte bis zum Jahr 2020 (*BMVI,* Nationaler Strategierahmen, S. 25) nach unten korrigiert. Ende 2015 waren in Deutschland 5.836 Ladepunkte öffentlich zugänglich, siehe *BMVI,* Nationaler Strategierahmen, S. 14 f. Zu anderen Messeinrichtungskonzepten siehe *Orlamünder,* in: Tenbohlen/Orlamünder/Müller-Elschner, Verteilen und Speichern von Energie im Smart Grid, S. 11 (35 f.); *Berg* u.a., et 6/2011, S. 58.

179 Hierzu *BReg,* Nationaler Entwicklungsplan Elektromobilität, S. 12 sowie oben § 2 .A.I.4.

180 Im Rahmen des Programms „IKT für Elektromobilität“ werden für den Elektromobilitätsbereich IKT sowie Dienste in verschiedenen Bereichen entwickelt und getestet. Das Programm läuft in zwei Phasen (2009–2011 und 2012–2014) ab. Vgl. zu Phase 1 *Goerdeler/Liebich,* in: Boesche u.a., Handbuch Elektromobilität, S. 21 (23 ff.).

Akteure erfolgt über das Energieinformationsnetz.[181] Hinsichtlich des kontrollierten Lade- bzw. Rückspeisevorgangs (sog. "Smart Charging") kann ein intelligentes Messsystem eingesetzt werden. Die erforderlichen Überwachungs-, Regel- und Steuerungsprozesse sollten möglichst automatisiert ablaufen.

---

181 Die Kommunikation erfolgt mithilfe der dargestellten Übertragungstechnologien, vgl. oben § 2 B. II. 3. Drahtgebundene Technologien dürften jedoch bezüglich freistehender, nicht-privater Ladepunkte nicht in Betracht kommen, siehe *Horenkamp/Rolink/Rehtanz,* in: Boesche u.a., Handbuch Elektromobilität, S. 470 ff.

§ 3 Investitionsbedarf im Bereich der Energieversorgungsinfrastruktur

Der Aufbau eines intelligenten Netzes erfordert weitreichende Investitionen in die Energieinfrastruktur, vor allem in Form einer technischen Optimierung. Zur Erreichung des Ziels einer flexibleren Gestaltung des Stromverbrauchs kann zum einen intelligente Messtechnik beitragen. Aktuelle und exaktere Messwerte ermöglichen eine bessere Abstimmung von Erzeugung und Verbrauch von Energie. Zum anderen kann auch eine technische Aufrüstung der Netzbestandteile zu einem intelligenten Netz einen Beitrag zu einer besseren Steuerung von Angebot und -nachfrage leisten.

Im folgenden Abschnitt A. wird zunächst ein Blick auf die unionsrechtlichen Regelungen zu intelligenten Messsystemen geworfen. Der Ausführung zu den einschlägigen Rechtsnormen folgt die Prüfung der Vereinbarkeit dieser Vorgaben mit den Regelungen der Charta der Grundrechte der Europäischen Union. Sodann widmet sich die Darstellung der nationalen Ausgestaltung dieser Vorgaben. Hier wird untersucht, welche gesetzlichen Festlegungen zur Installation von intelligenter Messtechnik bestehen, an wen diese Vorgaben adressiert sind und wer die Kosten für diese Maßnahmen zu tragen hat. Überdies wird untersucht, ob die gesetzlichen Regelungen mit den Vorgaben des Grundgesetzes vereinbar sind. Im Anschluss daran werden in Abschnitt B. sodann die bestehenden Netzausbau- und Investitionspflichten daraufhin untersucht, ob diese ausreichende Vorgaben zur intelligenten Modernisierung der Netzinfrastruktur enthalten und welche Anreize das geltende Recht den Investitionsverpflichteten setzt, um in eine intelligente Netzinfrastruktur zu investieren.

A. Installations- und Investitionspflichten in eine intelligente Messtechnik

I. Vorgaben zum Einbau intelligenter Messtechnik

Vorgaben zum Einbau intelligenter Messtechnik sind im Messstellenbetriebsgesetz (MsbG) enthalten. Das MsbG bildet den zentralen Bestandteil des als Artikelgesetz ausgestalteten Gesetzes zur Digitalisierung der Energiewende (GDEW), welches zur Erreichung des Ziels einer Flexibilisierung und effizienteren Gestaltung der Energieversorgung eine intelligente Mess- und Kommunikationsinfrastruktur im Energiewirtschaftsrecht etabliert.[182]

1. Unionsrechtliche Vorgaben

a) Art. 3 Abs. 7 i.V.m. Anh. I Abs. 2 EltRL, Art. 9 Abs. 2 EED

Die nationalen Festlegungen gehen auf unionsrechtliche Vorgaben in der Elektrizitätsrichtlinie 2009/72/EG (EltRL) zurück.[183] Nach Art. 3 Abs. 7 i.V.m. Anh. I Abs. 2 EltRL haben die Mitgliedstaaten zur Unterstützung einer aktiven Beteiligung der Verbraucher am Stromversorgungsmarkt die Einführung intelligenter Messsysteme zu gewährleisten.[184] Der Einführung der Messsysteme konnte eine wirtschaftliche Bewertung der langfristigen Kosten und Nutzen intelligenter Messsysteme für den einzelnen Verbraucher und für den Markt vorangestellt werden, welche bis 3. September 2012 durchzuführen war. Bei einer positiven Kosten-Nutzen-Analyse sollten 80% der Verbraucher, für welche die Einführung positiv bewertet wurde, bis 2020 mit intelligenten Messsystemen ausgestattet werden.[185] Mit welcher Strategie die Zielmarke von 80% erreicht wird, bleibt den Mitgliedstaaten überlassen.

Zudem enthält die auf Energieeffizienzmaßnahmen fokussierte Richtlinie 2012/27/EU (EED) in Art. 9 Abs. 2 konkretisierende Vorgaben zu intelligenten Messsystemen. Demnach haben die Mitgliedstaaten unter anderem zu gewährleisten, dass die Sicherheit der Messgeräte im Einklang mit den Datenschutzvorschriften der EU, also der allgemeinen Datenschutzrichtlinie 95/46/EG sowie der Datenschutzrichtlinie für elektronische Kommunikation 2002/58/EG, stehen.[186]

---

182 Siehe hierzu die Ausführungen in der Gesetzesbegründung, BT-Drs. 18/7555 v. 17. Februar 2016, S. 1. Das GDEW wurde am 29. August 2016 im Gesetzblatt verkündet (BGBl. I S. 2034) und trat am 2. September 2016 in Kraft.

183 Die EltRL enthält Vorgaben zu intelligenten Messsystemen und Zählern. Zuvor legte die EDL-RL aus dem Jahr 2006 schon Vorgaben zum Einbau elektronischer Zähler bei Endkunden fest, siehe Art. 13 Abs. 1 EDL-RL. Anschaulich zu diesen Einbaupflichten *Wieser*, Intelligente Elektrizitätsversorgungsnetze, S. 46 f. Zu den auf EU-Ebene verwendeten Begriffsbestimmungen siehe § 2 B. III. 1.

184 Mit „Verbraucher" sind dabei Haushaltskunden gemeint (Art. 3 Abs. 7 S. 7 EltRL). Dies sind nach Art. 2 Nr. 10 EltRL Kunden, die Elektrizität für den Eigenverbrauch im Haushalt kaufen. Gewerbliche und berufliche Tätigkeiten sind darin nicht eingeschlossen.

185 *Europäische Kommission*, Interpretative Note on Directive 2009/72/EC, S. 8 f.

186 Art. 9 Abs. 2 lit. b) EED. Zur Umsetzung von dieser Norm sowie allgemein zur Umsetzung der EED in nationales Recht *Keck*, Energieeffizienzvorgaben auf unionaler

b) Vereinbarkeit der unionsrechtlichen Vorgaben mit den Grundrechten

Fraglich ist, ob diese Festlegungen mit grundrechtlichen Vorgaben vereinbar sind.

Aus der in Anh. I Abs. 2 EltRL festgelegten Gewährleistungspflicht der Mitgliedstaaten zur Ausstattung von Verbrauchern mit intelligenten Messsystemen resultiert die Pflicht der Verbraucher zur Duldung des Einbaus von Messgeräten, die aufgrund ihrer technischen Fähigkeiten grundsätzlich zur Datenkommunikation mit anderen Marktteilnehmern in der Lage sind.[187] Namentlich kommt hier ein Eingriff in das Recht auf Achtung des Privatlebens nach Art. 7 GRCh oder in das Grundrecht auf Schutz personenbezogener Daten nach Art. 8 GRCh in Betracht. Art. 7 GRCh schützt vor Beeinträchtigungen des Privatlebens natürlicher Personen, welches diesen als sozialer und kommunikativer Rückzugsraum dient.[188] Art. 8 GRCh schützt Informationen bezüglich einer natürlichen Person im Rahmen von Datenverarbeitungsvorgängen.[189] Vorliegend resultiert aus der Gewährleistungspflicht der Mitgliedstaaten primär eine durch die Pflicht zur Duldung des Einbaus intelligenter Messsysteme hervorgerufene Verkürzung der Freiheit des Einzelnen. Die aufgrund der kommunikationstechnischen Fähigkeiten der Messgeräte möglichen Datenverarbeitungen sind hingegen lediglich Folge des Einbaus, auf die Datenverarbeitungen wird in Anh. I Abs. 2 EltRL aber nicht explizit Bezug genommen. Die in Anh. I Abs. 2 EltRL enthaltene Gewährleistungspflicht stellt daher einen Eingriff in Art. 7 GRCh dar.[190]

Eingriffe in die in der Grundrechte-Charta niedergelegten Rechte können gerechtfertigt werden, wenn die Einschränkung in einem verbindlichen Rechtsakt der EU vorgesehen ist, der den Zweck und den Umfang der Einschränkung

---

und nationaler Ebene, S. 49 ff. Im Vorschlag zur Neufassung der EltRL ist vorgesehen, Vorgaben zu intelligenten Messsystemen gebündelt in einer Richtlinie festzulegen, vgl. *Europäische Kommission,* COM (2016) 864 final, S. 81 ff., Art. 19 f.

187 *Baumgart,* RdE 2016, S. 454 (457). Auf die kommunikationstechnischen Aspekte intelligenter Messsysteme wird in § 4 noch ausführlich eingegangen.

188 *Jarass,* GRCh, Art. 7 Rn. 13; *Bock/Engeler,* DVBl 2016, S. 593 (595). Art. 7 GRCh enthält mit dem Recht auf Achtung des Privatlebens, des Familienlebens, der Wohnung und der Kommunikation vier verschiedene Teilbereiche eines Grundrechtes. Siehe zu diesen näher *Jarass,* GRCh, Art. 7 Rn. 2.

189 Hierbei ist von einer weiten Definition der Datenverarbeitung auszugehen, die neue Formen der Datenverwendung mit umschließt, siehe hierzu *Bernsdorff,* in: Meyer, GRCh, Art. 8 Rn. 15 f.; *Bock/Engeler,* DVBl 2016, S. 593 (595).

190 *Baumgart,* RdE 2016, S. 454 (456 f.).

erkennen lässt (vgl. Art. 52 Abs. 1 S. 1 GRCh).[191] Ein solcher Rechtsakt ist hier gegeben. Die EltRL dient der Verwirklichung des Elektrizitätsbinnenmarktes.[192] Die Mitgliedstaaten sollen den Einbau intelligenter Messsysteme bei Vorliegen einer positiven Kosten-Nutzen-Analyse bis 2020 bei mindestens 80% der Verbraucher sicherstellen.[193] Der Eingriff muss weiterhin auch verhältnismäßig sein. Dies wäre der Fall, wenn die Beeinträchtigung erforderlich ist und den von der EU anerkannten, dem Gemeinwohl dienenden Zielsetzungen oder den Erfordernissen des Schutzes und der Rechte anderer tatsächlich entspricht (vgl. Art. 52 Abs. 1 S. 2 GRCh). Die Erforderlichkeit der Maßnahme wäre zu verneinen, wenn diese sich nicht auf das beschränkte, was zur Erreichung des verfolgten Ziels notwendig ist.[194] Die durch die Maßnahme verursachten Nachteile müssen zudem zu dem mit ihr verfolgten Zweck in einem angemessenen Verhältnis stehen.[195] Um der sich aus Art. 7 GRCh ergebenden Pflicht, die Privatsphäre des Einzelnen vor dem Zugriff Dritter zu schützen,[196] ausreichend nachzukommen, ist der Erlass klarer und präziser Vorgaben hinsichtlich der Reichweite einer Maßnahme und der von ihr einzuhaltenden Mindestanforderungen erforderlich.[197]

Aufgrund der kommunikationstechnischen Fähigkeiten der Geräte ermöglicht bereits der Einbau intelligenter Messsysteme grundsätzlich den Datenaustausch mit anderen Marktakteuren. Die EU legt hinsichtlich des zu gewährleistenden Datenschutzes intelligenter Messsysteme in Art. 9 Abs. 2 lit. b) EED lediglich fest, dass die Mitgliedstaaten die Einhaltung der einschlägigen Datenschutzrichtlinien zu gewährleisten haben. Eine Festlegung konkreter EU-Datenschutzregelungen, welche die Gefahren der kommunikationstechnischen Fähigkeiten intelligenter Messsysteme adressieren und regeln, in welchen Messintervallen die Geräte Daten erheben und an Marktteilnehmer übermitteln können, fehlt hingegen.[198] Die Empfehlung 2012/148/EU zu Vorbereitungen für die Einführung intelligenter Messsysteme enthält zwar Angaben zum Datenschutzrecht der Geräte, dabei handelt es

---

191 Siehe hierzu näher *Becker,* in: Schwarze, EU-Kommentar, Art. 52 GRCh Rn. 4.

192 Vgl. EltRL, Erw.grund 3 ff.

193 *Baumgart,* RdE 2016, S. 454 (457 f.).

194 EuGH, Urteil v. 6.10.2015, „Schrems", Rs. C-362/14, ECLI:EU:C:2015:650 Rn. 92; *Jarass,* GRCh, Art. 7 Rn. 37.

195 *Jarass,* GRCh, Art. 7 Rn. 37.

196 Siehe hierzu *Jarass,* GRCh, Art. 7 Rn. 32 f.; *Bernsdorff,* in; Meyer, GRCh, Art. 7 Rn. 17.

197 EuGH, Urteil v. 8.4.2014, "Digital Rights Ireland Ltd.", Rs. C-293/12, ECLI:EU:C:2014:238 Rn. 54.

198 *Baumgart,* RdE 2016, S. 454 (459).

sich aber lediglich um eine rechtlich unverbindliche Leitlinie.[199] Die Verantwortlichkeit für den Schutz der Privatsphäre wird folglich gänzlich auf die Mitgliedstaaten übertragen. Die EU kommt ihrer Schutzpflicht damit nicht in angemessener Weise nach.[200] Es liegt daher ein nicht gerechtfertigter Eingriff in Art. 7 GRCh vor.

2. Nationale Ausgestaltung des „Rollout" intelligenter Messsysteme

Die unionsrechtlichen Vorgaben wurden auf nationaler Ebene zunächst im Rahmen der EnWG-Novelle 2011 in den §§ 21b ff. EnWG a.F. umgesetzt.[201] Die §§ 21b ff. EnWG a.F. sollten „erst[e] Grundlagen für ein Smart Metering" schaffen.[202] Die konkrete Ausgestaltung der Vorgaben zu den Einbaupflichten war durch ein umfassendes „Verordnungspaket Intelligente Netze" vorgesehen gewesen, in welches die Ergebnisse der vom Bundesministerium für Wirtschaft und Energie (BMWi) in Auftrag gegebenen Kosten-Nutzen-Analyse mit einbezogen werden sollten.[203] Der Gesetzgeber entschied sich letztendlich gegen eine Konkretisierung in mehreren Verordnungen. Stattdessen hat er die für intelligente Messsysteme relevanten Regelungen nunmehr in einem das gesamte Messstellenbetriebswesen umfassenden Gesetz, dem MsbG, gebündelt kodifiziert. Das MsbG steht eigenständig neben den für den Bereich intelligenter Messsysteme relevanten Gesetzen EnWG, EEG und KWKG.[204]

---

199 Im Übrigen bleiben die Angaben in der Empfehlung an die Mitgliedstaaten sehr vage. In Ziff. 42 lit. h) Empfehlung 2012/148/EU heißt es unter anderem: „Bereitstellung einer sicheren Datenkommunikation. (…) Ein hohes Sicherheitsniveau ist für die gesamte Kommunikation (…) unerlässlich."

200 *Baumgart,* RdE 2016, S. 454 (459).

201 Siehe Art. 1 des EnWNG, vgl. BT-Drs. 17/6072, S. 1. Weitere, punktuelle Anpassungen der Regelungen erfolgten im Rahmen des 3. EnWNG sowie dem 2. NABEEG. Zuvor waren erste rudimentäre Vorgaben zu elektronischen Zählern in Umsetzung der Vorgaben der EDL-RL bereits in § 21b Abs. 3a und 3b EnWG 2008 aufgenommen worden. Siehe hierzu etwa *vom Wege/Sösemann,* IR 2009, S. 55 (57); *Güneysu/Vetter/Wieser,* DVBl 2011, S. 870 (871).

202 BT-Drs. 17/6072, S. 76 und S. 2. Hierzu *Eder/vom Wege/Weise,* ZNER 2012, S. 59 ff.

203 Die Kosten-Nutzen-Analyse wurde im Juli 2013 fertiggestellt. Eine Nachzeichnung der chronologischen Geschehnisse findet sich bei *Dinter,* ER 2015, S. 229 (230) sowie *vom Wege/Wagner,* N&R 2016, S. 2 (3). Zum geplanten Verordnungspaket siehe *BMWi,* Eckpunktepapier zum „Verordnungspaket Intelligente Netze"; *Reif/Förster,* et 7/2015, S. 65 (65 f.).

204 *Vom Wege/Wagner,* N&R 2016, S. 2 (3).

a) Verpflichtende Installation intelligenter Messsysteme (§ 29 Abs. 1 MsbG)

§ 29 Abs. 1 MsbG verpflichtet grundzuständige Messstellenbetreiber ab 2017 unter Vorbehalt der technischen Möglichkeit und wirtschaftlichen Vertretbarkeit des Einbaus in drei Fällen, Messstellen an ortsfesten Zählpunkten mit intelligenten Messsystemen auszustatten:[205] bei Letztverbrauchern mit einem Jahresstromverbrauch über 6000 kWh (Nr. 1 Alt. 1), bei Letztverbrauchern, mit denen eine Vereinbarung nach § 14a EnWG besteht (Nr. 1 Alt. 2) sowie bei Anlagenbetreibern nach dem EEG oder KWKG mit einer installierten Leistung über 7 kW (Nr. 2).

Die Festlegung dieser Einbaufälle wird damit begründet, dass diese für die Erreichung des Ziels der Einführung intelligenter Messsysteme als Basis eines Smart Grids von so großer Bedeutung seien, dass ihre „Durchführung nicht im Belieben des grundzuständigen Messstellenbetreibers stehen" könne.[206] Die in § 29 Abs. 1 Nr. 1 Alt. 1 und Nr. 2 MsbG normierten Fälle waren bereits in der Vorgängerregelung des § 21c Abs. 1 EnWG a.F. festgelegt worden. Die Aufnahme von Letztverbrauchern mit einer bestehenden Vereinbarung nach § 14a EnWG (Nr. 1 Alt. 2) in den Kreis der einen verpflichtenden Einbaufälle geht auf die Empfehlungen in der durchgeführten Kosten-Nutzen-Analyse zurück.[207] Die Einbaupflicht für Anlagenbetreiber (Nr. 2) wurde auf Altanlagen erweitert. Dagegen besteht für Neubauten und Gebäude, die einer größeren Renovierung im Sinne des Art. 2 Abs. 10 lit. b RL 2010/31/EU unterzogen werden, keine Einbaupflicht intelligenter Messsysteme mehr.[208]

Der Verpflichtung zum Einbau intelligenter Messsysteme bei verbrauchsstarken Letztverbraucher (§ 29 Abs. 1 Nr. 1 Alt. 1 MsbG) liegt der Gedanke zugrunde, dass ab einer Verbrauchsgrenze von 6000 kWh pro Jahr ein genügend großes Stromeinspar- und Lastverlagerungspotenzial vorliegt, das nicht nur

205 Zum grundzuständigen Messstellenbetreiber (§ 2 S. 1 Nr. 4 MsbG) siehe näher in § 3 A. II. Zählpunkt ist gem. § 2 S. 1 Nr. 28 MsbG der Punkt, an dem der Energiefluss messtechnisch erfasst wird. Zur technischen Möglichkeit und wirtschaftlichen Vertretbarkeit sogleich § 3 A. I. 3.

206 Siehe hierzu die Ausführungen in der Gesetzesbegründung, BT-Drs. 18/7555, S. 89.

207 BT-Drs. 18/7555, S. 89; *Ernst&Young,* Kosten-Nutzen-Analyse, S. 195, 214; *dies.,* Ergänzungen zur KNA vom Juli 2013, S. 18. Zu § 14a EnWG ausführlicher in § 5 A. I.

208 Eine Modernisierung dieser Gebäude könne auch durch moderne Messeinrichtungen erreicht werden, siehe BT-Drs. 18/7555, S. 89. Zur Vorgängerregelung vgl. § 21c Abs. 1 lit. a EnWG a.F.

für den einzelnen Verbraucher, sondern auch für die Gesamtwirtschaft positive Auswirkungen hat.[209] Die Verbrauchsstärke ändert sich nicht wesentlich dadurch, ob jährlich 5999 kWh oder 6001 kWh verbraucht werden, rechtlich macht dies jedoch durch die Festlegung eines pauschalen Grenzwertes einen Unterschied.[210] Der Gefahr der Entstehung von Wertungswidersprüchen begegnet der Gesetzgeber dadurch, dass als Bezugspunkt für die Einordnung in eine Verbrauchsgruppe der Durchschnittswert der jeweils letzten drei erfassten Jahresverbrauchswerte an einem Zählpunkt gilt (§ 31 Abs. 4 S. 1 MsbG). Ein leicht schwankender Verbrauch, der zu einer einmaligen Überschreitung des Grenzwertes führt, zieht daher keine Einbaupflicht nach sich.[211] Bereits eingebaute intelligente Messsysteme können bei einer dauerhaften Unterschreitung des Grenzwertes allerdings nicht wieder ausgebaut werden (vgl. § 36 Abs. 3 MsbG).

Die Einbeziehung von Altanlagen in die Einbaupflicht von Messsystemen bei Anlagenbetreibern (§ 29 Abs. 1 Nr. 2 MsbG) wird mit der großen Zahl bereits installierter Anlagen gerechtfertigt.[212] Die Festlegung des Grenzwerts bei Anlagen mit einer Leistung bei 7 kW wird mit deren Netzrelevanz begründet.[213] Kritisiert wird insoweit die fehlende Abstimmung dieses mit anderen Grenzwerten, die zu kostspieligen Installationen von intelligenten Messsystemen führe, wo diese gar nicht notwendig seien.[214]

b) Optionale Installation intelligenter Messsysteme (§ 29 Abs. 2 MsbG)

Soweit es technisch möglich und wirtschaftlich vertretbar ist, können grundzuständige Messstellenbetreiber gem. § 29 Abs. 2 MsbG Messstellen ab 2020 bei Letztverbrauchern mit einem Jahresstromverbrauch bis 6000 kWh (Nr. 1) sowie ab 2018 Anlagen mit einer installierten Leistung über 1 bis 7 kW (Nr. 2) mit

---

209 Siehe hierzu BT-Drs. 18/8218, S. 6 sowie bereits BT-Drs. 17/6072, S. 78.

210 Siehe hierzu bereits *Drozella* in: Säcker, BerlKommEnR 2014, § 21c EnWG Rn. 14.

211 BT-Drs. 18/7555, S. 95. Siehe hierzu auch *Franz*, in: Säcker, BerlKommEnR, § 29 MsbG Rn. 14.

212 BT-Drs. 18/7555, S. 89. Mit dem Begriff des Anlagenbetreibers sind Betreiber von EE-Anlagen nach dem EEG sowie KWK-Anlagen nach dem KWKG gemeint, vgl. § 2 S. 1 Nr. 1 MsbG.

213 BT-Drs. 18/7555, S. 90.

214 *Verbraucherzentrale Bundesverband,* Stellungnahme zum GDEW, S. 5. So müssten Prosumer, die den in ihrer EE-Anlage erzeugten Strom zur Eigenversorgung nutzten, zwar keine EEG-Umlage zahlen (§ 61 Abs. 2 Nr. 4 EEG), seien aber zum Einbau eines intelligenten Messsystems verpflichtet.

intelligenten Messsystemen ausstatten.[215] Die Option, neue Kleinerzeugungsanlagen (vgl. § 31 Abs. 3 S. 2 MsbG) mit intelligenten Messsystemen auszustatten, wurde erst auf Empfehlung des Ausschusses für Wirtschaft und Energie in den Gesetzentwurf aufgenommen.[216]

Mit der Aufnahme dieser Anlagen in § 29 Abs. 2 soll der Digitalisierungsansatz des MsbG umfassender gestaltet und die Systemintegration von Erzeugungsanlagen verbessert werden.[217] Die Festlegung einer Installationsoption intelligenter Messsysteme für den grundzuständigen Messstellenbetreiber wurde im Rahmen des Gesetzgebungsverfahrens stark kritisiert. Der Bundesrat wendete sich gegen die „zwangsweise" Ausstattung von Letztverbrauchern und Anlagenbetreibern und forderte, den Einbau durch den Messstellenbetreiber von der Zustimmung der betroffenen Akteure abhängig zu machen.[218] Die Bundesregierung lehnte dies mit dem Argument ab, dass intelligenten Messsystemen als Basis für einen Infrastrukturwandel eine grundlegende Bedeutung zukäme. Um diesen Stellenwert auszuschöpfen, müsse ihr Einbau aber planbar sein und könne nicht der Entscheidung des Einzelnen überlassen werden.[219]

c) *Installation moderner Messeinrichtungen (§ 29 Abs. 3 MsbG)*

Soweit keine Pflicht zur Installation intelligenter Messsysteme besteht, sind grundzuständige Messstellenbetreiber unter dem Vorbehalt der wirtschaftlichen Vertretbarkeit zumindest zur Ausstattung von Messstellen an ortsfesten Zählpunkten bei Letztverbrauchern und Anlagenbetreibern mit modernen Messeinrichtungen verpflichtet (§ 29 Abs. 3 MsbG).[220] Die Installation hat bis zum Jahr 2032 bzw. bei Neubauten und Gebäuden, die einer größeren Renovierung unterzogen werden, bis zur Fertigstellung des Gebäudes zu erfolgen.

215 Über den Einbau entscheidet damit allein der Messstellenbetreiber. Auf die Entscheidung der betroffenen Akteure kommt es nicht an, *Lüdemann/Ortmann/Pokrant*, EnWZ 2016, S. 339 (343).

216 Vgl. BT-Drs. 18/8919 v. 22. Juni 2016, S. 10, Ziff. 1 lit j) lit. bb).

217 BT-Drs. 18/8919, S. 24.

218 BT-Drs. 18/7555, Anl. 3, S. 126.

219 BT-Drs. 18/7555, Anl. 4, S. 138 f.

220 § 29 Abs. 3 MsbG stellt insoweit eine „Auffangnorm" dar, siehe *Franz*, in: Säcker, BerlKommEnR, § 29 MsbG Rn. 31. Zum Vorbehalt der wirtschaftlichen Vertretbarkeit § 3 A. I. 3. b). Die Pflicht zum Einbau moderner Messeinrichtungen war bereits in § 21c Abs. 5 EnWG a.F. angelegt. Eine entsprechende Rechtsverordnung nach § 21i Abs. 1 Nr. 8 EnWG a.F. war jedoch nicht erlassen worden.

Die Messinfrastruktur in Deutschland erfährt damit bis 2032 in jedem Fall eine Modernisierung.[221]

d) *Übergangsweiser Einbau von Messsystemen (§ 19 Abs. 5 MsbG)*

Messsysteme im Sinne von § 2 Nr. 13 MsbG, die in ein Kommunikationsnetz eingebunden werden können, aber den Anforderungen an intelligente Messsysteme nicht entsprechen,[222] können noch bis zu dem Zeitpunkt, zu dem das Bundesamt für Sicherheit in der Informationstechnik (BSI) die technische Möglichkeit des Einbaus intelligenter Messsysteme festgestellt hat, mindestens jedoch bis zum 31. Dezember 2016 eingebaut und bis zu acht Jahre ab Einbau genutzt werden. Der freiwillige Einbau solcher Geräte steht unter der Maßgabe, dass die Nutzung mit keinen unverhältnismäßigen Gefahren verbunden ist und der Anschlussnutzer in den Einbau und die Nutzung eines solchen Messsystems eingewilligt hat. Weder aus § 19 Abs. 5 S. 1 Nr. 1 MsbG selbst noch aus der Gesetzesbegründung ergibt sich, was unter unverhältnismäßigen Gefahren der Nutzung für den Anschlussnutzer zu verstehen ist. Aufgrund der von § 19 MsbG behandelten Thematik ist jedoch im Wege der systematischen Auslegung davon auszugehen, dass dies Gefahren für den Schutz und der Sicherheit der Daten des Anschlussnutzers betrifft.

Haushaltskunden im Sinne des EnWG können ihre Zustimmung zum Einbau eines unzertifizierten Messsystems jederzeit widerrufen (§ 19 Abs. 5 S. 1 Nr. 2 Hs. 2 MsbG).[223] Unternehmen, die in den Einbau und die Nutzung eines unzertifizierten Messsystems eingewilligt haben, wird aufgrund ihrer angenommenen höheren Sachkunde hingegen keine Widerrufsmöglichkeit gewährt, um Messstellenbetreibern eine bessere Planungssicherheit zu ermöglichen.[224]

Ob von der Regelung in der Praxis bis zur Feststellung der technischen Möglichkeit des Einbaus intelligenter Messsysteme noch reger Gebrauch gemacht wird, ist fraglich. Es dürfte insoweit für Anschlussnutzer vorteilhafter sein, darauf zu warten, bis zertifizierte intelligente Messsysteme auf dem Markt vorhanden sind. Für Anschlussnutzer, die bereits ein unzertifiziertes Messsystem haben einbauen lassen, gibt die Übergangsregelung jedoch die Sicherheit, dass sie dieses noch

---

221 Der Gesetzgeber spricht von einer „nachhaltigen Komplettmodernisierung der Zählerinfrastruktur in Deutschland", siehe BT-Drs. 18/7555, S. 90.

222 Siehe § 19 Abs. 3 MsbG. Zur Zertifizierung der Geräte siehe § 4 B. I. 2. c).

223 Haushaltskunden kaufen Energie überwiegend für den Eigenverbrauch im Haushalt oder für den einen Jahresverbrauch von 10.000 kWh nicht übersteigenden Eigenverbrauch für berufliche, landwirtschaftliche oder gewerbliche Zwecke (§ 3 Nr. 22 EnWG).

224 BT-Drs. 18/8919, S. 24.

bis zu acht Jahre ab dem Einbau nutzen können. Die Regelung dürfte vor allem von Anschlussnutzern in Anspruch genommen werden, bei welchen derzeit eine viertelstündliche Verbrauchsmessung mittels einer registrierenden Leistungsmessung vorgenommen wird.[225] Da diese Verbraucher schon jetzt Kenntnis über ihren aktuellen Verbrauch haben und die Zähler fernauslesbar sind, wäre ein zeitnaher Einbau intelligenter Messsysteme bei diesen Anschlussnutzern eine unverhältnismäßige Kostenbelastung.

3. *Technische Möglichkeit und wirtschaftliche Vertretbarkeit*

a) *Technische Möglichkeit des Einbaus (§ 30 MsbG)*

Der Einbau eines intelligenten Messsystems steht unter dem Vorbehalt seiner technischen Möglichkeit. Diese liegt gem. § 30 MsbG vor, wenn nach Feststellung des BSI mindestens drei voneinander unabhängige Unternehmen intelligente Messsysteme am Markt anbieten, deren Smart-Meter-Gateways den technischen Anforderungen genügen und vom BSI zertifiziert worden sind (§ 24 Abs. 1 MsbG). Intelligente Messsysteme müssen mit Smart-Meter-Gateways ausgestattet sein, die festgelegte Vorgaben zu Datenschutz, Datensicherheit und Interoperabilität einhalten, welche in Schutzprofilen und Technischen Richtlinien des BSI festgelegt sind (§ 22 MsbG).[226] Das BSI führt die erforderlichen Marktanalysen durch, um das Vorhandensein der technischen Möglichkeit feststellen zu können und stellt die Ergebnisse auf seinen Internetseiten bereit.[227] Bis dato liegt keine dahin gehende Bekanntmachung vor.[228]

b) *Wirtschaftliche Vertretbarkeit des Einbaus (§§ 31, 32 MsbG)*

aa) Festlegung von Preisobergrenzen

Die Ausstattung mit intelligenter Messtechnik soll nicht „um jeden Preis“ erfolgen.[229] Um Kosten und Nutzen von intelligenten Messsystemen und modernen

225 Siehe zur registrierenden Leistungsmessung bereits § 2 B. III. 2., Fn. 113.

226 Siehe zu den Schutzprofilen und Technischen Richtlinien des *BSI* ausführlich in § 4. B. I.

227 BT-Drs. 18/7555, S. 91. Zum Smart-Meter-Gateway siehe die Ausführungen in § 4 B. I. 2.

228 Ob der Rollout wie gesetzlich vorgesehen im Jahr 2017 beginnen kann, wird aufgrund von erforderlichen Änderungen in der Marktkommunikation bezweifelt, siehe *BDEW*, Stellungnahme zum RegE eines GDEW, S. 15 f. Zur Marktkommunikation näher in § 4 B. II. 1.

229 BT-Drs. 18/7555, S. 2, 91.

Messeinrichtungen in einem angemessenen Verhältnis zu halten, steht der Einbau mit intelligenter Messtechnik unter dem Vorbehalt seiner wirtschaftlichen Vertretbarkeit (§§ 31, 32 MsbG). Die Kosten für den Einbau und Betrieb intelligenter Messsysteme sollen in einem angemessenen Verhältnis zu den im Rahmen der Kosten-Nutzen-Analyse ermittelten Einsparpotenzialen durch die Nutzung von intelligenten Messsystemen stehen.[230] Um dieses Verhältnis sicherzustellen, werden für einzelne Verbrauchsgruppen und Leistungsgrenzen feste Preisobergrenzen normiert. Bei der Festlegung der jeweiligen Höchstpreise geht der Gesetzgeber auf Grundlage der Kosten-Nutzen-Analyse davon aus, dass für einen „einfachen Strom-Messstellenbetrieb mit einem einfachen digitalen Stromzähler" Kosten in Höhe von 20 Euro brutto pro Jahr entstehen (sog. Sowieso-Kosten).[231] Zudem wird davon ausgegangen, dass verschiedene Verbrauchsgruppen bzw. Erzeugungsanlagen mit unterschiedlichen Leistungsgrenzen unterschiedliche Stromkosteneinsparpotenziale aufweisen.[232] So wird angenommen, dass ein Letztverbraucher mit einem Jahresstromverbrauch unter 2000 kWh durchschnittlich Stromkosten in Höhe von 3 Euro brutto pro Jahr einsparen kann.[233] Der Maximalpreis für den Einbau und Betrieb eines intelligenten Messsystems, welchen der grundzuständigen Messstellenbetreiber dem Letztverbraucher in Rechnung stellen kann, ist an jedem Zählpunkt daher auf 23 Euro brutto pro Jahr festgelegt (vgl. § 31 Abs. 3 S. 1 Nr. 4 MsbG). Diesem Schema folgend werden für zehn verschiedene Verbrauchsgruppen und fünf verschiedene Gruppen von Erzeugungsanlagen Preisobergrenzen festgelegt, bis zu welchen der Einbau der intelligenten Messsysteme innerhalb bestimmter Zeiträume als wirtschaftlich vertretbar einzustufen ist.[234] Neukunden,

230 BT-Drs. 18/7555, S. 91.

231 BT-Drs. 18/7555, S. 92.

232 BT-Drs. 18/7555, S. 92.

233 BT-Drs. 18/7555, S. 92.

234 Der Einbau intelligenter Messsysteme zu den normierten Höchstpreisen ist ab 2017 innerhalb von acht Jahren bei Verbrauchsgruppen von 10.000 bis 100.000 kWh sowie Erzeugungsanlagen mit einer installierten Leistung von 7 bis einschließlich 100 kW vorzunehmen (§ 31 Abs. 1 Nr. 2 bis 5, Abs. 2 Nr. 1 bis 3 MsbG). Eine Ausnahme besteht für Messstellen mit einem Jahresstromverbrauch von über 100.000 kWh. Hier genügt ein Einbau innerhalb von 16 Jahren (§ 31 Abs. 1 Nr. 1 MsbG), da in diesen Fällen bereits eine registrierende Leistungsmessung vorgenommen wird, die Aufschluss über die Nutzung gibt, siehe BT-Drs. 18/7555, S. 93. Hierzu auch *Kermel/Dinter*, RdE 2016, S. 158 (160). Bei Verbrauchsgruppen bis einschließlich 10.000 kWh sowie Erzeugungsanlagen über 100 kW muss der Einbau ab 2020 innerhalb von acht Jahren erfolgen (§ 31 Abs. 1 Nr. 6, Abs 2 Nr. 4 MsbG). Bei Verbrauchsgruppen bis einschließlich 6000 kWh können intelligente Messsysteme optional ab

für die noch keine Jahresverbrauchswerte für drei Jahre vorliegen, werden in die Verbrauchsgruppe bis 2000 kWh eingeordnet; das Jahresmessentgelt darf damit 23 Euro nicht übersteigen (§ 31 Abs. 4 S. 2 MsbG). Sind bei einem Anschlussnutzer mehrere Messstellen mit intelligenten Messsystemen auszustatten, kann für den Messstellenbetrieb insgesamt nicht mehr als die höchste Preisobergrenze angesetzt werden (§ 31 Abs. 5 S. 1 MsbG). Die Ausstattung von Messstellen mit modernen Messeinrichtungen ist wirtschaftlich vertretbar, wenn für den Messstellenbetrieb nicht mehr als 20 Euro brutto pro Jahr in Rechnung gestellt werden (§ 32 MsbG). Die einzelnen Höchstpreise beziehen sich dabei auf Standardleistungen des Messstellenbetriebs, für Zusatzleistungen kann der Messstellenbetreiber weitere Messentgelte verlangen (vgl. § 35 MsbG).[235] Eine Anpassung der Preisobergrenzen kommt erst ab dem Jahr 2027 in Betracht (vgl. § 34 MsbG).

bb) Kritikpunkte

Die Regelungen zur wirtschaftlichen Vertretbarkeit des Einbaus von intelligenter Messtechnik im MsbG weisen einen gegenüber der Vorgängerregelung in § 21c Abs. 1, Abs. 2 S. 2 EnWG a.F. wesentlich höheren Differenzierungsgrad auf, der grundsätzlich eine bessere Einschätzung der wirtschaftlichen Vertretbarkeit der Ausstattung mit intelligenten Messsystemen ermöglicht. Die Festlegungen in den §§ 31, 32 MsbG wurden dennoch aus verschiedenen Gründen kritisiert. Auf der einen Seite wird bemängelt, dass die gesetzlichen Preisobergrenzen nicht wie in der ihnen zugrunde liegenden Kosten-Nutzen-Analyse als Nettowerte, sondern als Bruttowerte festgelegt wurden.[236] Zusammen mit der Tatsache, dass über die jährlichen Bruttopreise ein größerer Umfang an Standardleistungen abgedeckt werden müsse, als noch in der Kosten-Nutzen-Analyse vorgesehen war, könnten die dem grundzuständigen Messstellenbetreiber durch den Messstellenbetrieb entstehenden Kosten auf Dauer nicht durch die von den Anschlussnutzern einforderbaren Höchstpreise gedeckt werden.[237] In die gleiche Richtung geht der Vorwurf, dass der grundzuständige Messstellenbetreiber durch die Regelungen in § 31 Abs. 4 S. 2 MsbG, wonach für Neukunden in den ersten drei

2020 eingebaut werden (§ 31 Abs. 3 S. 1 MsbG), bei neuen Erzeugungsanlagen mit einer installierten Leistung von 1 bis einschließlich 7 kW kommt ein Einbau ab 2018 in Betracht (§ 31 Abs. 3 S. 2 MsbG).

235 Zu den Standard- und Zusatzleistungen näher *Einhellig/Kappl/Lares*, et 5/2017, S. 63 ff.

236 *Vom Wege/Wagner*, N&R 2016, S. 2 (4); *BDEW*, Stellungnahme zum RegE eines GDEW, S. 3.

237 *BDEW*, Stellungnahme zum RegE eines GDEW, S. 3.

Jahren nur ein Messentgelt von 23 Euro erhoben werden kann, sowie in § 31 Abs. 5 S. 1 MsbG, wonach bei der Ausstattung eines Anschlussnutzers mit mehreren Messstellen insgesamt nur ein Messentgelt festgelegt werden kann, zu einem unrentablen Messstellenbetrieb verpflichtet werde.[238] Auf der anderen Seite wird kritisiert, dass der Wert der den Preisobergrenzen zugrunde liegenden sog. Sowieso-Kosten als den Kosten, welche jährlich bei einem Messstellenbetrieb mit einem elektronischen Zähler ohnehin entstünden, mit 20 Euro zu hoch angelegt wurde. Auch wenn dieser Betrag sich am Durchschnitt aktuell erhobener Messentgelte orientiere, spiegele er die tatsächlichen Kosten für den Messbetrieb aufgrund einer systematischen Übererhebung von Messentgelten nicht wider.[239] Des Weiteren sei es nicht ausreichend, dass die Bestimmung der Preisobergrenzen und Einsparpotenziale ausschließlich auf Basis der im Auftrag des BMWi erstellten Kosten-Nutzen-Analyse erfolge.[240] Die Ergebnisse dieser Analyse allein stellten keine geeignete Grundlage für die Festlegung einer weitreichenden Rolloutstrategie dar.[241] Die erhobene Kritik zeigt, wie diffizil und gleichermaßen wichtig es ist, der gesetzlichen Festlegung der Preisobergrenzen eine fundierte und ausgewogene Analyse zugrunde zu legen, welche sowohl die Interessen der Letztverbraucher und Anlagenbetreiber als auch die Interessen der Messstellenbetreiber angemessen einbezieht. Insoweit ist es in der Tat nicht nachvollziehbar, warum der Gesetzgeber zwar selbst betont, sich bei der Festlegung der Preisobergrenzen strikt an den Ergebnissen der Kosten-Nutzen-Analyse orientiert zu haben,[242] aber gleichzeitig von den in der Analyse vorgenommenen Berechnungen in Nettowerten abweicht und die Preisobergrenzen in §§ 31, 32 MsbG in Bruttowerten angibt.[243] Darüber hinaus ist allerdings auch fraglich, ob es für die Begründung der vom Gesetzgeber gewählten Rolloutstrategie, die alle Gruppen von Letztverbrauchern und Anlagenbetreibern tangiert, ausreichend ist, sich lediglich an den Erkenntnissen einer Kosten-Nutzen-Analyse zu orientieren. In

238 *Kermel/Dinter*, RdE 2016, S. 158 (161); *BDEW*, Stellungnahme zum RegE eines GDEW, S. 5.

239 *Verbraucherzentrale Bundesverband*, Stellungnahme zum GDEW, S. 6 m.w.N.

240 *Verbraucherzentrale Bundesverband*, Stellungnahme zum GDEW, S. 6.

241 Zu diesem Ergebnis kommt auch der Bericht „Moderne Stromnetze als Schlüsselelement einer nachhaltigen Stromversorgung" des Ausschusses für Bildung, Forschung und Technikfolgenabschätzung des Deutschen Bundestages, siehe BT-Drs. 18/5948 v. 8. September 2015, S. 91.

242 BT-Drs. 18/7555, S. 5, 89, 91.

243 Siehe zu den Werten in der Kosten-Nutzen-Analyse *Ernst& Young*, Kosten-Nutzen-Analyse, S. 168; *Ernst& Young*, Ergänzungen zur KNA vom Juli 2013, S. 9 ff.

Österreich wurden beispielsweise zwei Kosten-Nutzen-Analysen durchgeführt, die zu gänzlich unterschiedlichen Ergebnissen kamen.[244] Dieses Beispiel zeigt, dass eine verlässliche Bewertung der Kosten und Nutzen des Einbaus intelligenter Messtechnik schwerlich durch eine Analyse erreicht werden kann. Die diesbezüglich erhobene Kritik ist daher berechtigt.

II. Adressat der Installationspflichten

1. Grundzuständiger Messstellenbetrieb für intelligente Messtechnik

Die Pflicht, Messstellen an ortsfesten Zählpunkten mit intelligenten Messsystemen oder modernen Messeinrichtungen auszustatten und den Messstellenbetrieb durchzuführen, trifft nach §§ 3, 29 MsbG den grundzuständigen Messstellenbetreiber. Solange und soweit die Grundzuständigkeit für moderne Messeinrichtungen und intelligente Messsysteme nicht auf ein anderes Unternehmen übertragen wurde (§ 43 MsbG), kommt die Aufgabe des grundzuständigen Messstellenbetreibers nach § 2 S. 1 Nr. 4 MsbG in der Regel dem Betreiber von Energieversorgungsnetzen, mithin dem örtlichen Verteilnetzbetreiber zu.[245] Auch wenn der Netzbetreiber damit, wie nach der bisherigen Rechtslage in § 21b Abs. 1 EnWG a.F., der „geborene" grundzuständige Messstellenbetreiber ist, stellt der Messstellenbetrieb keine umfassende originäre Aufgabe des Netzbetreibers mehr dar.[246] Er kann zumindest die Grundzuständigkeit des Messstellenbetriebs für moderne Messeinrichtungen und intelligente Messsysteme in seinem Netzgebiet gem. §§ 41 ff. MsbG direkt auf einen „gekorenen" grundzuständigen Messstellenbetreiber übertragen.[247] Dem Netzbetreiber, der die Grundzuständigkeit an einen anderen Messstellenbetreiber abgegeben hat, fällt jedoch immer die Aufgabe der

244 Während eine Analyse von einem monetär ausgedrückten Nutzen von ca. 80 Euro je Messpunkt ausging, kam die andere Analyse zu dem Ergebnis, dass die Kosten den Nutzen pro Messpunkt um 429 Euro überwögen. Siehe zu diesem Beispiel BT-Drs. 18/5948, S. 91.

245 Die Zuständigkeit des Verteilnetzbetreibers ergibt sich nicht direkt aus § 2 S. 1 Nr. 4 MsbG, sondern vielmehr aus § 3 Nr. 16, Nr. 3 EnWG, auf die § 2 S. 2 MsbG verweist. Vgl. zur Zuständigkeit des Verteilnetzbetreibers auch BT-Drs. 18/7555, S. 73.

246 *Lüdemann/Ortmann/Pokrant,* EnWZ 2016, S. 339 (341); *Drozella,* in: Säcker, BerlKommEnR, § 3 MsbG Rn. 13 f.

247 Vgl. § 43 Abs. 1 S. 2 Hs. 2 MsbG. Die Grundzuständigkeit für den Messstellenbetrieb für intelligente Messtechnik und für „herkömmliche" Stromzähler kann damit auseinanderfallen. Hierzu auch *Kermel/Dinter,* RdE 2016, S. 158 (162); *vom Wege/Wagner,* N&R 2016, S. 2 (4).

Sicherstellung des Messstellenbetriebs zu (vgl. § 11 Abs. 2 MsbG).[248] Entspricht keines der für die Übertragung der Grundzuständigkeit abgegebenen Angebote den gesetzlichen Anforderungen, bleibt die Grundzuständigkeit beim bisherigen grundzuständigen Messstellenbetreiber. Dieser ist dann allerdings nur zur Ausstattung aller Messstellen mit modernen Messeinrichtungen verpflichtet.[249] Ein Verfahren zur Übertragung der Grundzuständigkeit ist zwingend durchzuführen, wenn der grundzuständige Messstellenbetreiber seinen gesetzlichen Pflichten nicht ausreichend nachkommt (vgl. § 45 Abs. 1 MsbG). Die Aufnahme der Grundzuständigkeit des Messstellenbetriebs muss durch die Bundesnetzagentur genehmigt werden, es sei denn, der grundzuständige Messstellenbetreiber verfügt als Netzbetreiber bereits über eine Genehmigung gem. § 4 EnWG oder bedurfte dieser zum Zeitpunkt der Aufnahme des Netzbetriebs nicht (vgl. § 4 Abs. 1, Abs. 2 MsbG). Bis zum 30. Juni 2017 haben grundzuständige Messstellenbetreiber der Bundesnetzagentur die Wahrnehmung des Messstellenbetriebs in dem nach § 29 MsbG erforderlichen Umfang anzuzeigen (§ 45 Abs. 3 MsbG).

2. *Entflechtung des Messstellenbetreibers*

Der Messstellenbetrieb muss transparent und diskriminierungsfrei durchgeführt werden (§ 3 Abs. 4 S. 1 MsbG). Grundzuständige Messstellenbetreiber für moderne Messeinrichtungen und intelligente Messsysteme, die Teil eines vertikal integrierten Energieversorgungsunternehmens sind, müssen von anderen Tätigkeitsbereichen der Energieversorgung buchhalterisch entflochten werden (§ 3 Abs. 4 S. 2 MsbG).[250] Durch die Einbeziehung von grundzuständigen Messstellenbetreibern für intelligente Messtechnik in das energiewirtschaftsrechtliche Entflechtungsregime soll verhindert werden, dass diese anderen Tätigkeitsbereichen eines vertikal integrierten Energieunternehmens Wettbewerbsvorteile

248 Der Gesetzgeber spricht insoweit von einem „dauerhaften Interesse" des Netzbetreibers an der jederzeitigen Sicherstellung des Messstellenbetriebs, siehe BT-Drs. 18/7555, S. 79.

249 Vgl. § 44 MsbG. Näher zur Übertragung der Grundzuständigkeit auf Dritte *Kermel/Dinter*, RdE 2016, S. 158 (162); *Dinter*, ER 2015, S. 229 (232 f.).

250 Die Entflechtungsvorgaben der §§ 6b und 6c EnWG sind entsprechend anzuwenden. Das energiewirtschaftsrechtliche Entflechtungsregime sieht zur Ermöglichung eines transparenten Netzbetriebs dessen grundsätzliche Trennung von anderen Tätigkeiten Erzeugung, Handel und Vertrieb vor. Ein vertikal integriertes Energieversorgungsunternehmen nimmt mindestens eine der Funktionen Übertragung oder Verteilung und mindestens eine der Funktionen Erzeugung oder Vertrieb wahr (§ 3 Nr. 38 EnWG). Siehe eingehender zum Entflechtungsregime in § 6 A. II. 2. a).

ermöglichen.[251] Die Verpflichtung zur buchhalterischen Entflechtung dient dazu, dass Netzbetreiber zwischen den Kosten des Netzbetriebs und den Kosten für den Messstellenbetrieb intelligenter Messtechnik, welche ihnen in ihrer Marktrolle als grundzuständiger Messstellenbetreiber entstehen, klar trennen.[252] Während die Kosten für intelligente Messtechnik allein durch die Entgelte für den grundzuständigen Messstellenbetrieb finanziert werden sollen (§ 7 MsbG), sind die Kosten des Netzbetriebs wie auch des sonstigen Messstellenbetriebs im Rahmen der Netznutzungsentgelte geltend zu machen.[253]

3. *Wahl des Messstellenbetreibers*

a) *Auswahlrecht des Anschlussnutzers (§ 5 MsbG)*

Anschlussnutzer im Sinne des MsbG ist der zur Nutzung des Netzanschlusses berechtigte Letztverbraucher oder Betreiber von Energieerzeugungsanlagen nach dem EEG oder KWKG (§ 2 S. 1 Nr. 3 MsbG). Diesem steht nach § 5 Abs. 1 MsbG das Recht zu, anstelle des grundzuständigen Messstellenbetreibers einen Dritten mit dem Betrieb zu beauftragen, wenn durch den Dritten ein einwandfreier Messstellenbetrieb gewährleistet ist. Auf dieses Auswahlrecht ist der Anschlussnutzer vom grundzuständigen Messstellenbetreiber spätestens drei Monate vor der Ausstattung einer Messstelle mit einem intelligenten Messsystem hinzuweisen (§ 37 Abs. 2 MsbG), um die Chancengleichheit wettbewerblich agierender Messstellenbetreiber zu wahren.[254] Für den Anschlussnutzer kann eine solche Beauftragung eines Dritten vorteilhaft sein, weil dritte Messstellenbetreiber nicht an die gesetzlichen Preisobergrenzen gebunden sind und ihre Dienste damit kostengünstiger anbieten können.[255]

In § 10a S. 1 EEG wird herausgestellt, dass die Vorgaben des MsbG auch für den Messstellenbetrieb von EE-Anlagen gelten. Für die Anlagenbetreiber besteht aber die Option, den Messstellenbetrieb selbst zu übernehmen (vgl. § 10a

---

251 BT-Drs. 18/7555, S. 76; BT-Drs. 18/8919, S. 23.

252 BT-Drs. 18/7555, S. 77. Hierzu auch *vom Wege/Wagner*, N&R 2016, S. 2 (4).

253 Der „herkömmliche" Messstellenbetrieb ist Teil der Netzkosten, vgl. § 4 Abs. 1, § 17 Abs. 7, § 13 i.V.m. Anl. 2 Nr. 10, 10a StromNEV; BR-Drs. 568/08, S. 11 f. Die Ermittlung der Netzentgelte erfolgt auf Grundlage der StromNEV sowie der ARegV. Die Kosten für den Messstellenbetrieb können im Rahmen der geltenden Regulierungsvorgaben im sog. Regulierungskonto (§ 5 ARegV) berücksichtigt werden. Zu den Regulierungsvorgaben der ARegV noch näher in § 3 B. II. 2.

254 BT-Drs. 18/7555, S. 101.

255 Vgl. § 7 MsbG. Hierzu *Dinter*, ER 2015, S. 229 (233); *Kermel/Dinter*, RdE 2016, S. 158 (163).

S. 2, 3 EEG). Die explizite Festlegung der Geltung des MsbG beseitigt die zuvor zwischen Netzbetreibern und Anlagenbetreibern herrschende Uneinigkeit darüber, ob Letzteren die Grundzuständigkeit für den Messstellenbetrieb zukommen kann.[256] Für KWK-Anlagen ist die Geltung der Vorgaben des MsbG sowie die Möglichkeit des Betreibers der KWK-Anlage, den Messstellenbetrieb selbst zu übernehmen, in § 14 Abs. 1 S. 2, 3 KWKG geregelt.[257]

b) *Auswahlrecht des Anschlussnehmers (§ 6 MsbG)*

Das Auswahlrecht des Anschlussnutzers wird durch das Auswahlrecht des Anschlussnehmers nach § 6 MsbG begrenzt. Der Anschlussnehmer ist der Eigentümer oder Erbbauberechtigte eines Grundstücks oder Gebäudes, das an das Energieversorgungsnetz angeschlossen ist (vgl. § 2 S. 1 Nr. 2 MbsG). Im Gegensatz zur bisherigen Rechtslage, wonach der Anschlussnehmer nur mit Einwilligung des Anschlussnutzers Einfluss auf die Wahl des Messstellenbetreibers nehmen konnte (§ 21b Abs. 5 EnWG a.F.), kann der Anschlussnehmer ab dem 1. Januar 2021 statt des Anschlussnutzers unter bestimmten Voraussetzungen einen Messstellenbetreiber auswählen.[258] Macht er von diesem Auswahlrecht Gebrauch, bedarf der Anschlussnutzer zur Ausübung seines Rechts gem. § 5 Abs. 1 MsbG

---

256 Aufgrund der Ausgestaltung von § 7 Abs. 1 EEG a.F. (2012) bzw. des inhaltsgleichen § 10 Abs. 1 EEG a. F. (2014) war hinsichtlich der alten Rechtslage vertreten worden, dass die Anlagenbetreiber „grundzuständige" Messstellenbetreiber seien und die Rechtsfolgen der §§ 21b ff. EnWG a.F. nur insoweit auf EE-Anlagen anzuwenden seien, als dies mit den Regeln des EEG a.F. in Einklang stehe, vgl. *Clearingstelle EEG*, Empfehlung 2012/7 v. 18.12.2012, Rn. 51, 53. Hierzu auch *Schmelzer*, et 7/2012, S. 80 (80) m.w.N. Kritisch dazu *Eder/vom Wege/Weise*, ZNER 2012, S. 59 (60); *Altrock/Sösemann*, in: Altrock/Oschmann/Theobald, EEG 2012, § 7 Rn. 17; *Salje*, EEG 2014, § 10 Rn. 6.

257 Insoweit ist lediglich anzumerken, dass der Verweis in Art. 14 GDEW, welcher für den Messstellenbetrieb im Rahmen des KWKG die Geltung der Vorschriften des MsbG festlegt, ungenau gefasst wurde und sich noch auf § 8 KWKG a.F. (2012) anstatt auf die nunmehr maßgebende Norm des § 14 KWKG bezieht.

258 Die Vorschrift betrifft damit primär die Ausstattung von Mietobjekten mit mehreren Parteien mit intelligenten Messsystemen durch einen Vermieter. Der Messstellenbetreiber muss verbindlich anbieten, alle Zählpunkte einer Liegenschaft mit intelligenten Messsystemen auszustatten, neben dem Messstellenbetrieb für die Sparte Strom mindestens einen weiteren Messstellenbetrieb der Sparten Gas, Fern- oder Heizwärme über das Smart-Meter-Gateway zu bündeln und den gebündelten Messstellenbetrieb für jeden betroffenen Anschlussnutzer der Liegenschaft ohne Mehrkosten im Vergleich zur Summe der Kosten für den getrennten Messstellenbetrieb durchzuführen (§ 6 Abs. 1 MsbG).

der Zustimmung des Anschlussnehmers (§ 6 Abs. 4 MsbG). Bestehende Messstellenbetriebsverträge enden entschädigungslos, wenn ihre Laufzeit mindestens zur Hälfte abgelaufen ist. Sie enden jedoch frühestens nach einer Laufzeit von fünf Jahren (§ 6 Abs. 2 S. 1 MsbG).

Die Bundesregierung begründete den grundsätzlichen Vorrang des Auswahlrechts des Anschlussnutzers in ihrem Gesetzentwurf damit, dass durch die Stärkung seiner Position ein koordinierter und preisgünstigerer Einbau intelligenter Messsysteme erfolgen könne. Die Einschränkung der Wahlfreiheit des Anschlussnutzers diene dem legitimen Zweck der Hebung der Energie- und Kosteneffizienz und werde durch die Festlegung, dass dem Anschlussnutzer durch den Vorgang keine Mehrkosten entstehen dürfen, aufgewogen.[259] Diesen Argumenten ist der Bundesrat im Rahmen des Gesetzgebungsverfahrens deutlich entgegengetreten. Die Schwächung der Position des Anschlussnehmers sei ungerechtfertigt. Da die Ausstattung mit intelligenten Messsystemen dazu führe, dass eine Fülle sensibler Messdaten des Anschlussnutzers erhoben werde, müsse dieser seinen Messstellenbetreiber selbst auswählen können.[260] Das Argument der Effizienzsteigerung sei nicht stichhaltig, da die Kosten für den „aufgedrängten" Messstellenbetrieb über die Betriebskosten regelmäßig auf den Anschlussnehmer als Mieter umgelegt würden.[261] Die Auswahl eines Messstellenbetreibers durch den Anschlussnehmer sollte daher weiterhin nur mit Einwilligung des Anschlussnutzers möglich sein.[262] Im Übrigen stelle die Möglichkeit, laufende Verträge entschädigungslos zu beenden (§ 6 Abs. 2 S. 1 MsbG), einen systemfremden Eingriff in die Privatautonomie des Vertragspartners des Anschlussnutzers dar.[263]

Dieser Kritik ist beizupflichten. Mithilfe intelligenter Messsysteme können hochaufgelöste Daten erhoben werden, welche grundsätzlich Aufschluss über das Nutzungsverhalten des Verbrauchers geben können. Aus Sicht des Anschlussnutzers wird das Interesse daran, selbst auswählen zu können, wer den Messstellenbetrieb durchführt und für die Verarbeitung der sensiblen Daten

---

259 BT-Drs. 18/7555, S. 77 f., 141. Siehe zur Entstehungsgeschichte der Norm auch *Drozella*, in: Säcker, BerlKommEnR, § 6 MsbG Rn. 3 ff.

260 Siehe hierzu die Stellungnahme des Bundesrates BT-Drs. 18/7555, Anl. 3, S. 121 f. sowie *Lüdemann/Ortmann/Pokrant*, EnWZ 2016, S. 339 (344); *Lange/Möllnitz*, EnWZ 2016, S. 448 (451).

261 BT-Drs. 18/7555, S. 122; *Verbraucherzentrale Bundesverband*, Stellungnahme zum GDEW, S. 8.

262 Vgl. § 21b Abs. 5 EnWG a.F. Siehe BT-Drs. 18/7555, S. 122.

263 BT-Drs. 18/7555, S. 122. Siehe zu § 6 Abs. 2 MsbG auch *Kermel/Dinter*, RdE 2016, S. 158 (163).

zuständig ist,[264] den wirtschaftlichen Aspekt überwiegen, dass durch einen koordinierten Einbau die Kosten für die Ausstattung einer Liegenschaft mit intelligenten Messsystemen möglicherweise effizienter ausgestaltet werden können, da der Anschlussnutzer für den Messstellenbetrieb durch einen vom Anschlussnehmer ausgewählten Messstellenbetreiber in jedem Fall Kosten tragen muss.[265] Der vom Gesetzgeber als Rechtfertigung für die Stärkung der Position des Anschlussnehmers angeführte Zweck der Generierung von Synergieeffekten und der Erhöhung der Wirtschaftlichkeit des Einbaus intelligenter Messsysteme hätte auch erreicht werden können, wenn die Auswahl eines Messstellenbetreibers durch den Anschlussnehmer dem Einwilligungserfordernis des Anschlussnutzers unterläge. Sofern das Angebot für den Anschlussnutzer vorteilhaft wäre, ist davon auszugehen, dass er in den Vorschlag des Anschlussnehmers einwilligt. Insofern wäre es vorzugswürdig gewesen, die im Rahmen der Liberalisierung erreichte Öffnung des Messwesens nicht teilweise rückgängig zu machen, sondern vielmehr den Regelungsinhalt des § 21b Abs. 5 EnWG a.F. auf das MsbG zu übertragen.[266] Dies gilt insbesondere deswegen, weil es gerade in Mehrparteienhäusern auch nach jetziger Rechtslage nicht möglich sein wird, die Verträge aller Anschlussnutzer gem. § 6 Abs. 2 S. 1 MsbG zum selben Zeitpunkt zu beenden und alle Zählpunkte einer Liegenschaft mit intelligenten Messsystemen auszustatten. Die Beibehaltung der bisherigen Rechtslage hätte mit milderen Mitteln zum selben Ergebnis geführt. Die Festlegung eines vorrangigen Auswahlrechts für den Anschlussnehmer ist folglich nicht erforderlich und damit unverhältnismäßig. Überdies stellt die Regelung, dass bestehende Verträge mit anderen Messstellenbetreibern bei Vorliegen der Voraussetzungen von § 6 Abs. 2 MsbG entschädigungslos enden, einen unverhältnismäßigen Eingriff in die Vertragsautonomie der dritten Messstellenbetreiber dar.[267] Es ist davon auszugehen, dass die von dieser Vorgabe betroffenen Messstellenbetreiber eine solche Vertragsbeendigung mit ihren Kunden nicht kommentarlos hinnehmen. Mit den folgenden rechtlichen Auseinandersetzungen wird sich in erster Linie der Anschlussnutzer befassen müssen.

---

264 Dazu ausführlich in § 4 B. I. 3. und II.

265 Kritisch dazu, ob ein gebündelter Messstellenbetrieb im Ergebnis überhaupt zu Preissenkungen für den Anschlussnutzer führt, *Verbraucherzentrale Bundesverband,* Stellungnahme zum GDEW, S. 8.

266 Dieser Ansicht ist auch der Bundesrat, siehe BT-Drs. 18/7555, S. 122.

267 Siehe hierzu auch die Kritik von *Drozella,* in: Säcker, BerlKommEnR, § 6 MsbG Rn. 18, 20.

c) Vertrags- und Abrechnungsverhältnisse (§ 9 MsbG)

Zur Durchführung des Messstellenbetriebs muss der Messstellenbetreiber Messstellenverträge mit dem Anschlussnutzer oder Anschlussnehmer, dem Netzbetreiber, dem grundzuständigen Messstellenbetreiber bei einem Wechsel nach §§ 5 und 6 MsbG sowie, wenn dieser es verlangt, mit dem Energielieferanten abschließen (§ 9 Abs. 1 MsbG). Eine Einbettung der Regelungen zum Messstellenbetrieb in andere Verträge ist dabei über sog. kombinierte Verträge möglich (§ 9 Abs. 2 MsbG). Der Letztverbraucher soll damit wie bisher mit seinem Stromlieferanten einen "all-inclusive"-Vertrag abschließen können.[268] Besteht keine ausdrückliche Vereinbarung zwischen dem Anschlussnehmer und dem Messstellenbetreiber oder kein kombinierter Vertrag gem. § 9 Abs. 2 MsbG, kommt ein Messstellenvertrag des Anschlussnutzers mit dem grundzuständigen Messstellenbetreiber durch die Stromentnahme aus dem öffentlichen Netz an einem Zählpunkt zustande (§ 9 Abs. 3 MsbG).

Es wird davon ausgegangen, dass die Verpflichtung des Messstellenbetreibers, vertragliche Beziehungen zum Anschlussnehmer oder Anschlussnutzer zu unterhalten, zu Problemen in der Praxis führen wird.[269] Nach bisheriger Rechtslage übernahm der Netzbetreiber den Messstellenbetrieb als grundzuständiger Messstellenbetreiber. Die entstehenden Kosten wurden als Teil der Netzkosten als Netzentgelte gegenüber dem Netznutzer geltend gemacht, im Rahmen von "all-inclusive"-Verträgen mithin gegenüber dem Stromlieferanten.[270] Direkte Vertragsbeziehungen zwischen dem Messstellenbetreiber und dem Anschlussnehmer oder Anschlussnutzer bestanden nur, wenn ein Dritter mit der Durchführung des Messstellenbetriebs beauftragt wurde.

Übernimmt der Netzbetreiber nach jetziger Rechtslage als grundzuständiger Messstellenbetreiber den Messstellenbetrieb konventioneller Stromzähler, werden die Messentgelte weiterhin im Rahmen der Netzentgelte berücksichtigt.[271]

---

268 BT-Drs. 18/7555, S. 78 f. Siehe hierzu näher *Germer*, EnWZ 2017, S. 67 (68 f.). Bei den bisherigen Stromlieferverträgen mit Haushaltskunden handelt es sich in der Regel um "all-inclusive"-Verträge. Vertragspartner des Kunden ist nur der Lieferant. Den Aspekt der Netznutzung regeln Lieferant und Netzbetreiber in einem Lieferantenrahmenvertrag.

269 *Vom Wege/Wagner*, N&R 2016, S. 2 (9); *Eder/vom Wege/Weise*, IR 2016, S. 173 (175).

270 Vgl. §§ 4 Abs. 1, 17 Abs. 7, 13 i.V.m. Anl. 2 Nr. 10, 10a StromNEV a.F.; BR-Drs. 568/08, S. 11 f.

271 Vgl. § 17 Abs. 7 S. 1 StromNEV: „Soweit es nicht den Messstellenbetrieb für moderne Messeinrichtungen und intelligenten Messsysteme (…) betrifft, ist für jede Entnahmestelle (…) ein Entgelt für den Messstellenbetrieb, zu dem auch die

Netzbetreiber, die als grundzuständige Messstellenbetreiber den Messstellenbetrieb eines intelligenten Messsystems übernehmen, befinden sich hingegen künftig grundsätzlich neben ihrer Vertragsbeziehung mit dem Stromlieferanten über den Lieferantenrahmenvertrag in einer zweiten Vertragsbeziehung mit dem Anschlussnehmer oder Anschlussnutzer. Letzterer bekommt folglich statt einer künftig auch zwei Rechnungen.[272]

Das Entstehen von zwei Vertragsbeziehungen kann nur durch den Abschluss eines kombinierten Vertrages mit dem Energielieferanten vermieden werden. Da kombinierte Verträge nach § 9 Abs. 2 MsbG neben den Regelungen der Messstellenverträge aber auch Festlegungen „zumindest über die Energielieferung" enthalten müssen, kommt ihr Abschluss nur in Betracht, wenn der Lieferant mit dem Messstellenbetrieb beauftragt wird. Bleibt es hingegen bei der gesetzlichen Grundkonstellation, nach welcher der Netzbetreiber der grundzuständige Messstellenbetreiber ist, kommt ein kombinierter Vertrag nicht in Betracht.[273] Vielmehr bedarf es eines Messstellenvertrages des Messstellenbetreibers mit dem Stromkunden. Der grundzuständige Messstellenbetreiber wird damit zum Aufbau eines Abrechnungs- und Inkassosystems für den Messstellenbetrieb intelligenter Messsysteme verpflichtet, welcher zu zusätzlichen Kosten führt, die nur im Rahmen der geltenden Preisobergrenzen (§§ 31, 32 MsbG) auf den Letztverbraucher umgelegt werden können.[274] Da Kosten für ein solches Abrechnungssystem in die den Preisobergrenzen zugrunde liegende Kosten-Nutzen-Analyse nicht einbezogen wurden, verringert das Erfordernis des Abschlusses eines Messstellenvertrages die Möglichkeit des Messstellenbetreibers, den Messstellenbetrieb für intelligente Messsysteme wirtschaftlich zu gestalten.[275] Aus Gründen der Kosteneffizienz wäre es daher vorzugswürdig, kombinierte Verträge im Sinne von § 9 Abs. 2 MsbG auch dann zuzulassen, wenn der Messstellenbetrieb vom grundzuständigen Messstellenbetreiber durchgeführt wird. Dies könnte dadurch verwirklicht werden, dass dieser mit dem Energielieferanten einen Rahmenvertrag über die Durchführung des Messstellenbetriebs

Messung gehört, festzulegen." Ausführlich hierzu *Eder/vom Wege/Weise*, IR 2016, S. 173 (176).

272 *Lange/Möllnitz*, EnWZ 2016, S. 448 (449 f.). Ausführlich zu diesem „Paradigmenwechsel" *vom Wege/Wagner*, N&R 2016, S. 2 (9).

273 *Vom Wege/Wagner*, N&R 2016, S. 2 (10). Vgl. auch BT-Drs. 18/7555, S. 79.

274 *Vom Wege/Wagner*, N&R 2016, S. 2 (10).

275 So auch die Kritik des Bundesrates, siehe BT-Drs. 18/7555, S. 123.

abschließt.[276] Um das Begehren des grundzuständigen Messstellenbetreibers durchzusetzen, sollte ihm ein Anspruch gegenüber dem Lieferanten auf Abschluss eines solchen Vertrages gewährt werden.[277]

III. Vereinbarkeit mit den Grundrechten

Zu prüfen ist, ob die gesetzlichen Vorgaben in den §§ 29 ff. MsbG zum Einbau intelligenter Messtechnik mit den Grundrechten der davon betroffenen Letztverbraucher, Anlagenbetreiber sowie grundzuständigen Messstellenbetreiber vereinbar sind.[278]

Die Einbaupflichten sind dabei sowohl auf ihre Vereinbarkeit mit europäischen als auch deutschen Grundrechten hin zu untersuchen, da die §§ 29 ff. MsbG zwar ihren Ursprung im Unionsrecht haben, aber für die Ausgestaltung der Regelungen ein Umsetzungsspielraum besteht, von welchem der deutsche Gesetzgeber bei der Festlegung der nationalen Normen durch die Festlegung von technischen Mindestanforderungen der Geräte sowie der feingliedrigen Ausgestaltung der Vorgaben zur wirtschaftlichen Vertretbarkeit des Einbaus Gebrauch gemacht hat.[279]

---

276 So der im Laufe des Gesetzgebungsverfahrens vom Bundesrat gemachte Vorschlag, siehe BT-Drs. 18/7555, S. 123. Siehe hierzu auch *BDEW*, Stellungnahme zum RegE eines GDEW, S. 13. Die Bundesregierung hat angekündigt, dass sie den Vorschlag prüfen werde, vgl. BT-Drs. 18/7555, S. 141 f.

277 BT-Drs. 18/7555, S. 123. Einen ähnlichen Vorschlag unterbreiten *vom Wege/Wagner*, N&R 2016, S. 2 (10), welche dem Messstellenbetreiber gestatten wollen, die Messentgelte für den Messstellenbetrieb intelligenter Messsysteme im Rahmen der Netzentgelte geltend zu machen. Auch hier bedarf es des Einverständnisses des Lieferanten. Hierzu auch *Eder/vom Wege/Weise*, IR 2016, S. 173 (176).

278 Der Frage der Vereinbarkeit der technischen Fähigkeiten intelligenter Messsysteme mit den Grundrechten der zur Duldung des Einbaus Verpflichteten wird in § 4 D. nachgegangen.

279 Nach der ständigen Rechtsprechung des EuGH sind die Mitgliedstaaten bei einem Handeln „im Anwendungsbereich des Gemeinschaftsrechts" an die europäischen Grundrechte gebunden. Dies betrifft jedenfalls die Durchführung von EU-Recht durch die Mitgliedstaaten, was in Art. 51 Abs. 1 S. 1 GRCh auch explizit normiert ist (siehe hierzu EuGH, Urteil v. 18.6.1991, „ERT", Rs. C-260/89, Slg. 1991, I-2925 Rn. 42; EuGH, Urteil v. 13.7.1989, „Wachauf", Rs. 5/88, Slg. 1989, 2609 Rn. 19). Zur Durchführung von Unionsrecht zählt die Umsetzung von Richtlinien durch normative Akte des nationalen Rechts. Bei der Anwendung und Auslegung von auf Unionsrecht basierendem nationalem Recht sind die Mitgliedstaaten folglich an die europäischen Grundrechte gebunden. Die Grundrechtsbindung erstreckt

1. *Letztverbraucher und Anlagenbetreiber*

Aus der Pflicht bzw. der Möglichkeit des grundzuständigen Messstellenbetreibers, Messstellen mit intelligenter Messtechnik auszustatten, resultiert die Pflicht der betroffenen Letztverbraucher und Anlagenbetreiber, den Einbau zu dulden und für den Messstellenbetrieb des eingebauten Messgerätes ein Messentgelt zu zahlen.

Die Duldungspflicht des Einbaus und die Zahlungspflicht eines Messentgelts stellt einen Eingriff in die Berufsfreiheit aus Art. 12 Abs. 1 GG bzw. Art. 15 Abs. 1 GRCh solcher Letztverbraucher und Anlagenbetreiber dar, die Messstellen beruflich nutzen. In Bezug auf Anlagenbetreiber liegt überdies ein Eingriff in ihre unternehmerische Freiheit aus Art. 16 GRCh vor.[280] Bei einer privaten Nutzung liegt ein Eingriff in die allgemeine Handlungsfreiheit aus Art. 2 Abs. 1 GG der davon betroffenen Letztverbraucher sowie Anlagenbetreiber vor. Der Gesetzgeber

---

sich dabei nicht nur auf die Umsetzung von zwingenden Richtlinienvorgaben in nationales Recht, sondern auch auf normative Spielräume, welche den Mitgliedstaaten bei der Umsetzung eröffnet werden (siehe hierzu EuGH, Urteil v. 12.12.1996, „X", verb. Rs. C-74/95 und C-129/95, Slg. 1996, I-6609 Rn. 25; *Borowsky*, in: Meyer, GRCh, Art. 51 Rn. 26 f.; *Herdegen*, in: Isensee/Kirchhof, HStR X, 2012, § 211 Rn. 35). Jedoch schließt die Bindung an die Unionsgrundrechte die Bindung an die nationalen Grundrechte nicht aus, soweit der nationale Rechtsakt sich nicht in einer bloßen Übertragung einer zwingenden EU-Vorgabe in nationales Recht erschöpft, sondern den Mitgliedstaaten bei der Umsetzung Spielräume belassen wurden, so die ständige Rechtsprechung des *BVerfG* zur Überprüfung der Umsetzungs- und Anwendungsakte am Maßstab des GG seit dem „Solange II"-Beschluss, vgl. BVerfG, Beschluss v. 22. Oktober 1986 (Az. 2 BvR 197/83), BVerfGE 73, 339 (384 f.) = NJW 1987, S. 577 (582), siehe etwa BVerfG, Beschluss v. 13. März 2007 (Az. 1 BvF 1/05), BVerfGE 118, 79 (95) = NVwZ 2007, S. 937 (938); BVerfG, Urt. v. 2. März 2010 (Az. 1 BvR 256, 263, 586/08), BVerfGE 125, 260 (308 f.) = NJW 2010, S. 833 (835).

280 Art. 16 GRCh schützt die freie Berufsausübung des Unternehmers und steht als eigenständiges Grundrecht neben Art. 15 GRCh, wenngleich sich die Grundrechte bezüglich ihres Anwendungsbereiches überschneiden. Hinsichtlich des in Art. 15 Abs. 1 GRCh enthaltenen Grundrechts der Berufsfreiheit ist jedoch umstritten, ob dieses auch juristische Personen umfasst, siehe näher *Bernsdorff*, in Meyer, GRCh, Art. 15 Rn. 19; *Jarass*, GRCh, Art. 16 Rn. 2, 4 f. Der EuGH entwickelte in seiner Rechtsprechung ein Grundrecht der Berufsfreiheit als allgemeinen Rechtsgrundsatz, das auch für juristische Personen gilt, vgl. etwa EuGH, Urteil v. 5.10.1994, „Bananenmarktordnung", Rs. C-280/93, Slg. 1994, I-4973 Rn. 78. Anlagenbetreiber in Form einer juristischen Person sind damit jedenfalls nach Art. 16 GRCh sowie über das vom EuGH entwickelte Grundrecht geschützt.

erkennt das Vorliegen der Grundrechtseingriffe an, sieht diese aber durch die verhältnismäßige Ausgestaltung der eingreifenden Regelungen gerechtfertigt.[281]

a) *Verhältnismäßigkeit der Duldungspflicht des Einbaus intelligenter Messtechnik*

Für die zur Duldung des Einbaus Verpflichteten besteht keine Möglichkeit, die Ausstattung eines Zählpunktes mit intelligenter Messtechnik abzulehnen. Der in § 29 MsbG gewählte Ansatz wird daher als zu undifferenziert kritisiert. Die Einbaupflichten für intelligente Messsysteme (§ 29 Abs. 1 und 2 MsbG) und moderne Messeinrichtungen (§ 29 Abs. 3 MsbG) gälten unabhängig vom individuellen Nutzen des Gerätes. Den Betroffenen müsse ein Mitspracherecht hinsichtlich des Einbaus im Sinne eines Widerspruchsrechtes oder eines Zustimmungsrechts eingeräumt werden.[282] Der Gesetzgeber rechtfertigt die Festlegung der Einbaufallgruppen in § 29 MsbG hingegen damit, dass es nur durch einen großflächigen Rollout möglich sei, das Potenzial intelligenter Messtechnik zur Einsparung von Energie auszuschöpfen und so einen gesamtwirtschaftlichen Nutzen zu erreichen.[283] Ob die Vorgaben der §§ 29 ff. MsbG verhältnismäßig sind, wird im Folgenden geprüft.

Ein legitimer Zweck für die Einführung der §§ 29 ff. MsbG ist gegeben. Das nationale Rolloutszenario intelligenter Messtechnik dient dem Ziel, die leitungsgebundene Energieversorgung neu auszurichten und Letztverbraucher und Anlagenbetreiber aus Gründen des Umwelt- und Klimaschutzes gem. Art. 20a GG flächendeckend mit intelligenter Messtechnik auszustatten, um sie perspektivisch in ein intelligentes Energieversorgungssystem zu integrieren.[284] Die in § 29 MsbG festgelegten Fallgruppen zur Ausstattung der Messstellen der Letztverbraucher und Anlagenbetreiber mit intelligenter Messtechnik sind ein geeignetes Mittel, um das Ziel einer technischen Neuausrichtung der Energieversorgung zu erreichen. Fraglich ist jedoch, ob auch die Erforderlichkeit und die Angemessenheit des vom Gesetzgeber gewählten Mittels zur Zielerreichung vorliegen. Erforderlich wäre die flächendeckende Ausstattung mit intelligenter Messtechnik dann

281 BT-Drs. 18/7555, S. 96 f.

282 Siehe *Schneidewindt*, ER 2016, S. 16 (20 f.) sowie die Entschließung des Bundesrates vom 8. Juli 2016, BR-Drs. 349/16 (B), S. 2, in welcher der Bundesrat deutliche Kritik am zuvor im Bundestag (23. Juni 2016) beschlossenen Gesetz übte. Einen Antrag auf Einberufung eines Vermittlungsausschusses nach Art. 77 Abs. 2 GG stellte er jedoch nicht.

283 BT-Drs. 18/7555, S. 96.

284 So auch die Begründung des Gesetzgebers, siehe BT-Drs. 18/7555, S. 96.

nicht, wenn die technische Neuausrichtung der Energieversorgung auch durch ein anderes, den Einzelnen weniger belastendes Mittel ebenso gut erreicht werden könnte.[285] An der Angemessenheit fehlte es, wenn der Grundrechtseingriff zu dem mit ihm angestrebten Ziel außer Verhältnis stünde.[286]

aa) Einbau moderner Messeinrichtungen

Moderne Messeinrichtungen spiegeln den tatsächlichen Stromverbrauch und die tatsächliche Nutzungszeit wider und können bei Bedarf zu einem intelligenten Messsystem „hochgerüstet" werden (vgl. § 2 S. 1 Nr. 15 MsbG). Die flächendeckende Ausstattung mit modernen Messeinrichtungen leistet so einen bedeutenden Beitrag zur Neuausrichtung der Energieversorgung. Die Messgeräte tragen zu einem besseren Energiebewusstsein des einzelnen Verbrauchers und Anlagenbetreibern bei[287] und bieten so gegenüber konventionellen Stromzählern einen Mehrwert. Andere Mittel, die für eine technische Neuausrichtung der Energieversorgung ebenso gut geeignet sind, sind nicht ersichtlich. Daher ist der Einbau moderner Messeinrichtungen zur Erreichung einer Neuausrichtung der Energieversorgung erforderlich. Die Duldungspflicht steht zudem nicht außer Verhältnis zur Erreichung dieses Ziels. Die Pflicht zur Duldung des Einbaus moderner Messeinrichtungen beeinträchtigt die Betroffenen nicht mehr als ihre bisher bestehende Pflicht zur Duldung des Einbaus konventioneller Stromzähler, sie bringt ihnen gegenüber diesen aber gleichzeitig einen Mehrwert. Der Duldungspflicht in § 29 Abs. 3 MsbG als angemessener Eingriff in die Grundrechte der Betroffenen anzusehen.

bb) Einbau intelligenter Messsysteme

Für die in § 29 Abs. 1 MsbG festgelegten Fallgruppen von Letztverbrauchern und Anlagenbetreibern, welche zur Duldung intelligenter Messsysteme verpflichtet sind, wurden die größten Stromeinspar- und Lastverlagerungspotenziale festgestellt, sei es aufgrund der Verbrauchsmenge des Letztverbrauchers, der Größe der Erzeugungsanlage oder der Geeignetheit einer Verbrauchseinrichtung als Flexibilitätsoption.[288] Um diese Potenziale optimal im Rahmen eines

---

285 *Lorenz,* in: Bonner Kommentar GG, Art. 2 Abs. 1 Rn. 142.

286 *Lorenz,* in: Bonner Kommentar GG, Art. 2 Abs. 1 Rn. 142.

287 *Göge/Boers*, ZNER 2009, S. 368 (368). *Lüdemann/Ortmann/Pokrant,* EnWZ 2016, S. 339 (345) gehen davon aus, dass solche Effekte nur temporär sind und sehen den Nutzen daher kritisch.

288 BT-Drs. 18/7555, S. 89.

intelligenten Energieversorgungssystems nutzen zu können, bedarf es einer flächendeckenden Ausstattung dieser Letztverbraucher und Anlagenbetreiber mit intelligenten Messsystemen. Würden diese Fallgruppen lediglich mit modernen Messeinrichtungen ausgestattet, fehlten den Marktakteuren ihre Mess- und Verbrauchsdaten als wertvolle Informationen zur Flexibilisierung der Energieversorgung. Das Ziel der Schaffung eines intelligenten Netzes könnte nicht in gleicher Weise erreicht werden. Auch die Einräumung eines Widerspruchsrechts für die vom Einbau Betroffenen würde die volle Ausschöpfung des bei dieser Fallgruppe vorhandenen Potenzials zur Stromeinsparung und Lastverlagerung ebenfalls gefährden und stellt daher kein ebenso gut geeignetes Mittel zur Zielerreichung dar.[289] Um das Ziel einer effektiven und umweltfreundlicheren Energienutzung zu erreichen, ist es zudem angemessen, diese Letztverbraucher und Anlagenbetreiber zur Duldung des Einbaus intelligenter Messsysteme zu verpflichten. Die aus der Duldungspflicht resultierende Beeinträchtigung wird durch den tatsächlich vorhandenen Mehrwert der Messgeräte für den Einzelnen sowie den Nutzen der Messgeräte für die Schaffung eines intelligenten Energiesystems aufgewogen.

Für die in § 29 Abs. 2 MsbG festgelegten Fallgruppen (Letztverbraucher bis 6000 kWh, Neuanlagen bis 7 kW) ist hingegen fraglich, ob die Festlegung einer Duldungspflicht der vom Einbau Betroffenen erforderlich ist. Hinsichtlich dieser Fallgruppen ist der Nutzen des intelligenten Messsystems für die vom Einbau Betroffenen nicht eindeutig erkennbar bzw. nur zum Teil vorhanden.[290] In Bezug auf Erzeugungsanlagen bis 7 kW hatte die Bundesregierung dies in ihrem Gesetzentwurf zunächst selbst festgestellt,[291] bevor die Gestattung des grundzuständigen Messstellenbetreibers, Neuanlagen ab 2018 mit intelligenten Messsystemen auszustatten, um einen „umfassenderen Digitalisierungsansatz" des Gesetzes zu erreichen, auf Empfehlung des Ausschusses für Wirtschaft und Energie in den Gesetzentwurf aufgenommen wurde.[292] Insofern drängt sich die Frage auf, ob bei diesen Anlagenbetreibern sowie bei Letztverbrauchern mit einem niedrigen Jahresstromverbrauch nicht auch durch die Installation einer modernen

289 A.A. *Schneidewindt*, ER 2016, S. 16 (20 f.) sowie der Bundesrat, BR-Drs. 349/16 (B), S. 2, welche zumindest für die Letztverbraucher ein Mitspracherecht fordern.

290 Siehe hierzu den Bericht „Moderne Stromnetze als Schlüsselelement einer nachhaltigen Stromversorgung" des Ausschusses für Bildung, Forschung und Technikfolgenabschätzung des Deutschen Bundestages, BT-Drs. 18/5948 v. 8. September 2015, S. 91.

291 Anlagen unter 7 kW seien „nur potentiell netzrelevant" und stellten etwa ein Drittel aller Anlagen in Deutschland dar, siehe BT-Drs. 18/7555, S. 90.

292 BT-Drs. 18/8919, S. 24.

Messeinrichtung bereits positiv auf die Stromnutzung bzw. den Stromverbrauch eingewirkt werden könnte. Zudem generiert die Entscheidung des grundzuständigen Messstellenbetreibers allein, dass ein bestimmter Letztverbraucher oder Anlagenbetreiber mit einem intelligenten Messsystem ausgestattet wird, noch keinen Nutzen des Messgerätes für den Duldungsverpflichteten. Der Nutzer muss die technischen Fähigkeiten des Gerätes akzeptieren und seine Funktionen nutzen wollen. Es wäre daher vorzugswürdig gewesen, dem Betroffenen die Möglichkeit zu geben, seine Akzeptanz des Einbaus durch seine Zustimmung zum Ausdruck zu bringen.[293] Letztverbraucher und Anlagenbetreiber, welche die technischen Fähigkeiten der Messgeräte nutzen wollen, werden dem Einbau zustimmen. Für die übrigen Letztverbraucher und Anlagenbetreiber ist die „Belastung“ mit einem intelligenten Messsystem aufgrund seines nicht eindeutigen Nutzens hingegen nicht erforderlich. Bei ihnen reicht der Einbau einer modernen Messinfrastruktur aus. Die Duldungspflicht in § 29 Abs. 2 MsbG stellt folglich einen unverhältnismäßigen Eingriff in die Grundrechte der Betroffenen dar.

b) Verhältnismäßigkeit der Zahlungspflicht eines Messentgelts

Die Verhältnismäßigkeit der §§ 29 ff. MsbG lässt sich auch unter dem Gesichtspunkt der aus der Pflicht zur Duldung des Einbaus intelligenter Messtechnik resultierenden Zahlungspflicht der betroffenen Letztverbraucher und Anlagenbetreiber anzweifeln.

Die den Letztverbrauchern und Anlagenbetreibern in Form von Messentgelten auferlegte Zahlungspflicht ist grundsätzlich geeignet, zur Erreichung der technischen Neuausrichtung der Energieversorgung beizutragen. Mithilfe der eingenommenen Messentgelte können die Kosten des flächendeckenden Rollouts intelligenter Messtechnik refinanziert werden.[294] Die erfolgende Abwälzung der Kosten für die Neuausrichtung der Energieversorgung auf die Letztverbraucher und Anlagenbetreiber ist auch erforderlich. Die Option, die Kosten der Umrüstung auf intelligente Messtechnik ausschließlich dem grundzuständigen Messstellenbetreiber aufzubürden, stellt kein milderes, ebenso gut geeignetes Mittel zur Zielerreichung dar, da der Einbau intelligenter Messtechnik den Betroffenen grundsätzlich einen Nutzen bringt und eine vollständige Kostenabwälzung auf den Messstellenbetreiber daher unbillig wäre.[295]

293 So auch BR-Drs. 349/16 (B), S. 2.

294 BT-Drs. 18/7555, S. 96.

295 BT-Drs. 18/7555, S. 97. Siehe zum Nutzen die soeben in § 3 A. III. 1. a) gemachten Ausführungen.

Fraglich ist, ob die dem Einzelnen in dieser Form auferlegten Kosten in einem angemessenen Verhältnis zu dem Nutzen intelligenter Messtechnik stehen. Die zu zahlenden Messentgelte werden anhand von Preisobergrenzen (§§ 31, 32 MsbG) ermittelt. Den festgelegten Preisobergrenzen liegen lediglich die Ergebnisse der im Auftrag des BMWi erstellten Kosten-Nutzen-Analyse als Berechnungsgrundlage zugrunde. Die Durchführung der Analyse entspricht der in der EltRL vorgesehenen Möglichkeit einer wirtschaftlichen Bewertung des nationalen Rollouts intelligenter Messtechnik. Allerdings erscheint es nicht ausreichend, die Festlegung der Zahlungspflichten der Letztverbraucher und Anlagenbetreiber ausschließlich auf diese Analyse zu stützen.[296] Die Tauglichkeit der Kosten-Nutzen-Analyse als einziger Quelle für die Bestimmung der Preisobergrenzen in §§ 31, 32 MsbG ist insbesondere in Bezug auf die Festlegung der Sowieso-Kosten sowie in Bezug auf das den Preisobergrenzen zugrunde liegende Energie- und Kosteneinsparpotenzial für die Letztverbraucher und Anlagenbetreiber zweifelhaft.[297] Die auf Grundlage von Prognosen und Annahmen erfolgte Festlegung der Sowieso-Kosten in Höhe von 20 Euro brutto jährlich wurde als zu hoch kritisiert.[298] In der Kosten-Nutzen-Analyse wird eine regelmäßige Überprüfung der Entgelte durch die Bundesnetzagentur empfohlen.[299] Das angenommene Einsparpotenzial an Kosten und Energie basiere auf Annahmen, deren Eintritt keineswegs gewiss sei und deren Effekt bei ihrem Eintritt auch nicht ausschließlich auf die Nutzung intelligenter Messtechnik zurückgeführt werden könne.[300] Diese Ansicht wird durch die Vorgänge gestützt, welche sich in den Niederlanden ereigneten. Dort hatte sich gezeigt, dass die in der Realität tatsächlich erzielbaren Einsparungen bei der Nutzung von intelligenten Messsystemen deutlich von dem im Rahmen der Kosten-Nutzen-Analyse angenommenen Einsparpotenzial

---

296 Siehe zu dem Beispiel von Österreich, wo die zwei in Auftrag gegebenen Kosten-Nutzen-Analysen zu gänzlich unterschiedlichen Ergebnissen kamen, bereits Fn. 244. Die Ansicht, dass die Kosten-Nutzen-Analyse keine ausreichende Quelle ist, wird vom Ausschusses für Bildung, Forschung und Technikfolgenabschätzung des Deutschen Bundestages im Bericht „Moderne Stromnetze als Schlüsselelement einer nachhaltigen Stromversorgung" geteilt, siehe BT-Drs. 18/5948, S. 91.

297 *Lüdemann/Ortmann/Pokrant,* EnWZ 2016, S. 339 (345); *Verbraucherzentrale Bundesverband,* Stellungnahme zum GDEW, S. 6; BR-Drs. 349/16 (B), S. 3. Siehe hierzu auch die Kleine Anfrage von Bündnis 90/Die Grünen vom 18. März 2016, BT-Drs. 18/7975, S. 1 f. (Frage 2 und 3) sowie *BNetzA,* Stellungnahme zum GDEW, S. 6 f.

298 *Verbraucherzentrale Bundesverband,* Stellungnahme zum GDEW, S. 6.

299 *Ernst& Young,* Kosten-Nutzen-Analyse, S. 207.

300 *Lüdemann/Ortmann/Pokrant,* EnWZ 2016, S. 339 (345).

abwichen.[301] Angesichts dieser Ungenauigkeiten hätte der Gesetzgeber zumindest eine weitere Analyse durchführen sollen, um die Preisobergrenzen in §§ 31, 32 MsbG realistisch bestimmen zu können.

Die auf Grundlage der Kosten-Nutzen-Analyse ermittelten Kosten für die Letztverbraucher und Anlagenbetreiber stehen in keinem angemessenen Verhältnis zu dem Nutzen der intelligenten Messtechnik. Die in §§ 31, 32 MsbG festgelegten Preisobergrenzen stellen einen unverhältnismäßigen Eingriff in die Grundrechte der Letztverbraucher und Anlagenbetreiber dar. Die Unverhältnismäßigkeit der Kosten wird dadurch unterstrichen, dass auf die betroffenen Letztverbraucher und Anlagenbetreiber neben den Messentgelten zusätzliche Kosten durch Umbaumaßnahmen zukommen, die in den Preisobergrenzen noch nicht berücksichtigt wurden.[302]

2. *Grundzuständiger Messstellenbetreiber*

Die gesetzliche Verpflichtung, Messstellen in den in § 29 MsbG genannten Fällen mit intelligenter Messtechnik auszustatten, stellt einen Eingriff in die *Berufsfreiheit* des grundzuständigen Messstellenbetreibers in Form einer Berufsausübungsregelung sowie in seine unternehmerische Freiheit dar (Art. 12 Abs. 1 GG, Art. 16 GRCh).[303]

Aus der Einbaupflicht resultiert für den grundzuständigen Messstellenbetreiber eine Belastung in organisatorischer, technischer und finanzieller Hinsicht.[304] Seine grundsätzliche Wahlfreiheit hinsichtlich der bei Letztverbrauchern und Anlagenbetreibern einzubauenden Messgeräte wird durch die Vorgaben der § 29 MsbG beschränkt (vgl. § 8 MsbG). Die einzubauenden intelligenten Messsysteme müssen den technischen Vorgaben der §§ 21, 22 MsbG entsprechen. Überdies muss er die Kosten für den Einbau sowie den Messstellenbetrieb vorfinanzieren, bevor diese zu einem späteren Zeitpunkt über die bei den Letztverbrauchern und

301 Siehe dazu die Kleine Anfrage von Bündnis 90/Die Grünen vom 18. März 2016, BT-Drs. 18/7975, S. 2, Frage 4 m.w.N. Statt einer prognostizierten Stromeinsparung von 3,2% wurde tatsächlich nur eine Einsparung von 0,6% erzielt. Eine Antwort, wie realistisch das in der Kosten-Nutzen-Analyse angenommene Einsparpotenzial sei, blieb die Bundesregierung schuldig, vgl. BT-Drs. 18/8218, S. 4.

302 Kurzzeitig war angedacht worden, die Umbaukosten dem grundzuständigen Messstellenbetreiber aufzuerlegen. Im Rahmen des Gesetzgebungsverfahrens wurde davon wieder Abstand genommen, vgl. BT-Drs. 18/8919, S. 14, 27. Hierzu auch *BDEW*, Stellungnahme zum RegE eines GDEW, S. 4.

303 Zum Anwendungsbereich von Art. 16 GRCh siehe bereits Fn. 280.

304 BT-Drs. 18/7555, S. 98.

Anlagenbetreibern erhobenen Messentgelte wieder refinanziert werden können. Vor allem die Vorfinanzierung der intelligenten Messtechnik stellt einen aus wirtschaftlicher Sicht starken Eingriff in die Grundrechte des grundzuständigen Messstellenbetreibers dar. Die Ausstattung einer Messstelle mit intelligenter Messtechnik bedeutet für ihn eine finanzielle Mehrbelastung, da die intelligenten Messgeräte im Vergleich zu den bisher zumeist eingebauten Drehstromzählern um ein Vielfaches teurer sein können.[305]

Der Eingriff in die Berufsfreiheit des grundzuständigen Messstellenbetreibers ist geeignet und erforderlich, um das legitime Ziel der flächendeckenden Ausstattung von Messstellen mit intelligenter Messtechnik zu erreichen. Die Inanspruchnahme des Netzbetreibers als grundzuständigem Messstellenbetreiber ist naheliegend, da diesem bereits nach bisheriger Rechtslage die Aufgabe des Messstellenbetriebes oblag. Der Grundrechtseingriff ist überdies als angemessen zu betrachten, auch wenn dem Argument des Gesetzgebers, dass der Rollout der intelligenten Messtechnik dank der festgelegten Preisobergrenzen wirtschaftlich effizient durchgeführt werden könne und der Messstellenbetreiber aufgrund der Einbauverpflichtung von einer langfristigen Kundenbindung profitieren könne, nicht vollumfänglich zugestimmt werden kann.[306] Die Angemessenheit des Eingriffs wird vielmehr durch die Möglichkeit des grundzuständigen Messstellenbetreibers, die Grundzuständigkeit gem. §§ 41 ff. MsbG auf einen Dritten zu übertragen, sowie durch die Reduzierung der Verpflichtung des Messstellenbetreibers auf den Einbau moderner Messeinrichtungen bei einem Fehlschlag der Übertragung gewährleistet.[307] Eine wirtschaftlich unzumutbare Verpflichtung des grundzuständigen Messstellenbetreibers wird dadurch vermieden.

Die durch die Übernahme des grundzuständigen Messstellenbetriebs entstehenden wirtschaftlichen Herausforderungen sind dennoch nicht zu unterschätzen. Da die Preisobergrenzen entgegen den Ergebnissen der Kosten-Nutzen-Analyse als Bruttowerte festgelegt wurden, im Rahmen derer ein größerer Umfang an

305 Die Investitionskosten für elektronische Zähler wurden im Jahr 2009 mit 90–170 Euro beziffert, vgl. *Causemann/Löffler,* in: Köhler-Schute, Smart Metering, S. 16 (19). Die Gesamtkosten für den Einbau eines intelligenten Messsystems wurden im Jahr 2013 auf 185–365 Euro geschätzt, die Investition in einen Drehstromzähler wurde hingegen mit 25 Euro beziffert, vgl. *Ernst& Young,* Kosten-Nutzen-Analyse, S. 136. Die Gesamtkosten für den Einbau intelligenter Messsysteme wurden auf ein Investitionsvolumen von 3,8 bis 5,7 Mrd. (vgl. BT-Drs. 18/5948, S. 87) bzw. von bis zu 10 Mrd. Euro (*Adam,* Energy2.0 Kompendium 2010, S. 57 [57]) geschätzt.

306 BT-Drs. 18/7555, S. 98.

307 BT-Drs. 18/7555, S. 98 f.

Standardleistungen abgedeckt werden muss als in der Analyse vorgesehen, wird nicht jedem grundzuständigen Messstellenbetreiber ein wirtschaftlicher Messstellenbetrieb möglich sein.[308] Dies gilt umso mehr, als die Kosten von intelligenter und konventioneller Messtechnik unterschiedlichen Regulierungen unterliegen und eine Quersubventionierung des Rollouts intelligenter Messtechnik durch die Netzentgelte nicht möglich ist.[309] Insofern ist davon auszugehen, dass Netzbetreiber die Grundzuständigkeit des Messstellenbetriebs abgeben und sich Unternehmen herausbilden werden, welche sich auf die Marktrolle des grundzuständigen Messstellenbetreibers spezialisieren.[310]

Soweit zur Erfüllung der Einbauverpflichtung konventionelle Stromzähler ausgebaut werden müssen, ist auch die *Eigentumsgarantie* der grundzuständigen Messstellenbetreiber (Art. 14 Abs. 1 S. 1 GG bzw. Art. 17 Abs. 1 GRCh) tangiert. Die Ausbaupflicht der alten Stromzähler stellt jedoch einen zumutbaren Eingriff dar. Da den Messstellenbetreibern ein Zeitraum von mehreren Jahren zur Verfügung steht, um den Einbaupflichten des § 29 MsbG nachzukommen, werden die alten Stromzähler zum Zeitpunkt ihres Ausbaus in den meisten Fällen amortisiert sein.[311]

IV. Fazit

Die im MsbG enthaltenen Vorgaben zum Einbau intelligenter Messtechnik gehen auf die *unionsrechtlichen Festlegungen* in Anh. I Abs. 2 EltRL zurück, wonach die Mitgliedstaaten verpflichtet sind, 80% der Verbraucher bis 2020 mit intelligenten Messsystemen auszustatten. Diese Vorgaben stellen einen ungerechtfertigten Eingriff in das Recht auf Achtung des Privatlebens nach Art. 7 GRCh dar. Aus der in Anh. I Abs. 2 EltRL festgelegten Pflicht der Mitgliedstaaten zur Ausstattung der Verbraucher mit intelligenten Messsystemen resultiert die Pflicht der Verbraucher zur Duldung des Einbaus von Messgeräten, die aufgrund ihrer technischen Fähigkeiten grundsätzlich mit anderen Marktteilnehmern kommunizieren können. Da die EU in Art. 9 Abs. 2 lit. b) EED nur festlegt, dass die

---

308 *Lüdemann/Ortmann/Pokrant*, EnWZ 2016, S. 339 (346). Siehe hierzu bereits § 3 A. I. 3. b) bb).

309 Während die Erhebung von Messentgelten für den Messstellenbetrieb bei konventionellen Stromzählern dem regulatorischen Rahmen der StromNEV und der ARegV unterliegt, unterfallen die Messentgelte bei intelligenter Messtechnik der Kostenregulierung der §§ 31, 32 MsbG (vgl. § 7 MsbG). Siehe hierzu *BNetzA*, Stellungnahme zum GDEW, S. 7 sowie bereits § 3 A. II. 2., Fn. 253.

310 *BNetzA*, Stellungnahme zum GDEW, S. 7.

311 BT-Drs. 18/7555, S. 99.

Mitgliedstaaten die Einhaltung einschlägiger Datenschutzrichtlinien zu gewährleisten haben, sie aber keine konkreten Datenschutzregelungen erlassen hat, welche die Gefahren intelligenter Messsysteme adressieren, kommt die EU ihrer aus Art. 7 GRCh resultierenden Pflicht, die Privatsphäre des Einzelnen vor dem Zugriff Dritter zu schützen, nicht ausreichend nach.

Die Entscheidung des nationalen Gesetzgebers, Fragen des Messstellenbetriebes in einem eigenständigen Gesetz zu regeln, ist aus Gründen der Rechtsklarheit zu begrüßen. Den in § 29 MsbG festgelegten *Pflichten zum Einbau intelligenter Messtechnik* liegen die Ergebnisse der im Auftrag des BMWi durchgeführten Kosten-Nutzen-Analyse zugrunde. Ein verpflichtender Einbau intelligenter Messsysteme ist ab 2017 bei Letztverbrauchern und Anlagenbetreibern durchzuführen, bei welchen die größten Stromeinspar- und Lastverlagerungspotenziale festgestellt wurden (Abs. 1). Dies betrifft Verbraucher mit einem jährlichen Verbrauch über 6000 kWh, Verbraucher, mit denen eine Vereinbarung nach § 14a EnWG besteht und Anlagenbetreiber nach dem EEG oder KWKG mit einer installierten Leistung über 7 kW. Bei Verbrauchern mit einem Verbrauch bis 6000 kWh und Neuanlagen mit einer installierten Leistung bis 7 kW kann der grundzuständige Messstellenbetreiber ab 2020 bzw. ab 2018 intelligente Messsysteme einbauen (Abs. 2). Im Übrigen sind Messstellen bis spätestens 2032 jedenfalls mit modernen Messeinrichtungen auszustatten (Abs. 3).

Die Pflichten zum Einbau intelligenter Messtechnik stehen unter dem *Vorbehalt der technischen Möglichkeit und wirtschaftlichen Vertretbarkeit* (vgl. § 29 MsbG). Die technische Möglichkeit zum Einbau intelligenter Messsysteme liegt vor, wenn nach Feststellung des Bundesamts für Sicherheit in der Informationstechnik mindestens drei Unternehmen Messsysteme anbieten, deren Smart-Meter-Gateways den technischen Anforderungen genügen. Bis dato liegt keine dahin gehende Bekanntmachung vor, die technische Möglichkeit zum Einbau ist folglich noch nicht gegeben.

Der Vorbehalt der wirtschaftlichen Vertretbarkeit soll gewährleisten, dass die Kosten für Einbau und Betrieb intelligenter Messtechnik in einem angemessenen Verhältnis zu ihrem Nutzen stehen. Ausgehend von den Annahmen, dass für einen Messstellenbetrieb mit einem intelligenten Messgerät Sowieso-Kosten von 20 Euro brutto p.a. entstehen und je nach Verbrauch und Anlagengröße unterschiedliche Kosteneinsparpotenziale bestehen, sind in den §§ 31, 32 MsbG für zehn Verbrauchs- und fünf Anlagengruppen Preisobergrenzen festgelegt. Die Höchstpreise beziehen sich dabei auf Standardleistungen des Messbetriebs. Die Regelungen gestatten eine bessere Einschätzung der wirtschaftlichen Vertretbarkeit, sie wurden dennoch sowohl vonseiten der Messstellenbetreiber als auch der Verbraucher kritisiert. Den grundzuständigen Messstellenbetreibern sei aufgrund der Preisfestlegung in Bruttowerten und der Pflicht zur Erbringung weiter gehender Standardleistungen als in der Kosten-Nutzen-Analyse vorgesehen kein wirtschaftlicher Messstellenbetrieb möglich. Dieser Kritik ist darin zuzustimmen, dass nicht nachvollziehbar ist, warum der Gesetzgeber von den in der Kosten-Nutzen-Analyse vorgenommenen Nettowert-Berechnungen abweicht und die Preisobergrenzen in §§ 31, 32 MsbG in Bruttowerten angibt. Von Verbraucherseite wurde die Annahme der Sowieso-Kosten als zu hoch kritisiert. Zudem sei die Festlegung der Höchstpreise lediglich auf Grundlage der Kosten-Nutzen-Analyse nicht ausreichend. Diese Kritik ist berechtigt. Eine verlässliche Kosten-Nutzen-Bewertung des Einbaus intelligenter Messtechnik kann schwerlich durch eine Analyse erreicht werden. Zur realistischen Bestimmung der Preisobergrenzen hätte es daher mindestens einer weiteren Kosten-Nutzen-Analyse bedurft.

Adressat der Installationspflichten ist der grundzuständige Messstellenbetreiber, mithin grundsätzlich der örtliche Verteilnetzbetreiber (§ 29, § 2 S. 1 Nr. 4 MsbG). Durch die Verpflichtung zur buchhalterischen Entflechtung soll sichergestellt werden, dass die Einbau- und Betriebskosten für intelligente Messtechnik strikt von den Kosten des Netzbetriebs und des sonstigen Messstellenbetriebs getrennt werden. Der Netzbetreiber kann die Grundzuständigkeit für den Messstellenbetrieb intelligenter Messtechnik auf einen Dritten übertragen. Schlägt diese Übertragung fehl, bleibt die Grundzuständigkeit beim bisherigen Messstellenbetreiber, welcher dann zumindest zur Ausstattung der Messstellen mit modernen Messeinrichtungen verpflichtet ist.

Der Anschlussnutzer kann anstelle des grundzuständigen Messstellenbetreibers einen Dritten mit dem Messstellenbetrieb beauftragen (§ 5 Abs. 1 MsbG) oder diesen als Betreiber von EE- und KWK-Anlagen selbst übernehmen (§ 10a S. 2 EEG). Dem *Auswahlrecht* des Anschlussnutzers geht jedoch jenes des Anschlussnehmers vor, welcher als Eigentümer oder Erbbauberechtigter einer Liegenschaft ab dem 1. Januar 2021 unter bestimmten Voraussetzungen einen Messstellenbetreiber auswählen kann, um die Energie- und Kosteneffizienz der Liegenschaft zu heben (§ 6 MsbG). Bestehende Messstellenbetriebsverträge des Anschlussnutzers enden dann beim Ablauf der Hälfte bzw. mindestens fünfjähriger Laufzeit entschädigungslos. Ein Auswahlrecht des Anschlussnehmers ist abzulehnen. Das Argument, dass die Auswahl eines Messstellenbetreibers für die gesamte Liegenschaft eine Kosteneffizienzsteigerung ermöglicht, überwiegt nicht das Interesse des Anschlussnutzers, selbst auswählen zu können, wer für die Verarbeitung der Messdaten zuständig ist. Eine Effizienzerhöhung kann auch erreicht werden, wenn der Anschlussnehmer den Messstellenbetreiber nur mit Einwilligung des Anschlussnutzers auswählen kann, da davon auszugehen ist, dass eine Mehrheit der Anschlussnutzer in ein wirtschaftlich vorteilhaftes Angebot einwilligt. Überdies greift die Festlegung, dass laufende Verträge mit anderen Messstellenbetreibern entschädigungslos enden, unverhältnismäßig in die Vertragsautonomie dritter Messstellenbetreiber ein.

Zur Durchführung des Messstellenbetriebs muss der Messstellenbetreiber *Messstellenverträge* mit mehreren Marktakteuren abschließen. Der Anschlussnehmer oder Anschlussnutzer muss damit neben dem Vertrag mit dem Stromlieferanten grundsätzlich einen Messstellenvertrag abschließen; die Regelungen zum Messstellenbetrieb können über sog. kombinierte Verträge aber in andere Verträge eingebettet werden. Der Abschluss eines "all-inclusive"-Vertrages ist dem Verbraucher weiterhin möglich, allerdings nur, wenn der Stromlieferant mit dem Messstellenbetrieb beauftragt wurde. Verbleibt der Messstellenbetrieb beim Netzbetreiber als grundzuständigem Messstellenbetreiber, ist dieser verpflichtet, ein Abrechnungssystem aufzubauen, dessen Kosten nur im Rahmen der Preisobergrenzen in §§ 31, 32 MsbG auf den Kunden umgelegt werden können. Sowohl für den Messstellenbetreiber als auch für den Kunden wäre es vorteilhafter, wenn der Abschluss kombinierter Verträge auch bei Durchführung des Messstellenbetriebs durch den grundzuständigen Messstellenbetreiber möglich wäre. Die Beziehungen des Messstellenbetreibers mit dem Lieferanten könnten in einem Rahmenvertrag geregelt werden. Zur Durchsetzung seines Begehrens müsste dem grundzuständigen Messstellenbetreiber ein Anspruch auf Abschluss eines Rahmenvertrages gegen den Lieferanten gewährt werden.

Die *Pflicht zur Duldung des Einbaus intelligenter Messtechnik* und die daraus resultierende *Zahlungspflicht eines Messentgelts* stellen einen *Eingriff in die Grundrechte* der betroffenen Letztverbraucher und Anlagenbetreiber aus Art. 12 Abs. 1 bzw. Art. 2 Abs. 1 GG dar. Die Verhältnismäßigkeit des gewählten Rolloutansatzes ist in Bezug auf den optionalen Einbau intelligenter Messsysteme nach § 29 Abs. 2 MsbG zu verneinen. Da der individuelle Nutzen für die vom Einbau Betroffenen nicht eindeutig erkennbar ist, ist es erforderlich, ihnen die Möglichkeit zu geben, ihrer Akzeptanz durch ihre Zustimmung zum Einbau Ausdruck zu verleihen. Soweit keine Zustimmung gegeben wird, reicht der Einbau einer modernen Messeinrichtung aus. Mit Blick auf die Zahlungspflicht eines Messentgelts stehen die auf Grundlage der Kosten-Nutzen-Analyse ermittelten Kosten in keinem angemessenen Verhältnis zu dem individuellen Nutzen der intelligenten Messtechnik. Die Zugrundelegung der Ergebnisse der durchgeführten Kosten-Nutzen-Analyse stellt keine ausreichende Quelle für die Festlegung der Preisobergrenzen dar. Angesichts der Ungenauigkeiten der Annahmen und Prognosen zum Einsparpotenzial an Kosten und Energie, auf welchen die Analyse basiert, hätte zumindest eine weitere Analyse durchgeführt werden sollen, um eine realistische Festlegung der Preisobergrenzen zu gewährleisten.

Der überdies bestehende Eingriff der Ausstattungsverpflichtung in die Berufsfreiheit des grundzuständigen Messstellenbetreibers ist verhältnismäßig und damit gerechtfertigt. Der Messstellenbetreiber kann die Grundzuständigkeit auf einen Dritten übertragen. Im Fall eines Fehlschlages reduziert sich seine Pflicht auf den Einbau moderner Messeinrichtungen.

B. Ausbau- und Investitionspflichten in eine intelligente Netzinfrastruktur

Neben dem Einbau einer intelligenten Messinfrastruktur erfordert die Schaffung einer intelligenten Energieversorgung eine technische Aufrüstung der Netzbestandteile. Der Zeitpunkt einer intelligenten Netzertüchtigung scheint günstig, da viele Netze aufgrund ihres Alters ohnehin der Ertüchtigung bedürfen.[312] Direkte Verpflichtungen für eine Modernisierung zu einem intelligenten Netz bestehen jedoch nicht. Im Folgenden wird untersucht, welche Anhaltspunkte sich im Rahmen der allgemeinen und speziellen Netzausbaupflichten für Maßnahmen zum Aufbau eines intelligenten Netzes finden lassen. Im Anschluss daran wird geprüft, welche Anreize für den Netzbetreiber bestehen, in intelligente Netztechnologien zu investieren und inwieweit die zunächst vom Netzbetreiber zu tragenden Investitionskosten unter dem geltenden Regulierungsregime an die Netznutzer weitergegeben werden können.

I. Netzoptimierungspflichten zum Aufbau eines intelligenten Netzes

1. Netzertüchtigung im Sinne einer Netzoptimierung

Die Netzertüchtigungsmaßnahmen lassen sich in die drei Arten Optimierung, Verstärkung und Ausbau des Energienetzes unterteilen. Netzverstärkungen sind bauliche Maßnahmen, die an einem bestehenden Netz vorgenommen werden, um seine Kapazität zu erweitern.[313] Unter der Netzoptimierung werden im Gegensatz

---

312 *Lenke* u.a., et 12/2009, S. 50 (53); *Stock*, in: Bayer, Anreizregulierung in der Bewährung, S. 29 (32, 38 f.). Die *BNetzA* verzeichnet denn auch einen kontinuierlichen Anstieg von Optimierungsmaßnahmen im Verteilernetz in den Jahren 2009–2016, vgl. *BNetzA/BKartA*, Monitoringbericht 2016, S. 82.

313 *Wustlich*, in: Altrock/Oschmann/Theobald, EEG 2012, § 9 Rn. 21.

hierzu Maßnahmen technisch-betrieblicher Art ohne Eingriff in die Substanz der Netzbestandteile verstanden, mithilfe derer eine bessere Auslastung der Netzkapazität erreicht werden soll.[314] Der Netzausbau umfasst alle übrigen kapazitätserweiternden Maßnahmen.[315] Zwischen den einzelnen Maßnahmen besteht kein Rangverhältnis.[316] Der Begriff des Netzausbaus wird als weitester Begriff verstanden, der die Optimierung und Verstärkung mit umfasst.[317]

Die Transformation der Netze zu einem intelligenten Netz erfordert Optimierungsmaßnahmen in Form von intelligenten Netztechnologien.[318] Maßnahmen dieser Art sind primär auf der Verteilnetzebene notwendig, um die durch die Dezentralisierung der Stromerzeugung und die Abstimmung der Erzeugungs- mit der Verbrauchsseite hervorgerufenen Systemherausforderungen bewältigen zu können. Durch die technische Modernisierung des Verteilnetzes kann die Effizienz der bestehenden Netzkapazität erhöht und die Notwendigkeit des Netzausbaus verringert werden.[319]

2. *Die gesetzlichen Netzausbaupflichten*

a) *Die allgemeine Netzausbaupflicht nach § 11 EnWG*

Nach § 11 Abs. 1 S. 1 EnWG sind alle Netzbetreiber dazu verpflichtet, ein sicheres, zuverlässiges und leistungsfähiges Energieversorgungsnetz diskriminierungsfrei zu betreiben, zu warten und bedarfsgerecht zu optimieren, zu verstärken und auszubauen, soweit dies wirtschaftlich zumutbar ist.[320]

---

314 *Salje*, EEG 2014, § 12 Rn. 4; *Wustlich,* in: Altrock/Oschmann/Theobald, EEG 2012, § 9 Rn. 19, 21; *Boemke,* in: Frenz u.a., EEG 2014, § 12 Rn. 14, 17.

315 Darunter ist in erster Linie der Zubau neuer Netzleitungen zu verstehen, siehe *Salje*, EEG 2014, § 12 Rn. 6; *Wustlich,* in: Altrock/Oschmann/Theobald, EEG 2012, § 9 Rn. 22.

316 Vgl. BT-Drs. 16/10491, S. 18 und BT-Drs. 16/8148, S. 45.

317 Vgl. BR-Drs. 10/08, S. 104.

318 A. A. *Wieser,* Intelligente Elektrizitätsversorgungsnetze, S. 64, demzufolge Maßnahmen zur technischen „Aufrüstung“ der Netze unter keine Form der Netzertüchtigung des § 11 EnWG fallen.

319 Auf der Übertragungsnetzebene besteht hingegen nur vereinzelt die Notwendigkeit, die vorhandene Kapazität einzelner Netzabschnitte zu verstärken oder zu optimieren, siehe bereits § 2 A. III. 2., 5.

320 Die Pflicht zum Netzausbau dient der Sicherstellung der Energieversorgung als einem der höchsten Güter der Allgemeinheit, siehe BVerfG, Beschluss v. 16. März 1971 (Az. 1 BvR 52, 665, 667, 754/66), BVerfGE 30, 292 (323 f.) = NJW 1971, S. 1255 (1258); *Sötebier,* in: Britz/Hellermann/ Hermes, EnWG, § 11 Rn. 9. Über die sog. Spitzenkappung gem. § 11 Abs. 2 EnWG kann der Netzbetreiber in seiner

Die Netzausbaupflicht ist zum einen durch die *Bedarfsgerechtigkeit des Ausbaus* begrenzt, die vom Netzbetreiber anhand einer Bedarfsprognose zu ermitteln und festzustellen ist. Anhaltspunkte für die Frage, wann ein Netzausbau bedarfsgerecht ist, liefert der die Aufgaben des Netzbetreibers konkretisierende § 12 Abs. 3 S. 1 EnWG (vgl. § 11 Abs. 1 S. 2 EnWG).[321] Danach ist der Netzbetreiber verpflichtet, dauerhaft die Fähigkeit des Netzes sicherzustellen, die Nachfrage nach Übertragung von Elektrizität zu befriedigen und insbesondere durch entsprechende Übertragungskapazität und Zuverlässigkeit des Netzes zur Versorgungssicherheit beizutragen. Die Nachfrage nach Übertragung meint dabei nicht nur die Nachfrage aller Verbraucher nach Energielieferungen[322], sondern die Nachfrage aller Netznutzer nach Netzkapazität.[323]

Zum anderen ist der Netzbetreiber nur im Rahmen des *wirtschaftlich Zumutbaren* zum Netzausbau verpflichtet.[324] Aus der Ausbaupflicht des Netzbetreibers lässt sich schließen, dass er auch die für die Erfüllung der Pflicht aufzuwendenden Investitionen tragen muss.[325] Aufgrund dessen ist jedenfalls die betriebswirtschaftliche Zumutbarkeit einer Ausbaumaßnahme zu prüfen.[326] Ob zusätzlich auf die volkswirtschaftliche Zumutbarkeit des Ausbaus für die Kunden abzustellen ist, ist umstritten.[327] Für eine Einbeziehung spricht, dass die Allgemeinheit auf ausreichende Netzkapazitäten als Grundvoraussetzung für eine sichere

---

Netzplanung eine Reduzierung von an sein Netz angeschlossenen EE-Anlagen um bis zu 3% berücksichtigen, siehe BT-Drs. 18/7317, S. 78 f.; *Sailer*, EnWZ 2016, S. 250 (256 f.).

321 Diese sich zunächst auf die Pflichten der Übertragungsnetzbetreiber beziehende Norm ist entsprechend auch für die Frage der Bedarfsgerechtigkeit des Netzaufbaus auf Verteilnetzebene heranzuziehen, auf welcher der Verteilnetzbetreiber für den Netzausbau verantwortlich ist, vgl. § 14 EnWG.

322 So *Höppner*, Regulierung der Netzstruktur, S. 200 f., 203.

323 So *Wendt*, Kapazitätsengpässe beim Netzzugang, S. 147 f.; *Angenendt/Boesche/Franz*, RdE 2011, S. 117 (120 f.); *Peters*, ZNER 2007, S. 272 (276); *von Hammerstein*, ZNER 2006, S. 110 (112).

324 Ausführlich hierzu *Ringel*, Die wirtschaftliche Zumutbarkeit im Energierecht, S. 183 ff.

325 *Säcker*, in: Pielow, Sicherheit in der Energiewirtschaft, S. 107 (121 f.).

326 *Ringel*, Die wirtschaftliche Zumutbarkeit im Energierecht, S. 202 f.; *Säcker*, in: Pielow, Sicherheit in der Energiewirtschaft, S. 107 (121).

327 Dies bejahend *Wendt*, Kapazitätsengpässe beim Netzzugang, S. 152; ablehnend *König*, in: Säcker, BerlKommEnR 2014, § 11 EnWG Rn. 59; *Höppner*, Regulierung der Netzstruktur, S. 205; nicht eindeutig BVerwG, Urt. v. 24.5.2012, Az. 7 VR 4/12, Rn. 27 = ZUR 2012, S. 499 (502).

Energieversorgung angewiesen ist. Diese Abhängigkeit muss bei der Frage der Ausbaukosten mit berücksichtigt werden, da diese über die Netzentgelte auf die Endkunden abgewälzt werden.[328]

b) *Die speziellen Netzausbaupflichten nach dem EEG und dem KWKG*

Im EEG und KWKG sind spezielle Ausbaupflichten des Netzbetreibers enthalten, welche von der Geltendmachung eines konkreten Ausbaubedarfs abhängig sind und in erster Linie nicht der Sicherstellung der Energieversorgung, sondern der Durchsetzung von Wettbewerbsinteressen von Anlagenbetreibern durch die Abnahme ihres Stromes und der Verwirklichung von Klimaschutzzielen dienen (vgl. § 1 Abs. 1 EEG, § 1 KWKG). Die Normen sind privatrechtlicher Natur und vermitteln dem Anlagenbetreiber als Begünstigtem ein subjektives Recht auf Netzausbau.[329]

Nach § 12 Abs. 1 EEG, welcher sowohl für Netzbetreiber im Geltungsbereich des EEG als auch des KWKG gilt (vgl. § 3 Abs. 1 S. 2, 3 KWKG), sind Netzbetreiber auf Verlangen der Einspeisewilligen verpflichtet, unverzüglich ihre Netze entsprechend dem Stand der Technik zu optimieren, zu verstärken und auszubauen, um die Abnahme, Übertragung und Verteilung des Stroms sicherzustellen.[330] Neben dem Verlangen des Einspeisewilligen[331] ist die Ausbaupflicht nach § 12 EEG wiederum durch die wirtschaftliche Zumutbarkeit der Maßnahme begrenzt (§ 12 Abs. 3 EEG).[332] Der Fokus liegt dabei auf der volkswirtschaftlichen Zumutbarkeit, daneben ist die betriebswirtschaftliche Zumutbarkeit für den Netzbetreiber zu beachten.[333]

---

328 *Wendt*, Kapazitätsengpässe beim Netzzugang, S. 151; *Säcker*, in: Pielow, Sicherheit in der Energiewirtschaft, S. 107 (123).

329 *Höppner*, Regulierung der Netzstruktur, S. 201 f.; *Sailer*, EnWZ 2016, S. 250 (255). Die speziellen Ausbaupflichten sind gegenüber der allgemeinen Ausbaupflicht nach § 11 EnWG gleichrangig, vgl. hierzu § 12 Abs. 4 EEG sowie *Schäfermeier*, in: Reshöft/Schäfermeier, EEG 2012, § 9 Rn. 66.

330 Siehe näher *Wustlich*, in: Altrock/Oschmann/Theobald, EEG 2012, § 9 Rn. 13.

331 Zum „Einspeisewilligen" *Schäferhoff*, Kapazitätserweiterung des Netzes nach dem EEG, S. 40 ff.

332 Siehe hierzu *Clearingstelle EEG*, Votum 2008/14 v. 19.9.2008, S. 18; *Sailer*, EnWZ 2016, S. 250 (254 f.); *Ringel*, Die wirtschaftliche Zumutbarkeit im Energierecht, S. 101 ff.

333 Die volkwirtschaftliche Zumutbarkeit ist bei § 12 EEG unzweifelhaft zu beachten. Dies geht aus der Gesetzesbegründung zu § 4 Abs. 2 EEG a. F. (2004) hervor, auf welchem § 12 Abs. 3 EEG beruht, siehe BT-Drs. 15/2327, S. 25. Der Gesetzgeber wollte mit § 9 Abs. 3 EEG a.F. (2012), § 12 Abs. 3 EEG a.F. (2014) bzw. § 12 Abs. 3 EEG

3. *Anhaltspunkte für die Ertüchtigung mit intelligenten Netztechnologien*

Die Ermittlung, welche Maßnahme zu ergreifen ist, um der Verpflichtung des sicheren, zuverlässigen und leistungsfähigen Netzbetriebs angemessen nachzukommen, obliegt dem Netzbetreiber.[334] Allerdings finden sich im EnWG sowie im EEG Anhaltspunkte dafür, dass Maßnahmen der Optimierung und Verstärkung und damit Maßnahmen für eine Ertüchtigung des Netzes zu einem intelligenten Netz vorrangig in Betracht zu ziehen sind. Ein Blick auf den in § 1 Abs. 1 EnWG niedergelegten Gesetzeszweck zeigt, dass die Effizienz der Energieversorgung einen wichtigen Stellenwert im EnWG einnimmt. Die Ziele des § 1 EnWG sind im Rahmen der Auslegung des § 11 EnWG zu beachten.[335] Gleiches gilt für das EEG, welches die Nachhaltigkeit der Energieversorgung und die Verringerung der volkswirtschaftlichen Kosten für die Energieversorgung in den Vordergrund stellt, vgl. § 1 Abs. 1 EEG. Die bestmögliche Ausnutzung bestehender Netzkapazitäten kann zu einer effizienteren Energienutzung beitragen.[336] Die Gleichrangigkeit der Ausbaumaßnahmen bleibt zwar unberührt, der Netzbetreiber ist jedoch im Rahmen seiner Entscheidungsfindung aufgrund der Beachtung von Effizienzvorgaben gemäß dem Grundsatz „Netzoptimierung vor Verstärkungs- und Ausbaumaßnahmen" verpflichtet, die effizienteren Maßnahmen der Optimierung und Verstärkung vorrangig zum Netzausbau in Betracht zu ziehen (sog. NoVA-Prinzip).[337] Welche Maßnahme der Netzbetreiber schließlich ergreift, hängt nicht zuletzt von wirtschaftlichen Erwägungen ab. Dass die intelligente Aufrüstung des Netzes grundsätzlich weniger Investitionsbedarf hervorruft als ein konventioneller Netzausbau, kann derzeit nicht pauschal bejaht werden, auch

---

die Rechtslage zur wirtschaftlichen Zumutbarkeit inhaltlich fortschreiben, vgl. BT-Drs. 16/8148, S. 45; BT-Drs. 18/1304, S. 186. Daher kann insoweit die Gesetzesbegründung zu § 4 Abs. 2 EEG a.F. (2004) herangezogen werden. Näher *Ringel,* Die wirtschaftliche Zumutbarkeit im Energierecht, S. 148 ff., 249; *Wustlich,* in: Altrock/Oschmann/Theobald, EEG 2012, § 9 Rn. 41.

334 BT-Drs. 18/7317, S. 79; *Scherer,* NVwZ 2010, S. 1321 (1323).

335 *Sötebier,* in: Britz/Hellermann/Hermes, EnWG, § 11 Rn. 32. Für den Verteilnetzbetreiber ist die Beachtung von Energieeffizienzmaßnahmen und Nachfragesteuerungsmaßnahmen bei der Beurteilung der Bedarfsgerechtigkeit des Ausbaus in § 14 Abs. 2 S. 1 EnWG ausdrücklich normiert.

336 BT-Drs. 16/8148, S. 37.

337 BT-Drs. 16/10491, S. 18; BT-Drs. 16/8148, S. 45; *Tüngler,* in: Kment, EnWG, § 11 EnWG Rn. 47; *Theobald/Zenke/Dessau,* in: Schneider/Theobald, EnWR, § 15 Rn. 122.

wenn tendenziell von einer geringeren Kapitalkostenintensität auszugehen ist.[338] Auch bei einem geringeren Investitionsbedarf ist das Interesse des Netzbetreibers an einer intelligenten Aufrüstung des Netzes jedoch gehemmt, wenn sich die Kosten später im Gegensatz zu einer konventionellen Ausbaumaßnahme schlechter refinanzieren lassen.[339] Seine Entscheidung wird der Netzbetreiber im Einzelfall unter Abwägung der entstehenden Kosten und der Refinanzierbarkeit im Rahmen des geltenden Regulierungsregimes treffen.[340]

II. Refinanzierung der Investitionen in intelligente Netztechnologien

1. Netzentgeltbildung nach der Anreizregulierungsverordnung

Die Netzentgelte werden auf der Basis der Kosten einer Betriebsführung gebildet, die denen eines effizienten und strukturell vergleichbaren Netzbetreibers entsprechen, wobei Anreize für eine effiziente Leistungserbringung und eine angemessene Verzinsung des eingesetzten Kapitals zu berücksichtigen sind (§ 21 Abs. 2 EnWG).[341] Um zu gewährleisten, dass die Netzbetreiber effizient wirtschaften, erfolgt die Entgeltbestimmung anhand einer Methode, welche die externe Kostenprüfung ersetzt und Anreize für eine effiziente Leistungserbringung setzen soll (§ 21a Abs. 1 EnWG).[342] Die Kosten werden von den über die Netzentgelte generierbaren Erlösen vorübergehend entkoppelt. Für die Dauer einer fünfjährigen Regulierungsperiode setzt die Regulierungsbehörde die zulässigen

---

338 Von einem geringeren Investitionsbedarf ausgehend *BNetzA,* „Smart Grid“ und „Smart Market“, S. 26 f.; *Harms/Hille/Hörpel,* ew 2014, S. 72 ff. sowie *dena,* dena-Verteilnetzstudie, S. 15 f. (Zusammenfassung), S. 212 ff., 332 f. Die zuletzt genannte Studie merkt aber auch an, dass die Wirtschaftlichkeit der Maßnahme teilweise durch höhere Betriebs- und Wartungskosten relativiert wird.

339 *Bruns* u.a., Netze als Rückgrat der Energiewende, S. 171.

340 *UBA,* Climate Change 20/2011, S. 145; *Haller,* EnWZ 2014, S. 195 (196).

341 Die kostenorientierte Netzentgeltbildung wird seit der Neufassung des EnWG im Jahr 2005 angewandt. Durch eine Entgeltbestimmung anhand der Kosten einer effizienten Leistungsbereitstellung wird das Risiko von Überinvestitionen der Netzbetreiber minimiert, siehe *Missling,* in: Danner/Theobald, Energierecht, § 21 EnWG Rn. 45 ff. Zur bis dahin geltenden Kostenregulierung siehe *Kühne,* in: Bayer, Anreizregulierung in der Bewährung, S. 11 (14).

342 Die Methode der Anreizregulierung wird seit 1.1.2009 angewandt. Zum Hintergrund ihrer Einführung siehe BT-Drs. 18/536, S. 14; *Haucap/Coenen,* in: Holznagel/Schütz, ARegV, Einf. Rn. 108; *Hardach,* Anreizregulierung, S. 46 f.; *Ruge,* in: Schneider/Theobald, EnWR, § 18 Rn. 4.

Gesamterlöse der Netzbetreiber aus den Netzentgelten für jedes Kalenderjahr im Rahmen von Erlösobergrenzen fest (§§ 3, 4, 32 Abs. 1 Nr. 1 ARegV).[343] Als Ausgangsniveau für die Bestimmung der Erlösobergrenzen dienen die anhand des Maßstabes der Kosten einer effizienten Leistungsbereitstellung zu erhebenden Entgelte (§ 6 Abs. 1 ARegV).[344] Die Erlösobergrenzen sollen den Netzbetreibern die Deckung der ihnen entstandenen Kosten zuzüglich einer angemessenen Eigenkapitalrendite garantieren.[345] Effizient wirtschaftende Netzbetreiber, welche ihre Kosten senken und die Erlösobergrenzen unterschreiten, können zusätzliche Gewinne realisieren, die bis zum Ende der Regulierungsperiode behalten werden können, bevor die erreichte Kostensenkung über niedrigere Netzentgelte an die Kunden weitergegeben wird.[346]

2. Berücksichtigung von Investitionskosten in intelligente Netztechnologien

Durch die zeitweise Entkopplung von zulässigen Erlösen und entstandenen Kosten werden Investitionskosten in die Netzinfrastruktur, die der Netzbetreiber während einer Regulierungsperiode tätigt, grundsätzlich erst bei der Festlegung

---

343 Während der Regulierungsperiode können die Obergrenzen nur in den in § 4 Abs. 3 bis 5 ARegV bestimmten Fällen angepasst werden, vgl. § 4 Abs. 2 ARegV.

344 Die Entgelte werden gem. § 21 Abs. 2 EnWG, §§ 4 ff. StromNEV bestimmt. Grundlage der Kostenprüfung ist das letzte abgeschlossene Geschäftsjahr einer Regulierungsperiode, welches als Basisjahr für die nächste Periode gilt. Ausgehend davon wird für jedes Kalenderjahr der Periode die Erlösobergrenze anhand einer Regulierungsformel ermittelt, vgl. § 6 Abs. 1 S. 3, § 7 i.V.m. Anl. 1 ARegV.

345 Zur Höhe und Berechnung des kalkulatorischen Eigenkapitalzinssatzes vgl. § 7 Abs. 6 StromNEV sowie näher *Schütz/Schütte*, in: Holznagel/Schütz, ARegV, § 7 StromNEV/GasNEV Rn. 38 ff.

346 *Haucap/Coenen*, in: Holznagel/Schütz, ARegV, Einf. Rn. 115. Zu den in die Regulierungsformel (§ 7 ARegV) einfließenden Elementen zählt vor allem die Vorgabe individueller Effizienzziele für die Netzbetreiber, welche auf Grundlage eines bundesweiten Effizienzvergleichs aller Netzbetreiber ermittelt wird (§ 21a Abs. 2 S. 1, Abs. 5 EnWG, §§ 12–16 ARegV). Der Netzbetreiber soll die individuellen Effizienzvorgaben unter Nutzung der ihm möglichen und zumutbaren Maßnahmen erreichen und übertreffen können (§ 21a Abs. 5 S. 4 EnWG). Aufgrund dessen beziehen sich die Vorgaben nur auf die vom Netzbetreiber beeinflussbaren Kostenanteile, während dauerhaft nicht beeinflussbare Kostenanteile nicht in die Betrachtung mit einbezogen werden (§ 21a Abs. 4 EnWG, §§ 12 Abs. 2, 15 Abs. 3 ARegV). Näher *Ruge*, in: Schneider/Theobald, EnWR, § 18 Rn. 2, 28 ff.; BT-Drs. 18/536, S. 15.

der Erlösobergrenzen für die nächste Regulierungsperiode berücksichtigt.[347] Der Netzbetreiber muss die Investitionen zunächst mit seinem Kapital vorfinanzieren.[348] Um die Vornahme von Investitionen auch unter dem Anreizregulierungsregime sicherzustellen, bedarf es Instrumente, die dem Netzbetreiber Investitionsanreize setzen. Da eine intelligente Modernisierung in erster Linie auf der Verteilnetzebene erforderlich ist, konzentriert sich die folgende Prüfung auf die Instrumente, welche für den Verteilnetzbetreiber zur Berücksichtigung intelligenter Investitionen infrage kommen.

a) Erweiterungsfaktor

Das Instrument des Erweiterungsfaktors nach § 10 ARegV ermöglicht die Berücksichtigung von Netzinvestitionen.[349] Eine nachhaltige Änderung der Versorgungsaufgabe des Verteilnetzbetreibers gegenüber dem Basisjahr, die während der Regulierungsperiode auftritt, kann dadurch bei der Bestimmung der Erlösobergrenze einbezogen werden.[350] Die auf Antrag erfolgende Anpassung orientiert sich an der Veränderung bestimmter, in § 10 Abs. 2 ARegV festgelegter Parameter der Versorgungsaufgabe und erfolgt durch eine pauschale Abbildung.[351]

Durch die Erhöhung der Erlösobergrenze können die Kosten des Netzbetreibers bereits während der Regulierungsperiode über die Netzentgelte refinanziert werden. Investitionshemmend wirkt es sich jedoch aus, dass durch die Anpassung der Erlösobergrenze zum jeweils 1. Januar des folgenden Kalenderjahres

---

347 Hierzu *Missling*, E&M 2013, S. 3.

348 *Theobald/Theobald*, Grundzüge des Energiewirtschaftsrechts, S. 298 f., 305; *Ruge*, in: Schneider/Theobald, EnWR, § 18 Rn. 59.

349 Auf den Zuschlag für Forschungs- und Entwicklungskosten (§ 25a ARegV) und die Qualitätsregulierung (§§ 18 ff. ARegV) wird im Folgenden nicht eingegangen. Hierzu näher BR-Drs. 447/13, S. 20; *Pfeifle*, EnWZ 2013, S. 387 (394); *Herrmann/ Westermann*, in: Holznagel/Schütz, ARegV, § 19 Rn. 8.

350 Übertragungsnetzbetreibern sowie Verteilnetzbetreibern, welche Hochspannungsnetze betreiben, steht das Instrument nicht zur Verfügung, vgl. § 10 Abs. 4 S. 1 ARegV. Zum Basisjahr schon Fn. 344.

351 Eine nachhaltige Änderung liegt nach § 10 Abs. 2 ARegV vor, wenn sich die Fläche des Versorgungsgebietes, die Anzahl der Anschlusspunkte, die Jahreshöchstlast oder sonstige von der Regulierungsbehörde festgelegte Parameter dauerhaft und in erheblichem Umfang ändern. Die Anpassung erfolgt durch Multiplikation der in die Regulierungsformel einfließenden Kostenanteile mit dem Erweiterungsfaktor. Siehe § 4 Abs. 4 S. 1 Nr. 1, S. 2 Hs. 2 ARegV; *BNetzA*, Beschluss v. 8.9.2010, BK8-10/004, Ziff. 3.4; *Krüger/Müller-Kirchenbauer/Weyer*, in: Holznagel/Schütz, ARegV, § 10 Rn. 27.

die Investitionen in der Regel erst mit einem Zeitverzug von ein bis zwei Jahren erlöswirksam werden.[352] Dieser Aspekt gewinnt in Bezug auf Investitionen in intelligente Technologien vor allem vor dem Hintergrund Relevanz, dass deren positive Effekte in Form von mehr Effizienz und Flexibilität beim einzelnen Netzbetreiber nicht sofort, sondern erst langfristig spürbar sein werden, wenn das „Gesamtsystem" des Smart Grid aufgebaut ist.[353] Da der Netzbetreiber innerhalb der Regulierungsperiode Zusatzgewinne erzielt, wenn er die Effizienz kurzfristig erhöht, ist dies eher ein Anreiz für ihn, in konventionelle Ausbaumaßnahmen zu investieren, deren Effekte kurzfristig spürbar sind.

Überdies bedeutet die Orientierung der Anpassung an den Parametern in § 10 Abs. 2 ARegV, dass eine nicht auf eine Erweiterung der Versorgungsaufgabe zurückgehende Ersetzung von konventionellen Netzbestandteilen durch IKT-basierte Bestandteile nicht über den Erweiterungsfaktor berücksichtigt werden kann.[354]

b) Investitionsmaßnahme

Im Gegensatz zum Erweiterungsfaktor knüpft das Instrument der Investitionsmaßnahme direkt an die einzelnen Projekte und ihre jeweiligen Kosten an. Investitionsmaßnahmen gelten als dauerhaft nicht beeinflussbare Kostenanteile und unterfallen damit grundsätzlich nicht den Effizienzvorgaben.[355] Das Instrument ist gegenüber dem Erweiterungsfaktor vorteilhaft, da die Erlösobergrenze ohne Zeitverzug um die Plankosten für eine Investition angehoben wird und der Netzbetreiber die Kosten, die er für eine genehmigte Investitionsmaßnahme aufgewendet hat, in vollem Umfang über die Netzentgelte refinanzieren kann.[356]

---

352 *Uwer/Meinzenbach*, KSzW 2016, S. 160 (163); *Krüger/Müller-Kirchenbauer/Weyer*, in: Holznagel/Schütz, ARegV, § 10 Rn. 31. Der Antrag für das Folgejahr muss jeweils zum 30. Juni eines Kalenderjahres gestellt werden.

353 *Paskert*, WiVerw 2010, S. 122 (125).

354 Die „Zielgenauigkeit" des Instruments fehlt, siehe *Uwer/Meinzenbach*, KSzW 2016, S. 160 (163).

355 § 11 Abs. 2 S. 1 Nr. 6, § 14 Abs. 1 Nr. 2 ARegV, vgl. aber § 23 Abs. 4 ARegV. Näher hierzu *Müller-Kirchenbauer/Paust/Weyer* in: Holznagel/Schütz, ARegV, § 23 Rn. 35, 54.

356 Die Erlösobergrenze wird während der laufenden Regulierungsperiode zum 1. Januar des auf die Genehmigung folgenden Kalenderjahres um die Plankosten für die Investition angehoben (sog. „t-0" Zeitversatz). Eine Prüfung der Notwendigkeit der Höhe nach wird erst *ex post* vorgenommen. Siehe näher § 4 Abs. 3 S. 1 Nr. 2 a.E., § 5 Abs. 1 S. 2 ARegV; BR-Drs. 860/11, S. 5, 11; *Müller-Kirchenbauer/Paust/Weyer* in: Holznagel/Schütz, ARegV, § 23 Rn. 33, 65 ff.

Investitionsmaßnahmen stehen vorrangig Übertragungsnetzbetreibern zur Verfügung. Verteilnetzbetreiber können sie dagegen nur begrenzt in Anspruch nehmen, etwa wenn Erweiterungs- und Umstrukturierungsinvestitionen in die Hochspannungsebene notwendig sind (§ 23 Abs. 7 ARegV) oder der Integration von EE- und KWK-Anlagen oder dem Anschluss von Erzeugungsanlagen nach § 17 Abs. 1 EnWG dienen (§ 23 Abs. 6 ARegV). Investitionsmaßnahmen, die potenziell nach § 23 Abs. 6 ARegV genehmigt werden können, sind vorrangig über den Erweiterungsfaktor nach § 10 ARegV zu berücksichtigen. Anhand welcher Kriterien die Instrumente des Erweiterungsfaktors und der Investitionsmaßnahme abzugrenzen sind, ist allerdings nicht abschließend geklärt, sodass die Beantragung einer Investitionsmaßnahme durch den Verteilnetzbetreiber mit Rechtsunsicherheiten verbunden ist.[357]

c) Kapitalkostenabgleich

Um die im geltenden Anreizregulierungsregime bestehenden Investitionshemmnisse der Instrumente nach §§ 10, 23 ARegV zu beseitigen, wurde der Instrumentenkatalog im Rahmen der ARegV-Novelle 2016 ergänzt.[358] Insbesondere Verteilnetzbetreibern soll so ermöglicht werden, ihr Netz möglichst kostengünstig zu optimieren.[359] Das zentrale neue Instrument für Verteilnetzbetreiber ist der jährliche Kapitalkostenabgleich, durch welchen der Kapitalrückfluss für Investitionen des Verteilnetzbetreibers verbessert werden soll.[360] Der Kapitalkostenabgleich

---

357 Die BNetzA hatte den Vorrang von § 10 ARegV zunächst umfassend verstanden. Eine grundsätzliche Abbildbarkeit über § 10 ARegV sei für einen Ausschluss von § 23 Abs. 6 ARegV ausreichend, vgl. *BNetzA*, Beschluss v. 8.9.2010, BK8-10/004, Ziff. 7. Kritisch zu dieser Abgrenzung OLG Düsseldorf, Beschluss v. 5.9.2012, VI-3 Kart 58/11 (V) = ZNER 2012, S. 621 (623). Mit Beschluss vom 21.3.2014 änderte die BNetzA den ursprünglichen Bescheid aus 2010 ab, vgl. BGH, Beschluss v. 8.4.2014, Az. EnVR 61/12 Rn. 4. Siehe hierzu auch *Uwer/Meinzenbach*, KSzW 2016, S. 160 (164) sowie *Booz*, et 6/2014, S. 93 (94).

358 Der 2. Verordnung zur Änderung der ARegV (2. ARegVÄndV) vom 14. September 2016 ging ein Evaluierungsbericht der Bundesnetzagentur voraus, in welchem festgestellt wurde, dass die Investitionsbedingungen für Verteilnetzbetreiber einer Überarbeitung bedürfen, vgl. *BNetzA*, Evaluierungsbericht nach § 33 ARegV, S. 5 ff. Eine Nachzeichnung des Wegs zur Novelle findet sich bei *Missling*, IR 2017, S. 2 (2) sowie *Gersemann*, EnWZ 2016, S. 531 (531).

359 Siehe hierzu die Verordnungsbegründung, BR-Drs. 296/16 v. 2. Juni 2016, S. 1.

360 *Stelter*, EnWZ 2017, S. 147 (148); *Uwer/Meinzenbach*, KSzW 2016, S. 160 (164). Siehe zum Vorschlag eines Kapitalkostenabgleichs bereits *Schäfer*, Vorschlag „Verbesserung der Investitionsbedingungen für Energienetzbetreiber unter den Bedingungen der

setzt sich aus einem Kapitalkostenaufschlag nach § 10a ARegV und einem Kapitalkostenabzug nach § 6 Abs. 3 ARegV zusammen. Er soll die bisher für Verteilnetzbetreiber zur Verfügung stehenden Investitionsinstrumente ablösen. § 10 und § 23 Abs. 6 und 7 ARegV sind daher ab der dritten Regulierungsperiode nicht mehr anzuwenden.[361]

Die Regulierungsbehörde kann einen Aufschlag für Kapitalkosten auf die Erlösobergrenze genehmigen, wenn diese durch Investitionen in den Bestand betriebsnotwendiger Anlagegüter entstehen, die nach dem Basisjahr getätigt wurden und daher nicht bei der Festlegung der Erlösobergrenze der nächsten Regulierungsperiode einfließen können.[362] Die Investitionen können damit ohne Zeitverzug erlöswirksam werden.[363]

Berücksichtigungsfähige Kapitalkosten sind dabei kalkulatorische Abschreibungen, die kalkulatorische Eigenkapitalverzinsung, die kalkulatorische Gewerbesteuer und der Aufwand für Fremdkapitalzinsen (vgl. § 10a Abs. 1 ARegV). Operative Kosten des Netzbetreibers können hingegen nicht berücksichtigt werden.[364] Die Genehmigung gilt jeweils bis zum Ende des auf den Antrag folgenden Kalenderjahres.

Im Gegenzug zur Einführung des Kapitalkostenaufschlages werden die Kapitalkosten durch den Kapitalkostenabzug nach § 6 Abs. 3 ARegV für die Dauer einer Regulierungsperiode nicht mehr wie bisher auf dem Niveau des Basisjahres festgeschrieben.[365] Vielmehr ermittelt die Regulierungsbehörde vor Beginn der Regulierungsperiode für jedes Jahr der Periode den Kapitalkostenabzug für Bestandsanlagen.[366]

Energiewende“ v. 4.9.2012, Ziff. A, S. 1 ff. Übertragungsnetzbetreiber können dieses Instrument nicht in Anspruch nehmen, vgl. § 10a Abs. 10, § 6 Abs. 4 ARegV.

361 Vgl. § 34 Abs. 7 ARegV. Die dritte Regulierungsperiode beginnt am 1.1.2019, vgl. § 3 ARegV.

362 Es ist dabei unerheblich, ob es sich um Ersatz- oder Erweiterungsinvestitionen handelt. Siehe hierzu BR-Drs. 296/16, S. 22, 34 sowie *Gersemann*, EnWZ 2016, S. 531 (532).

363 BR-Drs. 296/16, S. 34 f. Ausführlich hierzu *Uwer/Meinzenbach*, KSzW 2016, S. 160 (164 f.).

364 Vgl. BR-Drs. 296/16, S. 22. Siehe hierzu auch *Uwer/Meinzenbach*, KSzW 2016, S. 160 (164).

365 Die Festschreibung der Kapitalkosten auf dem Niveau des Basisjahres diente dazu, den Netzbetreibern während der Regulierungsperiode eine ausreichende Kapitalbasis zu verschaffen (sog. Sockeleffekt). Siehe hierzu BR-Drs. 296/16, S. 33; *BNetzA*, Evaluierungsbericht nach § 33 ARegV, S. 99 f.

366 Näher *Uwer/Meinzenbach*, KSzW 2016, S. 160 (167); BR-Drs. 296/16 (B) v. 8. Juli 2016, S. 2.

d) *Effizienzbonus*

Um Verteilnetzbetreiber dazu anzureizen, in innovative und intelligente Netztechnologien zu investieren,[367] wurden im Rahmen der ARegV-Novelle überdies Vorgaben über einen Effizienzbonus in die ARegV aufgenommen. Nach § 12a Abs. 1 ARegV erhalten die Netzbetreiber, für welche im Effizienzvergleich nach § 12 ARegV ein Effizienzwert von 100% ermittelt wurde, für die Dauer einer Regulierungsperiode einen Aufschlag auf die Erlösobergrenze.[368] Ein Supereffizienzwert von 5% kann dabei nicht überschritten werden (vgl. § 12a Abs. 2 ARegV).[369]

Kritisiert wurde, dass der Effizienzbonus nur von einer kleinen Gruppe von Verteilnetzbetreibern beansprucht werden könne.[370] Die Beschränkung des Effizienzbonus auf besonders effiziente Verteilnetzbetreiber sei sachlich nicht gerechtfertigt. Ein Effizienzwert von 100% könne nur von Netzbetreibern erreicht werden, die aufgrund ihrer Strukturparameter bei Zugrundelegung einer bestimmten Ermittlungsmethode einen hohen Effizienzwert erreichten.[371] Netzbetreiber, welche aufgrund ihrer Struktur bei Verwendung einer anderen Ermittlungsmethode einen besseren Effizienzwert erzielten, könnten daher von vornherein keinen Effizienzbonus beantragen.[372] Im Übrigen sei der monetäre

---

367 BR-Drs. 296/16, S. 37. Siehe hierzu auch *Missling,* IR 2017, S. 53 (56).

368 Die Begrenzung auf vollständig effiziente Netzbetreiber soll ein Weiterreichen ineffizienter Netzkosten an die Verbraucher verhindern, siehe BR-Drs. 296/16, S. 37 f. Die Ermittlung des Aufschlags erfolgt auf Grundlage einer Supereffizienzanalyse, vgl. § 12a Abs. 1 S. 1, Anl. 3 Nr. 5 S. 9 ARegV.

369 Unter dem Supereffizienzwert wird die Differenz zwischen den individuellen Effizienzwerten des Netzbetreibers aus der Supereffizienzanalyse sowie den individuellen Effizienzwerten aus der nicht-parametrischen Methode verstanden, vgl. Anl. 3 zur ARegV sowie Fn. 371.

370 *BDEW*, Stellungnahme zur ARegV-Novelle, S. 14; *VKU*, Stellungnahme zum RefE zur Änderung der ARegV, S. 10. Siehe auch *Gersemann,* EnWZ 2016, S. 531 (534); *Missling,* IR 2017, S. 53 (56).

371 *VKU*, Stellungnahme zum RefE zur Änderung der ARegV, S. 10. Der Wert von 100% könne nur über die Dateneinhüllungsanalyse (DEA) erreicht werden. Daneben wird die stochastische Effizienzgrenzenanalyse (SFA) verwendet. Beide Verfahren können jeweils in parametrischer und nicht-parametrischer Form angewandt werden, sodass für die Effizienzwertermittlung vier verschiedene Arten zur Verfügung stehen. Aufgrund der geltenden sog. Best-of-four-Abrechnung ist der jeweils höchste der anhand der vier Methoden ermittelte Effizienzwert zu verwenden, vgl. § 12 Abs. 4a S. 3 ARegV). Siehe hierzu *Groebel,* in: Britz/Hellermann/Hermes, EnWG, § 21a Rn. 65.

372 *Stelter,* EnWZ 2017, S. 147 (152); *Gersemann,* EnWZ 2016, S. 531 (534).

Anreiz des Effizienzbonus für den Netzbetreiber aufgrund der Beschränkung des Supereffizienzwertes auf 5% sehr begrenzt.[373]

3. *Bewertung der für intelligente Netztechnologien gesetzten Investitionsanreize*

Der Erweiterungsfaktor sowie die Investitionsmaßnahme bieten für Verteilnetzbetreiber keine Anreize für gezielte Investitionen in intelligente Netztechnologien. Durch die im Rahmen der ARegV-Novelle 2016 eingeführten Instrumente des Kapitalkostenabgleichs sowie des Energieeffizienzbonus werden solche Anreize dagegen durchaus gesetzt. Dass der Verordnungsgeber die Investitionsinstrumente der ARegV an die sich durch die Energiewende verändernden Gegebenheiten und Herausforderungen für die Netzbetreiber angepasst hat, ist grundsätzlich zu begrüßen.

Ein Anreiz dafür, gezielt in intelligente Netztechnologien zu investieren, wird in erster Linie durch den Effizienzbonus nach § 12a ARegV gesetzt. Die Entscheidung des Netzbetreibers, sich nicht für eine preiswertere und kurzfristig spürbare konventionelle Ausbaumaßnahme, sondern eine teurere und erst langfristig spürbare Investitionsmaßnahme in intelligente Netztechnologien zu entscheiden, wird durch die Gewährung eines Effizienzbonus positiv beeinflusst, da die erzielten Effizienzgewinne nicht vor Beginn einer neuen Regulierungsperiode abgeschöpft werden, sondern dem Netzbetreiber in der nächsten Regulierungsperiode als Effizienzbonus zur Verfügung stehen.[374] Allerdings hätte der Effizienzbonus einer größeren Gruppe von Verteilnetzbetreibern zugänglich gemacht werden sollen. Durch die Festlegung, den Effizienzbonus nur an bereits effiziente Netzbetreiber auszukehren,[375] werden gerade die Netzbetreiber, bei welchen noch Potenzial zur Effizienzsteigerung besteht, davon abgehalten, zeitnah statt in konventionelle Ausbaumaßnahmen in intelligente Optimierungsmaßnahmen zu investieren.[376] Um einen starken Anreiz zur Investition in intelligente Netztechnologien zu setzen, sollte der Supereffizienzwert zudem nicht bei 5% gedeckelt, sondern jeweils in voller Höhe angesetzt werden.

---

373 *BDEW*, Stellungnahme zur ARegV-Novelle, S. 14; *VKU*, Stellungnahme zum RefE zur Änderung der ARegV, S. 10.

374 Zu dieser Intention des Verordnungsgebers siehe BR-Drs. 296/16, S. 37. Der Bonus ist in der folgenden Regulierungsperiode dabei gleichmäßig auf die jährlichen Erlösobergrenzen zu verteilen, vgl. § 12a Abs. 5 ARegV.

375 BR-Drs. 296/16, S. 37.

376 *VKU*, Stellungnahme zum RefE zur Änderung der ARegV, S. 10.

Im Rahmen des Kapitalkostenaufschlages können getätigte Neuinvestitionen ohne Zeitverzug erlöswirksam Berücksichtigung finden. Fraglich ist jedoch, ob durch den Kapitalkostenaufschlag gem. § 10a ARegV Fehlanreize dahin gehend gesetzt werden, den der Anreizregulierungsverordnung zugrunde liegenden Effizienzgedanken zu vernachlässigen. Dadurch, dass der Kapitalkostenaufschlag der Erlösobergrenze als Faktor hinzugefügt wird, welcher nicht durch die individuellen Effizienzvorgaben des Netzbetreibers (§ 16 ARegV) oder den generellen sektoralen Produktivitätsfaktor (§ 9 ARegV) beeinflusst wird, stehen die Kapitalkosten den dauerhaft nicht beeinflussbaren Kosten gem. § 11 Abs. 2 ARegV zumindest vorübergehend gleich.[377] Ein auf die Steigerung von Kosteneffizienz ausgerichtetes Verhalten des Netzbetreibers wird hinsichtlich seiner Investitionstätigkeit damit gerade nicht angereizt. Allerdings ist diese Feststellung in zweierlei Hinsicht einzuschränken. Zum einen können im Rahmen des Kapitalkostenaufschlages nur Investitionen in den Bestand betriebsnotwendiger Anlagegüter berücksichtigt werden.[378] Zum anderen wird das Effizienzverhalten der Netzbetreiber während einer Regulierungsperiode spätestens im Rahmen der Kostenprüfung für die folgende Regulierungsperiode einem Effizienzvergleich gem. §§ 12 ff. ARegV unterzogen (§ 6 ARegV). Ein ineffizientes Verhalten der Netzbetreiber würde sich daher negativ auf ihre Effizienzbewertung auswirken.[379] Insgesamt ist daher nicht zu erkennen, dass durch den Kapitalkostenaufschlag Fehlanreize für ein ineffizientes Verhalten der Netzbetreiber gesetzt werden.

III. Fazit

Zur Transformation der Energienetze zu einem intelligenten Netz bedarf es Netzoptimierungsmaßnahmen in Form von intelligenten Netztechnologien. Diese Maßnahmen sind in erster Linie auf der Verteilnetzebene erforderlich. Konkrete gesetzliche *Netzoptimierungspflichten zum Aufbau eines intelligenten Netzes* bestehen indes nicht, vielmehr bestehen allgemeine und spezielle Netzausbaupflichten.

377 Hierzu *Uwer/Meinzenbach,* KSzW 2016, S. 160 (165). Zur Abbildung des für den Kapitalkostenaufschlag geltenden Faktors KKA_t in der Regulierungsformel siehe § 7 i.V.m. Anl. 1 S. 4 ARegV.

378 Betriebsnotwendige Anlagen sind solche, die mit Blick auf den künftigen Übertragungs- und Verteilungsbedarf zur Erhaltung eines sicheren, zuverlässigen und leistungsfähigen Versorgungsnetzes notwendig sind, siehe hierzu ausführlich *Uwer/Meinzenbach,* KSzW 2016, S. 160 (165 f.) m.w.N.

379 *Uwer/Meinzenbach,* KSzW 2016, S. 160 (166). Zum Effizienzvergleich siehe bereits Fn. 346.

Die allgemeine Netzausbaupflicht nach § 11 EnWG ist durch die Bedarfsgerechtigkeit des Ausbaus sowie die wirtschaftliche Zumutbarkeit der Ausbaumaßnahme begrenzt. Die speziellen Netzausbaupflichten nach § 12 EEG und § 3 KWKG hängen vom Verlangen des Einspeisewilligen ab und finden ihre Grenze wiederum in der wirtschaftlichen Zumutbarkeit der Maßnahme. Die Netzbetreiber haben zwar im Rahmen ihrer Netzausbaupflichten effiziente Maßnahmen der Netzoptimierung und -verstärkung vorrangig in Betracht zu ziehen. Für die Wahl einer konkreten Maßnahme kommt es nicht zuletzt auf die örtlichen Gegebenheiten sowie die wirtschaftliche Zumutbarkeit der Maßnahme für den Netzbetreiber an.

Eine Entscheidung des Netzbetreibers für eine Optimierung des Netzes durch intelligente Netztechnologien hängt davon ab, inwieweit eine *Refinanzierung der Investitionen in intelligente Netztechnologien* über die Erhebung von Netzentgelten möglich ist. Die Erhebung der Netznutzungsentgelte unterliegt der Anreizregulierung, deren Ziel es ist, Netzbetreiber durch die Festlegung von jährlichen Erlösobergrenzen und Effizienzvorgaben für jeweils eine Regulierungsperiode zu einem effizienten, auf Kostensenkungen bedachten Netzbetrieb anzuhalten. Um trotz der Geltung des Anreizregulierungsregimes die Vornahme von notwendigen Investitionen sicherzustellen, bedarf es Instrumenten, die dem Netzbetreiber Investitionsanreize setzen.

Die vor Inkrafttreten der ARegV-Novelle 2016 für Investitionen der Verteilnetzbetreiber anzuwendenden Instrumente des Erweiterungsfaktors sowie der Investitionsmaßnahme setzten keine geeigneten Anreize für eine Investition in intelligente Netztechnologien. Das Instrument des *Erweiterungsfaktors* ermöglicht zwar die Berücksichtigung von Netzinvestitionen durch eine pauschale Erhöhung der Erlösobergrenze während einer Regulierungsperiode. Allerdings wirkt es sich investitionshemmend aus, dass die Anpassungen der Erlösobergrenze erst mit einem Zeitverzug von bis zu zwei Jahren erlöswirksam werden. Zudem können aufgrund der Orientierung der Anpassung an einem festgelegten Katalog von Parametern Maßnahmen wie die technische Optimierung von Netzbestandteilen, die nicht auf eine nachhaltige Veränderung der Versorgungsaufgabe zurückgehen, nicht über den Erweiterungsfaktor berücksichtigt werden. Das Instrument der *Investitionsmaßnahme*, welches eine Anhebung der Erlösobergrenze ohne Zeitverzug ermöglicht, steht Verteilnetzbetreibern indes für Maßnahmen, die der Integration von dezentralen Erzeugungsanlagen oder dem Anschluss von Erzeugungsanlagen dienen, nur nachrangig zum Instrument des Erweiterungsfaktors zur Verfügung.

Nach der vorgenommenen Ergänzung des Instrumentenkataloges im Rahmen der ARegV-Novelle 2016 stehen den Verteilnetzbetreibern mit dem

Kapitalkostenabgleich sowie dem Effizienzbonus zwei neuartige Investitionsinstrumente zur Verfügung, welche die Instrumente des Erweiterungsfaktors sowie der Investitionsmaßnahme ablösen sollen. Letztere sind demgemäß ab der dritten Regulierungsperiode nicht mehr anzuwenden.

Durch den jährlichen *Kapitalkostenabgleich* sollen die Investitionsbedingungen für Verteilnetzbetreiber durch einen besseren Kapitalrückfluss für Investitionen allgemein verbessert werden. Für Investitionen in den Bestand betriebsnotwendiger Anlagegüter kann die Regulierungsbehörde einen Kapitalkostenaufschlag auf die Erlösobergrenze genehmigen. Die Investitionen können sodann ohne Zeitverzug erlöswirksam werden. Im Gegenzug werden die Kapitalkosten nicht mehr für die Dauer einer Regulierungsperiode auf dem Niveau des Basisjahres festgeschrieben, sondern es wird für jedes Jahr einer Regulierungsperiode der Kapitalkostenabzug für Bestandsanlagen ermittelt. Fehlanreize dahin gehend, den Effizienzgedanken der ARegV zu vernachlässigen, werden durch den Kapitalkostenaufschlag trotz der vorübergehenden Behandlung der Kapitalkosten als dauerhaft nicht beeinflussbare Kosten nicht gesetzt, da ein Kapitalkostenaufschlag nur für Investitionen in betriebsnotwendige Anlagegüter genehmigt werden kann und das Effizienzverhalten der Netzbetreiber während einer Regulierungsperiode spätestens in der Kostenprüfung für die nächste Regulierungsperiode einem Effizienzvergleich unterzogen wird.

Das Instrument des *Effizienzbonus* ermöglicht es Netzbetreibern, für welche im Effizienzvergleich ein Effizienzwert von 100% ermittelt worden ist, für die Dauer einer Regulierungsperiode einen Aufschlag auf die Erlösobergrenze zu erhalten. Der Effizienzbonus setzt damit einen gezielten Anreiz zur Investition in intelligente Netztechnologien, da erzielte Effizienzgewinne des Netzbetreibers nicht vor Beginn einer neuen Regulierungsperiode abgeschöpft werden, sondern diesem in der nächsten Regulierungsperiode als Effizienzbonus zur Verfügung stehen. Zu kritisieren ist allerdings, dass dieses Investitionsinstrument nur für Verteilnetzbetreiber zur Verfügung steht, welche bereits als besonders effizient bewertet wurden. Dadurch werden gerade Netzbetreiber, bei welchen die Einbeziehung intelligenter Netztechnologien zu einer Effizienzsteigerung führen könnte, von einer Investition in eine solche Optimierungsmaßnahme abgehalten. Überdies ist zu bemängeln, dass der Supereffizienzwert als dem für den Aufschlag auf die Erlösobergrenze entscheidenden Wert nicht in voller Höhe angesetzt, sondern bei 5% gedeckelt wird. Der monetäre Anreiz des Effizienzbonus für den ohnehin kleinen Kreis an Netzbetreibern wird dadurch begrenzt.

§ 4 Das Energieinformationsnetz

Die Schaffung eines Energieinformationsnetzes ist für die Etablierung eines intelligenten Energieversorgungssystems essenziell, sie birgt aber Risiken für die Grundrechte des Anschlussnutzers. Nach einer kurzen Darstellung der bestehenden Risiken (A.) wird im Folgenden unter Fokussierung auf die datensicherheitsrechtlichen Aspekte intelligenter Messsysteme[380] der vom Gesetzgeber für die Sicherstellung der Datensicherheit im Energieinformationsnetz gewählte Ansatz sowie dessen Kompatibilität mit den bis dato im Energiesystem verwendeten kommunikationsrechtlichen Strukturen dargestellt (B.). Der sich an diese Untersuchung anschließende Abschnitt widmet sich den datenschutzrechtlichen Aspekten des Energieinformationsnetzes (C.). Besondere Beachtung finden dabei die Fragen, ob die gesetzlichen Regelungen sowohl die Datenschutzinteressen der Anschlussnutzer als auch die Datenerfordernisse der Marktakteure angemessen widerspiegeln, sowie, ob die zwischen stationären und im Elektromobilitätsbereich verwendeten Messsystemen bestehenden Unterschiede bei der Ausgestaltung der gesetzlichen Regelungen ausreichend berücksichtigt wurden. Abschließend wird die Vereinbarkeit der gesetzlichen Regelungen mit den Grundrechten der Betroffenen geprüft (D.).

A. Risiken der Schaffung eines Energieinformationsnetzes

Hinsichtlich der Datensicherheit birgt die Schaffung eines Energieinformationsnetzes vor allem die Gefahr von Messdatenmanipulationen und Hackerangriffen.[381] Im Hinblick auf den Datenschutz besteht die Gefahr, dass sich aus

---

380 Intelligente Messsysteme machen zwar nicht das ganze Energieinformationsnetz aus, stehen aber in dessen Mittelpunkt. Vgl. *Jandt* in: Roßnagel, Nutzerschutz, S. 37 (51). Die Untersuchung legt den Fokus auf den Letztverbraucher und konzentriert sich auf den aus datenschutzrechtlicher Sicht interessantesten Bereich der Weitverkehrsnetzverbindungen. Die beiden weiteren möglichen Verbindungen des Smart Meter Gateway in lokale Netze in der Sphäre eines Messsystems werden im Folgenden nicht näher betrachtet. Siehe zu diesen näher *Weis,* in: Horbach, Informatik 2013, S. 2167 (2170 ff.).

381 Die Gefahr einer Manipulation der digitalen Messdaten besteht durch „Stromdiebe" vor oder bei der Übertragung der Werte an den Datenempfänger (Angriff „von innen"). Ein Angriff auf die Messsysteme bzw. ihre Gateways wird durch Hacker befürchtet, welche die Messwerterfassung manipulieren oder über die Geräte andere Systeme, etwa das Netzwerk eines Stromversorgers, angreifen wollen (Angriff „von

hochaufgelösten, feingranularen Messdaten detaillierte Nutzerprofile einzelner Personen erstellen lassen. Da heute nahezu alle Bereiche des Lebens in der einen oder anderen Weise mit der Nutzung von Energie verbunden sind, wird befürchtet, dass aus dem gewonnenen und im intelligenten Messsystem gespeicherten Lastgang des Letztverbrauchers Rückschlüsse auf dessen Verbrauchsverhalten und Lebensgewohnheiten gezogen werden können und dieser dadurch zum „gläsernen Kunden" wird.[382] Diese Befürchtung ist nicht ohne Grundlage, da anhand der in einem Messsystem gespeicherten Messdaten nicht nur festgestellt werden kann, zu welchen Zeiten ein Letztverbraucher Strom entnimmt, sondern aufgrund unterschiedlicher Lastverläufe von energiebetriebenen Geräten auch ermittelt werden kann, welches Haushaltsgerät genutzt wird oder welches Fernsehprogramm eingeschaltet ist.[383] Die Gefahr der Entstehung detaillierter Nutzerprofile besteht dabei nicht nur für Ein-Personen-Haushalte, bei welchen der Stromverbrauch einem Verbraucher eindeutig zugeordnet werden kann. Vielmehr sind auch bei Mehrpersonenhaushalten oder in Unternehmen mit mehreren Mitarbeitern Szenarien denkbar, in welchen die Messdaten einzelnen Personen eines Haushalts oder eines Unternehmens zugewiesen werden können.[384] Durch das Hinzutreten der Elektromobilität als neuer Verbraucherrolle kommt überdies die Gefahr des Entstehens von Bewegungsprofilen hinzu, wenn Letztverbraucher ihre Fahrzeuge nicht zu Hause, sondern an öffentlichen Ladestationen laden.[385]

B. Datensicherheitsaspekte im Energieinformationsnetz

Der Begriff der Datensicherheit bezeichnet die Verarbeitung von Informationen unter den Bedingungen der Verfügbarkeit, Vertraulichkeit und Integrität. Damit eine Datenverarbeitung vertrauenswürdig ist und vom Nutzer akzeptiert

---

außen"). Vgl. *Czermin*, et 6/2013, S. 85 f.; *Gerhager*, DuD 2012, S. 445 (447 f.); *Eckert/Krauß*, DuD 2011, S. 535 (536 f.). Allgemein zum Energieinformationsnetz bereits in § 2 B. II.

382 *Müller*, DuD 2010, S. 359 (361); zum „gläsernen Kunden" etwa *Jeske*, DuD 2011, S. 530 (531).

383 *Lüdemann/Ortmann/Pokrant*, RDV 2016, S. 125 (128); *Lüdemann/Jürgens/Sengstacken*, ZNER 2013, S. 592 (592 f.); *Haubrich*, in: Britz/Eifert/Reimer, Energieeffizienzrecht, S. 225 (230).

384 *Guckelberger*, DÖV 2012, S. 613 (619); *Raabe*, DuD 2010, S. 379 (381); *Skistims*, Smart Homes, S. 132. Dies kann z.B. bei einer Effizienzberatung der Fall sein, wenn durch eine geräte- und raumgenaue Datenauflösung einzelnen Personen konkrete Messdaten zugewiesen werden können.

385 *Raabe*, DuD 2010, S. 379 (381); *Wiesemann*, MMR 2011, S. 213 (214).

wird, muss gewährleistet werden, dass die Datenverarbeitung erwartungsgemäß funktioniert, eine Datenveränderung nur durch Berechtigte möglich ist und die Daten vor dem Zugriff Unbefugter geschützt sind.[386] Die Datensicherheit ist einerseits für den Datenschutz von Bedeutung, da es ihrer Mechanismen zum Schutz personenbezogener Daten bedarf. Insoweit geht es um Datensicherheit im Sinne eines technischen Datenschutzes.[387] Daneben dienen Datensicherheitsmaßnahmen dem Schutz sonstiger vertraulicher Daten oder schützenswerter Funktionalitäten eines Systems vor Zerstörung, Verlust oder Missbrauch.[388] In der folgenden Darstellung liegt der Schwerpunkt auf dem technischen Datenschutz.[389] Es wird untersucht, auf welche Weise im deutschen Recht datensicherheitsrechtliche Aspekte des Energieinformationsnetzes verankert wurden und ob die getroffenen Regelungen in sich schlüssig und zur Gewährleistung eines angemessenen Datensicherheitsniveaus ausreichend sind.

I. Produktbezogene Datensicherheit

Für die produktbezogene Datensicherheit intelligenter Messsysteme sind die in § 19 Abs. 2 und 3 MsbG festgelegten Bestimmungen von zentraler Bedeutung.[390]

Zur Datenerhebung, -verarbeitung und -nutzung dürfen nur solche technischen Systeme und Bestandteile eingesetzt werden, die den in §§ 21, 22 MsbG niedergelegten Mindestanforderungen genügen (§ 19 Abs. 2 MsbG). Messstellen dürfen ausschließlich mit Messsystemen ausgestattet werden, die über ein Zertifikat verfügen, das die Einhaltung der Anforderungen nach den §§ 21, 22 MsbG bezüglich des Schutzprofils, einschließlich der Verlässlichkeit von außerhalb der Messeinrichtung aufbereiteten Daten, der Datensicherheit und der Interoperabilität, bestätigt (§ 19 Abs. 3 MsbG). Trotz der Erwähnung des Begriffes des Datenschutzes und der Auflistung datenschutzrelevanter Vorgänge enthalten

386 *Herchenbach-Canarius/Sommer*, in: Kilian/Heussen, Computerrecht, Teil 15. Datensicherheit, Rn. 5–8. In diesem Zusammenhang wird auch der Begriff Informationssicherheit verwendet, vgl. § 2 Abs. 2 BSIG. Im Folgenden werden die Begriffe synonym gebraucht.

387 *Gola/Schomerus*, BDSG, § 9 Rn. 1; *Raabe* u.a., CR 2011, S. 831 (833).

388 *Gerhager*, DuD 2012, S. 445 (446).

389 Der Oberbegriff der Datensicherheit wird im Folgenden synonym zum Begriff des technischen Datenschutzes verwendet.

390 Intelligente Messsysteme müssen zudem eichrechtlichen Vorgaben entsprechen, vgl. § 8 Abs. 2 S. 1 MsbG. Mit dem Eichrecht verbundene Probleme werden in der folgenden Darstellung nicht näher erörtert. Vgl. dazu *Mengersen*, in: Boesche u.a., Handbuch Elektromobilität, S. 355 ff.

diese Vorgaben in §§ 21, 22 MsbG keine Regelungen zum materiell-rechtlichen Datenschutz. Vielmehr adressieren sie organisatorische und verfahrensrechtliche Maßnahmen, welche von intelligenten Messsystemen bzw. von den Kommunikationseinheiten der Messsysteme einzuhalten sind, mithilfe derer Daten erhoben oder verarbeitet werden sollen.[391]

1. Privacy by design-Ansatz

Der Fokus der in den §§ 19, 21–28 MsbG festgelegten Vorgaben liegt auf der Datensicherheit des intelligenten Messsystems. Der dieser gesetzlichen Konstruktion zugrunde liegende Ansatz ist ein konzeptionsbedingter Datenschutzansatz (sog. privacy by design).[392] Diesem Ansatz folgend werden Aspekte des Datenschutzes proaktiv bereits bei der technischen Gesamtkonzeption neuer Technologien einbezogen. Damit wird die Notwendigkeit minimiert, während des Gebrauchs eines Gerätes durch Korrekturprogramme auf Sicherheitslücken reagieren oder Verarbeitungsvorgänge nachträglich sanktionieren zu müssen.[393] Der Gesetzgeber begründete die Wahl dieses Ansatzes für intelligente Messsysteme mit der Gewährleistung der „Datenhoheit“ des Letztverbrauchers. Mit diesem im datensicherheits- und datenschutzrechtlichen Bereich bislang unbekannten Begriff bringt der Gesetzgeber zum Ausdruck, dass die Kontrolle darüber, ob die Verbrauchsdaten die Sphäre des Letztverbrauchers verlassen dürfen, allein und stets bei diesem liegen soll.[394] Die Datenhoheit steht damit sinnbildlich für die informationelle Selbstbestimmung des Einzelnen.

2. Datensicherheit und Interoperabilität des intelligenten Messsystems

a) Vereinbarkeit mit unionsrechtlichen Vorschriften

Die in §§ 19, 21 und 22 MsbG festgelegten Mindestanforderungen an intelligente Messsysteme stellen kein Hemmnis für die Warenverkehrsfreiheit (Art. 30, 34 AEUV) dar und verstoßen insbesondere nicht gegen Art. 7 der die Anforderungen an Messgeräte harmonisierenden RL 2014/32/EU, wonach die Mitgliedstaaten

---

391 Vgl. BT-Drs. 18/7555, S. 82.

392 BT-Drs. 18/7555, S. 80.Vgl. die Definition des „konzeptionsbedingten Datenschutzes“ in Ziff. I Nr. 3 lit. d sowie Ziff. I Nr. 24 der Empfehlung 2012/148/EU der Europäischen Kommission (dort als “data protection by design“ umschrieben).

393 *Renner*, DuD 2011, S. 524 (528); *Scholz*, in: Simitis, BDSG, § 3a Rn. 15. Ausführlich zum Privacy by design-Ansatz *Cavoukian*, in: Gutwirth u.a., European Data Protection, S. 175 ff.

394 BT-Drs. 18/7555, S. 107.

die Bereitstellung und die Inbetriebnahme von Messgeräten, welche die Vorgaben der Richtlinie erfüllen, nicht behindern dürfen. Der konzeptionsbedingte Datenschutzansatz fokussiert sich nicht auf das intelligente Messsystem als solches und stellt damit keine Regelung dar, deren Anforderungen strenger sind als jene der Richtlinie. Vielmehr ist in § 19 Abs. 2 MsbG festgelegt, dass die Anforderungen der §§ 21, 22 MsbG von „technischen Systemen und Bestandteilen" eingehalten werden müssen. Aus den §§ 21, 22 MsbG ergibt sich, dass das Smart Meter Gateway das primäre Bezugsobjekt der technischen Vorgaben in § 19 Abs. 2 und 3 MsbG ist. Dieses kann als Kommunikationseinheit des intelligenten Messsystems ein oder mehrere moderne Messeinrichtungen sicher in ein Kommunikationsnetz einbinden (vgl. § 2 S. 1 Nr. 19 MsbG). Es stellt einen separaten Bestandteil des intelligenten Messsystems dar.[395]

Die EU fordert im Übrigen selbst die Gewährleistung der Sicherheit der intelligenten Zähler und der Datenkommunikation (Art. 9 Abs. 2 lit. b EED) und plädiert für eine Gewährleistung von Datensicherheit und Datenschutz im Rahmen eines konzeptionsbedingten Datenschutzes.[396] Der deutsche Gesetzgeber ist diesen Forderungen im Rahmen seines privacy by design-Ansatzes nachgekommen. Eine auf einer einheitlichen Betrachtung von Messgerät und Gateway fußende Annahme, dass die Regelungen in § 19 Abs. 2, §§ 21, 22 MsbG mit den Vorgaben der RL 2004/22/EG unvereinbar seien, widerspräche insofern anderen unionsrechtlichen Regelungen.[397]

b) Einhaltung des „Standes der Technik"

Das Smart Meter Gateway eines intelligenten Messsystems hat zur Gewährleistung von Datensicherheit und Interoperabilität nach dem „Stand der Technik" bestimmte technische Anforderungen zu erfüllen, welche in § 22 Abs. 1 MsbG aufgelistet sind. Die Einhaltung des Standes der Technik wird dabei nach § 22 Abs. 2 MsbG vermutet, wenn die in der Anlage zum Messstellenbetriebsgesetz aufgeführten Schutzprofile und Technischen Richtlinien des Bundesamtes für Sicherheit in der Informationstechnik (BSI-Schutzprofil) in der jeweils geltenden Fassung eingehalten werden.[398]

---

395 Bei einem Messgerät ohne Kommunikationseinheit handelt es sich um eine moderne Messeinrichtung, vgl. § 2 S. 1 Nr. 15 MsbG. Siehe hierzu BT-Drs. 18/7555, S. 85 und BT-Drs. 17/6072, S. 79.

396 Vgl. Ziff. I Nr. 3 lit. d, Nr. 12, Nr. 24 der Empfehlung 2012/148/EU.

397 *Dembski*, in: Aichele/Doleski, Smart Market, S. 235 (242).

398 Die für das Smart Meter Gateway erstellten Schutzprofile BSI-CC-PP-0073 und BSI-CC-PP-0077 sowie die Technische Richtlinie TR-03109 definieren technische

Die Regelung des § 22 MsbG dient der Verrechtlichung des BSI-Schutzprofils.[399] In der zentralen Norm des § 22 Abs. 2 MsbG wählte der Gesetzgeber das Instrument der normkonkretisierenden dynamischen Verweisung auf die im Schutzprofil festgelegten Mindestanforderungen. Nach herrschender Meinung begründet die Verweisung auf eine technische Bezugsnorm eine gesetzliche widerlegliche Vermutung dafür, dass die Bezugsnorm den „Stand der Technik" widerspiegelt.[400] Die untergesetzliche Bezugsnorm wird durch die Aufnahme in den Normtext zum Bestandteil der Verordnung. Dieser Kodifizierung kommt aber keine Verbindlichkeit in der Weise zu, dass nur die Bezugsnorm den Stand der Technik erfüllt.[401] Der Appell an den Normadressaten aus § 22 Abs. 1 MsbG erschöpft sich vielmehr darin, den „Stand der Technik" einzuhalten. Der Verweis auf eine bestimmte technische Norm fungiert lediglich als Konkretisierung des „Standes der Technik",[402] selbst wenn aufgrund der technischen Neuartigkeit des Smart Meter Gateways und der umfassenden im Schutzprofil niedergelegten technischen Anforderungen in praxi ausschließlich die Regelungen des Schutzprofils den „Stand der Technik" darstellen.[403]

Die vom Gesetzgeber gewählte Form der dynamischen Verweisung auf eine untergesetzliche Bezugsnorm ist mit grundgesetzlichen Vorgaben vereinbar. Verfassungsrechtliche Probleme stellen sich bereits deswegen nicht, weil es sich

---

Mindestanforderungen an Funktionalität und Kommunikationsverbindungen. Vgl. § 22 Abs. 3 und 4 MsbG. Näher *Schmidt,* in: Säcker, BerlKommEnR, § 22 Rn. 91 ff.; *Albrecht,* Intelligente Stromzähler als Herausforderung für den Datenschutz, S. 225 ff.; *Goldschmidt,* in: Schartner/Lipp, Security 2014, S. 315 (317 ff.). Soweit auf die Gesamtheit dieser Dokumente verwiesen wird, wird der Begriff des Schutzprofils verwendet.

399 BT-Drs. 18/7555, S. 85. Siehe ausführlich zur Verweisung auf das Schutzprofil und dessen Verbindlichkeit *Schmidt,* in: Säcker, BerlKommEnR, § 22 Rn. 70 ff.

400 *Marburger,* Die Regeln der Technik im Recht, S. 396.

401 *Marburger,* Die Regeln der Technik im Recht, S. 398 f.

402 *Marburger,* Die Regeln der Technik im Recht, S. 399 f.

403 *Lüdemann/Ortmann/Pokrant,* EnWZ 2016, S. 339 (342) sprechen den Regelungen des Schutzprofils „gesetzesähnliche Bedeutung" zu. Vor Inkrafttreten des MsbG enthielt § 21e EnWG a.F. datensicherheitsrechtliche Regelungen. Die Norm gab jedoch nur den Rahmen vor. Konkretisierungen zum Stand der Technik und die Verweisung auf das Schutzprofil sollten auf verordnungsrechtlicher Ebene erfolgen. Mit Blick auf die durch die Vorgaben des MsbG betroffenen Grundrechte sowie aus Gründen der Rechtssicherheit ist die Entscheidung für eine gesetzliche Regelung der datensicherheitsrelevanten Aspekte zu begrüßen. Siehe *Lüdemann/Ortmann/Pokrant,* RDV 2016, S. 125 (126).

bei den Regelungen des Schutzprofils nicht um technische Regeln eines privaten Normsetzers handelt, sondern sie von Stellen der nachgeordneten Verwaltung erstellt wurden.[404] Die Problematik einer ausreichenden Normenklarheit stellt sich ebenfalls nicht.[405] Die einzuhaltenden Vorgaben sind im BSI-Schutzprofil konkretisiert. Es ist damit hinreichend klar, auf welche Bezugsnorm verwiesen wird. Die Bekanntmachung der jeweils geltenden Fassung des Schutzprofils wird im Bundesanzeiger durch Verweis auf die Internetseite des BSI bekannt gemacht (§ 22 Abs. 2 S. 2 MsbG). Der Bundesanzeiger ist ein der Allgemeinheit zugängliches amtliches Publikationsorgan. Auch wenn dort nur auf die Internetseite des BSI verwiesen wird, ist diese Art der Publikation ausreichend, da der Betroffene Kenntnis davon erlangt, dass sich die Bezugsnorm geändert hat und erfährt, auf welche Weise die Änderung zugänglich ist.[406]

c) Zertifizierungsverfahren

Die Vorgabe, dass nur Messsysteme zum Einsatz kommen dürfen, für welche ein Nachweis über die Einhaltung der Schutzprofilanforderungen vorliegt (§ 19 Abs. 3, § 24 MsbG), ist die Konsequenz der Entscheidung des Gesetzgebers, ein einheitliches Sicherheitsniveau für alle intelligenten Messsysteme festzulegen.

Fraglich ist, ob das Erfordernis einer regelmäßigen Rezertifizierung in § 24 MsbG aufgenommen werden sollte, welches bisher nicht vorgesehen ist.[407] Hierfür spricht, dass dadurch die Einhaltung des Sicherheitsniveaus der eingesetzten Geräte besser sichergestellt werden kann. Mit Blick auf § 24 Abs. 3 MsbG, wonach das BSI Zertifikate zeitlich befristet vergeben kann, scheint eine Rezertifizierungspflicht jedoch nicht erforderlich, da auch hierdurch eine regelmäßige Überprüfung des Sicherheitsniveaus erreicht werden kann. Besonders in der

---

404 Die Erstellung des Schutzprofils erfolgte im Auftrag des Bundesministeriums für Wirtschaft und Energie (BMWi) durch das BSI unter Einbindung des Bundesdatenschutzbeauftragten, der Physikalisch-Technischen Bundesanstalt, der Bundesnetzagentur sowie verschiedener Verbände. Das BSI ist als eine dem Bundesinnenministerium nachgeordnete Bundesoberbehörde Teil der bundeseigenen Verwaltung, vgl. Art. 86 GG. Hierzu näher *Ibler*, in: Maunz/Dürig, GG, Art. 86 Rn. 68. Zu den verfassungsrechtlichen Problemen einer dynamischen Verweisung auf technische Regelungen eines privaten Normsetzers *Marburger*, Die Regeln der Technik im Recht, S. 390 ff.

405 Dazu *Becker*, Kooperative und konsensuale Strukturen in der Normsetzung, S. 542.

406 Allgemein zur Geeignetheit des Bundesanzeigers als Publikationsorgan *Becker*, Kooperative und konsensuale Strukturen in der Normsetzung, S. 543.

407 *Wiesemann*, in: Forgó/Helfrich/Schneider, Betrieblicher Datenschutz, Kap. 7 Rn. 64.

Anfangsphase der Nutzung intelligenter Messsysteme, in der Schutzprofilanpassungen wahrscheinlich sind, ist davon auszugehen, dass Gateways kein unbefristetes Zertifikat erhalten werden.

Um intelligente Messsysteme veräußern zu können, sind die Hersteller verpflichtet, sich einem Zertifizierungsverfahren zu unterziehen (§ 24 Abs. 2 MsbG).[408] Dieser Eingriff in ihre Berufsfreiheit (Art. 12 GG) ist gerechtfertigt. Dem Gesetzgeber obliegt es aufgrund seiner grundrechtlichen Schutzpflichten, den Einzelnen vor unverhältnismäßigen Beeinträchtigungen seiner Rechte auf informationelle Selbstbestimmung sowie auf Gewährleistung der Vertraulichkeit und Integrität informationstechnischer Systeme zu schützen. Angesichts der bei der Erhebung von Messdaten bestehenden Risiken[409] ist die Verpflichtung, die Einhaltung eines Sicherheitsniveaus im Rahmen eines Zertifizierungsverfahrens überprüfen zu lassen, eine angemessene Maßnahme. Die durch das Zertifikat ausgesprochene Bestätigung der Einhaltung der Datensicherheit schafft Rechtssicherheit für die Hersteller.[410]

3. *Smart Meter Gateway Administrator*

a) *Verantwortliche Person*

Im Zusammenhang mit den vom Smart Meter Gateway als Kommunikationseinheit des intelligenten Messsystems einzuhaltenden technischen Mindestanforderungen kommt dem Smart Meter Gateway Administrator eine zentrale Funktion zu. Dieser stellt keinen neuen Akteur des Energieversorgungssystems dar. Vielmehr ist die Funktion des Administrators mit dem Akteur „Messstellenbetreiber" verbunden, vgl. § 3 Abs. 1 S. 2 MsbG.[411] Nach § 2 S. 1 Nr. 20 MsbG ist der Gateway Administrator eine „natürliche oder juristische Person, die als verantwortlicher Messstellenbetreiber oder in dessen Auftrag für den technischen Betrieb des intelligenten Messsystems verantwortlich ist." Die Formulierung, dass der Dritte im Auftrag für den Messbetrieb verantwortlich ist, spricht für seine Abhängigkeit vom Messstellenbetreiber.[412] Da dem Messstellenbetreiber im Zusammenhang mit dem Energieinformationsnetz neue Zuständigkeiten übertragen werden,

---

408 Siehe näher zum Zertifizierungsverfahren *Sobótka/Weber*, et 5/2017, S. 13 (14).

409 Siehe oben § 4 A.

410 So auch BT-Drs. 18/7555, S. 86.

411 Wer verantwortlicher Messstellenbetreiber ist, ergibt sich damit aus § 3 Abs. 1 S. 1 MsbG.

412 Eine Eigenständigkeit könnte dem Administrator nur zugesprochen werden, wenn der Messstellenbetreiber die Verantwortung vollständig auf einen Dritten übertragen

kann hinsichtlich des Gateway Administrators zumindest von einer neuen Marktrolle gesprochen werden.[413] Bedient sich dieser zur Aufgabenerfüllung der Hilfe eines dritten IT-Dienstleisters, so ist der Dritte als Gateway Administrator zu bezeichnen, auch wenn der Messstellenbetreiber gegenüber dem Anschlussnutzer für die Einhaltung der Pflichten verantwortlich bleibt.

Sind über ein Smart Meter Gateway Messeinrichtungen mehrerer Messstellenbetreiber eingebunden (z.B. Mehrparteienhaus), ist eine klare Zuordnung der Funktion des Gateway Administrators nicht möglich. Das Messstellenbetriebsgesetz gibt für dieses Problem keine Lösung vor. Sachgerecht erscheint, in diesem Fall die Administratorfunktion zwischen den Messstellenbetreibern vertraglich festzulegen.[414]

b) Aufgaben und Pflichten des Gateway Administrators

Dem Gateway Administrator kommt die Verantwortlichkeit für einen zuverlässigen technischen Betrieb des intelligenten Messsystems zu (§ 25 Abs. 1 MsbG). Der Systembetrieb umfasst unter anderem die Installation, Administration und Wartung des Smart Meter Gateways sowie die Anbindung von Messgeräten an das Gateway.

Soweit es technisch möglich und wirtschaftlich zumutbar ist, hat der Gateway Administrator zudem die Durchführung sog. Mehrwertdienste[415] zu ermöglichen (§ 25 Abs. 1 S. 2, § 21 Abs. 1 Nr. 4 lit. a MsbG). Weder der Begriff „technisch möglich" noch der Begriff „wirtschaftlich zumutbar" werden näher erläutert.[416] Der Begriff der wirtschaftlichen Zumutbarkeit lässt darauf schließen, dass es auf eine Abwägung der Kosten des Gateway Administrators mit dem Nutzen für den Letztverbraucher ankommt. Der Begriff des technisch Möglichen ist aus

---

könnte. Dies ist bei einer Funktionsübertragung möglich, vgl. *Wagner,* Datenschutzrechtliche Probleme beim Outsourcing, S. 87 ff.

413 *Eder* u.a., et 9/2013, S. 110 (112); *Gersemann,* smart.ER I/2014, S. 26 (29); *Drozella,* in: Säcker, BerlKommEnR, § 3 Rn. 29.

414 Dabei kann entweder ein Messstellenbetreiber die Funktion im Auftrag der anderen übernehmen oder die Messstellenbetreiber beauftragen gemeinsam einen Dritten mit der Systemadministration.

415 Darunter lassen sich z.B. sog. Smart Home-Angebote fassen, die primär nicht mit dem Energiesektor, sondern dem IT-Sektor verknüpft sind, vgl. BT-Drs. 18/7555, S. 84, 86.

416 Auf die Definitionen in §§ 30, 31 f. MsbG kann nicht zurückgegriffen werden, da sich diese mit den Voraussetzungen für den grundsätzlichen Einbau intelligenter Messsysteme befassen. Siehe hierzu näher *Mätzig/Fischer/Mohs,* in: Säcker, BerlKommEnR, § 25 Rn. 44 f.

§ 30 MsbG bekannt. Analog zu § 30 MsbG könnte unter „technisch möglich“ die „Verfügbarkeit von intelligenten Messsystemen, welche Mehrwertdienste ermöglichen, am Markt“ verstanden werden. Zur Vermeidung von Unklarheiten sowie zur Herstellung von Rechtssicherheit sollten die in § 25 MsbG verwendeten Begriffe der technischen Möglichkeit und wirtschaftlichen Zumutbarkeit näher definiert werden.

Der Gateway Administrator muss zudem diverse organisatorische, primär dem IT-Bereich entstammende Anforderungen erfüllen (vgl. § 25 Abs. 4 MsbG). Dazu zählen etwa die Einrichtung, den Betrieb und die Dokumentation eines Informationssicherheitsmanagementsystems (ISMS)[417] und die Erarbeitung und Umsetzung eines durchgängigen IT-Sicherheitskonzepts. Das Sicherheitskonzept sowie die Maßnahmen zur Informationssicherheit sind regelmäßig einem Audit zu unterziehen. Die Erfüllung dieser Anforderungen hat der Administrator durch ein Zertifikat des BSI nachzuweisen (vgl. § 25 Abs. 5 S. 3 i.V.m. § 24 Abs. 3 MsbG).[418]

Wenn die Systemadministration auf einen dritten IT-Dienstleister übertragen wird, erschließt sich aus dem Zusammenhang, dass der jeweilige Gateway Administrator das Zertifizierungsverfahren durchführen muss. Denn nach dem Willen des Gesetzgebers ist sicherzustellen, dass die Person, welche die Rolle des Administrators übernimmt, über die notwendige Qualifikation verfügt.[419] Folglich muss sich der Messstellenbetreiber zertifizieren lassen, wenn er die Systemadministration selbst erbringt. Hat er die Administration einem Dritten übertragen, hat dieser ein Zertifizierungsverfahren durchzuführen.

c) Bewertung unter Kostengesichtspunkten

Der Gateway Administrator ist der einzige Akteur, dem der direkte Zugriff auf die Kommunikationseinheit des intelligenten Messsystems gestattet ist. Die Ansiedlung dieser hinsichtlich des technischen Betriebs des intelligenten Messsystems zentralen Funktion beim Messstellenbetreiber ist aufgrund dessen Zuständigkeit

---

417 Die Mindestsicherheit bei der Gateway Administration durch einen ISMS kann z.B. nach dem Standard ISO 27001 auf Basis des sog. BSI IT-Grundschutz erfolgen, welcher einen Anwendungssatz für die Umsetzung eines ISMS festlegt. Siehe BT-Drs. 18/7555, S. 87; *BSI*, TR-03109-6, S. 42 ff. sowie *Goldschmidt,* in: Schartner/Lipp, Security 2014, S. 315 (319 ff.). Zum Standard ISO 27001 siehe *ISO,* ISO/IEC 27001 – Information security management, http://www.iso.org/iso/iso27001 (zuletzt abgerufen am 20.8.2017).

418 Siehe hierzu näher *Mätzig/Fischer/Mohs,* in: Säcker, BerlKommEnR, § 25 Rn. 57 ff.

419 BT-Drs. 18/7555, S. 87. Vgl. hierzu auch *Wiesemann,* ZD 2012, S. 447 (449).

bei herkömmlichen Messeinrichtungen naheliegend und sachgerecht. Für den Anschlussnutzer bleibt derselbe Akteur der Ansprechpartner für sein intelligentes Messsystem, auch wenn der Messstellenbetreiber die Systemadministration auf einen Dritten überträgt.

Für den Messstellenbetreiber bedeutet die Administratorfunktion allerdings das Hinzutreten einer neuen Kostenquelle. Während der Messstellenbetreiber primär für die „herkömmlichen" Aufgaben (Einbau, Betrieb und Wartung) des Messstellenbetriebs zuständig ist, ist der Gateway Administrator durch die Verpflichtungen in § 25 Abs. 4 MsbG in erster Linie mit Aufgaben aus dem IT-Sektor befasst. Die Gewährleistung der jederzeitigen Einhaltung eines bestimmten Datensicherheitsniveaus weist nur wenige Überschneidungen mit dem bisherigen Aufgabenspektrum des Messstellenbetreibers auf. Es ist daher nicht davon auszugehen, dass er insoweit über weiter gehende Kenntnisse oder eine entsprechende Infrastruktur verfügt. Führt der grundzuständige Messstellenbetreiber den Messstellenbetrieb von intelligenten Messsystemen durch,[420] können die Kosten der Funktion des Gateway Administrators nur im Rahmen des Messentgelts für den grundzuständigen Messstellenbetrieb geltend gemacht werden (vgl. § 7 MsbG). Die durch die Funktion des Gateway Administrators entstehenden Kosten sind mithin vom grundzuständigen Messstellenbetreiber vorzufinanzieren. Überdies sind bei der Geltendmachung der entstandenen Kosten gegenüber dem Kunden die Preisobergrenzen des § 31 MsbG einzuhalten, die für die grundzuständigen Messstellenbetreiber de facto wie eine Effizienzvorgabe wirken.[421] Die genannten Aspekte sprechen dafür, dass zumindest grundzuständige Messstellenbetreiber die Funktion des Gateway Administrators nicht selbst erfüllen, sondern einen Dritten mit dem technischen Betrieb des intelligenten Messsystems beauftragen werden. Es ist davon auszugehen, dass sich auf dem Markt spezialisierte Anbieter etablieren werden, welche die Funktion des Gateway Administrators im Auftrag von mehreren Messstellenbetreibern übernehmen.[422]

420 Dies ist entweder der Netzbetreiber oder ein drittes Unternehmen, auf welches die Grundzuständigkeit des Messstellenbetriebs übertragen worden ist. Siehe hierzu § 3 A. II. 1.

421 Hierauf weist in zutreffender Weise der Bundesrat in seiner Stellungnahme zum Gesetzentwurf des MsbG hin, siehe BT-Drs. 18/7555, S. 128.

422 BT-Drs. 18/7555, S. 76; *Säcker*, EnWZ 2016, S. 294 (302).

4. *Bereichsausnahme für die in der Elektromobilität eingesetzten Messsysteme*

a) *Sonderstellung öffentlich zugänglicher Ladepunkte*

Messeinrichtungen, die im Bereich der Elektromobilität ausschließlich zur Erfassung des zur Beladung von Elektrofahrzeugen an Ladepunkten entnommenen und rückgespeisten Stroms verwendet werden, unterscheiden sich konzeptionell von den stationär bei Letztverbrauchern oder Anlagenbetreibern eingebauten intelligenten Messsystemen.[423] Nach § 48 S. 1 MsbG sind die im Bereich der Elektromobilität eingesetzten Messeinrichtungen aufgrund ihrer Sonderstellung unter den Messsystemen bis 31. Dezember 2020 von den technischen Vorgaben der §§ 19 ff. MsbG ausgenommen. Es handelt sich bei diesen Messgeräten damit um bloße Messsysteme im Sinne von § 2 S. 1 Nr. 13 MsbG. Diese Geräte sind wie intelligente Messsysteme in ein Kommunikationsnetz eingebunden, allerdings erfolgt die Einbindung nicht mithilfe eines Smart Meter Gateways. Die besonderen Anforderungen der §§ 21, 22 MsbG müssen von Messsystemen daher nicht eingehalten werden.

Ladepunkte im Elektromobilitätsbereich können entweder im öffentlichen oder im privaten Bereich errichtet werden. Insbesondere öffentlich zugängliche Ladepunkte, die im öffentlichen Verkehrsraum bereitgestellt werden, stehen nicht nur einem, sondern einer Vielzahl von Elektromobilitätsnutzern als Entnahmestelle von Strom für ihr Fahrzeug zur Verfügung.[424] Auf solche Ladepunkte ist bereits das für den Bereich der Datensicherheit von intelligenten Messsystemen als maßgebend erdachtes Konzept der Datenhoheit nicht anwendbar, da der einzelne Kunde aufgrund der öffentlichen Zugänglichkeit des Ladepunktes keine Kontrolle darüber haben kann, ob die bei der Nutzung des Ladepunktes generierten Daten seinen Herrschaftsbereich verlassen dürfen.[425] Als Folge des nicht auf öffentliche Ladepunkte zugeschnittenen Grundansatzes passen auch viele Bestimmungen des BSI-Schutzprofiles nicht direkt auf diese

---

423 Siehe näher zur Integration von Elektromobilität in eine intelligente Energieversorgung § 6 B.

424 Im privaten Bereich kann dies auch der Fall sein, wenn etwa in einer Garage einer Wohnungseigentümergemeinschaft ein privater Ladepunkt errichtet wurde, der allen Bewohnern zugänglich ist.

425 Hierauf schon hinsichtlich der alten Rechtslage hinweisend *Weis*, in: Horbach, Informatik 2013, S. 2167 (2169). Siehe zur Datenhoheit oben § 4 B. I. 1.

Messsysteme.[426] Aufgrund der Besonderheiten und des derzeitigen Entwicklungsstandes der Elektromobilität ist die Ausnahmeregelung für Messsysteme, die im Bereich der Elektromobilität eingesetzt werden, nachvollziehbar und sinnvoll.[427]

b) Übergangsweise Installation und Nutzung unzertifizierter Messsysteme

In der Elektromobilität eingesetzte Messgeräte genügen aufgrund ihrer Qualifizierung als Messsysteme nicht den in § 19 Abs. 2 und 3, §§ 21, 22 MsbG niedergelegten technischen Anforderungen. Die Möglichkeit eines Einbaus und einer Nutzung dieser Messsysteme orientiert sich an der Ausnahmeregelung des § 19 Abs. 5 MsbG.

Demnach können Messsysteme, die ausschließlich im Bereich der Elektromobilität eingesetzt werden, mindestens bis 31. Dezember 2020 eingebaut und bis zu acht Jahre ab ihrem Einbau genutzt werden, wenn ihre Nutzung nicht mit unverhältnismäßigen Gefahren verbunden ist und solange eine Einwilligung des Anschlussnutzers zum Einbau und zur Nutzung des Messsystems besteht.[428]

Hinsichtlich des Einbaus und der Nutzung des Messsystems ist fraglich, ob es insoweit auf die Einwilligung des Anschlussnutzers ankommen sollte. Soweit unzertifizierte Messsysteme stationär bei einem Anschlussnutzer eingebaut werden sollen, ist dessen Einwilligungserfordernis folgerichtig. Handelt es sich aber um einen öffentlich zugänglichen Ladepunkt, wird es sich beim Anschlussnutzer in der Regel um ein Energieversorgungsunternehmen oder den Betreiber eines

426 Im Detail kann auf die bestehenden Unterschiede aus Platzgründen nicht eingegangen werden. Siehe hierzu ausführlich *Weis*, in: Horbach, Informatik 2013, S. 2167 (2172 ff.).

427 Vgl. die Begründung des Gesetzgebers in BT-Drs. 18/7555, S. 104. Zum Entwicklungsstand bereits unter § 2 B. VI. Vor Inkrafttreten des Messstellenbetriebsgesetzes waren in der Elektromobilität eingesetzte Messgeräte als intelligente Messsysteme im Sinne von § 21d EnWG a.F. einzuordnen. Diese rechtliche Qualifizierung führte zu einer Reihe von offenen Fragen. Die gesetzliche Einordnung der in der Elektromobilität eingesetzten Messgeräte als Messsysteme ist daher aus Gründen der Rechtklarheit zu begrüßen. Siehe zur alten Rechtslage *Weis* u.a., in: Boesche u.a., Handbuch Elektromobilität, S. 297 (302); *Weis*, in: Horbach, Informatik 2013, S. 2167 (2178 ff.); *dies.*, E-Mobility, S. 161 ff.

428 Ob die Nutzung der in der Elektromobilität eingesetzten Messsysteme mit unverhältnismäßigen Gefahren verbunden ist, wird vom Bundesamt für Sicherheit in der Informationstechnik festgestellt und gegebenenfalls bekannt gemacht, siehe § 48 S. 2 MsbG a.E., § 26 MsbG.

Parkhauses handeln.[429] Auf dessen Einverständnis kann es zwar hinsichtlich des Einbaus, nicht aber hinsichtlich der Nutzung eines Messsystems ankommen. Vielmehr ist insoweit die Einwilligung des jeweiligen Nutzers des Ladepunktes als demjenigen entscheidend, dessen Messdaten erhoben und verarbeitet werden. Um die Besonderheiten der in der Elektromobilität eingesetzten Messeinrichtungen angemessen zu berücksichtigen, sollte § 19 Abs. 5 MsbG dahin gehend präzisiert werden, dass die Nutzung von unzertifizierten Messsystemen im Sinne von § 48 MsbG im Fall einer Nutzung von öffentlichen zugänglichen Ladepunkten einer Einwilligung des jeweiligen Fahrzeugnutzers als Kunden des Ladepunktes bedarf. Zu den Formanforderungen der Einwilligung werden in § 19 Abs. 5 S. 1 Nr. 2 MsbG keine näheren Angaben gemacht. Mangels bereichsspezifischer Regelungen im MsbG ergeben sich die Formanforderungen aus dem als Auffanggesetz fungierenden BDSG (vgl. § 1 Abs. 3 S. 1 BDSG). Nach § 4a BDSG ist die Einwilligung grundsätzlich schriftlich zu erteilen, soweit nicht wegen besonderer Umstände eine andere Form angemessen ist. Das Schriftlichkeitserfordernis wird in der Praxis bei Umsetzung der soeben vorgeschlagenen gesetzlichen Festlegungen jedoch schwer zu realisieren sein. Vorzugswürdig wäre insoweit, für die in Rede stehenden Messsysteme eine sich am Beispiel von § 13 Abs. 2 TMG orientierende, elektronische Form der Zustimmung genügen zu lassen, welche direkt am Ladepunkt abgegeben wird.[430]

II. Datensicherheit bei der Datenübermittlung

Neben der Sicherstellung der Datensicherheit des intelligenten Messsystems selbst ist eine sichere Übermittlung der Daten von diesem an einen Kommunikationspartner zu gewährleisten. Zu Datensicherheitsmaßnahmen sind die nach § 49 MsbG berechtigten Stellen verpflichtet (vgl. § 19 Abs. 4 S. 1 MsbG).[431] Bevor auf diese Maßnahmen eingegangen wird, wird zunächst nachvollzogen, welche Kommunikationswege zur Datenübermittlung im Energieinformationsnetz möglich sind.

---

429 Siehe hierzu näher § 6 B. I. 1. c).

430 Nach § 13 Abs. 2 TMG kann eine Einwilligung elektronisch erklärt werden, wenn der Diensteanbieter sicherstellt, dass der Nutzer seine Einwilligung bewusst und eindeutig erteilt hat, die Einwilligung protokolliert wird, der Nutzer den Inhalt der Einwilligung jederzeit abrufen und die Einwilligung jederzeit mit Wirkung für die Zukunft widerrufen kann. Siehe hierzu noch § 4 C. III. 3. b).

431 Berechtigte Stellen im Sinne von § 49 Abs. 2 MsbG sind etwa der Messstellenbetreiber, der Netzbetreiber, Bilanzkreisverantwortliche oder Stromlieferanten.

1. *Datenübermittlung im Energieinformationsnetz*

a) *Sternkommunikationsmodell*

Nach § 60 Abs. 2 S. 1 MsbG erfolgt die Datenübermittlung von Messwerten bei Messstellen mit intelligenten Messsystemen über das Smart Meter Gateway direkt an die zum Datenumgang berechtigten Stellen im Sinne von § 49 MsbG. Eine Verbindung mit dem Gateway aus dem Weitverkehrsnetz kann dabei nur von solchen Stellen hergestellt werden, deren Kommunikationsprofil im Gateway hinterlegt ist (vgl. § 51 Abs. 1 MsbG).[432] Welche Daten an diese Akteure gesendet werden, ist für jeden Akteur auf dem Kommunikationsprofil festgelegt.[433] Die Konfiguration des Gateways für die jeweilige Datenübertragung obliegt dem Gateway Administrator.[434]

Das der Datenübermittlung im Energieinformationsnetz zugrunde liegende Kommunikationskonzept ist demzufolge jenes der Sternkommunikation.[435] Die Übermittlung erfolgt direkt vom intelligenten Messsystem an eine berechtigte Stelle. Das Smart Meter Gateway fungiert dabei gewissermaßen als „Datendrehscheibe".[436] Datenübertragungen zwischen den Akteuren sind nur insoweit vorgesehen, als ein von der Empfängerstelle unterschiedlicher Akteur, etwa der Gateway Administrator, als „Durchleitungsstelle" in den Übermittlungsprozess einbezogen werden kann, um z.B. eine Pseudonymisierung der Daten vorzunehmen. Jedoch erlangt die Durchleitungsstelle keine Kenntnis vom Inhalt des Datenpaketes, sodass die Datenübermittlung an sie keine im Sinne

---

432 Dies ergibt sich auch aus der zum BSI-Schutzprofil gehörenden Technischen Richtlinie TR-03109-1, siehe *BSI*, TR-03109-1, Anl. VI, S. 28. Näher hierzu *Müller*, DuD 2011, S. 547 (547 ff.).

433 *Pallas*, in: Gutwirth u.a., European Data Protection, S. 313 (327).

434 Damit dieser seiner Aufgabe nachkommen kann, normiert § 25 Abs. 3 MsbG eine Informationsbereitstellungsverpflichtung für die genannten Stellen, zu deren Absicherung der Gateway Administrator Rahmenverträge mit diesen Akteuren abschließen kann. Nähere Vorgaben zu den Rahmenverträgen kann die BNetzA festlegen (§ 47 Abs. 1 Nr. 6 MsbG, § 29 Abs. 1 EnWG).

435 Messsysteme, die im Bereich der Elektromobilität eingesetzt werden, folgen gegenwärtig aufgrund der in § 48 S. 1 MsbG bis 31. Dezember 2020 geltenden Bereichsausnahme allerdings ausschließlich dem Modell der Kettenkommunikation. Zur Bereichsausnahme oben § 4 B. I. 4.

436 BT-Drs. 18/7555, S. 108; *Eder/vom Wege/Weise*, IR 2016, S. 173 (176).

von § 3 Abs. 4 Nr. 3 BDSG ist.[437] Der Empfänger ist weiterhin der durch das Kommunikationsprofil im Gateway berechtigte Akteur, sodass das Sternkommunikationskonzept auch in diesen Konstellationen, in welchen ein weiteres „Kettenglied" in die Kommunikation einbezogen wird, beibehalten wird.[438]

b) Auswirkungen des produktbezogenen Ansatzes auf die Marktprozesse

Den bisherigen Datenübertragungen im Energiesektor liegt das Konzept der Kettenkommunikation zugrunde, in welchem sich der Datenfluss, vereinfacht gesagt, wie folgt darstellt: Der Messstellenbetreiber erhebt die Daten beim Letztverbraucher und leitet sie an den Verteilnetzbetreiber weiter. Dieser bereitet die Daten auf und übermittelt sie an andere Akteure wie den Lieferanten oder den Übertragungsnetzbetreiber.[439] Datenübermittlungen zwischen den Marktakteuren sind möglich. Die Bundesnetzagentur hat für diese Geschäftsprozesse einheitliche Prozessabläufe vorgegeben und Standardformate zur Datenübertragung festgelegt.[440] Die Kettenkommunikation bleibt im zukünftigen intelligenten Energiesystem das anzuwendende Kommunikationsmodell für die Datenübertragung mit herkömmlichen Messeinrichtungen. Der Verteilnetzbetreiber bleibt insoweit die zentrale „Datendrehscheibe".[441]

---

437 Es liegt damit keine Datenübermittlung im Sinne von § 3 Abs. 4 Nr. 3 BDSG vor, da die Daten nicht an den Dritten weitergegeben werden oder dieser zur Einsicht bereitgehaltene Daten einsieht.

438 Vgl. BT-Drs. 18/7555, S. 108; *BSI*, TR-03109-1, Anl. VI, S. 31, 33; *Pallas*, in: Gutwirth u.a., European Data Protection, S. 313 (328). Zur Pseudonymisierung näher in § 4 C. 0.

439 Die Bestimmungen des § 4 Abs. 3 MessZV a.F. finden sich nun in § 60 Abs. 1 MsbG. In jeder Regelzone wird das Gleichgewicht zwischen Erzeugung und Verbrauch in Bilanzkreisen dokumentiert. Siehe zur Bilanzierungsverantwortung die Ausführungen in § 4 C. IV. 3.

440 Im Stromsektor sind dies folgende Festlegungen: *BNetzA*, Beschluss v. 11.7.2006, BK6-06-009, Festlegung einheitlicher Geschäftsprozesse und Datenformate zur Abwicklung der Belieferung von Kunden mit Elektrizität (GPKE); *BNetzA*, Beschluss v. 9.9.2010, BK6-09-034/BK7-09-001, Festlegung zur Standardisierung von Verträgen und Geschäftsprozessen im Bereich des Messwesens (WiM); *BNetzA*, Beschluss v. 10.6.2009, BK6-07-002, Festlegung von Marktregeln für die Durchführung der Bilanzkreisabrechnung Strom (MaBiS); *BNetzA*, Beschluss v. 29.10.2002, BK6-12-153 bzw. Beschluss v. 29.1.2015, BK6-14-110, Festlegung von Marktprozessen für Einspeisestellen (Strom) (MPES). Hierzu *Weise/Wagner*, IR 2016, S. 125 (126); *Raabe* u.a., CR 2011, S. 831 (832).

441 Vgl. § 60 Abs. 1 MsbG. Siehe hierzu *Eder/vom Wege/Weise*, IR 2016, S. 173 (176).

Im Modell der Sternkommunikation sind Übermittlungen zwischen den Akteuren mit Ausnahme der Möglichkeit, eine „Durchleitungsstelle“ in den Übermittlungsvorgang einzubeziehen, nicht vorgesehen. Die erwähnten Festlegungen der Bundesnetzagentur passen nicht auf die sternförmigen Datenübermittlungen im Energieinformationsnetz. Da der mit der Umstellung auf die Sternkommunikation einhergehende Systemwechsel in der Datenkommunikation einige Zeit in Anspruch nehmen wird, ist in § 60 Abs. 2 S. 2 MsbG die Möglichkeit der Festlegung eines Interimsmodells vorgesehen. Die BNetzA hat von dieser Festlegungsermächtigung Gebrauch gemacht. Im Beschluss BK6-16-200 vom 20. Dezember 2016 sind Maßnahmen vorgesehen, mithilfe derer die bestehenden Marktkommunikationsfestlegungen GPKE, WiM, MaBiS und MPES[442] so angepasst werden sollen, dass die Aufbereitung und Übermittlung der mithilfe von intelligenten Messsystemen generierten Messwerte übergangsweise nicht vom Smart Meter Gateway, sondern von den zum Datenumgang berechtigten Stellen im Sinne von § 49 MsbG selbst vorgenommen werden (vgl. § 75 Nr. 4 MsbG).[443] Das Kettenkommunikationsmodell bleibt damit bis 31. Dezember 2019 grundsätzlich beibehalten, dem Verteilnetzbetreiber kommt temporär weiterhin die Rolle der „Datendrehscheibe“ zu. Gleichzeitig sollen die wesentlichen Grundfunktionalitäten intelligenter Messsysteme aber ab 1. Oktober 2017 in die bestehenden Kommunikationsprozesse eingebunden werden können.[444]

Die Festlegung des übergangsweise geltenden Kommunikationsmodells für die Marktprozesse ist zu begrüßen. Aufgrund der grundlegenden Verschiedenartigkeit der Kettenkommunikation und der Sternkommunikation wäre die Einführung des letzteren Modells ohne das Interimsmodell nicht möglich. Den betroffenen Marktteilnehmern, insbesondere dem Messstellenbetreiber als demjenigen, der mit der Rolle des Smart Meter Gateway Administrators betraut ist, sowie dem Verteilnetzbetreiber als demjenigen, dem bisher die Aufgabe der Aufbereitung und Übermittlung der Daten an die anderen Marktakteure zukam, hilft die Pflicht, sich zeitnah bereits im Interimsmodell mit den neuen Prozessfestlegungen auseinandersetzen zu müssen, um sich auf die Verantwortlichkeiten

442 Siehe zu diesen Marktprozessen bereits Fn. 440.

443 Siehe *BNetzA*, Beschluss v. 20.12.2016, BK6-16-200, S. 6 f. Dieser Beschluss gilt nur für den Strombereich. Für den Gasbereich siehe *BNetzA*, Beschluss v. 20.12.2016, BK7-16-142.

444 Siehe zu den im Interimsmodell vorgenommenen Anpassungsmaßnahmen *BNetzA*, BK6-16-200, S. 11 ff.; *vom Wege/Wagner/Ruff*, IR 2017, S. 26 (27 ff.); *Keindl/Wolter*, et 8/2017, S. 61 (61 ff.).

vorzubereiten, welche ab 2020 im Rahmen des Sternkommunikationsmodells auf sie zukommen.[445]

2. *Datensicherheitsmaßnahmen und Verschlüsselungsverfahren*

Die nach § 49 zum Datenumgang berechtigten Stellen haben dem „jeweiligen Stand der Technik" entsprechende datensicherheitsgewährleistende Maßnahmen zu ergreifen (§ 19 Abs. 4 S. 1 MsbG). Im Fall der Nutzung allgemein zugänglicher Kommunikationsnetze sind dem „jeweiligen Stand der Technik" entsprechende Verschlüsselungsverfahren anzuwenden (§ 19 Abs. 4 S. 2 MsbG). Diese allgemeinen Bestimmungen werden in § 52 Abs. 1 MsbG dahin gehend konkretisiert, dass die berechtigten Stellen zur Übermittlung von Daten eine verschlüsselte elektronische Kommunikation ermöglichen müssen. Mithilfe von Messsystemen generierte Daten dürfen dabei nur zwischen Akteuren kommuniziert werden, die an der sog. Smart Meter Public Key Infrastruktur des BSI teilnehmen (§ 52 Abs. 4 MsbG).[446] Für die Datenübermittlung mithilfe des Smart Meter Gateways sind damit, wie für das Smart Meter Gateway selbst, die Vorgaben des BSI-Schutzprofils maßgeblich. Aus systematischer Sicht ist insoweit zu kritisieren, dass die Festlegung in § 19 Abs. 4 MsbG, wonach die Sicherheitsmaßnahmen dem Stand der Technik entsprechen müssen, nicht um die Regel ergänzt wurde, dass die Einhaltung des Standes der Technik vermutet wird, wenn die in der Anlage aufgeführten Schutzprofile und Technischen Richtlinien des BSI eingehalten werden. Die prinzipiell in techniklastigen Gebieten bewährte Regelungstechnik des bloßen Verweises auf den „jeweiligen Stand der Technik"[447] ist in dem neu geschaffenen technischen Gebiet des Energieinformationsnetzes zu ungenau, um eine ausreichende Datensicherheit zu gewährleisten. Überdies hätte präziser dargelegt werden müssen, welche Maßnahmen von Stellen, die die vom Gateway eines Anschlussnutzers empfangenen Daten als

---

445 *Weise/Wagner,* IR 2016, S. 125 (129); *vom Wege/Wagner/Ruff,* IR 2017, S. 26 (31).

446 Die Smart Meter Public Key Infrastruktur ist als Technische Richtlinie Teil der BSI-Schutzprofils. Bei Public Key Infrastrukturen werden gegenseitige zertifikatbasierte Authentisierungen zur verschlüsselten Kommunikation der Kommunikationspartner eingesetzt, siehe *BSI,* TR-03109-4, S. 5 sowie *Ohrtmann/Netzband/Lehner/Bruchmann,* in: Säcker, BerlKommEnR, § 52 MsbG Rn. 39 ff.

447 Diese Regelungstechnik wird auch in anderen datensicherheits- und datenschutzrechtlichen Vorschriften namentlich des BDSG und TKG verwendet, ohne diesen Begriff näher zu konkretisieren, vgl. S. 3 der Anlage zu § 9 BDSG; §§ 47 Abs. 2, 107 Abs. 2, 109 Abs. 2, 112 Abs. 3 TKG.

„Durchleitungsstellen" an den Endempfänger weiterleiten, zu ergreifen sind.[448] Da für die Verwahrung der Daten bei diesen externen Durchleitungsstellen die strikten technischen Anforderungen des Schutzprofils, die an das Smart Meter Gateway gemacht werden, keine Anwendung finden, ist insoweit unklar, welcher Sicherheitsstandard zu beachten ist.[449]

III. Fazit

Die Regelungen im Messstellenbetriebsgesetz zur Sicherstellung der Datensicherheit im Energieinformationsnetz folgen einem *produktbezogenen Ansatz* (sog. *privacy by design*). Der Fokus der Vorgaben für intelligente Messsysteme in den §§ 19, 21–28 MsbG liegt auf der Datensicherheit des Smart Meter Gateways als dessen Kommunikationseinheit. Dieses hat nach dem *Stand der Technik* bestimmte technische Anforderungen zu erfüllen, deren Einhaltung bei Beachtung des in der Anlage zum Messstellenbetriebsgesetz aufgeführten *Schutzprofils des Bundesamtes für Sicherheit in der Informationstechnik* in der jeweils geltenden Fassung vermutet wird.

Der neu geschaffenen, beim Messstellenbetreiber angesiedelten Funktion des *Smart Meter Gateway Administrators* kommt mit der Sicherstellung des zuverlässigen technischen Betriebs des intelligenten Messsystems eine zentrale Funktion zu. Der Messstellenbetreiber kann sich zur Aufgabenerfüllung eines dritten IT-Dienstleisters bedienen, er bleibt aber gegenüber dem Anschlussnutzer verantwortlich. Die Ansiedlung der Rolle des Gateway Administrators beim Messstellenbetreiber ist aufgrund dessen Zuständigkeit für herkömmliche Messeinrichtungen sachgerecht, aber stellt für diesen eine neue Kostenquelle dar. Die Funktion des Gateway Administrators beinhaltet keine klassischen Aufgaben des Messstellenbetriebs, sondern Aufgaben aus dem IT-Sektor. Da grundzuständige Messstellenbetreiber (Netzbetreiber oder Dritte, auf welche die Grundzuständigkeit übertragen wurde) die entstehenden Kosten vorfinanzieren und bei ihrer Geltendmachung gegenüber dem Kunden die Preisobergrenze des § 31 MsbG einhalten müssen, ist davon auszugehen, dass sie einen auf die Gateway Administration spezialisierten Dritten beauftragen werden.

Im Bereich der *Elektromobilität* verwendete Messgeräte unterscheiden sich konzeptionell von stationär bei Anschlussnutzern eingebauten intelligenten

---

448 Siehe hierzu bereits § 4 B. II. 1. a).

449 Siehe hierzu die bereits zu § 21e Abs. 3 EnWG a.F., der Vorgängerregelung von § 19 Abs. 4 MsbG gemachten Anmerkungen von *Pallas*, in: Gutwirth u.a., European Data Protection, S. 313 (338).

Messsystemen. Dieser Sonderstellung wird durch eine *Bereichsausnahme* Rechnung getragen, wonach im Bereich der Elektromobilität eingesetzte Messsysteme bis 31. Dezember 2020 nicht den besonderen technischen Anforderungen an intelligente Messsysteme genügen müssen. Die Möglichkeit ihres Einbaus und ihrer Nutzung richtet sich nach der Ausnahmeregelung des § 19 Abs. 5 MsbG und hängt entscheidend von der schriftlichen Einwilligung des Anschlussnutzers ab. Um die Besonderheiten der in der Elektromobilität eingesetzten Messgeräte angemessen zu berücksichtigen, sollte der auf stationäre Messsysteme zugeschnittene § 19 Abs. 5 MsbG im Rahmen einer Gesetzesänderung dahin gehend präzisiert werden, dass für die Nutzung des Messsystems die Einwilligung des jeweiligen Nutzers des Ladepunktes als demjenigen entscheidend ist, dessen Messdaten erhoben und verarbeitet werden. Die Einwilligung muss überdies in einer elektronischen, an § 13 Abs. 2 TMG orientierten Form direkt am Ladepunkt abgegeben werden können.

Die *Datenübermittlung* im Energieinformationsnetz folgt dem *Modell der Sternkommunikation.* Mithilfe intelligenter Messsysteme generierte Daten werden grundsätzlich über das Smart Meter Gateway jeweils direkt an einen zum Datenumgang berechtigten Akteur im Energiesystem übermittelt. Das Gateway fungiert dabei als „Datendrehscheibe". Datenübertragungen zwischen den einzelnen Akteuren sind nur insoweit vorgesehen, als ein von der Empfängerstelle unterschiedlicher Akteur als „Durchleitungsstelle" in den Übermittlungsprozess einbezogen werden kann, um z.B. eine Pseudonymisierung der Daten vorzunehmen. Die Sternkommunikation unterscheidet sich grundlegend von der im bisherigen Energiesystem geltenden Kettenkommunikation, bei welcher der Messstellenbetreiber die erhobenen Daten an den Verteilernetzbetreiber weiterleitet, welcher diese als „Datendrehscheibe" an andere Akteure übermittelt. Übermittlungen zwischen einzelnen Akteuren des Energiesystems sind möglich. Die Bundesnetzagentur hat für diese Geschäftsprozesse einheitliche Prozessabläufe festgelegt, welche für die sternförmigen Datenübermittlungen jedoch nicht passen. In Vorbereitung dieses Systemwechsels in der Datenkommunikation hat die Bundesnetzagentur Ende 2016 ein übergangsweise geltendes Kommunikationsmodell festgelegt. Danach wird das Kettenkommunikationsmodell bis 31. Dezember 2019 beibehalten, gleichzeitig werden die wesentlichen Grundfunktionalitäten intelligenter Messsysteme aber ab 1. Oktober 2017 in die bestehenden Kommunikationsprozesse eingebunden.

Die zum Datenumgang berechtigten Akteure haben nach § 19 Abs. 4 MsbG *Datensicherheitsmaßnahmen und Verschlüsselungsverfahren* zu ergreifen, die dem „jeweiligen Stand der Technik" entsprechen. Auch wenn § 19 Abs. 4 MsbG nicht um die Regel ergänzt ist, dass die Einhaltung des Standes der Technik bei Beachtung des BSI-Schutzprofils vermutet wird, sind für die Datenübermittlung mithilfe des Smart Meter Gateways die Vorgaben des BSI-Schutzprofils maßgeblich. Auf die „Durchleitungsstellen", die in den Übermittlungsprozess zwischen dem Smart Meter Gateway und dem Endempfänger einbezogen werden können, finden die Vorgaben des BSI-Schutzprofils hingegen keine Anwendung, sodass unklar bleibt, welchen Sicherheitsstandard diese Stellen zu beachten haben.

C. Datenschutzaspekte im Energieinformationsnetz

I. Anwendbare Datenschutzregelungen

Gemäß dem das deutsche Datenschutzrecht prägenden Verbot mit Erlaubnisvorbehalt ist eine Erhebung, Verarbeitung oder Nutzung personenbezogener Daten nur zulässig, soweit eine Rechtsvorschrift dies erlaubt oder der Betroffene seine Einwilligung erteilt hat (§ 4 Abs. 1 BDSG).[450] Die gesetzliche Gestattung ergibt sich dabei entweder aus bereichsspezifischen Normen eines Fachgesetzes oder aus dem BDSG (§ 1 Abs. 3 S. 1 BDSG), wobei ersteren gegenüber letzterem Anwendungsvorrang zukommt, wenn und soweit zwischen den Regelungsgegenständen der Spezialvorschrift und des BDSG Deckungsgleichheit vorliegt.[451]

Bereichsspezifische Normen im Sinne von § 1 Abs. 3 BDSG sind die §§ 49–75 MsbG.[452] Der Anwendungsvorrang der Normen des MsbG vor denen des BDSG ist in § 49 Abs. 1 MsbG ausdrücklich normiert. Danach dürfen personenbezogene Daten nur von den in § 49 Abs. 2 MsbG genannten Stellen erhoben, verarbeitet und genutzt werden (S. 1). Eine Übermittlung, Nutzung oder Beschlagnahme der Daten nach anderen Vorschriften ist unzulässig (S. 2).[453]

450 *Gola/Schomerus*, BDSG, § 4 Rn. 3; *Weichert*, in: Däubler u.a., BDSG, § 4 Rn. 1.

451 *Gola/Schomerus*, BDSG, § 1 Rn. 23; *Schmidt* in: Taeger/Gabel, BDSG, § 1 Rn. 34.

452 Vor Inkrafttreten des Messstellenbetriebsgesetzes ergaben sich aus §§ 21g f. EnWG a.F. nur die datenschutzrechtlichen Rahmenbedingungen, konkretisierende Vorgaben sollten auf Verordnungsebene gemacht werden. Kritisch dazu *Lüdemann/Jürgens/Sengstacken*, ZNER 2013, S. 592 (594); *Windoffer/Groß*, VerwArch 2012, S. 491 (505 f.). Im Überblick auch *Lüdemann/Ortmann/Pokrant*, RDV 2016, 125 (125 f.). Die Entscheidung, alle relevanten Datenschutzaspekte nunmehr auf Gesetzesebene zu regeln, ist aus Gründen der Rechtssicherheit und Normenklarheit zu begrüßen.

453 Die §§ 49 ff. MsbG sollen die Zulässigkeit der Datenverwendung personenbezogener Daten in intelligenten Energienetzen abschließend regeln, siehe BT-Drs. 18/7555, S. 105.

Nach Inkrafttreten der EU-Datenschutzgrundverordnung 2016/679 (DSGVO) am 24. Mai 2016 ist fraglich, inwieweit die bereichsspezifischen Datenschutzregelungen des MsbG noch die maßgeblichen Datenschutzvorgaben enthalten. Die DSGVO zielt auf die Vereinheitlichung des europäischen Datenschutzrechts ab.[454] Ihre Vorschriften sind ab 25. Mai 2018 unmittelbar geltendes Recht (Art. 99 Abs. 2 DSGVO), welches gegenüber nationalen Datenschutzbestimmungen Anwendungsvorrang genießt (vgl. Art. 288 Abs. 2 AEUV).[455] Hinsichtlich verschiedener Vorgaben sind in der DSGVO jedoch Möglichkeiten für nationale Regelungen vorgesehen.[456] Der Gesetzgeber hat das „Zusammenspiel" zwischen den nationalen Datenschutzbestimmungen und der DSGVO in Rahmen des Datenschutz-Anpassungs- und -Umsetzungsgesetzes EU (DSAnpUG-EU) vom 30. Juni 2017 geregelt.[457] Art. 1. DSAnpUG-EU enthält eine komplette Neufassung des BDSG. Das BDSG behält auch künftig den Charakter eines Auffanggesetzes bei; das Bestehen bereichsspezifischer nationaler Datenschutzregelungen ist folglich auch nach Inkrafttreten der DSGVO sowie des DSAnpUG-EU am 25. Mai 2018 vorgesehen.[458] Aufgrund der in der DSGVO enthaltenen verschiedenen Öffnungsklauseln ist eine solche Regelungstechnik auf nationaler Ebene möglich.[459] So können gem. Art. 6 Abs. 1 lit. c) und e), Abs. 2 DSGVO die Erlaubnistatbestände zur Datenverarbeitung, die zur Erfüllung einer rechtlichen Verpflichtung der zum Datenumgang berechtigten Stelle oder zur Wahrnehmung einer Aufgabe, die im öffentlichen Interesse liegt, auf nationaler Ebene konkretisiert werden. Die nationalen Bestimmungen müssen dabei die in Art. 6 Abs. 3 DSGVO festgelegten Vorgaben erfüllen, also insbesondere Festlegungen zur Art der zu verarbeitenden Daten, den davon betroffenen Personen, dem Datenempfänger sowie dem Verarbeitungszweck enthalten. Da aus der Einbaupflicht intelligenter Messsysteme die

---

454 Einen Überblick über die DSGVO bietet *Schantz*, NJW 2016, S. 1841 ff.

455 Allgemein zur Wirkung von EU-Verordnungen *Ruffert*, in: Calliess/Ruffert, EUV/AEUV, Art. 288 AEUV Rn. 20. Speziell zur Wirkung der DSGVO *Barlag*, in: Roßnagel, DSGVO, § 3 Rn. 26.

456 Die DSGVO sieht Öffnungsklauseln vor, die den Mitgliedstaaten Regelungskompetenzen übertragen. Daneben bestehen Konkretisierungsoptionen hinsichtlich der in der DSGVO festgelegten Vorgaben. Hierzu *Roßnagel*, in: Roßnagel, DSGVO, § 1 Rn. 12 f., 49; *Schantz*, NJW 2016, S. 1841 (1842).

457 Das DSAnpUG-EU wurde am 5. Juli 2017 im Gesetzblatt verkündet (BGBl. I S. 2097). Es tritt am 25. Mai 2018, folglich am gleichen Tage wie die DSGVO, in Kraft. Das derzeit geltende BDSG tritt zeitgleich außer Kraft. Siehe hierzu auch die Gesetzesbegründung, BT-Drs. 18/11325, S. 2 f., 73.

458 Vgl. § 1 Abs. 2 BDSG n.F. (Art. 1 DSAnpUG-EU) sowie BT-Drs. 18/11325, S. 79.

459 Siehe hierzu auch *Bretthauer*, EnWZ 2017, S. 56 (60).

Pflicht des Messstellenbetreibers erwächst, Daten zu erheben und zu verarbeiten, ist eine Konkretisierung der in Art. 6 Abs. 1 lit. c), Abs. 2 DSGVO festgelegten Erlaubnistatbestände aufgrund bestehender rechtlicher Verpflichtungen möglich.[460] Die in Art. 6 Abs. 3 DSGVO festgelegten Vorgaben werden in §§ 49 ff. MsbG erfüllt.[461] Das Messstellenbetriebsgesetz wird allerdings verschiedener Anpassungen bedürfen, da sich ab Mai 2018 etwa Vorgaben zur Einwilligung des Betroffenen, den Betroffenenrechten und der Auftragsdatenverarbeitung direkt aus der DSGVO ergeben.[462]

Die folgende Darstellung konzentriert sich auf das bestehende nationale Recht. Im Rahmen der Untersuchung der §§ 49 ff. MsbG wird zum einen analysiert, ob die Bestimmungen die grundlegenden Datenschutzprinzipien beachten. Zum anderen wird geprüft, inwieweit die bereichsspezifischen Regelungen einer weiteren Konkretisierung bedürfen. Anmerkungen zu erforderlichen Anpassungen des MsbG aufgrund der Regelungen der DSGVO werden jeweils an geeigneter Stelle gemacht.

II. Personenbezogene Daten im Messwesen

Personenbezogene Daten sind nach § 3 Abs. 1 BDSG Informationen, die Einzelangaben über persönliche oder sachliche Verhältnisse einer bestimmten oder bestimmbaren natürlichen Person beinhalten. Mangels einer eigenen Definition im Messstellenbetriebsgesetz ist auch für die bereichsspezifischen

---

460 So auch *Nebel*, in: Roßnagel, DSGVO, § 3 Rn. 94. Des Weiteren kann auch argumentiert werden, dass die im Rahmen des MsbG erfolgende Datenverarbeitung mithilfe intelligenter Messsysteme Teil der staatlichen Daseinsvorsorge ist und damit im öffentlichen Interesse erfolgt. So *Bräuchle*, Datenschutzprinzipien in IKT-basierten kritischen Infrastrukturen, 33 f.; *Bretthauer*, EnWZ 2017, S. 56 (60). Zur Frage, wie der Begriff des öffentlichen Interesses allgemein im Rahmen der DSGVO sowie speziell in Bezug auf Smart Metering zu verstehen ist, siehe *Keppeler*, EnWZ 2016, S. 99 (105).

461 Siehe hierzu *Bretthauer*, EnWZ 2017, S. 56 (60 f.). Auf die in Art. 6 Abs. 3 DSGVO aufgelisteten Anforderungen wird im Folgenden näher eingegangen, daher sei an dieser Stelle auf die nachstehenden Ausführungen verwiesen.

462 Eine Anpassung des MsbG ist indes freilich nur aus Gründen der Klarheit geboten, da die Vorgaben der DSGVO widersprechenden Regelungen der MsbG kraft Anwendungsvorranges vorgehen. Siehe zu den Einwilligungsmöglichkeiten Art. 7 f. DSGVO, zu den Betroffenenrechten Art. 12 ff. DSGVO sowie zur Auftragsdatenverarbeitung Art. 28 ff. DSGVO.

Datenschutzregelungen der §§ 49 ff. MsbG auf diese allgemeine Definition zurückzugreifen.[463]

Über die Kommunikationseinheit des intelligenten Messsystems, das Smart Meter Gateway, sollen an die berechtigten Akteure des Energieinformationsnetzes abrechnungsrelevante sowie sonstige Messdaten übertragen werden. Die Übermittlung dieser Daten erfordert dabei immer auch die Übertragung bestimmter technischer Daten (z.B. Administrationsdaten des Gateways). Zudem ist es möglich, dass lediglich Daten technischer Natur Gegenstand einer Übermittlung sind.[464] Fraglich ist, ob auch hinsichtlich technischer Daten von einem Personenbezug auszugehen ist.

Die Beurteilung des Vorliegens personenbezogener Daten muss sich unabhängig von der Datenart sowie der Anzahl der in einem Haushalt lebenden Personen bei allen über das Gateway übermittelten Daten allein daran orientieren, ob aus diesen Daten Rückschlüsse auf eine bestimmte oder bestimmbare Person gezogen werden können. Auch bei technischen Daten kann aufgrund der Tatsache, dass für ihren Übermittlungsweg ein Smart Meter Gateway genutzt wird, an welches eine einem Letztverbraucher zuordenbare Messeinrichtung angeschlossen ist, nicht ausnahmslos ausgeschlossen werden, dass sie auf eine Person beziehbar sind. Die Bestimmbarkeit einer einzelnen Person ist jedenfalls nach der Theorie des absoluten Personenbezuges gegeben, da die Möglichkeit der Herstellung eines Personenbezuges anhand sämtlicher zur Verfügung stehender Kriterien aufgrund der Sensibilität der Messsysteme gegeben ist.[465] Aber auch nach der Theorie des relativen Personenbezugs kann eine Bestimmbarkeit aufgrund

---

463 Vgl. § 59 Nr. 1 MsbG. Die Gesetzesbegründung verweist hinsichtlich der Definition personenbezogener Daten zudem ausdrücklich auf § 3 Abs. 1 BDSG, siehe BT-Drs. 18/7555, S. 105. Ab 25. Mai 2018 ist die Definition in Art. 4 Nr. 1 DSGVO maßgeblich, wonach personenbezogene Daten alle Informationen sind, die sich auf eine identifizierte oder identifizierbare natürliche Person beziehen.

464 Dies trifft z.B. auf Netzzustandsdaten wie Frequenz- oder Spannungsangaben zu (vgl. die Definition in § 2 S. 1 Nr. 16 MsbG). Siehe zu der vom Gesetzgeber getroffenen Unterscheidung der Datenarten in Messwerte, Netzzustands- und Stammdaten auch §§ 55–57 MsbG.

465 *Wiesemann*, in: Forgó/Helfrich/Schneider, Betrieblicher Datenschutz, Kap. 7 Rn. 18; *Lüdemann/Ortmann/Pokrant*, RDV 2016, S. 125 (128); in der Tendenz auch BT-Drs. 18/7555, S. 105. Nach der absoluten Theorie ist der Personenbezug eines Datums anhand sämtlicher Informationen zu beurteilen, die eine Zuordnung zu einer Person ermöglichen, unabhängig davon, ob die in Rede stehende verantwortliche Stelle über diese Informationen verfügt. Allgemein zu beiden Theorien *Buchner*, in: Taeger/Gabel, BDSG, § 3 Rn. 13; *Plath/Schreiber*, in: Plath, BDSG/DSGVO, § 3 Rn. 14 f.

der eindeutigen Übertragungswege im Sternkommunikationsmodell zumindest grundsätzlich nicht ausgeschlossen werden.[466] Daher sind sämtliche Daten, die über das Gateway an eine externe Stelle übermittelt werden, grundsätzlich als personenbezogene Daten einzustufen.[467] Diese Einordnung bedeutet indes nicht, dass für alle Daten dieselben Schutzmaßnahmen ergriffen werden müssen: Je geringer die Intensität des Eingriffs in das Grundrecht auf informationelle Selbstbestimmung ist, desto geringer ist auch der Bedarf an Datenschutzmaßnahmen.[468]

III. Personeller und sachlicher Anwendungsbereich

1. Zum Datenumgang berechtigte Stellen

a) Berechtigung zum konkreten Datenumgang

Zum Datenumgang sind der Messstellenbetreiber, der Netzbetreiber, der Bilanzkoordinator, der Bilanzkreisverantwortliche, der Direktvermarktungsunternehmer nach dem EEG, der Stromlieferant sowie jede Stelle berechtigt, in deren Datenumgang der Anschlussnutzer eingewilligt hat (§ 49 Abs. 2 MsbG).[469] Aus dem Zusammenhang mit der die Bestimmung von § 49 MsbG konkretisierenden Norm des § 50 MsbG ergibt sich, dass die in § 49 Abs. 2 MsbG als berechtigte Stellen bezeichneten Akteure trotz ihres generell gestatteten Datenumgangs durch den Gesetzgeber zur Berechtigung des Datenumgangs im Einzelfall einer weiteren Legitimierung bedürfen (vgl. § 50 Abs. 1 MsbG). Dieses Erfordernis wird insbesondere im Zusammenhang mit Datenerhebungen an öffentlich zugänglichen Ladepunkten im Elektromobilitätsbereich deutlich. Während dem

---

466 Im Ergebnis auch *Tribess*, smart.ER II/2014, S. 14 (16 f.). Die relative Theorie stellt für die Beurteilung des Personenbezugs eines Datums darauf ab, ob der verantwortlichen Stelle das Zuordnen einer Information zu einer bestimmten Person möglich ist. Siehe hierzu *Plath/Schreiber*, in: Plath, BDSG/DSGVO, § 3 Rn. 15 sowie *Keppeler*, EnWZ 2016, S. 99 (100).

467 A.A. *Wiesemann*, der für eine Ausklammerung technischer Daten plädiert. Die Beachtung von Datenschutzvorgaben sei bei rein technischen Vorgängen nicht erforderlich und führe zu Beeinträchtigungen und zusätzlichen Kosten der beteiligten Akteure, vgl. *Wiesemann*, ZD 2012, S. 447 (448); zustimmend *Tribess*, smart.ER II/2014, S. 14 (17). Der Verweis auf die Kosten trägt indes nicht, um rein technische Daten kategorisch aus der Definition personenbezogener Daten auszuklammern.

468 Lüdemann/Jürgens/Sengstacken, ZNER 2013, S. 592 (592); Konferenz der Datenschutzbeauftragten, Orientierungshilfe 2012, S. 8.

469 Im Vergleich mit der Vorgängerregelung des § 21g EnWG a.F. wurde der Kreis der Berechtigten um Bilanzkoordinatoren, Bilanzkreisverantwortliche und Direktvermarktungsunternehmer erweitert.

Letztverbraucher im stationären Bereich aufgrund seiner vertraglichen Beziehungen die zum Datenumgang berechtigten Stellen bekannt sind, kennt der Kunde eines Ladepunktes die dort zuständigen Stellen in der Regel nicht. Die Wahlmöglichkeit eines anderen Akteurs, etwa eines anderen Messstellenbetreibers, besteht für den Letztverbraucher hinsichtlich einer bestimmten Ladestation nicht. Würde die Ermächtigung in § 49 Abs. 2 MsbG zur Datenumgangsberechtigung ausreichen, wäre einem dem Letztverbraucher unbekannten Akteur der Umgang mit seinen personenbezogenen Daten ohne seine Einwilligung gestattet.[470]

b) *Auftragsdatenverarbeitung*

Die gesetzlich zum Datenumgang Berechtigten können die Erhebung, Verarbeitung und Nutzung der Daten durch einen dritten Dienstleister in ihrem Auftrag durchführen lassen (§ 49 Abs. 3 MsbG). Die in § 49 Abs. 2 MsbG vorgenommene Begrenzung der zum Datenumgang berechtigten Stellen wird damit aufgeweicht.[471] Aus § 11 Abs. 1 BDSG, welcher als Bestandteil des Verweises in § 49 Abs. 3 Hs. 2 MsbG für die Auftragsdatenverarbeitung nach dem MsbG gilt, ergibt sich aber, dass eine Funktionsübertragung nicht gestattet ist. Die Verantwortlichkeit gegenüber dem Anschlussnutzer verbleibt bei den zum Datenumgang berechtigten Stellen.[472]

2. *Legitimationstatbestände*

§ 50 Abs. 1 MsbG listet vier Zweckbestimmungen auf, für deren Erreichung die Erhebung, Verarbeitung und Nutzung mithilfe des intelligenten Messsystems generierter personenbezogener Daten erlaubt ist.[473] Daten können zur Erfüllung von Verträgen mit dem Anschlussnutzer (Nr. 1), anlässlich vorvertraglicher, vom Anschlussnutzer veranlasster Maßnahmen (Nr. 2), zur Erfüllung rechtlicher Verpflichtungen der berechtigten Stellen (Nr. 3) oder zur Wahrnehmung einer Aufgabe des Netzbetreibers, die in Ausübung ihm übertragener hoheitlicher

---

470 Siehe hierzu *Weis* u.a., in: Boesche u.a., Handbuch Elektromobilität, S. 297 (307 f.) (noch zu § 21g Abs. 2 S. 1 EnWG a.F.).

471 *Karsten/Leonhardt,* RDV 2016, S. 22 (23).

472 Die berechtigte Stelle muss gewährleisten, dass der Dritte den Auftrag ihren Weisungen gemäß ausführt. Die ab 25. Mai 2018 maßgebliche Norm des Art. 28 DSGVO enthält hinsichtlich des Verhältnisses von Auftraggeber und Auftragnehmer konkretisierende Vorgaben (Art. 28 Abs. 3 DSGVO).

473 Die Möglichkeit zur Konkretisierung der in Art. 6 Abs. 1 DSGVO enthaltenen Erlaubnistatbestände auf nationaler Ebene ergibt sich aus Art. 6 Abs. 2 DSGVO. Siehe hierzu bereits § 4 C. I.

Befugnisse erfolgt (Nr. 4), erhoben, verarbeitet und genutzt werden. § 50 Abs. 1 MsbG beschreibt Tatbestände, zu deren Zweck bereits im geltenden Energiesystem Daten erhoben und verarbeitet werden dürfen.[474] Eine Konkretisierung der Verwendungszwecke wird zum einen in § 50 Abs. 2 MsbG durch einen Katalog von Regelbeispielen vorgenommen.[475] Zum anderen wird der Umfang der zulässigen Verwendungszwecke in den §§ 55 ff. MsbG näher ausgestaltet. Die §§ 55 ff. MsbG legen den Umfang der Erhebung von Messwerten, Netzzustandsdaten und Stammdaten[476] bei verschiedenen Gruppen von Letztverbrauchern und Anlagenbetreibern durch den Messstellenbetreiber fest. Die §§ 60 ff. MsbG enthalten Vorgaben zur Übermittlung der erhobenen Daten an andere Akteure des Energieversorgungssystems. Die §§ 66 ff. MsbG geben vor, für welche Zwecke die Marktakteure die an sie übermittelten Daten nutzen dürfen. Aus den hinreichend präzise gefassten Legitimationstatbeständen ergibt sich damit, wer zu welchem Zweck Daten in welchem Umfang erheben oder verarbeiten darf.[477]

3. *Erweiterungen des Anwendungsbereichs durch Einwilligung*

a) *Personeller und sachlicher Anwendungsbereich*

In personeller Hinsicht kann der Anwendungsbereich durch Einwilligung des Anschlussnutzers in den Datenumgang eines Dritten erweitert werden (§ 49 Abs. 2 Nr. 7 MsbG). In sachlicher Hinsicht kann der Anschlussnutzer in weitere Datenerhebungen, Datenübermittlungen und Messwertnutzungen sowie

---

474 *Saldenholz*, et 4/2016, S. 8 (9).

475 Danach können Daten etwa zur Durchführung der Bilanzkreisabrechnung, der Strombelieferung, der Steuerung unterbrechbarer Verbrauchseinrichtungen oder der Umsetzung variabler Tarife verwendet werden. Die Regelbeispiele wurden größtenteils aus § 21g Abs. 1 EnWG a.F. übernommen.

476 Messwerte umfassen nach § 2 S. 1 Nr. 14 MsbG Angaben über die entnommene oder eingespeiste Strommenge. Unter Netzzustandsdaten sind gem. § 2 S. 1 Nr. 16 MsbG etwa Spannungs- und Stromwerte zu verstehen, die zur Ermittlung des Netzzustands verwendet werden. Stammdaten sind nach § 2 S. 1 Nr. 22 MsbG Daten über Art, Ausstattung, Ort und Spannungsebene sowie Art der kommunikativen Anbindung von an das Smart Meter Gateway angeschlossenen Anlagen.

477 Verfassungsrechtliche Bedenken sind daher nicht angebracht. Hinsichtlich der Vorgängerregelung des § 21g Abs. 1 EnWG a.F. hatte es insoweit noch Zweifel gegeben, da die Norm die Zwecke nur aufgelistet und ihre Ausgestaltung dem Verordnungsgeber überlassen hatte. Siehe *Bräuchle*, Datenschutzprinzipien in IKT-basierten kritischen Infrastrukturen, S. 101 ff.; *Windoffer/Groß*, VerwArch 2012, S. 491 (505 f.); *Lüdemann/Jürgens/Sengstacken*, ZNER 2013, S. 592 (594).

weiteren Datenaustausch einwilligen (vgl. §§ 50 Abs. 1, 59, 65, 70 MsbG). Vor dem Hintergrund des Privacy by design-Ansatzes, der vom Gesetzgeber gewählt wurde, ist die Möglichkeit des Anschlussnutzers zur Erweiterung des Anwendungsbereiches zu begrüßen. Die Entscheidung darüber, ob und welche Daten seine Sphäre verlassen dürfen, muss als Resultat seiner Datenhoheit der Entscheidung des Einzelnen überlassen sein.[478]

b) Formanforderungen an die Einwilligung

Hinsichtlich der Formanforderungen an die Einwilligung in eine personelle oder sachliche Erweiterung des Anwendungsbereiches verweisen die § 49 Abs. 2 Nr. 7, § 59 Nr. 2, § 65 Nr. 1 und § 70 Nr. 1 MsbG auf § 4a BDSG, nach dessen Abs. 1 der Anschlussnutzer auf den Zweck der Datenverwendung hinzuweisen ist und in diese Verwendung grundsätzlich schriftlich einwilligen muss.[479] Bezüglich der zu wahrenden Schriftform wird kritisiert, dass der Gesetzgeber sich in einem durch Informationstechnik geprägten Bereich mit der dazu als vollständiges Gegenteil anzusehenden Schriftform für einen Medienbruch entschieden habe, welcher insbesondere bei Datenverwendungsszenarien im Bereich der Elektromobilität zu einem Etablierungshemmnis am Markt führe.[480] Vorgeschlagen wird, für den bereichsspezifischen Datenschutz eine an § 13 Abs. 2 TMG angelehnte Regelung zu treffen,[481] wonach der Anschlussnutzer mit einer elektronischen Erklärung,

---

478 BT-Drs. 18/7555, S. 107. In § 21g EnWG a.F. waren die Verwendungszwecke noch abschließend geregelt worden. Kritisch hierzu *Pallas,* in: Gutwirth u.a., European Data Protection, S. 313 (333 ff.).

479 Nach § 4a Abs. 1 S. 3 BDSG kann die Schriftform nur bei Vorliegen besonderer Umstände durch eine andere Form ersetzt werden. Siehe hierzu *Kramer,* in: Auernhammer, BDSG, § 4a Rn. 32 ff.; *Raabe/Lorenz,* DuD 2011, S. 279 (280).

480 So die Kritik von *Raabe/Lorenz,* in: Säcker, BerlKommEnR, § 49 MsbG Rn. 35. Siehe hierzu auch *Raabe* u.a., CR 2011, S. 831 (837) zum insoweit die gleichen Formanforderungen enthaltenden § 21g Abs. 2 EnWG a.F. Nach der für die Schriftform maßgeblichen Norm des § 126 BGB kann die schriftliche zwar durch eine elektronische Einwilligung ersetzt werden, welche zu ihrer Gültigkeit einer qualifizierten elektronischen Signatur bedarf (§§ 126 Abs. 3, 126a BGB). Da diese jedoch im Geschäftsverkehr nicht weit verbreitet ist (vgl. *Lüdemann/Ortmann/Pokrant,* RDV 2016, S. 125 [131]; *Taeger,* in: Taeger/Gabel, BDSG, § 4a Rn. 34) bleibt es bei der Maßgeblichkeit der schriftlichen Form.

481 So der Vorschlag von *Lorenz/Raabe,* in: Säcker, BerlKommEnR 2014, § 21g EnWG Rn. 99; *Raabe* u.a., CR 2011, S. 831 (837). Dem zustimmend *Albrecht,* Intelligente Stromzähler als Herausforderung für den Datenschutz, S. 248 f.

die nicht dem Formzwang des § 126a BGB unterliegt,[482] in eine Datenverwendung einwilligen kann, wenn er seine Einwilligung bewusst und eindeutig erteilt hat, die Einwilligung protokolliert wird und ihr Inhalt jederzeit abrufbar und mit Wirkung für die Zukunft widerrufbar ist.

Dem Argument, das Schriftlichkeitserfordernis stelle ein Hindernis für eine schnelle und komplikationsfreie Nutzung von öffentlich zugänglichen Ladepunkten dar, ist zuzustimmen. Allerdings kommt der Datenverwendung in der Elektromobilität eine Sonderstellung zu, welche andere Regelungsbedürfnisse hervorruft.[483] Anders als für den Elektromobilitätsbereich ist die Möglichkeit einer schnellen Einwilligung in die Datenverwendung bei stationär eingebauten intelligenten Messsystemen nicht das entscheidende Kriterium. Vielmehr kommt es für den Anschlussnutzer darauf an, wohlüberlegt in eine über die gesetzlich festgelegten Fälle hinausgehende Verwendung seiner Daten einzuwilligen. Auch wenn die Schriftform im zukunftsweisenden Bereich intelligenter Messsysteme antiquiert erscheinen mag, schützt der dadurch hervorgerufene Medienbruch zwischen der digitalen und der analogen Sphäre den Anschlussnutzer doch am geeignetsten vor übereilten Entscheidungen und verdeutlicht ihm „schwarz auf weiß“, welche Folgen mit seiner Einwilligung verbunden sind (Warnfunktion).[484] Das festgelegte strenge Formerfordernis ist daher aus Gründen des Verbraucherschutzes angemessen.[485] Einzig für den Bereich der Elektromobilität sollte aufgrund seiner besonderen Gegebenheiten eine Ausnahmeregelung getroffen werden. Die in § 74 MsbG vorgesehene Verordnungsermächtigung gibt Gelegenheit dazu, die Form der Einwilligung für diesen Bereich gesondert zu regeln.[486] Diese Sonderregelung könnte sich an § 13 Abs. 2 TMG orientieren. Für

482 Vgl. *Müller-Broich,* in: Müller-Broich, TMG, § 13 Rn. 5.

483 Dazu bereits oben § 4 B. I. 4.

484 Zu den Funktionen der Schriftform *Einsele,* in: MüKo BGB, Bd. 1, § 126 Rn. 1. Im Geschäftsverkehr reicht die Erteilung der Einwilligung im Rahmen von AGB zu einem Vertrag aus, soweit sich die Einwilligungsklausel optisch (z.B. drucktechnisch) von den übrigen Klauseln abhebt, vgl. § 4a Abs. 1 S. 4 BDSG, Art. 7 Abs. 2 S. 1 DSGVO. Näher *Gola/Schomerus,* BDSG, § 4a Rn. 31.

485 A. A. *Bräuchle,* Datenschutzprinzipien in IKT-basierten kritischen Infrastrukturen, S. 249. Die DSGVO geht nicht vom Grundsatz der Schriftform aus, sodass mit ihrer Geltung ab 25. Mai 2018 auch für den Bereich der stationär eingebauten intelligenten Messsysteme elektronisch oder gar mündlich erteilte Einwilligungen ausreichend wären, vgl. Art. 7 Abs. 2 i.V.m. Erw.grund 32 DSGVO.

486 Aufgrund des Sachzusammenhangs hätte es sich angeboten, diese Festlegungen in die Ladesäulenverordnung aufzunehmen. Siehe hierzu noch ausführlich § 6 B. I. 1. d).

die Einwilligung in Datenverwendungen, die an einem öffentlich zugänglichen Ladepunkt stattfinden, würde damit die elektronische Form genügen.

Die Einwilligung in eine personelle oder sachliche Erweiterung muss nach § 49 Abs. 2 Nr. 7, § 59 Nr. 2, § 65 Nr. 1 und § 70 Nr. 1 MsbG nur durch den Anschlussnutzer erteilt werden. In Haushalten mit mehreren Personen reicht die alleinige Einwilligung des Anschlussnutzers jedoch nicht aus, um die durch die Datenverwendung verursachten Eingriffe in die informationelle Selbstbestimmung der anderen Bewohner dieses Haushaltes zu rechtfertigen.[487] Da die Einwilligung nur durch den Grundrechtsinhaber erteilt werden kann, müssten diese Erklärungen von allen Haushaltsbewohnern eingeholt werden.[488] Weil sich ein solches Vorgehen in der Praxis jedoch realistisch betrachtet nicht umsetzen lassen wird, hätte der Gesetzgeber die Rechte der anderen Haushaltsbewohner auf eine andere Weise berücksichtigen müssen. Als Vorbild für eine Regelung kann insoweit § 99 Abs. 1 S. 3 TKG dienen, welcher sich mit der Mitteilung gespeicherter Daten von Verbindungen an einen Teilnehmer durch das Telekommunikationsunternehmen befasst. Eine Mitteilung an den Teilnehmer bei Anschlüssen im Haushalt ist nur zulässig, wenn der Teilnehmer in Textform erklärt hat, dass er alle zum Haushalt gehörenden Benutzer des Anschlusses über die Mitteilung der Daten informiert hat und künftige Benutzer unverzüglich darüber informieren wird. Aufgrund der ähnlichen Sachlage bietet es sich an, eine § 99 Abs. 1 S. 3 TKG entsprechende Vorgabe jeweils als zweiten Halbsatz in § 49 Abs. 2 Nr. 7, § 59 Nr. 2, § 65 Nr. 1 und § 70 Nr. 1 MsbG einzufügen.[489]

IV. Erforderlichkeit der Datenverwendung und Datensparsamkeitsmaßnahmen

Die informationelle Selbstbestimmung des Einzelnen wird am besten gewahrt, wenn ein Personenbezug bei der Datenverwendung vermieden wird. Bedarf es personenbezogener Daten, so ist ihre Verwendung nur gestattet, soweit dies zur Erreichung eines der Verwendungszwecke erforderlich ist.[490] Dem Grundsatz

---

487 *Lüdemann/Ortmann/Pokrant*, RDV 2016, S. 125 (131); *Karsten/Leonhardt*, RDV 2016, S. 22 (23). *Bräuchle*, in: Taeger, Big Data & Co, S. 455 (461 ff.) weist insoweit auf die Gefahr einer Überwachung der anderen in einem Haushalt lebenden Personen oder Gäste durch den Haushaltsvorstand hin.

488 *Simitis*, in: Simitis, BDSG, § 4a Rn. 31; *Lüdemann/Ortmann/Pokrant*, RDV 2016, S. 125 (131).

489 Siehe zu diesem Vorschlag *Karsten/Leonhardt*, RDV 2016, S. 22 (24).

490 *Gola/Schomerus*, BDSG, § 28 Rn. 15. Dieser Grundsatz der Erforderlichkeit findet sich im Messstellenbetriebsgesetz in den § 50 Abs. 1, §§ 55, 57, 60, 66–69 MsbG wieder.

der Datensparsamkeit zufolge ist mit personenbezogenen Daten sparsam umzugehen. Sofern es im Hinblick auf den Zweck möglich ist, sollten sie frühzeitig anonymisiert oder pseudonymisiert werden (§ 52 Abs. 3 MsbG).[491] Obwohl § 52 Abs. 3 MsbG nur diese beiden Maßnahmen nennt, ist davon auszugehen, dass andere datensparsame Maßnahmen eingesetzt werden können. Dies ergibt sich auch aus § 60 Abs. 5 MsbG, wonach die berechtigten Stellen vom Messstellenbetreiber eine von der Standardkonfiguration abweichende, datensparsamere Konfiguration des Gateways verlangen können.

Im Folgenden wird für ausgewählte Bereiche untersucht, ob die gesetzlichen Vorgaben den Grundsätzen der Erforderlichkeit und Datensparsamkeit hinreichend Rechnung tragen. Aufgrund ihrer besonderen Relevanz für das Funktionieren des intelligenten Energiesystems wird der Fokus auf die Strommesswerterhebung, die Strombelieferung sowie die Bilanzierungsprozesse im Energieinformationsnetz gelegt.

1. Strommesswerterhebung und standardmäßige Datenübermittlung

Das Messen der Verbrauchsmenge obliegt dem Messstellenbetreiber. In welcher Granularität und Taktung er die Messwerte erhebt,[492] ist in § 55 MsbG festgelegt. Bei Letztverbrauchern mit einem Verbrauch über 100.000 kWh p.a. und EE- oder KWK-Anlagen mit einer installierten Leistung über 100 kW wird eine registrierende Leistungsmessung oder eine Zählerstandsgangmessung vorgenommen.[493] Bei Letztverbrauchern mit einem Verbrauch bis 100.000 kWh, bei EE- oder KWK-Anlagen bis zu 100 kW, die mit intelligenten Messsystemen

---

491 Vgl. BVerfG, Urt. v. 15. Dezember 1983, BVerfGE 65, 1 (49 f.) = NJW 1984, S. 419 (423). Zur Anonymisierung und Pseudonymisierung vgl. § 3 Abs. 6 und 6a BDSG, Art. 4 Nr. 5 DSGVO. Während der Grundsatz der Erforderlichkeit darauf abzielt, das Maß der Datenverwendung im Einzelfall zu begrenzen, soll sich nach dem Prinzip der Datensparsamkeit die Gestaltung von Datenverarbeitungssystemen daran orientieren, möglichst wenig personenbezogene Daten zu verwenden. Siehe *Gola/ Schomerus*, BDSG, § 3a Rn. 2 ff.; *Eßer*, in: Auernhammer, BDSG, § 3a Rn. 17.

492 Der Gateway Administrator legt für jede zum Datenumgang berechtigte Stelle die benötigte Datengranularität fest, vgl. § 25 Abs. 3, § 51 MsbG; *BSI*, TR-03109-1, S. 16, 114. Granularität meint dabei den Detaillierungsgrad von Daten, siehe *Mucksch/ Behme*, Das Data Warehouse-Konzept, S. 39.

493 Die Zählerstandsgangmessung ist als Messung einer Reihe viertelstündig ermittelter Zählerstände definiert, siehe § 2 S. 1 Nr. 27 MsbG. Eine Festlegung kürzerer Messintervalle ist nicht möglich. Jedoch gilt bereits eine viertelstündliche Messung als Verbrauchserfassung „in Echtzeit". Zur registrierenden Leistungsmessung siehe bereits § 2 B. III. 2., Fn. 113.

ausgestattet sind, sowie bei unterbrechbaren Verbrauchseinrichtungen gem. § 14a EnWG erfolgt ebenfalls eine Zählerstandsgangmessung. Im Übrigen richtet sich der Messzyklus nach den Anforderungen des Stromliefervertrages bzw. des Netzbetreibers.

Die Übermittlung der erhobenen Messdaten an einzelne Akteure erfolgt anhand der in § 60 MsbG normierten Vorgaben. In § 60 Abs. 3 MsbG ist eine Standardkonfiguration der Datenübermittlung festgelegt. Für die Gruppe der Letztverbraucher mit einem Verbrauch bis 100.000 kWh, die mit einem intelligenten Messsystem ausgestattet sind (§ 55 Abs. 1 Nr. 2 MsbG), sind Zählerstandsgänge nur bei einem Verbrauch über 10.000 kWh zu übermitteln. Bei einem niedrigeren Verbrauch bleibt es bei der Übermittlung von Jahresarbeitswerten, sofern sich der Verbraucher nicht für einen variablen Stromtarif gem. § 40 Abs. 5 EnWG entschieden hat.[494] Fraglich ist, warum bei Verbrauchern mit einem Verbrauch unter 10.000 kWh, die keinen variablen Tarif abgeschlossen haben, dennoch zwingend Zählerstandsgänge gemessen werden, die aufgrund ihrer hohen Auflösung leichter Rückschlüsse auf das Verbrauchsverhalten des Einzelnen zulassen.[495] Nach § 60 Abs. 5 MsbG kann zwar eine von § 60 Abs. 3 MsbG abweichende datensparsamere Datenübermittlung verlangt werden. Eine Möglichkeit, bereits den Takt der Messung einzuschränken, gibt es hingegen nicht. Da der Verbraucher jedoch die Datenhoheit über seine Verbrauchsdaten innehat, muss ihm insoweit ein Entscheidungsrecht eingeräumt werden.

2. *Messwertübermittlung an und -nutzung durch den Stromlieferanten*

Welche Daten der Messstellenbetreiber dem Stromlieferanten standardmäßig nach § 60 Abs. 3 Nr. 4 MsbG übermittelt, hängt davon ab, welchen Belieferungstarif der Letztverbraucher gewählt hat. Hat sich der Verbraucher für einen Tarif entschieden, der auf einem Standardlastprofil beruht, entspricht die Menge der übermittelten Daten bei einem Verbrauch bis zu 10.000 kWh trotz der Messung mithilfe des intelligenten Messsystems der im bisherigen Energiesystem anfallenden Datenmenge. Die verbrauchte Gesamtstrommenge wird dem Lieferanten

---

494 In diesem Fall muss er in die Übermittlung von Zählerstandsgängen einwilligen, vgl. BT-Drs. 18/7555, S. 106 sowie § 35 Abs. 1 Nr. 2 MsbG.

495 Das Risiko, dass bei einem Hackerangriff auf das intelligente Messsystem Nutzerprofile einzelner Personen erstellt werden können, wird so unnötigerweise erhöht. Der Gesetzgeber führt insoweit an, dass die Zählerstandsgänge zumindest für eine Verbrauchertransparenz benötigt würden, siehe BT-Drs. 18/7555, S. 106. Siehe hierzu auch die Anmerkung des Bundesrates, BT-Drs. 18/7555, S. 128.

am Ende des mit dem Letztverbraucher vereinbarten Abrechnungszeitraums mitgeteilt.[496] Liegt der Verbrauch über 10.000 kWh oder hat sich der Verbraucher für einen variablen Tarif entschieden, werden dem Lieferanten täglich für den Vortrag Zählerstandsgänge übermittelt, aus welchen ersichtlich ist, wie viel Strom der Letztverbraucher jeweils in einer der im Smart Meter Gateway vorher definierten Tarif- oder Laststufen verbraucht hat.[497] Sowohl aus der auf den Datenschutz fokussierten Sicht des Verbrauchers als auch der interessenfokussierten Perspektive der Marktakteure ist eine Entscheidung des Verbrauchers für einen lastvariablen oder tageszeitabhängigen Tarif interessanter.

a) Tarifierungsmöglichkeiten

Der Stromlieferant kann die Messdaten nach § 69 Abs. 1 Nr. 1 MsbG zur Abrechnung des Stromvertrags inklusive der vorherigen Tarifierung der Messwerte nutzen. Das Gateway ist technisch zu einer dezentralen Tarifierung in der Lage. Dadurch ist es ausreichend, die Messdaten an das Gateway zu übertragen und der Empfängerstelle nur die im Gateway aufbereiteten Daten einer Tarifzone zu übermitteln.[498] Die Tarifierung der Daten kann andererseits zentral bei einem Marktakteur vorgenommen werden. Dazu werden die erhobenen Daten pro festgelegtem Messintervall an einen Empfänger übersendet und dort den verschiedenen Tarifzonen zugeordnet.[499]

Mit den datenschutzrechtlichen Vorzügen der dezentralen Tarifierung im Gateway geht der Nachteil einher, dass der Stromlieferant die feingranularen, „rohen" Verbrauchsdaten nicht dazu nutzen kann, den Energiebedarf genauer zu prognostizieren und so die Wirtschaftlichkeit der Energiebeschaffung zu optimieren.[500] Um die Vorteile einer intelligenten Messwerterfassung optimal nutzen

496 Der Abrechnungszeitraum darf einen Monat nicht unterschreiten, vgl. § 40 Abs. 3 S. 1 EnWG. In der Regel wird der Abrechnungszeitraum jedoch auf ein Jahr angelegt.

497 Siehe zur technischen Ausgestaltung der variablen Tarife *BSI*, TR-03109-1, S. 82 ff.

498 Vgl. *Konferenz der Datenschutzbeauftragten*, Orientierungshilfe 2012, S. 30; *BSI*, TR-03109-1, Anl. VI, S. 23 Rn. 561 ff.; *BSI*, TR-03109-1, S. 79 ff.

499 *BSI*, TR-03109-1, S. 94 f.; *Konferenz der Datenschutzbeauftragten*, Orientierungshilfe 2012, S. 30.

500 BR-Drs. 447/13, S. 21 f. Je genauer die Messwerte der Verbrauchsseite sind, desto genauer kann auf der Erzeugungsseite prognostiziert werden, wie viel Strom in das Energiesystem einzuspeisen ist und desto geringer ist das Risiko einer Fehlprognose. Fehlerhafte Prognosen von Stromlieferungen, die zu Bilanzierungsungleichgewichten führen, müssen für jede Viertelstunde in Form von Ausgleichsenergiekosten in der Bilanz verbucht werden. Näher hierzu §§ 4 f. StromNZV; *Böwing*, in: Baur/Salje/Schmidt-Preuß, Regulierung in der Energiewirtschaft, S. 853 Rn. 97 ff.

zu können, ist eine zentrale Datentarifierung bei einem Akteur daher zu präferieren. Nur unter diesen Voraussetzungen besteht für den Lieferanten der Anreiz, den Verbrauchern verschiedene variable Tarife anzubieten, die letztlich zur Lastverschiebung beitragen.[501] Aus dem Wortlaut von § 69 Abs. 1 Nr. 1 MsbG ergibt sich, dass dem Stromlieferanten eine zentrale Tarifierung von Messwerten nach ihrer Übermittlung an ihn gestattet ist.[502]

b) Modifizierung des Sternkommunikationsmodells

Die zentrale Tarifierung ist aufgrund der Feingranularität der Messwerte mit datenschutzrechtlichen Risiken verbunden. Der Stromlieferant erhält bei einer strikten Umsetzung der sternförmigen Datenübermittlung nach § 60 Abs. 3 MsbG eine große Menge hochaufgelöster Daten, die aufgrund des Personenbezuges eine Rückverfolgung zu einem bestimmten Verbraucher zulassen.[503] Durch das in der Sternkommunikation mögliche Dazwischenschalten einer „Durchleitungsstelle“[504] ließe sich zwar die Entfernung des Personenbezuges der Daten realisieren. Da diese Stelle jedoch keine Kenntnis vom Inhalt des Datenpaketes erhalten kann,[505] ist ihr eine Aufarbeitung der Daten nicht möglich. Um den Datenerfordernissen der Marktakteure, hier des Lieferanten, gerecht zu werden und gleichzeitig das datenschutzrechtliche Risiko für die Verbraucher so gering wie möglich zu halten, sollte die grundsätzlich aus Datenschutzgründen zu favorisierende Sternkommunikation bei der Umsetzung variabler Tarife durch eine Aufwertung der Durchleitungsstelle modifiziert werden.[506]

Übertrüge man der Durchleitungsstelle nicht nur die Funktion einer Zwischenstation auf dem Weg zu einem Marktakteur als Endempfänger, sondern

---

501 *Pallas*, in: Gutwirth u.a., European Data Protection, S. 313 (336).

502 Dem steht nicht entgegen, dass nach § 60 Abs. 2 MsbG die Datenaufbereitung im Gateway und die Übermittlung direkt vom Gateway an einen Akteur erfolgen soll. Die Aufbereitung umfasst insoweit die Prüfung der Datenvollständigkeit und die Ergänzung mit Ersatzwerten, vgl. § 2 S. 1 Nr. 17 MsbG. Hierzu *Zander/Nolde/Rosen*, Auswirkungen des MsbG auf das Energiedatenmanagement, S. 10.

503 Jedenfalls für Haushaltskunden, die sich für einen variablen Tarif entschieden haben, besteht die Gefahr einer Rückverfolgbarkeit des Verbrauchsverhaltens. Aber auch für die Gruppe der größeren Gewerbekunden mit einem Verbrauch über 10.000 kWh ist diese Gefahr nicht völlig auszuschließen.

504 Siehe hierzu schon oben § 4 B. II. 1.

505 Vgl. *BSI*, TR-03109-1, Anl. VI, S. 33.

506 Aufgrund der im Elektromobilitätsbereich bestehenden Unklarheiten sollte die Modifikation jedoch gegenwärtig nur für stationäre Messsysteme gelten. Siehe hierzu bereits oben § 4 B. I. 4.

vielmehr die Funktion einer „Verteilerstelle" für verschiedene Akteure, ließen sich die datenschutzrechtlichen Risiken minimieren. Eine solche Verteilerstelle müsste als zentraler Endempfänger der vom Gateway übermittelten Daten ausgestattet werden, welcher die Pseudonymisierung und zentrale Datentarifierung vornehmen kann. Damit existierte nur eine Empfangsstelle feingranularer personenbezogener Messdaten, welche diese aufbereiten und in der jeweils benötigten Form, wiederum sternförmig, an die Marktakteure weiterleiten könnte. Dieses Kommunikationsmodell würde die datensicherheitsrechtlichen Vorzüge der Sternkommunikation mit den interessengerechten Vorzügen einer Kettenkommunikation vereinen.[507] Aufgrund der hohen Verantwortung, welcher der Verteilerstelle im Rahmen des skizzierten Modells im Hinblick auf die Gewährleistung der Datensicherheit zukäme, und der Tatsache, dass diese die Datenhoheit über die feingranularen Messdaten des Letztverbrauchers ausüben würde, könnte eine Übernahme der Aufgabe der Verteilerstelle durch einen Marktakteur nur auf Grundlage einer informierten Einwilligung des Letztverbrauchers erfolgen. Zudem müsste sichergestellt werden, dass es dem Letztverbraucher möglich ist, die Stelle, welche die Funktion der Verteilerstelle übernimmt, selbst zu bestimmen.[508]

3. *Verlagerung der Bilanzierungsverantwortung*

Es böte sich an, den Verteilnetzbetreiber als Verteilerstelle im soeben beschriebenen Sinne zu installieren, da diesem schon in seiner Funktion als „Datendrehscheibe" im bisherigen Energieversorgungssystem „rohe" Messdaten zur Verfügung standen.[509]

Den Verteilnetzbetreibern kam bisher die Aufgabe zu, für ihr Bilanzierungsgebiet die Einzelmesswerte der Kunden zu einem Wert zu aggregieren und Summenzeitreihen zu bilden.[510] Die Verantwortung für abrechnungsrelevante

507 Der Fokus des mit diesem Modell verbundenen datensicherheitsrechtlichen Konzeptes wäre mehr prozess- als produktbezogen und entspräche damit eher jenem Ansatz, welcher dem Kettenkommunikationsmodell zugrunde liegt, siehe *Raabe* u.a., CR 2011, S. 831 (834, 838 f.).

508 *Pallas*, in: Gutwirth u.a., European Data Protection, S. 313 (342).

509 *Landeck* u.a., et 3/2016, S. 43 (43). Zur Funktion der Datendrehscheibe schon § 4 B. II. 1. b).

510 Aggregation meint die Vorverdichtung der Einzelmesswerte, siehe *BDEW*, Stellungnahme zum RegE eines GDEW, S. 10. Jede Einspeise- oder Entnahmestelle im Energiesystem ist einem Bilanzkreis zugeordnet, vgl. § 4 Abs. 3 StromNZV. An der Gewährleistung einer ausgeglichenen Bilanz von Energieverbrauch und -erzeugung innerhalb eines Bilanzkreises sind mehrere Marktakteure beteiligt.

Daten, die als Grundlage für die Bilanzierung aller im Bilanzierungsgebiet angeschlossenen Netznutzer dienen, lag allein bei ihnen.[511] Der Verteilnetzbetreiber bereitete die Daten auf und übermittelte sie den anderen Akteuren für deren Abrechnungsprozesse.[512] Dem Übertragungsnetzbetreiber kam die Rolle der Bilanzkreiskoordination zu, zu deren Ausführung die ihm übermittelten, aggregierten Daten ausreichten.[513]

Der vorgeschlagenen Installation des Verteilnetzbetreibers als Verteilerstelle steht jedoch entgegen, dass die Bilanzierungsverantwortung für den Bereich der intelligenten Messsysteme im Energieinformationsnetz nunmehr dem Übertragungsnetzbetreiber zukommt. Die erhobenen Messwerte werden dem Übertragungsnetzbetreiber über das Smart Meter Gateway zum Zweck der Aggregation der Daten zu Summenzeitreihen übermittelt (§ 60 Abs. 3 Nr. 3, § 67 Abs. 1 Nr. 6 MsbG).[514] Dem Verteilnetzbetreiber kommt die Aufgabe der Bilanzkreisverantwortung in Zukunft nur noch für moderne Messeinrichtungen und herkömmliche Stromzähler zu (vgl. § 66 Abs. 1 Nr. 8 MsbG). Tägliche Messwerte für den Vortag erhält er grundsätzlich nur noch auf Verlangen.[515] Im Übrigen erhält der Verteilnetzbetreiber vom Übertragungsnetzbetreiber täglich für den Vortrag die von diesem aggregierten Summenzeitreihen zu Prognose- und Bilanzierungszwecken (§ 67 Abs. 2 Nr. 1 MsbG).[516]

---

511 *Landeck* u.a., et 3/2016, S. 43 (44); *Zander/Nolde/Rosen,* Auswirkungen des MsbG auf das Energiedatenmanagement, S. 17, 19. Abrechnungsrelevante Daten werden etwa für die Abrechnung der Netznutzung, die EEG-Einspeisung oder die Bilanzkreisabrechnung benötigt.

512 *Zander/Nolde/Rosen,* Auswirkungen des MsbG auf das Energiedatenmanagement, S. 11, 19. Zur Aufbereitung gehören neben der Erhebung der Daten die Plausibilisierung und Ersatzwertbildung.

513 *Landeck* u.a., et 3/2016, S. 43 (43 f.). Der Bilanzkoordinator überträgt die an ihn übermittelten Summenzeitreihen an den Bilanzkreisverantwortlichen, welcher für eine ausgeglichene Bilanz zwischen Einspeisungen und Entnahmen in seinem Bilanzkreis verantwortlich ist (siehe schon Fn. 500).

514 Eine Qualitätsprüfung und Aufbereitung der Daten durch den Verteilnetzbetreiber wird nicht mehr durchgeführt. Vielmehr findet die Aufbereitung direkt im Smart Meter Gateway statt, für das der Messstellenbetreiber als Gateway Administrator zuständig ist. Siehe *Landeck* u.a., et 3/2016, S. 43 (44 f.); *Zander/Nolde/Rosen,* Auswirkungen des MsbG auf das Energiedatenmanagement, S. 20.

515 Verteilnetzbetreiber mit mehr als 100.000 angeschlossenen Kunden erhalten hingegen für den Zweck der Differenz- und Netzverlustbilanzkreisbewirtschaftung standardmäßig täglich Messwerte für den Vortag, vgl. § 60 Abs. 3 Nr. 2, § 66 Abs. 1 Nr. 7 MsbG.

516 Siehe hierzu *Saldenholz,* et 4/2016, S. 8 (10).

Für die Verlagerung der Bilanzierungsverantwortung für den Bereich intelligenter Messsysteme führt die Bundesregierung an, dass durch die direkte Datenübermittlung an den Übertragungsnetzbetreiber ein datensparsamerer Umgang mit den Messwerten erreicht werden könne, für welchen bisher die technischen Möglichkeiten fehlten.[517] Zudem könnten durch das Auslassen des Verteilnetzbetreibers als Zwischenstufe im Übermittlungsprozess Fehler und Zeitverzüge vermieden und die Datenqualität erhöht werden.[518] Dieselben Argumente lassen sich jedoch auch gegen die Verlagerung der Bilanzierungsverantwortung anführen. Die Verantwortung für die Datenqualität lastet künftig auf dem Messstellenbetreiber und dem Übertragungsnetzbetreiber. Letzterer verfügt bisher nicht über das für die Datenaggregation erforderliche Wissen, welche Zählpunkte welchen Bilanzkreisen zuzuordnen sind.[519] Der Verteilnetzbetreiber, der dieses Wissen hat, kann für die Verteilnetzbilanzierung nur mit den ihm übermittelten aggregierten Daten arbeiten. Mögliche Fehler kann er nicht erkennen und damit auch nicht korrigieren.[520] Daher ist davon auszugehen, dass die Datenqualität künftig abnehmen wird.[521] Da die Verteilnetzbetreiber für Daten, die mithilfe moderner oder herkömmlicher Messeinrichtungen generiert wurden, die Bilanzierungsverantwortung behalten, entstehen zudem Parallelsysteme, die letztlich nicht zu Dateneinsparungen, sondern zu Ineffizienzen und Mehrkosten führen.[522]

In der Verlagerung der Bilanzierungsverantwortung für die mithilfe von intelligenten Messsystemen generierten Messwerte auf den Übertragungsnetzbetreiber sind daher keine nennenswerten Vorteile zu erkennen. Vielmehr führt die Verlagerung in einer ohnehin durch Veränderungen geprägten Phase zu unnötigen Umbrüchen im Energiesystem.[523] Daher sollte zumindest für abrechnungsrelevante Daten das im Gesetz normierte Sternkommunikationsmodell

---

517 BT-Drs. 18/7555, S. 144.

518 BT-Drs. 18/7555, S. 144.

519 *Weise/Wagner,* IR 2016, S. 125 (128); *Landeck* u.a., et 3/2016, S. 43 (45).

520 *Zander/Nolde/Rosen,* Auswirkungen des MsbG auf das Energiedatenmanagement, S. 21.

521 *Kermel/Dinter,* RdE 2016, S. 158 (164); *Zander/Nolde/Rosen,* Auswirkungen des MsbG auf das Energiedatenmanagement, S. 20 f.; *BDEW,* Stellungnahme zum RegE eines GDEW, S. 10 f. Siehe zu diesen Kritikpunkten auch die Stellungnahme des Bundesrates, BT-Drs. 18/7555, S. 134.

522 *Weise/Wagner,* IR 2016, S. 125 (128); *BDEW,* Stellungnahme zum RegE eines GDEW, S. 10. Zu weiteren Problemen der Verlagerung der Bilanzierungsverantwortung *Landeck* u.a., et 3/2016, S. 43 (45 f.); *Zander/Nolde/Rosen,* Auswirkungen des MsbG auf das Energiedatenmanagement, S. 19 ff.

523 Siehe diesbezüglich die deutliche Kritik des Bundesrates, BT-Drs. 18/7555, S. 134.

modifiziert und der Verteilnetzbetreiber als Verteilerstelle etabliert werden. Nach der Datenaufbereitung durch den Verteilnetzbetreiber könnte dieser die Daten sternförmig an die anderen Marktakteure übermitteln.[524] So wäre es auch möglich, die bilanzierungsrelevanten Daten in pseudonymisierter Form an andere Akteure wie etwa den Stromlieferanten zu übermitteln.[525]

V. Gewährleistung nutzerbezogener Transparenz

Um die Verhältnismäßigkeit des Eingriffs in die informationelle Selbstbestimmung zu wahren, muss der Betroffene nachvollziehen und prüfen können, welche Stelle seine Daten wofür verwendet und für welchen Zeitraum speichert. Erreicht werden kann diese Transparenz durch verfahrensrechtliche Schutzvorkehrungen wie Informationspflichten und Auskunftsansprüche. Nur wenn der Betroffene Kenntnis über die Datenverwendungen hat, kann er im Fall von deren Unrechtmäßigkeit Ansprüche auf Löschung, Berichtigung und Widerspruch effektiv durchsetzen.[526]

1. Auskunfts- und Einsichtsrecht des Anschlussnutzers

Ein Recht auf Auskunft und Einsicht des Anschlussnutzers sieht § 53 Abs. 1 MsbG vor. Auf sein Verlangen muss der Messstellenbetreiber ihm Einsicht in die im elektronischen Speicher- und Verarbeitungsmedium gespeicherten auslesbaren Daten gewähren (Nr. 1) und ihm personenbezogene Daten kostenfrei weiterleiten (Nr. 2).[527]

Die Reichweite der Tatbestandsmerkmale von § 53 Abs. 1 MsbG ergibt sich hinreichend präzise aus dem Gesetz. Der Begriff der auslesbaren Daten in § 53 Abs. 1 Nr. 1 MsbG ist nach dem Sinn und Zweck der Norm eng auszulegen, sodass davon nur die Daten des Nutzers umfasst sind. Im Fall der Einbindung mehrerer stationärer moderner Messeinrichtungen in das Energieinformationsnetz über ein Gateway sowie in Elektromobilitätsszenarien, in welchen Daten

---

524 Siehe hierzu auch *Landeck* u.a., et 3/2016, S. 43 (46).

525 Zu diesem Modell *Pallas*, in: Gutwirth u.a., European Data Protection, S. 313 (341 f.). Kritisch gegenüber diesem Modell *Pfändler*, Smart Meter und Smart Grid, S. 5.

526 Vgl. BVerfG, Urt. v. 15. Dezember 1983 (Az. 1 BvR 209, 269, 362, 420, 440, 484/83), BVerfGE 65, 1 (42 f.) = NJW 1984, S. 419 (422); BVerfG, Urt. v. 2. März 2010 (Az. 1 BvR 256, 263, 586/08), BVerfGE 125, 260 (334 f.) = NJW 2010, S. 833 (843).

527 § 53 Abs. 1 MsbG wird ab 25. Mai 2018 durch Art. 15 Abs. 1 DSGVO ergänzt. Aufgrund der spezifischeren Auskunftsrechte bleibt die nationale Norm neben der unionsrechtlichen Vorgabe bestehen.

mehrerer Nutzer in einer Ladesäule gespeichert werden, kann dem Anschlussnutzer nur der Anspruch zustehen, Einsicht in die ihn betreffenden Daten zu erlangen.[528] Die Frage, welche Daten dem Anschlussnutzer zur Erfüllung des Anspruchs aus § 53 Abs. 1 Nr. 2 MsbG vom Messstellenbetreiber weiterzuleiten sind, bedarf einer fallbezogenen Abwägung.[529]

Die teilweise kritisierte Beschränkung des Anspruchs auf die Stelle des Messstellenbetreibers ist durch die Sternkommunikation motiviert zu sehen.[530] Legt man dieses Modell zugrunde, reicht es aus, wenn der Messstellenbetreiber dem Anschlussnutzer zur Auskunft verpflichtet ist, da dieser in seiner Funktion als Gateway Administrator[531] Zugriff auf das Smart Meter Gateway hat und anhand der Kommunikationsprotokolle nachvollziehen kann, wer welche Daten für welchen Zweck erlangt hat. Bei einer Modifikation der Sternkommunikation im vorgeschlagenen Sinne[532] müsste dieser Auskunftsanspruch um einen Anspruch gegenüber der „Verteilerstelle" ergänzt werden. Da es sich bei der Sternkommunikation um ein dem Anschlussnutzer bislang unbekanntes Kommunikationsmodell handelt, sollte das Auskunftsrecht nach § 53 Abs. 1 MsbG zudem um einen der Regelung von § 6a Abs. 3 BDSG ähnlichen Anspruch auf Auskunft über den logischen Aufbau der automatisierten Datenverarbeitung erweitert werden.[533] Eine effektive Durchsetzung der dem Anschlussnutzer zustehenden Ansprüche setzt voraus, dass er die Kommunikationswege im Energieinformationsnetz und den Verbleib seiner Daten nachvollziehen kann.

Bei den in der Elektromobilität verwendeten öffentlichen Ladepunkten ist die Sachlage gegenüber stationären Messsystemen insofern anders, als der

---

528 *Raabe* u.a., CR 2011, S. 831 (838); *Weis* u.a., in: Boesche u.a., Handbuch Elektromobilität, S. 297 (322); *Wiesemann,* in: Forgó/Helfrich/Schneider, Betrieblicher Datenschutz, Kap. 7 Rn. 45.

529 Hierzu bereits *Wiesemann,* in: Forgó/Helfrich/Schneider, Betrieblicher Datenschutz, Kap. 7 Rn. 46; *Thiel,* in: Kment, EnWG, § 21h Rn. 4 zu § 21h EnWG a.F., der § 53 MsbG inhaltlich entspricht.

530 *Ohrtmann/Netzband/Lehner,* in: Säcker, BerlKommEnR, § 53 Rn. 15. Siehe zur diesbezüglich erhobenen Kritik *Raabe* u.a., CR 2011, S. 831 (838); *Weis* u.a., in: Boesche u.a., Handbuch Elektromobilität, S. 297 (322); *Lorenz/Raabe,* in: Säcker, BerlKommEnR 2014, § 21h EnWG Rn. 3.

531 Ist ein Dritter Gateway Administrator, ist der Messstellenbetreiber als Auftraggeber des Administrators dennoch dem Anschlussnutzer gegenüber verantwortlich, siehe § 4 B. I. 3. a).

532 Hierzu oben § 4 C. IV. 2. b).

533 So der Vorschlag von *Jandt/Roßnagel/Volland,* ZD 2011, S. 99 (103); *Albrecht,* Intelligente Stromzähler als Herausforderung für den Datenschutz, S. 239.

Anschlussnutzer den Messstellenbetreiber einer Ladesäule in der Regel nicht kennt und der konkrete Anspruchsgegner bei der Frequentierung mehrerer Ladepunkte intransparent ist. Die Anspruchsdurchsetzung dürfte in der Praxis schwer umsetzbar oder zumindest aufwendig sein.[534] Welche Stelle als Anspruchsgegner des Verbrauchers benannt werden sollte, hängt auch davon ab, welches Abrechnungsmodell sich in der Elektromobilität durchsetzt. Soweit der Fahrzeugnutzer einen Fahrstromvertrag mit einem Lieferanten abgeschlossen hat, böte sich dessen Verpflichtung aufgrund der fortwährenden vertraglichen Verbundenheit mit dem Fahrzeugnutzer an. Bis zur Etablierung eines Abrechnungsmodells ist jedoch der Messstellenbetreiber der Anspruchsgegner.[535]

2. *Informationspflichten*

Der Einwilligung des Anschlussnutzers in eine sachliche oder personelle Erweiterung des Anwendungsbereiches muss die Unterrichtung des Betroffenen über den Zweck der Datenverwendung vorausgehen.[536] Zur Gewährleistung, dass dem Betroffenen ausreichende Informationen über sich ergebende Datenerhebungen und -verwendungen zur Verfügung gestellt werden, trägt die in § 54 MsbG enthaltene Transparenzvorgabe für Verträge bei. Danach ist Verträgen ein standardisiertes Formblatt beizufügen, aus welchem sich „kurz, einfach, übersichtlich und verständlich" ergibt, welche Datenkommunikation vom jeweiligen Vertrag umfasst ist und „wer welche Daten von wem wie oft zu welchem Zweck erhält" (§ 54 Abs. 1 MsbG). Die Vorgaben des Formblattes werden einheitlich von der Bundesnetzagentur festgelegt (§ 75 Nr. 2, § 54 Abs. 2 MsbG).[537] Die standardisierten Formblätter sind indes nicht nur Verträgen von Anschlussnutzern mit einem Marktakteur, sondern auch Verträgen der Akteure untereinander beizufügen, sodass die Intention der Vorschrift nicht in der Information eines Anschlussnutzers, sondern allgemein in der „Absicherung einer funktionsfähigen Kommunikation mittels Smart-Meter-Gateway" zu sehen ist.[538] Aus Gründen

---

534 *Weis*, in: Horbach, Informatik 2013, S. 2167 (2169).

535 Vgl. *Weis* u.a., in: Boesche u.a., Handbuch Elektromobilität, S. 297 (322). Bisher hat sich noch kein Abrechnungsmodell in diesem Bereich etabliert. Siehe hierzu auch § 6 B. I. 1. d) bb).

536 Vgl. § 4a Abs. 1 S. 2 BDSG, auf welchen die § 49 Abs. 2 Nr. 7, § 59 Nr. 2, § 65 Nr. 1 und § 70 Nr. 1 MsbG verweise.

537 Ab 25. Mai 2018 ergeben sich die dem Betroffenen aus Gründen der Transparenz mitzuteilenden Informationen aus den Art. 12–14 DSGVO, siehe hierzu *Keppeler*, EnWZ 2016, S. 99 (105).

538 BT-Drs. 18/7555, S. 106. Hierzu auch *Keppeler*, EnWZ 2016, S. 99 (104).

der Transparenz ist die verpflichtende Beifügung des Formblattes jedoch zu begrüßen. Abzuwarten bleibt, ob dessen Ausgestaltung den reell bestehenden Anforderungen gerecht werden wird. Einerseits sollen die Marktakteure kurz und prägnant darüber informiert werden, welche Datenverwendungen durch welche Stelle erfolgen. Andererseits müssen die Informationen des Formblattes ausführlich genug sein, um den Anschlussnutzer über die im Smart Grid möglichen Übermittlungsvorgänge durch die verschiedenen Akteure in verständlicher Weise zu informieren.[539]

Neben diese allgemeine Informationspflicht tritt die spezifische Informationspflicht des § 53 Abs. 2 MsbG, dessen Rechtsfolgen sich aus § 42a BDSG ergeben.[540] Danach sind alle zum Datenumgang berechtigten Stellen verpflichtet, im Fall einer unrechtmäßigen Datenverarbeitung, durch die schwerwiegende Beeinträchtigungen der Interessen des Anschlussnutzers drohen, die zuständige Aufsichtsbehörde sowie den Betroffenen zu informieren und Datensicherungsmaßnahmen einzuleiten.[541]

3. *Weitere Betroffenenrechte*

a) *Kontroll- und Einwirkungsrechte*

Neben den in § 53 MsbG enthaltenen Kontrollrechten im Sinne von Auskunftsrechten[542] kann lediglich die in § 19 Abs. 5 Nr. 2 MsbG vorgesehene Möglichkeit für Haushaltskunden, ihre Einwilligung in die Nutzung eines unzertifizierten Messsystems zu widerrufen, als Möglichkeit einer Intervention angesehen werden.[543] Dieses Widerrufsrecht stellt allerdings keine speziell auf die Unterbrechung des einzelnen Kommunikationsvorgangs gerichtete Einwirkungsmöglichkeit dar.[544]

---

539 *Lüdemann/Ortmann/Pokrant*, RDV 2016, S. 125 (131). Siehe hierzu näher *Bräuchle*, Datenschutzprinzipien in IKT-basierten kritischen Infrastrukturen, S. 236 ff.

540 Vgl. § 53 Abs. 2 MsbG a.E. Ab 25. Mai 2018 gehen die Art. 33, 34 DSGVO den nationalen Normen der § 53 Abs. 2 MsbG, § 42a BDSG vor. Hierzu *Hohmann*, in: Roßnagel, DSGVO, § 3 Rn. 134.

541 Siehe zur Rechtsfolgenverweisung, dem Begriff der Vertrags- und Nutzungsdaten sowie der Beurteilung der Unrechtmäßigkeit die Ausführungen von *Ohrtmann/Netzband/Lehner*, in: Säcker, BerlKommEnR, § 53 MsbG Rn. 31 ff.

542 Siehe *Ohrtmann/Netzband/Lehner*, in: Säcker, BerlKommEnR, § 53 MsbG Rn. 2.

543 Ab 25. Mai 2018 geht Art. 7 Abs. 3 DSGVO der nationalen Regelung des § 19 Abs. 5 MsbG vor. Eine Beschränkung der Widerrufsmöglichkeit auf Haushaltskunden ist dann nicht mehr möglich.

544 Dahin gehend bereits *Lorenz/Raabe*, in: Säcker, BerlKommEnR 2014, § 21g EnWG Rn. 100.

Fraglich ist, wie ein solches Einwirkungsrecht ausgestaltet werden könnte. Dem Anschlussnutzer ist die technische Möglichkeit einzuräumen, die Kommunikationsverbindung während des Übertragungsvorgangs zu unterbrechen.[545] Allerdings muss diese Möglichkeit vor dem Hintergrund vertraglicher Verbindungen des Anschlussnutzers mit den zum Datenumgang berechtigten Stellen an bestimmte Voraussetzungen geknüpft werden. Insofern böte es sich an, einen Katalog festzulegen, aus welchem sich ergibt, in welchen Fällen dem Anschlussnutzer eine Interventionsmöglichkeit offen steht.[546]

Ein allgemeiner Berichtigungsanspruch nach dem Vorbild von § 35 Abs. 1 S. 1 BDSG, wonach personenbezogene Daten zu berichtigen sind, wenn sie unrichtig sind, fehlt im MsbG. Ab Geltung der europäischen Datenschutz-Grundverordnung am 25. Mai 2018 ergibt sich ein solcher Anspruch jedoch aus Art. 16 DSGVO.

b) Allgemeine Löschpflicht und Speicherhöchstfristen

Personenbezogene Daten, die für die Zwecke der Marktakteure nicht mehr erforderlich sind, sind unverzüglich zu löschen. Diese im Messstellenbetriebsgesetz niedergelegte allgemeine Löschpflicht[547] sollte um eine Speicherhöchstfrist ergänzt werden, um sicherzustellen, dass die Daten nicht länger als notwendig gespeichert werden.[548]

Konkrete Fristen finden sich an zwei Stellen des Gesetzes. Stammdaten sind nach spätestens zwölf Monate nach der dauerhaften Stilllegung der jeweiligen Anlage zu löschen und dürfen damit höchstens für diese Dauer gespeichert werden (§ 63 S. 2 MsbG). Zudem darf eine nach § 49 MsbG berechtigte Stelle im Fall einer rechtswidrigen Inanspruchnahme von intelligenten Messsystemen den Gesamtdatenbestand, aus welchem zur Entgeltanspruchssicherung die verdächtigen Verbindungen mit dem Messsystem ermittelt werden dürfen, mit Messdaten speisen, die nicht älter als sechs Monate sind (§ 73 Abs. 2 S. 2 MsbG).

---

545 Hierzu bereits *Wiesemann,* in: Forgó/Helfrich/Schneider, Betrieblicher Datenschutz, Kap. 7 Rn. 44.

546 Siehe hierzu *Konferenz der Datenschutzbeauftragten,* Orientierungshilfe 2012, S. 40, welche beispielhaft falsche Zertifikate und falsche Tarifprofile nennt.

547 Vgl. § 60 Abs. 6, § 64 Abs. 2, § 66 Abs. 3, § 67 Abs. 3, § 68 Abs. 3, § 69 Abs. 3 MsbG. Ab 25. Mai 2018 geht Art. 17 Abs. 1 lit. a) DSGVO diesen nationalen Regelungen vor.

548 Siehe hierzu Erw.gründe 39, 45 zur DSGVO. Die Möglichkeit zur Festlegung nationaler Speicherhöchstfristen ergibt sich aus Art. 6 Abs. 2 und 3 lit b) DSGVO. Hierzu schon § 4 C. I.

Die Festlegung einer allgemeinen Speicherhöchstfrist von sechs Monaten für personenbezogene Daten erscheint angemessen. Während das Interesse des Anschlussnutzers an einer möglichst kurzen Speicherung durch den Schutz seiner informationellen Selbstbestimmung motiviert ist, hängt die Beurteilung des Interesses der zum Datenumgang berechtigten Stellen an einer möglichst langen Speicherung der Daten vom Zweck der Speicherung ab.[549] Die Festsetzung einer grundsätzlichen Speicherhöchstfrist von sechs Monaten spiegelt ein ausgewogenes Verhältnis dieser konträren Interessen wider. Eine längere Speicherung der Daten sollte außer beim Bestehen einer ausdrücklichen Regelung jedoch bei Vorliegen einer Einwilligung des Anschlussnutzers möglich sein.[550]

VI. Fazit

Für die Erhebung, Verarbeitung oder Nutzung personenbezogener Daten, die mithilfe von intelligenten Messsystemen generiert wurden, halten §§ 49–75 MsbG detaillierte *bereichsspezifische Datenschutzregelungen* bereit. Den Normen der im Mai 2016 in Kraft getretenen EU-Datenschutzgrundverordnung 2016/679 (DSGVO) kommt mit ihrer Geltung ab 25. Mai 2018 grundsätzlich Anwendungsvorrang vor den nationalen Datenschutzbestimmungen zu. Hinsichtlich verschiedener Vorgaben sind in der DSGVO jedoch Öffnungsklauseln vorgesehen, welche den Erlass oder die Beibehaltung nationaler Datenschutzregelungen ermöglichen. Die §§ 49 ff. MsbG bleiben daher als Konkretisierung des in Art. 6 Abs. 1 lit. c), Abs. 2 DSGVO festgelegten Erlaubnistatbestandes der Datenverarbeitung zur Erfüllung einer rechtlichen Verpflichtung der zum Datenumgang berechtigten Stelle bestehen. Bestimmte Vorgaben ergeben sich ab Mai 2018 allerdings dennoch direkt aus der DSGVO (u.a. Auftragsdatenverarbeitung, Einwilligungsanforderungen, Betroffenenrechte).

Daten, die über das Smart Meter Gateway, die Kommunikationseinheit des intelligenten Messsystems, an eine externe Stelle übermittelt werden, sind grundsätzlich als *personenbezogene Daten* einzustufen, da unabhängig von der

549 Das Interesse eines Energieeffizienzberaters an einer längeren Speicherungsfrist personenbezogener Daten wird zur Erbringung einer optimalen Beratungsleistung z.B. höher sein als jenes des Stromlieferanten, welches mit Beendigung des Abrechnungsvorgangs grundsätzlich befriedigt ist.

550 Siehe hierzu die Festlegung in § 21 Abs. 2 lit. d) MsbG, wonach intelligente Messsysteme technisch dazu in der Lage sein müssen, historische Energieverbrauchswerte und Zählerstandsgänge für die letzten 24 Monate zur Verfügung zu stellen. Die tatsächliche Auslesung dieser historischen Werte hängt von der Einwilligung des Anschlussnutzers ab. Siehe hierzu BT-Drs. 18/7555, S. 124, 142.

Datenart die Möglichkeit, Rückschlüsse auf eine bestimmte oder bestimmbare Person zu ziehen, nicht ausgeschlossen werden kann. Jedoch müssen nicht für alle Daten dieselben Schutzmaßnahmen ergriffen werden. Der Bedarf an Maßnahmen orientiert sich an der Eingriffsintensität in das Grundrecht auf informationelle Selbstbestimmung.

Die nach § 49 Abs. 2 MsbG generell *zum Umgang mit den personenbezogenen Daten des Anschlussnutzers berechtigten Stellen* bedürfen im Einzelfall einer gesetzlich vorgesehenen oder durch den Anschlussnutzer durch Einwilligung erteilten Legitimierung. Die §§ 55 ff. MsbG beinhalten für verschiedene Gruppen von Letztverbrauchern und Anlagenbetreibern sowie Marktakteure konkret ausgestaltete *Legitimationstatbestände*. Die Übertragung der Erhebung, Verarbeitung und Nutzung der Daten auf einen Dritten im Wege der *Auftragsdatenverarbeitung* ist möglich. Die berechtigten Stellen bleiben aber gegenüber dem Anschlussnutzer verantwortlich.

Der Anschlussnutzer kann in personelle und sachliche *Erweiterungen des Anwendungsbereichs einwilligen*. In Mehrpersonenhaushalten reicht seine Einwilligung aber nicht aus, da in einen Eingriff in die informationelle Selbstbestimmung persönlich einwilligt werden muss. Weil in praxi realistischerweise nicht immer von jedem Bewohner eine Einwilligung einzuholen ist, sollten die Rechte der Bewohner in Anlehnung an die Regelung in § 99 Abs. 1 S. 3 TKG durch eine Erklärung des Anschlussnutzers in Textform berücksichtigt werden, dass alle Haushaltsbewohner über die jeweilige Datenverwendung informiert sind. Eine Einwilligung ist nach § 4a BDSG, auf den in §§ 49, 59, 65, 70 MsbG bezüglich der *Formanforderungen* verwiesen wird, grundsätzlich schriftlich zu erteilen. Die Schriftform schützt den Anschlussnutzer vor übereilten Entscheidungen. Vorschläge, eine nicht dem Formzwang des § 126a BGB unterliegende elektronische Erklärung ausreichen zu lassen, sind aus Verbraucherschutzgründen abzulehnen. Lediglich in der Elektromobilität sollte dem Fahrzeugnutzer durch eine elektronische Einwilligung nach Vorbild von § 13 Abs. 2 TMG eine schnelle Einwilligung in eine Datenverwendung gestattet und eine entsprechende Ausnahme in einer Verordnung nach § 74 MsbG festgelegt werden.

Den Grundsätzen, bei der *Verwendung personenbezogener Daten* auf die Einhaltung des zur Zweckerreichung erforderlichen Maßes sowie einen datensparsamen Umgang zu achten, wird nicht bei allen Verwendungszwecken ausreichend entsprochen.

Die Taktung der *Messwerterhebung* hängt von der Verbrauchsmenge ab. Eine Zählerstandsgangmessung, bei der die Zählerstände viertelstündig ermittelt werden, wird unter anderem bei Verbrauchern mit einem Verbrauch bis 100.000 kWh, die mit einem intelligenten Messsystem ausgestattet sind, durchgeführt. Die *standardmäßige Übermittlung* der Zählerstandsgänge dieser Verbrauchsgruppe an die Marktakteure erfolgt aber nur bei einem Verbrauch über 10.000 kWh oder der Wahl eines variablen Stromtarifs. Da es somit bei Verbrauchern mit einem Verbrauch unter 10.000 kWh ohne variablen Tarif Zählerstandsgängen nicht bedarf, sollte ihnen das Recht eingeräumt werden, eine solche Verbrauchsmessung abzulehnen. Den *Datenerfordernissen des Stromlieferanten bei der Strombelieferung* auf Grundlage variabler Tarife kann im Sternkommunikationsmodell zudem nur entsprochen werden, wenn Messwerte nicht dezentral im Gateway verschiedenen Tarifstufen zugeordnet werden. Durch die Möglichkeit des Lieferanten, rohe Messdaten zur Prognostizierung des Energiebedarfs zu nutzen, entsteht erst der Anreiz, Verbrauchern variable Tarife anzubieten. Mit der für die Datenbedürfnisse der Akteure vorzugswürdigen zentralen Tarifierung sind jedoch Datenschutzrisiken verbunden. Diese können durch die Einbeziehung eines Marktakteurs in den Datenübermittlungsprozess als „Verteilerstelle" minimiert werden, der die vom Gateway übermittelten Daten tarifiert und den Akteuren in aufbereiteter, gegebenenfalls pseudonymisierter Form weiterleitet. Als Verteilerstelle böte sich der Verteilnetzbetreiber an, welchem im bisherigen Energiesystem die Aufgabe zukam, Einzelmesswerte der Kunden zu einem Wert zu aggregieren und Summenzeitreihen zu bilden. Einer solchen Etablierung steht jedoch die *Verlagerung der Bilanzierungsverantwortung* auf den Übertragungsnetzbetreiber für den Bereich intelligenter Messsysteme entgegen. Letzterer erhält die Messwerte künftig direkt über das Smart Meter Gateway zum Zweck der Aggregation zu Summenzeitreihen und übermittelt diese in der Folge dem Verteilnetzbetreiber zu Prognose- und Bilanzierungszwecken. Die Datenqualität wird entgegen der Argumentation der Bundesregierung durch die Verlagerung nicht erhöht, vielmehr besteht aufgrund des bis dato für die Datenaggregation fehlenden Wissens des Übertragungsnetzbetreibers eine Verschlechterungsgefahr. Da die Bilanzierungsverantwortung im Übrigen beim Verteilnetzbetreiber verbleibt, entstehen zudem ineffiziente, kostenintensive Parallelsysteme. Mangels erkennbarer Vorteile sollte von einer Verlagerung der Bilanzierungsverantwortung Abstand genommen und stattdessen der Verteilnetzbetreiber als Verteilerstelle im Rahmen einer sternförmigen Datenübermittlung etabliert werden.

Nutzerrechte, die für die Transparenz der erfolgenden Datenverwendungen notwendig sind, finden sich im Messstellenbetriebsgesetz nur vereinzelt. Das bestehende *Auskunfts- und Einsichtsrecht des Anschlussnutzers* gegenüber dem Messstellenbetreiber müsste bei Umsetzung der vorgeschlagenen Modifikation des Sternkommunikationsmodells um einen Auskunftsanspruch gegenüber der

Verteilerstelle ergänzt werden. Neben der *allgemeinen Informationspflicht*, nach der Verträgen ein standardisiertes Formblatt beizufügen ist, aus dem sich ergibt, wer welche Daten wofür erhält, besteht eine *spezifische Informationspflicht* des Betroffenen in Fällen unrechtmäßiger Datenverarbeitung. Ein bislang nicht bestehendes *Einwirkungsrecht* im Sinne einer technischen Möglichkeit, die Kommunikationsverbindung während des Übertragungsvorgangs zu unterbrechen, sollte dem Anschlussnutzer unter bestimmten, in einem Katalog näher auszugestaltenden Voraussetzungen eingeräumt werden. Der nicht vorhandene *allgemeine Berichtigungsanspruch* unrichtiger Daten ergibt sich ab 25. Mai 2018 aus Art. 16 DSGVO. Die *allgemeine Löschpflicht* nicht mehr benötigter Daten ist um eine *allgemeine Speicherhöchstfrist* zu ergänzen. Eine Frist von sechs Monaten erscheint als angemessener Kompromiss zwischen den konträren Speicherdauerinteressen des Anschlussnutzers und den berechtigten Stellen.

D. Vereinbarkeit mit den Grundrechten der Letztverbraucher

Aufgrund der beschriebenen datensicherheits- und datenschutzrechtlichen Risiken[551] kommen verschiedene Grundrechtsbeeinträchtigungen des jeweils zur Duldung des Einbaus des intelligenten Messsystems verpflichteten Letztverbrauchers in Betracht. Dabei ist wiederum eine Beeinträchtigung sowohl deutscher als auch europäischer Grundrechte möglich, da die Regelungen zum Einbau von intelligenten Messsysteme ihren Ursprung in unionsrechtlichen Vorgaben haben, welche den Mitgliedstaaten jedoch weitreichende Umsetzungsspielräume eröffnen.[552]

I. Art. 13 Abs. 1 GG, Art. 7 GRCh

Fraglich ist, ob das Grundrecht auf Unverletzlichkeit der Wohnung (Art. 13 Abs. 1 GG) bzw. das Recht auf Achtung der Wohnung (Art. 7 GRCh) beeinträchtigt sind.

Für eine Betroffenheit des Schutzbereiches von Art. 13 Abs. 1 GG wird angeführt, dass die von intelligenten Messsystemen erhobenen Daten bei einem

551 Siehe hierzu § 4 A.

552 Im Folgenden werden die einschlägigen nationalen und europäischen Grundrechte genannt, der Fokus der Prüfung liegt aber auf den deutschen Grundrechten. Zum anzuwendenden Grundrechtsregime bereits § 3 A. III. In der zugrunde liegenden EU-Norm, Art. 9 Abs. 2 lit. b) EED ist lediglich festgelegt, dass die Mitgliedstaaten die Sicherheit der Messgeräte im Einklang mit den Datenschutzvorschriften der EU zu gewährleisten haben, siehe § 3 A. I. 1. a). Siehe auch BT-Drs. 18/7555, S. 80 f.

Großteil der Letztverbraucher aus der räumlichen Privatsphäre stammen und Rückschlüsse auf die Lebensgewohnheiten der betroffenen Letztverbraucher zulassen.[553] Die Aussagekraft der mithilfe der Messsysteme gewonnenen Daten sei zwar gegenüber Informationen, die mittels einer optischen oder akustischen Überwachung eines privaten Lebensraumes generiert werden, niedriger, aber dennoch gegeben.[554] Zwar ist nicht von der Hand zu weisen, dass aufgrund der Genauigkeit der mithilfe von intelligenten Messsystemen generierten Daten Rückschlüsse auf die Lebensgewohnheiten denkbar sind. Jedoch unterfällt diese Beeinträchtigung nicht dem Schutzbereich von Art. 13 Abs. 1 GG, der dem Einzelnen eine räumliche Sphäre gewährleistet, in welcher dieser sein Privatleben entfalten kann und von anderen in Ruhe gelassen wird.[555]

Neben dem Schutz des Einzelnen vor einem körperlichen Eindringen eines Vertreters der Staatsgewalt in seinen privaten Lebensraum umfasst der Schutzbereich auch den Schutz vor einer Überwachung der Wohnung durch technische Hilfsmittel, selbst wenn sie von außerhalb der Wohnung eingesetzt werden.[556] Der Einzelne soll vor einer gezielten Überwachung seiner Privatsphäre, also dem Sammeln von Daten, die unmittelbar in Bezug zum Wohngeschehen stehen, geschützt werden.[557] Art. 13 Abs. 1 GG gewährleistet dem Einzelnen aber keinen „generellen, von den Zugriffsmodalitäten unabhängigen Schutz gegen die Infiltration seines informationstechnischen Systems, auch wenn sich dieses System in einer Wohnung befindet."[558]

Der primäre Zweck des Einsatzes intelligenter Messsysteme ist nicht das gezielte Ausspähen der räumlichen Privatsphäre, sondern die Gewinnung von Messdaten.[559] Diese Messdaten beziehen sich nicht unmittelbar auf das Geschehen in der räumlichen Privatsphäre. Vielmehr lassen sich Rückschlüsse auf das

---

553 *Karg*, DuD 2010, S. 365 (366); *Hornung/Fuchs*, DuD 2012, S. 20 (22).

554 *Hornung/Fuchs*, DuD 2012, S. 20 (22).

555 BVerfG, Urt. v. 27. Februar 2008 (Az. 1 BvR 370, 595/07), BVerfGE 120, 274 (309) = ZUM 2008, S. 301 (311); BVerfG, Beschluss v. 16. Juni 2015 (Az. 2 BvR 2718/10), BVerfGE 139, 245 (265) = NJW 2015, S. 2787 (2788). Neben Wohnraum sind auch Betriebs- und Geschäftsräume geschützt. Zum Umfang des Schutzes dieser Räume *Papier*, in: Maunz/Dürig, GG, Art. 13 Rn. 13 f.

556 BVerfG, Urt. v. 3. März 2004 (Az. 1 BvR 2378/98, 1084/99), BVerfGE 109, 279 (309) = NJW 2004, S. 999 (1001); BVerfGE 120, 274 (309 f.) = ZUM 2008, S. 301 (311). Siehe hierzu auch *Skistims*, Smart Homes, S. 157.

557 *Horn*, in: Isensee/Kirchhof, HStR VII, 2009, § 149 Rn. 91; *Kunig*, in: von Münch/Kunig, GG I, Art. 13, Rn. 18.

558 BVerfGE 120, 274 (310) = ZUM 2008, S. 301 (311).

559 *Guckelberger*, DÖV 2012, S. 613 (620).

Geschehen und das Verhalten der Bewohner nur mittelbar und nur von Personen ziehen, die über Zusatzwissen zum Verbrauchsverhalten der jeweiligen Bewohner verfügen.[560] Diese Risiken haben ihren Ursprung aber nicht in einer Verletzung der durch Art. 13 Abs. 1 GG geschützten räumlichen Privatsphäre, sondern sie wohnen dem informationstechnischen System selbst inne und stehen nicht in unmittelbarem Bezug zum Wohngeschehen.[561] Einen generellen Schutz des Einzelnen gegen die Infiltration seines informationstechnischen Systems gewährleistet Art. 13 Abs. 1 GG aber gerade nicht. Der Schutzbereich des Grundrechts ist folglich nicht eröffnet.

II. Art. 2 Abs. 1 i.V.m. Art. 1 Abs. 1 GG, Art. 7 GRCh

Gegeben ist hingegen ein Eingriff in das Recht auf informationelle Selbstbestimmung als spezieller Ausprägung des allgemeinen Persönlichkeitsrechts (Art. 2 Abs. 1 i.V.m. Art. 1 Abs. 1 GG) sowie in das Recht auf Achtung des Privatlebens (Art. 7 GRCh).[562] Das Grundrecht auf informationelle Selbstbestimmung schützt das Individuum vor einer unbegrenzten Erhebung, Speicherung und Verwendung persönlicher Daten. Die Entscheidung über den Zeitpunkt und die Reichweite einer Offenbarung persönlicher Lebenssachverhalte soll dem Einzelnen obliegen.[563]

Die mithilfe eines intelligenten Messsystems erfassten Daten sind von diesem Schutzbereich umfasst, soweit sie Informationen über die Energienutzungsverhältnisse eines bestimmten oder bestimmbaren Individuums beinhalten.[564] Werden die Messsysteme bei juristischen Personen eingebaut, können sich diese grundsätzlich nicht über Art. 19 Abs. 3 GG auf den Schutz des Grundrechts berufen. Die Kenntnis der Energienutzungsverhältnisse ist mit dem Kernbereich privater Lebensgestaltung verknüpft. Dessen grundgesetzliche Verankerung liegt in Art. 1 Abs. 1 GG, welcher seinem Wesen nach nicht auf juristische Personen

560 *Göge/Boers,* ZNER 2009, S. 368 (369 f); *Guckelberger,* DÖV 2012, S. 613 (620). Siehe hierzu auch schon Fn. 384.

561 So auch *Guckelberger,* DÖV 2012, S. 613 (620).

562 Zu den unterschiedlichen Teilbereichen des einheitlichen Grundrechts in Art. 7 GRCh sowie der Abgrenzung der Schutzbereiche von Art. 7 und Art 8 GRCh siehe bereits § 3 A. I. 1. b).

563 BVerfG, Urt. v. 15. Dezember 1983 (Az. 1 BvR 209, 269, 362, 420, 440, 484/83), BVerfGE 65, 1 (42) = NJW 1984, S. 419 (421 f.).

564 Vgl. die Definition der „personenbezogenen Daten" in § 3 Abs. 1 BDSG sowie bereits in § 4 C. II.

anwendbar ist.[565] Statt der juristischen Person sind die hinter ihr stehenden Individuen, z.B. Mitarbeiter eines Unternehmens, vom Schutzbereich des Grundrechts erfasst, wenn die bei der juristischen Person gewonnenen Daten Rückschlüsse auf den Energieverbrauch des Einzelnen ermöglichen.[566] Sollten die Informationen über die Energienutzungsverhältnisse jedoch persönliche Daten der juristischen Person betreffen, die nicht in Art. 1 Abs. 1 GG wurzeln (z.B. wirtschaftliche Interessen), können juristische Personen über Art. 19 Abs. 3 GG in den Schutzbereich von Art. 2 Abs. 1 i.V.m. Art. 1 Abs. 1 GG einbezogen werden.[567]

Durch die Verpflichtung zur Duldung des Einbaus eines intelligenten Messsystems durch den Verbraucher wird in diesen Schutzbereich eingegriffen, da dadurch grundsätzlich eine Echtzeiterfassung von Daten sowie ihre Übertragung ermöglicht wird.[568]

Das Grundrecht wird nicht schrankenlos gewährleistet. Beschränkungen können sich aus den Rechten Anderer, der verfassungsmäßigen Ordnung sowie dem Sittengesetz ergeben (Art. 2 Abs. 1 Hs. 2 GG). Praktische Bedeutung kommt im Rahmen dieser sog. Schrankentrias nur der verfassungsmäßigen Ordnung zu.[569]

Die Datenerhebung mithilfe intelligenter Messsysteme sowie die Datenverarbeitung mithilfe von intelligenten Messsystemen gewonnener Daten wird primär von privaten Stellen vorgenommen, für welche grundsätzlich geringere Rechtfertigungsanforderungen gelten als für staatliche Stellen. Jedoch ist der Staat aus der ihm obliegenden staatlichen Schutzpflicht heraus verpflichtet, den Einzelnen vor unverhältnismäßigen Beeinträchtigungen seines Grundrechts zu schützen.[570] Da die Datenverarbeitung hier den Kernbereich privater Lebensgestaltung betrifft,

---

565 Juristische Personen können sich gem. Art. 19 Abs. 3 GG dann auf ein Grundrecht berufen, wenn dieses seinem Wesen nach auf juristische Personen anwendbar ist. Dies ist bei der Menschenwürde (Art. 1 Abs. 1 GG) nicht der Fall, siehe etwa BVerfG, Beschluss v. 13. Juni 2007 (Az. 1 BvR 1550/03, 2357/04, 603/05), BVerfGE 118, 168 (203) = NJW 2007, 2464 (2471).

566 Siehe hierzu *Jarass*, in: Jarass/Pieroth, GG, Art. 2 Rn. 52; *Sodan*, in: Sodan, GG, Art. 2 Rn. 8.

567 *Jarass*, in: Jarass/Pieroth, GG, Art. 2 Rn. 52, 43.

568 So bereits die Gesetzesbegründung im Rahmen der EnWG-Novelle 2011, BT-Drs. 17/6072, S. 77.

569 Die Rechte anderer sowie das Sittengesetz sind Bestandteil der verfassungsmäßigen Ordnung. Diesen Schranken kommt daher neben der Schranke der verfassungsmäßigen Ordnung keine eigenständige Bedeutung zu. Siehe hierzu etwa *Lang*, in: Epping/Hillgruber, GG, Art. 2 Rn. 24.

570 Vgl. *Di Fabio*, in: Maunz/Dürig, GG, Art. 2 Rn. 189. Zur Schutzpflicht *Hopfauf*, in: Schmidt-Bleibtreu/Hofmann/Henneke, GG, Einl. Rn. 304 ff.

kann sie nur bei Erfüllung strenger Anforderungen gerechtfertigt sein. Eine Rechtfertigung erfordert das Vorliegen eines überwiegenden Allgemeininteresses sowie die Wahrung der Grundsätze der Normenklarheit und Verhältnismäßigkeit. Die Datenverarbeitung muss auf einer gesetzlichen Grundlage basieren, welche ihren Zweck sowie die Art der zu verarbeitenden Daten mit hinreichender Bestimmtheit regelt. Zudem muss der Gesetzgeber durch organisatorische und verfahrensrechtliche Regelungen versuchen, der Gefahr einer Verletzung des Grundrechts entgegenzuwirken.[571]

Diese Anforderungen hat der Gesetzgeber im Rahmen des MsbG erfüllt. Die aus Gründen des Klima- und Umweltschutzes erfolgende technische Neuausrichtung der Energieversorgung stellt ein überwiegendes Allgemeininteresse dar.[572] Die bereichsspezifischen Datenschutzregelungen sind hinreichend präzise gefasst. Die Gestattung der Datenerhebung, -verarbeitung und -nutzung durch die berechtigten Stellen unter den Voraussetzungen der §§ 49 ff. MsbG ist zur Erreichung des Gesetzeszwecks geeignet, da sie dazu beiträgt, die Stromnutzung für die Marktakteure besser zu veranschaulichen. Die Gestattung der Datenverarbeitung ist überdies auch erforderlich. Nur dann, wenn Akteure des Energiemarktes wie Stromlieferanten und Netzbetreiber eine exaktere Kenntnis der Verbrauchsdaten haben, kann eine bessere Abstimmung von Energieerzeugung und -verbrauch erreicht werden. Durch den bloßen Einbau moderner Messeinrichtungen erhielten Verbraucher zwar bessere Kenntnis über ihr Verbrauchsverhalten, aufgrund der fehlenden Übertragung der Messwerte könnten Lieferanten die Messwerte aber beispielsweise nicht zur exakteren Prognostizierung des Energiebedarfs nutzen und Verbrauchern in der Folge keine variablen Stromtarife anbieten.[573] Die zur Erreichung dieses Ziels eingesetzten Mittel gehen zudem nicht über das für den Einzelnen zumutbare Maß hinaus. Bedenken bezüglich der Angemessenheit bestehen zwar hinsichtlich der in § 55 MsbG für Verbraucher bis 100.000 kWh standardmäßig festgelegten Messwerterhebung mithilfe der Zählerstandsgangmessung. Da die erhobenen Zählerstandsgänge bei Verbrauchern, die keinen variablen Stromtarif gewählt haben oder deren Verbrauch 10.000 kWh nicht überschreitet, nicht an einzelne Marktakteure

571 BVerfG, Urt. v. 15. Dezember 1983 (Az. 1 BvR 209, 269, 362, 420, 440, 484/83), BVerfGE 65, 1 (44) = NJW 1984, S. 419 (422). Näher *Di Fabio,* in: Maunz/Dürig, GG, Art. 2 Rn. 181 ff.; *Simitis,* in: Simitis, BDSG, § 1 Rn. 86 ff., 98 ff., 106. Zur Verhältnismäßigkeit des Einbaus eines intelligenten Messsystems beim Letztverbraucher siehe § 3 A. III. 1. a) bb).

572 Siehe zum Gesetzeszweck BT-Drs. 18/7555, S. 95 sowie bereits § 3 A. III. 1. a).

573 BT-Drs. 18/7555, S. 95.

übermittelt werden, erscheint die standardmäßige Datenerhebung mithilfe von Zählerstandsgängen bei ihnen unangemessen.[574] Überdies stehen den Letztverbrauchern und Anlagenbetreibern derzeit mit den Auskunfts- und Informationspflichten in §§ 53 f. MsbG nur vereinzelt Nutzerrechte zur Verfügung, die einen Missbrauch der den berechtigten Stellen in §§ 49 ff. MsbG eingeräumten Befugnisse ausschließen sollen.[575] Ein allgemeiner Berichtigungsanspruch unrichtiger Daten ergibt sich aus dem MsbG beispielsweise aber nicht. Ein solcher ergibt sich ab 25. Mai 2018 erst aus der DSGVO. Insgesamt halten die in den §§ 49 ff. MsbG getroffenen Festlegungen dafür, welche Stelle für welchen Zweck welche Daten erheben, verarbeiten und nutzen kann, einer Gesamtabwägung jedoch stand.[576]

III. Art. 2 Abs. 1 i.V.m. Art. 1 Abs. 1 GG, Art. 8 GRCh

Weiterhin kommt eine Verletzung des Grundrechts auf Gewährleistung der Vertraulichkeit und Integrität informationstechnischer Systeme (Art. 2 Abs. 1 i.V.m. Art. 1 Abs. 1 GG, im Folgenden „IT-Grundrecht")[577] sowie des Rechts auf den Schutz personenbezogener Daten (Art. 8 GRCh)[578] in Betracht. Zwischen dem IT-Grundrecht und dem Recht auf informationelle Selbstbestimmung besteht kein Konkurrenzverhältnis; Ersteres dient dem Systemschutz, Letzteres schützt das einzelne Datum.[579]

Als spezielle Ausprägung des allgemeinen Persönlichkeitsrechts schützt das IT-Grundrecht das Interesse des Einzelnen auf Vertraulichkeit der von einem informationstechnischen System erzeugten, verarbeiteten und gespeicherten Daten, soweit dieses System aufgrund seiner technischen Fähigkeiten nicht nur Daten mit punktuellem Bezug zu einem bestimmten Lebensbereich des Einzelnen enthält, sondern allein oder in seiner technischen Vernetzung personenbezogene Daten in einem Ausmaß und einer Vielfalt enthalten kann, dass ein

574 Siehe hierzu § 4 C. IV. 1.

575 Siehe hierzu ausführlich in § 4 C. V.

576 Siehe hierzu ausführlich in § 4 C. III. und IV.

577 BVerfG, Urt. v. 27. Februar 2008 (Az. 1 BvR 370, 595/07), BVerfGE 120, 274 ff. = ZUM 2008, S. 301 ff. Instruktiv hierzu *Hoffmann-Riem*, JZ 2008, S. 1000 ff.; *Sachs/Krings*, JuS 2008, S. 481 ff.; *Britz*, DÖV 2008, S. 411 ff.

578 Zum Inhalt des Grundrechts aus Art. 8 GRCh, dessen Schutzgegenstand der Datenschutz im Rahmen von Datenverarbeitungsvorgängen ist, siehe bereits § 3 A. I. 1. b). Vertiefend zum Schutzgegenstand von Art. 8 GRCh *Bock/Engeler*, DVBl 2016, S. 593 (595 ff.).

579 Siehe *Luch*, MMR 2011, S. 75 (76).

Zugriff auf das System den Einblick in wesentliche Teile der Lebensgestaltung des Betroffenen ermöglicht.[580] Der ebenfalls gewährleistete Schutz der Integrität des Systems betrifft dasselbe Schutzgut, denn sowohl die Vertraulichkeitsgewährleistung als auch die Integritätsgewährleistung zielen auf den Schutz des IT-Systems ab. Während die Vertraulichkeitsgewährleistung die subjektive Erwartung des Nutzers schützt, zielt die Integritätsgewährleistung auf den objektiven Schutz des Systems ab.[581] Der Schutzbereich ist jedoch nicht eröffnet, wenn der Einzelne das informationstechnische System nicht als eigenes nutzt, da er dann nicht davon ausgehen kann, über das System zu verfügen.[582]

Intelligente Messsysteme sind als vom Schutzbereich des Grundrechts umfasste informationstechnische Systeme anzusehen. Zwar lässt sich gegen eine Qualifizierung als IT-System im Sinne des Grundrechtes anführen, dass das Energieinformationsnetz erst sukzessive entstehen wird und anfänglich vielfach keine Vernetzungen des Messsystems mit anderen Geräten innerhalb eines Haushalts oder mit anderen Akteuren des Energieinformationsnetzes bestehen werden.[583] Zudem beziehen sich die mithilfe der intelligenten Messsysteme gewonnenen Daten nur auf den Stromverbrauch einer Person. Da es aufgrund der technischen Fähigkeiten der Messsysteme jedoch theoretisch möglich ist, aus den erhobenen Messdaten des Stromverbrauchs auf die Lebensgewohnheiten des Einzelnen zu schließen und Nutzerprofile zu erstellen, sprechen gewichtige Gründe für eine Qualifizierung intelligenter Messsysteme als informationstechnische Systeme.[584]

Das Vorliegen einer schützenswerten Vertraulichkeits- und Integritätserwartung des Letztverbrauchers ist abhängig von der Nutzung des Gerätes. Soweit das Messsystem dazu eingesetzt wird, Daten auf ein mit ihm vernetztes Gerät oder vom Gerät auf das Messsystem zu übertragen,[585] ist eine schützenswerte Vertraulichkeitserwartung gegeben, da die Nutzung des IT-Systems der Kontrolle

---

580 BVerfGE 120, 274 (314) = ZUM 2008, S. 301 (312 f.).

581 Näher *Luch*, MMR 2011, S. 75 (75).

582 Näher zur schützenswerten Vertraulichkeits- und Integritätserwartung BVerfGE 120, 274 (314 f.) = ZUM 2008, S. 301 (313); *Wehage*, Vertraulichkeit und Integrität informationstechnischer Systeme, S. 54.

583 *Guckelberger*, DÖV 2012, S. 613 (621).

584 So auch *Hornung/Fuchs*, DuD 2012, S. 20 (23). Ob es auch tatsächlich zur Erstellung von Nutzerprofilen kommt, ist unerheblich, vgl. BVerfGE 120, 274 (313 f.) = ZUM 2008, S. 301 (312).

585 Dies trifft etwa auf eine Datenübertragung vom Smart Meter Gateway an ein in einer Wohnung installiertes Display zu, vgl. *Quadt/Franz*, in: Raabe u.a., Datenschutz in Smart Grids, S. 85 (92).

des Letztverbrauchers unterliegt und er berechtigterweise davon ausgehen darf, dass er über den Zugriff auf die Daten entscheiden kann. Der sachliche Schutzbereich des Grundrechts ist insoweit eröffnet. Soweit die intelligenten Messsysteme jedoch zur Datenübertragung an externe Stellen genutzt werden, ist dem Letztverbraucher bewusst, dass Dritte Zugriff auf die im Messsystem gespeicherten Daten haben. Auch wenn der Letztverbraucher mit dem Einbau lediglich solchen Stellen den Zugriff auf das intelligente Messsystem gewährt, mit welchen er vertraglich verbunden ist oder in deren Datenumgang er eingewilligt hat (vgl. § 49 Abs. 2 Nr. 7 MsbG), kann er nicht berechtigterweise davon ausgehen, dass außer den von ihm zur Nutzung autorisierten Personen keine Dritten auf das Messsystem zugreifen können, da die Daten bei einer Datenübertragung an Dritte die Sphäre des Letztverbrauchers verlassen. Was mit den Daten außerhalb dieser Sphäre geschieht, kann vom Letztverbraucher nicht kontrolliert werden, sodass insoweit keine schützenswerte Vertraulichkeitserwartung vorliegt.[586]

Juristische Personen können sich nicht auf den Schutzbereich des Grundrechts berufen. Intelligente Messsysteme bergen das Risiko, dass durch den Zugriff auf die gespeicherten Messdaten ein Einblick in die Lebensgewohnheiten einer Person gewonnen werden kann. Diese Informationen berühren den Kernbereich privater Lebensgestaltung, welche wesensmäßig mit natürlichen Personen verbunden ist.[587] Die hinter der juristischen Person stehenden Individuen (z.B. Unternehmensmitarbeiter) sind hingegen vom Schutzbereich umfasst. Ihre Nutzungsberechtigung des IT-Systems leitet sich von jener der juristischen Person ab, regelmäßig aus einer schuldrechtlichen Verbindung. Der Energieverbrauch ist von dieser Verbindung mitumfasst. Der Einzelne vertraut darauf, dass die Kontrolle über das IT-System bei der juristischen Person liegt.

In diesen Schutzbereich wird nicht bereits durch den Einbau des intelligenten Messsystems, sondern erst dann eingegriffen, wenn auf dieses auch von nicht zur Nutzung berechtigten Dritten zugegriffen werden kann und der Letztverbraucher die Nutzung von Leistungen, Funktionen und Speicherinhalten nicht mehr selbstbestimmt zu kontrollieren vermag.[588] Der Gesetzgeber hat entsprechenden

586 *Hornung/Fuchs*, DuD 2012, S. 20 (24); *Guckelberger*, DÖV 2012, S. 613 (620). Auf eine sachenrechtliche Zuordnung des Systems kommt es nicht an, vgl. *Hornung*, CR 2008, S. 299 (303). Im Ergebnis zustimmend *Werner/Oberste-Dommes*, smart. ER I/2014, S. 21 (23).

587 Zur grundsätzlichen Anwendbarkeit des Grundrechts auf juristische Personen *Wehage*, Vertraulichkeit und Integrität informationstechnischer Systeme, S. 127 ff.

588 BVerfGE 120, 274 (314) = ZUM 2008, S. 301 (313). Näher *Wehage*, Vertraulichkeit und Integrität informationstechnischer Systeme, S. 130 ff.

Eingriffen aufgrund der möglichen Gefährdung des Kernbereichs privater Lebensgestaltung in Erfüllung seiner ihm obliegenden staatlichen Schutzpflicht präventiv durch den Erlass von gesetzlichen Maßnahmen entgegenzuwirken.[589] Dieser Verpflichtung ist der Gesetzgeber durch Erlass der §§ 19, 21, 22 MsbG ausreichend nachgekommen. Die Normen legen strenge technische Mindestanforderungen fest, die von intelligenten Messsystemen bzw. den Kommunikationseinheiten der Messsysteme einzuhalten sind.

IV. Fazit

Das *Grundrecht auf Unverletzlichkeit der Wohnung* ist durch den Einbau intelligenter Messsysteme nicht betroffen. Art. 13 GG gewährleistet keinen generellen Schutz des Einzelnen gegen die Infiltration seines informationstechnischen Systems. Der primäre Zweck des Einsatzes intelligenter Messsysteme ist die Gewinnung von Messdaten, nicht das gezielte Ausspähen der räumlichen Privatsphäre. Die mit der Gewinnung dieser Messdaten verbundenen Risiken haben ihren Ursprung nicht in einer Verletzung der durch Art. 13 Abs. 1 GG geschützten räumlichen Privatsphäre, sondern sie wohnen dem informationstechnischen System selbst inne und stehen nicht in unmittelbarem Bezug zum Wohngeschehen.

Der Einbau intelligenter Messsysteme stellt hingegen einen Eingriff in das *Recht auf informationelle Selbstbestimmung* des zur Duldung des Einbaus Verpflichteten dar. Dieser Eingriff ist jedoch gerechtfertigt, da der Gesetzgeber in den §§ 49 ff. MsbG die Grundsätze der Normenklarheit und Verhältnismäßigkeit hinreichend beachtet hat. In den §§ 49 ff. MsbG sind detaillierte Regelungen dafür enthalten, welche Stelle für welchen Zweck welche Daten erheben, verarbeiten und nutzen kann. Die Gestattung der Datenverarbeitung durch die berechtigten Stellen ist zur Erreichung des Gesetzeszwecks geeignet und erforderlich. Nur dann, wenn die Akteure des Energiemarktes eine exaktere Kenntnis der Verbrauchsdaten haben, kann eine bessere Abstimmung von Energieerzeugung und -verbrauch erreicht werden. Zudem gehen die zur Erreichung dieses Ziels eingesetzten Mittel trotz einzelner Bedenken hinsichtlich der Angemessenheit in der Gesamtabwägung nicht über das für den Einzelnen zumutbare Maß hinaus.

---

589 *Hornung/Fuchs*, DuD 2012, S. 20 (24). Da sich die Untersuchung auf die Datenübertragung vom Verbraucher an Akteure des Energieinformationsnetzes konzentriert, wird auf den Bereich der „internen" Datenübertragung, dessen Schutz das IT-Grundrecht dient, im Weiteren nicht eingegangen.

Das *Grundrecht auf Gewährleistung der Vertraulichkeit und Integrität informationstechnischer Systeme* ist dagegen nicht bereits durch den Einbau, sondern erst dann betroffen, wenn der Verbraucher die Nutzung des Gerätes nicht mehr selbstbestimmt zu kontrollieren vermag und unberechtigte Dritte auf das Messsystem zugreifen können.

§ 5 Die Schaffung eines intelligenten Energiemarkts („Smart Market")

Der deutsche Strommarkt muss weiterentwickelt werden, um auch unter den künftigen geänderten Voraussetzungen für das Energieversorgungssystem dem Prinzip der Versorgungssicherheit Rechnung tragen zu können. Neben der Integration eines hohen Anteils Erneuerbarer Energien muss der Strommarkt effiziente Anreize für eine lastseitige Flexibilisierung setzen und gleichzeitig Lösungen bereithalten, die dazu beitragen, die volkswirtschaftlichen Kosten der Markttransformation so gering wie möglich zu halten. Eine herausgehobene Stellung zur Erreichung dieser Ziele wird im Rahmen des Strommarktgesetzes (StromMG),[590] mit welchem die skizzierte Strommarktweiterentwicklung gelingen soll, dem Preissignal an den Strommärkten beigemessen. Die Gewährleistung der freien Preisbildung durch wettbewerbliche Marktmechanismen ist nunmehr als Ziel und als Grundsatz des Strommarktes im EnWG verankert (§ 1 Abs. 4 Nr. 1, § 1a Abs. 1 EnWG).

Die sich anschließende Darstellung konzentriert sich auf die Aspekte des neustrukturierten Strommarktes, welche für die Umsetzung eines sog. Smart Markets interessant sind. Der intelligente Energiemarkt als Teil dieses weiterentwickelten Strommarktes bildet die Schnittstelle zwischen einem wettbewerblich organisierten Markt und einem regulierten Netzbereich. Smart Grid und Smart Market sind fest miteinander verbunden.[591] Die markt- und netzseitig bestehenden Flexibilisierungsoptionen müssen optimal aufeinander abgestimmt werden, um die vorhandenen Netzkapazitäten effizient nutzen und gleichzeitig Erzeugung und Verbrauch durch die Signale des Strommarktes lenken zu können.

Im Folgenden werden zunächst die Optionen und Anreizmöglichkeiten für eine Flexibilisierung des Stromverbrauchs untersucht (A.). Im Anschluss daran werden die Potenziale für eine stärkere Bedarfsorientierung der Stromerzeugung geprüft (B.). Schließlich widmet sich die Darstellung den Möglichkeiten, die

---

590 Gesetz zur Weiterentwicklung des Strommarktes (Strommarktgesetz) vom 26. Juli 2016 (BGBl. I S. 1786).

591 Zum Zusammenhang zwischen Smart Grid und Smart Market allgemein bereits § 2 A. III. 3. und B. IV. Hierzu auch *BNetzA*, „Smart Grid" und „Smart Market", S. 12 f.

verbrauchs- und erzeugungsseitigen Flexibilisierungsoptionen durch ein intelligentes Energiemanagement optimal in den Strommarkt zu integrieren (C.).[592]

A. Flexibilisierung der Verbraucherseite („intelligenter Verbrauch")

Die Integration des Letztverbrauchers in ein intelligentes Energieversorgungssystem im Sinne einer Flexibilisierung seines Stromverbrauchs durch Lastmanagement zielt auf eine Erhöhung der Gesamtenergieeffizienz der Energieversorgung ab. Durch eine Verlagerung der Verbrauchslast können Lastspitzen vermieden und die Netzauslastung optimiert werden.[593] Die Bereitschaft des Verbrauchers, seine Stromnachfrage an das jeweilige bestehende Energiedargebot sowie die jeweilige Netzlast anzupassen, wird durch bestimmte Anreize, insbesondere solche monetärer Art, angeregt. Eine Lastlenkung kann dabei entweder direkt durch eine regulatorische Anreizung oder indirekt durch eine wettbewerbliche Anreizung erfolgen.

I. Direkte Steuerung der Lastverlagerung

Eine direkte Steuerung des Verbrauchers ermöglicht die Regelung in § 14a EnWG, mit deren Aufnahme in das Gesetz im Rahmen der EnWG-Novelle 2011 der Gesetzgeber die Schaffung erster Voraussetzungen für eine intelligente Netzsteuerung intendierte.[594] Lieferanten und Letztverbraucher können mit Verteilnetzbetreibern, mit welchen sie durch einen Netznutzungsvertrag verbunden sind, vereinbaren, dass diese steuerbare Verbrauchseinrichtungen mit separatem Zählpunkt netzdienlich steuern können, um in Phasen eines Engpasses

---

592 Stromspeicher und die Elektromobilität, welche ebenfalls Komponenten des Smart Market darstellen, werden in die nachfolgende Betrachtung nicht einbezogen. Auf sie wird in § 6 näher eingegangen.

593 *Missling*, in: Danner/Theobald, Energierecht, § 14a EnWG Rn. 4 f. Die Bedeutung der Laststeuerung zur Effizienzsteigerung wird auch in der Energieeffizienzrichtlinie 2012/27/EU (EED) hervorgehoben, vgl. Art. 15 sowie Erw.grund 44 EED. Auf die weitere Möglichkeit der Effizienzsteigerung durch Energieeinsparung wird im Folgenden nicht näher eingegangen, da diese primär zu einer Reduktion, nicht aber zu einer Flexibilisierung der Verbrauchslast führt und so für das Entstehen eines Smart Market nicht entscheidend ist. Näher zur Energieeinsparung *Wieser*, Intelligente Elektrizitätsversorgungsnetze, S. 166, 173. Allgemein zur Lastverlagerung § 2 A. III. 3. a).

594 Siehe hierzu BT-Drs. 17/6072, S. 73.

das lokale Netz zu entlasten.[595] Im Gegenzug ist den gesteuerten Netzkunden „einrichtungsbezogen"[596] ein reduziertes Netzentgelt zu berechnen. Die Konkretisierung des in § 14a EnWG vorgegebenen Rechtsrahmens für Lastanpassungen obliegt dem Verordnungsgeber (vgl. § 14a S. 3 EnWG). Dieser hat die sog. Lastmanagement-Verordnung bisher nicht erlassen.[597]

1. *Keine Kontrahierungspflicht des Netzbetreibers*

Zur Berechnung eines reduzierten Netzentgelts ist der Netzbetreiber nur nach Abschluss einer Vereinbarung mit dem eine Steuerung seiner Verbrauchseinrichtungen gestattenden Lieferanten oder Letztverbraucher verpflichtet. Ein gesetzlich angeordneter Kontrahierungszwang des Netzbetreibers mit einem seiner Netzkunden bei Vorliegen der Voraussetzungen des § 14a EnWG besteht nicht.[598]

Bei steuerbaren Verbrauchseinrichtungen kann der Stromverbrauch ob ihrer Flexibilität zur Entlastung des lokalen Netzes zeitlich verlagert werden, ohne dass die Funktion der Einrichtung eine erhebliche Beeinträchtigung erleidet.[599] Aus § 14a EnWG lässt sich jedoch nicht ersehen, welche Einrichtungen im konkreten Fall zur Laststeuerung geeignet sind. Um insbesondere dem Netzkunden eine Idee zu geben, welche Verbrauchseinrichtungen sich objektiv

595 BT-Drs. 17/6072, S. 73; BT-Drs. 18/7555, S. 111; *Tüngler,* in: Kment, EnWG, § 14a Rn. 9. Die *BNetzA* und der *BDEW* nennen diese Systemengpässe unter Zugrundelegung einer Ampelsystematik eine „gelbe Phase". Während „rot" für eine konkrete Gefahr der Netzstabilität steht, die durch den Netzbetreiber gelöst werden muss, und „grün" den uneingeschränkten Wettbewerb der Marktakteure bedeutet, steht „gelb" für eine Zwischenphase, die durch ein intelligentes Zusammenwirken von Netz und Markt zur Engpassvermeidung zu bewirtschaften ist. Siehe *BNetzA,* „Smart Grid" und „Smart Market", S. 13; *BDEW,* Roadmap Smart Grids, S. 15 f.; *Grote/Mennel/Werner,* et 11/2016, S. 8 (9 f.).

596 BT-Drs. 17/6072, S. 73.

597 Der Entwurf wurde bereits für 2012 angekündigt, vgl. *Missling,* in: Danner/Theobald, Energierecht, § 14a EnWG Rn. 18. *Schnurre,* et 11/2016, S. 12 (13) rechnet mit diesem bis Ende 2017.

598 BT-Drs. 18/7555, S. 111. Ein solcher Zwang bestand vor Änderung des Wortlauts der Norm im Rahmen des StromMG, siehe zur alten Rechtslage etwa *Sötebier,* in: Britz/Hellermann/Hermes, EnWG, § 14a Rn. 11.

599 Neben den in § 14a S. 2 EnWG ausdrücklich erwähnten Elektromobilen fallen darunter etwa Wärmepumpen und Nachtspeicherheizungen. Stromspeicher werden nicht von der Norm erfasst, vgl. BT-Drs. 17/6072, S. 73 f.; *Missling,* in: Danner/Theobald, Energierecht, § 14a EnWG Rn. 8.

zur Laststeuerung eignen und zu einer Netzentlastung im betroffenen Niederspannungsnetz beitragen können, sollten in die Lastmanagement-Verordnung zum einen ein Katalog von objektiv zur Steuerung geeigneten Verbrauchseinrichtungen aufgenommen und zum anderen technische Mindestanforderungen der einsetzbaren Verbrauchseinrichtungen definiert werden.[600] Weiterhin muss die Verordnung konkretisierende Vorgaben zur Höhe der dem Netzkunden zu gewährenden Netzentgeltermäßigung enthalten.[601] Eine in angemessenem Verhältnis zu der ermöglichten Laststeuerung stehende Entgeltermäßigung ist allein deswegen notwendig, weil die Entgeltsenkung eines gesteuerten Netzkunden zu einer Entgelterhöhung für die anderen Kunden des jeweiligen Verteilnetzes führt.[602] Um regionalen Diskriminierungen vorzubeugen, bietet sich eine pauschalisierte Berechnung der Reduzierungen in Prozent, abhängig von Nutzungsumfang und -dauer der Verbrauchseinrichtung zur Netzentlastung, an.[603]

2. *Steuerungshandlung*

a) *Netzdienliche Steuerung von Verbrauchseinrichtungen in Niederspannung*

In der Lastmanagement-Verordnung können konkretisierende Vorgaben dazu gemacht werden, welche Steuerungshandlungen dem Netzbetreiber vorbehalten sind und welche nur von einem Dritten ausgeführt werden können, vgl. § 14a S. 3 EnWG. Die Steuerung der Verbrauchseinrichtung des Netzkunden kann damit durch den Netzbetreiber selbst oder auf sein Geheiß durch einen Dritten erfolgen.[604]

Durch die Steuerungshandlung kann entweder die Abschaltung einer Verbrauchseinrichtung oder aber ihre Zuschaltung erreicht werden. Die einzige Voraussetzung für eine Steuerungshandlung ist ihre Netzdienlichkeit. Von der Auffassung, dass Zuschaltungen „dem wettbewerblichen Bereich vorbehalten

---

600 *Sötebier*, in: Britz/Hellermann/Hermes, EnWG, § 14a Rn. 8; *Franz/Boesche*, in: Säcker, BerlKommEnR 2014, § 14a EnWG Rn. 37; *Ahlers*, in: Aichele/Doleski, Smart Market, S. 97 (103).

601 Der Bundesrat hatte sich im Gesetzgebungsverfahren erfolglos für eine pauschale Ermäßigung von 20% ausgesprochen, die Landesregulierungsbehörde Baden-Württemberg befürwortet hingegen variable Reduktionen und hält in bestimmten Fällen eine Ermäßigung von 80% für angemessen, vgl. hierzu *Missling*, in: Danner/Theobald, Energierecht, § 14a EnWG Rn. 3, 12.

602 *Missling*, in: Danner/Theobald, Energierecht, § 14a EnWG Rn. 9; *Franz/Knop*, emw 1/2012, S. 28 (35).

603 *BDEW*, Positionspapier Netzentgeltsystematik Strom, S. 19.

604 Dies ging aus § 14a S. 3 Hs. 1 EnWG a.F. noch ausdrücklich hervor.

bleiben"[605] und aus dem Spektrum der Steuerungshandlungen ausgeschlossen sein sollen, ist der Gesetzgeber abgerückt.[606] Die nunmehr in § 14a EnWG festgelegte Regelung ist zu begrüßen, da auch Zuschaltungen zu einer Netzentlastung beitragen können. Dies ist insbesondere dann der Fall, wenn die Zuschaltung koordiniert erfolgt und damit eine neuerliche Lastspitze vermieden wird.[607] In der Lastmanagement-Verordnung sollte daher eine an der Netzdienlichkeit einer Steuerungshandlung orientierte Kategorisierung gepaart mit einer koordinierenden Zuordnung, welcher Akteur für welche Steuerungshandlung jeweils Kompetenz besitzt, vorgenommen werden.[608]

Zur Laststeuerung können gem. § 14a S. 1 EnWG nur Verbrauchseinrichtungen aus dem Niederspannungsnetz genutzt werden. Die Begrenzung des Regelungsbereiches ist nicht sinnvoll. Auch im Mittelspannungsnetz sind für eine Laststeuerung geeignete Einrichtungen vorhanden, deren Potenzial zur Netzentlastung aufgrund ihrer höheren Verbrauchslast sogar größer sein kann als jenes von Verbrauchseinrichtungen in Niederspannung.[609] Die Tatsache, dass Verbraucher des Verteilnetzes im Bereich der Hochspannung ihre Lasten grundsätzlich im Rahmen von § 13 Abs. 1 Nr. 2 EnWG zur Verfügung stellen und insofern größere Lasten eher dem Übertragungsnetz zugewiesen werden, darf nicht dazu führen, dass Verbrauchern im Bereich der Mittelspannung nicht die Möglichkeit bleibt, einen Beitrag zur Netzentlastung gegen eine Entgeltreduktion zu leisten.[610] Um daher auch Einrichtungen in Mittelspannung zu umfassen, sollte § 14a S. 1 EnWG so umformuliert werden, dass er sich statt auf Lieferanten und Letztverbraucher „im Bereich der Niederspannung" auf solche „des Verteilnetzes" bezieht.

b) Einbeziehung der Zumutbarkeit für den Netznutzer

Von der Steuerungshandlung wird zunächst der Netzkunde betroffen sein, welcher mit dem Netzbetreiber eine Vereinbarung über die Laststeuerung getroffen hat. Regelmäßig wird aber wenigstens noch ein dritter Akteur in die

605 BT-Drs. 17/6072, S. 74.

606 Nunmehr wird in der Gesetzesbegründung hervorgehoben, dass die Steuerungshandlung nicht nur abschaltbare Verbrauchseinrichtungen umfasst, siehe BT-Drs. 18/7555, S. 111.

607 Vgl. *Franz/Boesche*, in: Säcker, BerlKommEnR 2014, § 14a EnWG Rn. 17.

608 *Franz/Boesche*, in: Säcker, BerlKommEnR 2014, § 14a EnWG Rn. 17, § 21i EnWG Rn. 81; *BDEW*, Positionspapier Netzentgeltsystematik Strom, S. 19 f.

609 *Missling*, in: Danner/Theobald, Energierecht, § 14a EnWG Rn. 10.

610 Hierzu ausführlicher *Franz/Boesche*, in: Säcker, BerlKommEnR 2014, § 14a EnWG Rn. 31 f.

Laststeuerung involviert sein, sei es, weil der Letztverbraucher als Kunde, bei welchem eine registrierende Leistungsmessung durchgeführt wird, selbst Netzkunde ist und sein Lieferant nicht ohne Weiteres zum Ausgleich der durch die Laststeuerungen entstehenden Bilanzabweichungen bereit ist oder weil der Lieferant des Letztverbrauchers der Netzkunde des Netzbetreibers ist und dem Verbraucher die Laststeuerung im Rahmen eines Tarifangebotes offeriert.[611] In § 14a S. 3 Hs. 1 EnWG a.F. war noch festgelegt worden, dass die Steuerungshandlung für den betroffenen Netzkunden zumutbar sein muss. Vor allem in der genannten zweiten Konstellation, in welcher der Lieferant der Kunde des Netzbetreibers ist, muss die Zumutbarkeit einer Steuerungshandlung für den Letztverbraucher in Betracht gezogen werden, da dieser von der Laststeuerung letztendlich betroffen ist.[612] Die Fragen, wie lange, wie oft und wie weitgehend eine Steuerungshandlung erfolgen darf, sollten vor diesem Hintergrund nicht lediglich der vertraglichen Ausgestaltung der Vertragsparteien überlassen bleiben, sondern in der Lastmanagement-Verordnung adressiert und jeweils für den tatsächlich durch die Laststeuerung betroffenen Akteur festgelegt werden.[613] Durch die Festlegung standardisierter Anwendungsfälle ließen sich Steuerungshandlungen bestimmter Verbrauchseinrichtungen ohne eine langwierige Vorprüfung ermöglichen.[614]

II. Anreizbasierte Steuerung

Im Gegensatz zu einer durch das Merkmal der Fremdsteuerung geprägten Laststeuerung nach § 14a EnWG setzt eine indirekte Steuerung des Verbrauchsverhaltens auf eine eigengesteuerte Lastanpassung des Letztverbrauchers.[615]

1. Informationsanreize

Durch die sich aus der Rechnung des Lieferanten ergebenden detaillierten Angaben zum Verbrauch im vergleichbaren Vorjahreszeitraum und zum eigenen Jahresverbrauch in Relation zu dem von Vergleichskundengruppen (vgl. § 40

---

611 Zu beiden Konstellationen *Franz/Boesche,* in: Säcker, BerlKommEnR 2014, § 14a EnWG Rn. 39 f.

612 Diesen Aspekt übersieht *Missling,* in: Danner/Theobald, Energierecht, § 14a EnWG Rn. 16, wenn er das Bedürfnis für eine Tatbestandseinschränkung anzweifelt.

613 *Franz/Boesche,* in: Säcker, BerlKommEnR 2014, § 14a EnWG Rn. 22, § 21i EnWG Rn. 81.

614 Der Netzbetreiber erhielte so einen definierten Eingriffsraum und müsste nicht einzelne Eingriffe rechtfertigen. Siehe hierzu *Franz/Knop*, emw 1/2012, S. 28 (35).

615 Vgl. *Sötebier,* in: Britz/Hellermann/Hermes, EnWG, § 14a Rn. 17.

Abs. 1, 2 EnWG) kann zu künftiger Energieeinsparung angeregt werden, eine indirekte Steuerung der Last erfolgt durch die nachträgliche Information über das Verbrauchsverhalten aber nicht.[616] Gleiches gilt für die mithilfe intelligenter Messsysteme mögliche Visualisierung des tatsächlichen Energieverbrauchs und der tatsächlichen Nutzungszeit (vgl. § 21 Abs. 1 Nr. 2 MsbG), soweit der Letztverbraucher über ein Standardlastprofil beliefert wird und keinen Preisimpuls zur Lastverlagerung erhält.

2. *Tarifanreize*

Einen solchen Preisimpuls erhält der Verbraucher, wenn er sich für einen variablen Tarif entschieden hat. Gem. § 40 Abs. 5 EnWG sind Lieferanten zum Angebot von Tarifen verpflichtet, die dem Verbraucher einen Anreiz zur Energieeinsparung oder Verbrauchssteuerung geben. Die Angebotspflicht steht unter dem Vorbehalt der technischen Machbarkeit und wirtschaftlichen Zumutbarkeit. Aufgrund fehlender Definition der Merkmale bleibt unklar, wann der Lieferant von seiner Pflicht befreit ist. Da bei der Umsetzung der Verpflichtung ein weiter Gestaltungsspielraum besteht, ist indes schwerlich vorstellbar, dass sich ein Lieferant auf diesen Vorbehalt berufen kann.[617] Aus Gründen der Rechtssicherheit sollten die Merkmale definiert werden.

a) Tarifarten und Lastverlagerungspotenziale

Variable Tarife sind insbesondere last- und zeitvariable Tarife.[618]

Bei tageszeitabhängigen Tarifen wird der Strompreis zu bestimmten Tageszeiten für eine gewisse Zeitspanne abgesenkt oder angehoben. Die Preisänderung erfolgt statisch zu festgelegten Zeiten auf ein zuvor bestimmtes Preisniveau. Das Laststeuerungspotenzial statischer zeitvariabler Tarife, die aufgrund der vorherigen Festlegung der günstigen Tarifzeitspannung auch mithilfe konventioneller

---

616 *Hellermann*, in: Britz/Hellermann/Hermes, EnWG, § 40 Rn. 23 f.; *Schnurre*, et 6/2014, S. 53 (53).

617 Kritisch gegenüber dem Vorbehalt *Tönnies*, ZNER 2010, S. 259 (261). Für eine restriktive Auslegung *Hellermann*, in: Britz/Hellermann/Hermes, EnWG, § 40 Rn. 44; *Wieser*, Intelligente Elektrizitätsversorgungsnetze, S. 177.

618 § 40 Abs. 5 S. 2 EnWG. Dem Lieferanten bleibt es unbenommen, weitere Arten anzubieten, auf deren Darstellung jedoch verzichtet wird. Vgl. zu weiteren Arten etwa Anh. XI Ziff. 3 zur EED.

Zähler umsetzbar sind, ist mit ca. 5–10% eher gering einzuschätzen, da die Tarifzeitspannen nicht die tatsächliche Lastsituation widerspiegeln.[619]

Bei dynamischen zeitvariablen Tarifen erfolgt die Preisänderung zu kurzfristig festgelegten Zeitpunkten für eine gewisse Zeitspanne. Dabei wird vertraglich vereinbart, dass und in welchem Umfang der Lieferant nach vortägiger Bekanntgabe zu starken Preiserhöhungen berechtigt ist, um so bei Netzengpässen und zu Spitzenlastzeiten Lastverlagerungen erreichen zu können.[620] Lastvariable Tarife orientieren sich demgegenüber primär am aktuellen Großhandelspreis.[621] Beide variablen Tarife eignen sich mit einem Lastverlagerungspotenzial von ca. 15–30% grundsätzlich zu einer Laststeuerung, da bei ihrer optimalen Umsetzung das Verbrauchsverhalten an die aktuelle Markt- und/oder Netzsituation angepasst werden kann.[622] Die Umsetzung setzt allerdings die Kenntnis des momentanen Stromverbrauchs voraus, sodass zur Tarifumsetzung jeweils intelligente Messsysteme notwendig sind.[623] Im Vergleich beider Tarife sind derzeit wohl dynamische zeitvariable Tarife besser zur Lastflexibilisierung geeignet, da sich eine Engpassprognose relativ leicht vom Netzbetreiber an den Lieferanten und von diesem wiederum an seine Kunden übermitteln lässt, wohingegen einem größeren Potenzial einer Kopplung der Preisänderung an den Großhandelspreis derzeit entgegensteht, dass der Markt allein mangels ausreichend starker Schwankungen keine genügenden Anreize aussenden kann und zudem eine bloße Marktkopplung zu negativen Rückwirkungen auf das Netz führen kann.[624]

b) Tarifausgestaltung

Da der Abschluss eines tarifvariablen Strombelieferungsvertrages für die Verbraucher nicht obligatorisch ist, obliegt es den Lieferanten, die Preisanreize

619 *Wilkes,* WuM 2010, S. 615 (617 f.); *Schnurre,* et 6/2014, S. 53 (54). Einen Lastverlagerungsanreiz erkennend *Wieser,* Intelligente Elektrizitätsversorgungsnetze, S. 172; kritisch dagegen *Tönnies,* ZNER 2010, S. 259 (260). Tarife dieser Art existieren bereits, etwa in Form von Nachtstromtarifen. Eingesetzt wird ein Mehrtarif-Stromzähler. Siehe *Eder/vom Wege,* IR 2008, S. 198 (200 f.).

620 *Wilkes,* WuM 2010, S. 615 (617 f.); *Schnurre,* et 6/2014, S. 53 (54).

621 *Wilkes,* WuM 2010, S. 615 (618); *Schnurre,* et 6/2014, S. 53 (54).

622 *Wilkes,* WuM 2010, S. 615 (618); *Schnurre,* et 6/2014, S. 53 (54).

623 *Eder/vom Wege,* IR 2008, S. 198 (201); *Rasbach,* in: Kment, EnWG, § 40 Rn. 10. Soweit es sich nicht um Verbraucher handelt, bei welchen eine registrierende Leistungsmessung vorgenommen wird, setzt dies die Messung auf Basis von Zählerstandsgängen voraus. Bei welchen Verbrauchern eine solche Messung durchzuführen ist, ergibt sich aus § 55 MsbG. Hierzu schon § 4 C. IV. 1.

624 Hierzu ausführlich *Schnurre,* et 6/2014, S. 53 (55 f.) m.w.N.

so zu gestalten, dass möglichst vielen Kunden der Abschluss eines rein verbrauchsabhängigen Belieferungsvertrags unattraktiv erscheint.[625] Mangels näherer gesetzlicher Festlegungen ist es den Lieferanten möglich, an ihre regionalen Gegebenheiten angepasste Tarife auszuarbeiten und anzubieten.[626] Die Ausgestaltung der Preissignale hängt neben der wirtschaftlichen Zumutbarkeit für die Lieferanten auch von Faktoren ab, welche für die Bildung des Strompreises relevant sind.[627] Ob das Tarifangebot Verbraucher letztlich zum Abschluss eines variablen Tarifs anreizt, hängt vom konkreten Angebot sowie von der für den Kunden möglichen Kostenersparnis ab. Der Aufwand der Lastflexibilisierung muss durch den Nutzen aufgewogen werden können. Tendenziell mag der Anreiz für Kunden mit einem hohen Verbrauch aufgrund der voraussichtlichen Ersparnis höher sein als bei solchen mit niedrigerem Verbrauch.[628]

3. *Netzentgeltanreize*

Ein weiterer Preisanreiz zur Beeinflussung des Verbrauchsverhaltens kann über die für die Stromnetznutzung erhobenen Netzentgelte gesetzt werden.

Die Netzentgeltermittlung erfolgt gemäß der in der StromNEV ausgestalteten regulatorischen Vorgaben grundsätzlich anhand eines transaktionsunabhängigen Punktmodells (§ 15 Abs. 1 S. 1 StromNEV), unabhängig von der Entfernung zwischen Einspeise- und Entnahmeort des Stromes und entsprechend der Netzebene der Entnahmestelle, den dort vorhandenen Messvorrichtungen und der Benutzungsstundenzahl (§ 17 Abs. 1 S. 1, 2 StromNEV). Die Betriebs- und Infrastrukturkosten einer Netzebene sollen möglichst verursachungsgerecht auf die jeweiligen Netznutzer aufgeteilt werden (§ 16 Abs. 1 S. 1 StromNEV). Aufgrund der Abhängigkeit der Netzkapazität von der zu erwartenden Netzhöchstlast ist für das zu leistende Netzentgelt vereinfacht ausgedrückt der Beitrag des einzelnen Netznutzers zur jährlichen Höchstlast entscheidend. Der genaue Verursachungsgrad des

---

625 Vgl. § 40 Abs. 5 S. 3 EnWG. Lieferanten haben danach stets einen verbrauchsabhängigen Belieferungsvertrag anzubieten. Dem Vorschlag von *Wieser*, Intelligente Elektrizitätsversorgungsnetze, S. 175, dieses Wahlrecht schrittweise einzuschränken, steht der Wortlaut der Norm entgegen.

626 *Wieser*, Intelligente Elektrizitätsversorgungsnetze, S. 167. Eine Ausnahme hierzu bildet § 2 Abs. 2 KAV, welcher für statische tageszeitabhängige Tarife eine reduzierte Konzessionsabgabe für Strom vorsieht, der in Schwachlastzeiten verbraucht wird.

627 *Bruhn*, in: Säcker, BerlKommEnR 2014, § 40 EnWG Rn. 63. Darunter fallen etwa Konzessionsabgaben oder Netzentgelte, vgl. § 40 Abs. 2 Nr. 7 EnWG. Zu Letzteren sogleich § 5 A. II. 3.

628 *Gundel*, GewArch 2012, S. 137 (144) m.w.N.

einzelnen Kunden an der Jahreshöchstlast wird anhand seiner Benutzungsstunden ermittelt.[629] Die Berechnung der Netzentgelte erfolgt dabei für Verbraucher mit einem Jahresverbrauch über 100.000 kWh und Verbraucher mit einer Entnahme von bis zu 100.000 kWh auf unterschiedliche Weise. Das Entgelt der erstgenannten Verbrauchergruppe besteht aus einem Arbeitspreis, für den es auf die in einem Jahr entnommene Strommenge ankommt, und einem Jahresleistungspreis, für dessen Höhe die spezifische Jahreshöchstlast des Kunden entscheidend ist.[630] Bei der zweiten Verbrauchergruppe kann neben dem Arbeitspreis statt eines Leistungspreises ein monatlicher Grundpreis festgelegt werden (vgl. § 17 Abs. 6 S. 2, 3 StromNEV). Diese Festlegung wurde ursprünglich getroffen, weil bei Standardlastprofil-Kunden eine Orientierung an den individuellen Entnahmen mangels exakter Verbrauchswerte nicht möglich ist. Durch das Gesetz zur Digitalisierung der Energiewende wurde die Vorgabe jedoch auch auf solche Verbraucher erweitert, bei denen mithilfe intelligenter Messsysteme eine Zählerstandsgangmessung durchgeführt wird und daher eine Jahreshöchstlast ermittelbar wäre.[631]

a) Individuelles Netzentgelt

Ausnahmen von diesem starren Berechnungsmodell sieht § 19 Abs. 2 StromNEV vor, wonach für Netznutzungen leistungsgemessener Letztverbraucher, deren Lastverlauf sich deutlich von der soeben beschriebenen grundsätzlichen Netzentgeltsystematik unterscheidet, individuelle Netzentgelte vereinbart werden können.[632]

---

629 Entscheidend ist die zeitgleiche, durch verschiedene Kunden verursachte Netzhöchstlast, nicht die Höchstlast je Kunde. Die Kosten werden pro Netzebene ermittelt. Nicht gedeckte Kosten einer Ebene werden auf die jeweils nachgelagerte gewälzt. Hierzu *Böwing*, in: Baur/Salje/Schmidt-Preuß, Regulierung in der Energiewirtschaft, S. 842 Rn. 61 ff. Die Benutzungsstunden spiegeln das Verhältnis des pro Jahr entnommenen Stroms zur individuellen Jahreshöchstlast des Verbrauchers wider, vgl. § 2 Nr. 3 StromNEV; *BNetzA*, Beschluss v. 11.12.2013, BK4-13-739, S. 34.

630 Vgl. § 17 Abs. 2 StromNEV. Die beiden Preisbestandteile werden anhand eines spezifischen, für jede Ebene berechneten Leistungspreises ermittelt (sog. Briefmarke) (§ 17 Abs. 3 StromNEV). Näher *Böwing*, in: Baur/Salje/Schmidt-Preuß, Regulierung in der Energiewirtschaft, S. 845 Rn. 71 f.

631 Vgl. § 17 Abs. 6 S. 1 StromNEV. Insbesondere für Haushaltskunden soll damit sichergestellt werden, dass diese nicht aufgrund der Durchführung einer Zählerstandsgangmessung unter ein anderes Netzentgeltregime fallen, siehe BT-Drs. 18/8919, S. 26 f.

632 Die beiden weiteren Netznutzungen in § 19 Abs. 1 und 3 StromNEV werden im Folgenden nicht näher betrachtet. Auf § 19 Abs. 4 StromNEV wird in § 6 A. II. 1. a) aa) eingegangen.

Netzbetreiber sind verpflichtet, Verbrauchern mit atypischer Netznutzung, bei welchen offensichtlich ist, dass ihre individuelle Jahreshöchstlast vorhersehbar erheblich von der Jahreshöchstlast aus dieser Netzebene abweicht, ein individuelles Entgelt anzubieten, das der Sonderform der Netznutzung angemessen Rechnung trägt (§ 19 Abs. 2 S. 1 StromNEV). Um von einer Netzentgeltreduktion profitieren zu können, muss die individuelle Höchstlast in eine Schwachlastphase des Netzes fallen.[633] Von einer erheblichen Abweichung im Sinne der Norm ist auszugehen, wenn die Höchstlast des Letztverbrauchers innerhalb einer Hochlastphase des Netzes einen ausreichenden Abstand zu seiner absoluten Jahreshöchstlast in einer Schwachlastphase aufweist.[634] Die erhebliche Abweichung muss für den Netzbetreiber aufgrund vorliegender oder prognostizierter Verbrauchsdaten bzw. technischer oder vertraglicher Gegebenheiten offensichtlich (§ 19 Abs. 2 S. 1 StromNEV) und vorhersehbar sein.[635]

Die Entgeltreduktion darf nicht weniger als 20 Prozent des veröffentlichten Netzentgeltes betragen (§ 19 Abs. 2 S. 1 StromNEV a.E.). Die Vereinbarung eines gesonderten Entgelts ist der Regulierungsbehörde anzuzeigen (§ 19 Abs. 2 S. 7 StromNEV).[636] Aus Sonderentgelten resultierende entgangene Erlöse können im Wege eines Belastungsausgleichs auf die Verbraucher umgelegt werden.[637]

Ein gesondertes Entgelt ist zudem Verbrauchern anzubieten, die das Netz der allgemeinen Versorgung kontinuierlich intensiv für den eigenen Verbrauch in

633 Ausführlich zum Merkmal des Höchstlastbeitrages *Gent/Nünemann,* RdE 2008, S. 189 (190); *Güneysu/Wieser*, ZNER 2011, S. 417 (420); *Wieser*, Intelligente Elektrizitätsversorgungsnetze, S. 187 ff.

634 Die Hochlastphasen des Netzes werden vom Netzbetreiber in Zeitfenstern für ein Kalenderjahr im Voraus festgelegt. Der Begriff des „ausreichenden Abstandes" wurde von der BNetzA für jede Netzebene mithilfe prozentualer Schwellenwerte präzisiert. Siehe *BNetzA*, BK4-13-739, S. 27, 33.

635 Hierzu *BNetzA*, BK4-13-739, S. 34; *Wieser*, Intelligente Elektrizitätsversorgungsnetze, S. 194 ff.; *Gent/Nünemann,* RdE 2008, S. 189 (191).

636 Eine Genehmigung durch die Regulierungsbehörde (§ 19 Abs. 2 S. 5 StromNEV) ist aufgrund der erfolgten Festlegung der Kriterien für die sachgerechte Ermittlung individueller Netzentgelte durch die Bundesnetzagentur (BK4-13-739) nicht erforderlich. Näher zum Anzeigeverfahren *Lange/Prang,* IR 2014, S. 55 (57 f.); *Voß/Wagner/Hartmann*, IR 2014, S. 76 (77 f.).

637 Vgl. § 19 Abs. 2 S. 13–16 StromNEV. Die Umlage trifft nicht alle Verbraucher gleichermaßen. Für Großverbraucher mit über 1 Mio. kWh Verbrauch findet eine monetäre Belastungsgrenze Anwendung. Näher zum Belastungsausgleich *Wieser*, Intelligente Elektrizitätsversorgungsnetze, S. 205 f.

Anspruch nehmen und so die Schwankungsbreite der Netzlast reduzieren.[638] Tatbestandliche Voraussetzung für das Angebot ist eine Stromabnahme von mehr als zehn Gigawattstunden und das Erreichen von mindestens 7000 Benutzungsstunden an einer Abnahmestelle pro Kalenderjahr (§ 19 Abs. 2 S. 2 StromNEV).[639] Die maximal möglichen Entgeltreduktionsstufen ergeben sich aus § 19 Abs. 2 S. 3 StromNEV.[640]

Das anzubietende Netzentgelt muss den Beitrag des Verbrauchers zur Senkung bzw. Vermeidung der Erhöhung der Netzkosten zum Ausdruck bringen (§ 19 Abs. 2 S. 4 StromNEV). Die Berechnung des individuellen Entgeltes erfolgt auf Basis eines sog. physikalischen Pfades. Hierbei werden die Kosten, welche der Verbraucher für eine fiktive Leitungsnutzung auf bereits existierenden Stromtrassen von seinem Netzanschlusspunkt zu einer geeigneten Erzeugungsanlage oder einem Netzknotenpunkt zu zahlen hätte, den nach der grundsätzlichen Systematik berechneten Entgelten gegenübergestellt. Die Differenz beider Größen stellt den Beitrag des Verbrauchers dar.[641]

b) Anreizhemmnisse

Die dargestellte Netzentgeltsystematik setzt nicht genügend Anreize für Verbraucher, ihr Verbrauchsverhalten zu flexibilisieren. Dies gilt für Verbraucher, deren Entgelt gemäß §§ 15–17 StromNEV ermittelt wird. Bei Verbrauchern mit einem Jahresverbrauch über 100.000 kWh hängt die Entgelthöhe vor allem von der spezifischen Jahreshöchstlast ab. Ein flexibles Verbrauchsverhalten wird so gehemmt, da Bezugsspitzen möglichst vermieden werden. Die Ermittlung der Entgelthöhe erfolgt orientiert an festen Faktoren unabhängig vom Zeitpunkt der

---

638 BR-Drs. 447/13, S. 15 f.

639 Zum Begriff der Abnahmestelle vgl. § 2 Nr. 1 StromNEV sowie *BNetzA*, BK4-13-739, S. 49 f.

640 Eine Entgeltbefreiung ist hingegen nicht (mehr) möglich. Die mit der EnWG-Novelle 2011 eingefügte Befreiung wurde nach Einleitung eines Beihilfeprüfverfahrens der Europäischen Kommission durch VO vom 14.8.2013 wieder geändert, vgl. BR-Drs. 447/13, S. 4. Hierzu auch OLG Düsseldorf, Urt. v. 6.3.2013, Az. VI-3 Kart 14/12, Rn. 62. Ausführlicher hierzu *Lange/Prang*, IR 2014, S. 55 (56 f.); *Stelter/Ipsen*, EnWZ 2016, S. 483 (489).

641 Zu dieser Berechnungsmethode sowie der Kritik an ihr, unter anderem wegen zu geringer Abbildung des netzentlastenden Nutzungsverhaltens, siehe *BNetzA*, BK4-13-739, S. 38 ff.; *Lange/Prang*, IR 2014, S. 55 (59); *Voß/Wagner/Hartmann*, IR 2014, S. 76 (80 f.).

Entnahme der individuellen Höchstlast und der Entfernung zwischen Einspeise- und Entnahmeort des Stromes.[642]

Die Feststellung des fehlenden Anreizes gilt aber partiell auch für Verbraucher, deren Netzentgelt aufgrund der Sonderform ihrer Netznutzung individuell ermittelt wird. Für Verbraucher mit atypischer Netznutzung (§ 19 Abs. 2 S. 1 StromNEV) besteht aufgrund der Möglichkeit einer Entgeltreduktion grundsätzlich ein Anreiz, ihre Last aus einer Hochlast- in eine Schwachlastphase des Netzes zu verschieben. Eine bei erhöhter Einspeisung volatiler Energiemengen notwendige weiter gehende Verbrauchsflexibilisierung ist aufgrund der vorherigen Festlegung der Hochlastzeitfenster für ein Jahr durch den Netzbetreiber aber nicht möglich.[643] Bei Verbrauchern mit intensiver Netznutzung (§ 19 Abs. 2 S. 2 StromNEV) ist die Kontinuität des Bezugsverhaltens für eine Entgeltreduktion entscheidend. Die flexible Reaktion auf Preisanreize des Marktes durch Erhöhung oder Reduzierung des Bezugs wird gehemmt, da sich dadurch ihre für die Benutzungsstundenzahl relevante individuelle Bezugsspitze ändern und dies einen Verlust ihrer Netzentgeltreduktion nach sich ziehen kann.[644]

c) Flexibilisierungsoptionen

aa) Variable Netzentgelte

Eine Möglichkeit zum Abbau der Anreizhemmnisse wäre eine grundlegende Änderung der Netzentgeltsystematik durch die Einführung variabler Netzentgelte. Im Gegensatz zu der festen Voraussetzungen folgenden Berechnung der Sonderentgelte gem. § 19 Abs. 2 StromNEV ist die Ermittlung variabler Entgelte von netzseitiger Dynamik geprägt. Die Entgelthöhe hängt von der jeweiligen Netzauslastung ab.[645] Dem positiven Aspekt, dass durch die kurzfristigen Entgelt- und die daraus folgenden Laständerungen des Verbrauchers Netzschwankungen reduziert werden können, steht der Nachteil gegenüber, dass variable Netzentgelte hohe Administrations- und Transaktionskosten nach sich ziehen und aufgrund ihrer kurzfristigen Änderungen für den Kunden nicht ausreichend

---

642 *Güneysu/Wieser*, ZNER 2011, S. 417 (419 f.).

643 *BMWi*, Weißbuch „Ein Strommarkt für die Energiewende“, S. 70.

644 *BMWi*, Weißbuch „Ein Strommarkt für die Energiewende“, S. 70.

645 *Ahlers*, in: Aichele/Doleski, Smart Market, S. 97 (104).

transparent sind.[646] Ein zusätzliches variables Element würde die Komplexität der Strompreiszusammensetzung weiter erhöhen.[647]

bb) Öffnung der Netzentgelte für mehr Lastflexibilität

Eine effektive Anpassung der bestehenden Entgeltsystematik erscheint daher vorzugswürdig. Das Bundeswirtschaftsministerium hat diesbezüglich in seinem Weißbuch zur Weiterentwicklung des Strommarktes aus dem Jahr 2015 bereits verschiedene Maßnahmen vorgeschlagen. Unter anderem sollen die besonderen Netzentgelte für mehr Lastflexibilität geöffnet werden.[648] Damit die Nachfrageseite auf die Preissignale des Strommarktes besser reagieren kann, ist beabsichtigt, für Verbraucher mit atypischer Netznutzung die Hochlastzeitfenster kurzfristiger, etwa wöchentlich oder vortägig, festzulegen und Verbrauchern mit intensiver Netznutzung in Überschuss- oder Knappheitssituationen eine marktorientierte Verbrauchserhöhung oder -reduzierung ohne Verlust des individuellen Entgelts zu ermöglichen. Zudem soll die Bereitstellung von Regelenergie durch Großverbraucher keinen Verlust des individuellen Netzentgeltes nach sich ziehen.

Die angestrebten Änderungsmaßnahmen sind grundsätzlich positiv zu beurteilen, da sie zur Lastflexibilisierung anreizen. Es ist daher bedauerlich, dass die vorgeschlagenen Maßnahmen nicht sogleich den Weg in das Strommarktgesetz gefunden haben.[649] Die Umsetzung einer kurzfristigeren Bestimmung der Hochlastzeitfenster hinge davon ab, dass es den Netzbetreibern gelingt, eine Methode für eine möglichst genaue Prognose der dynamischen Zeitfenster zu entwickeln, da ein Rückgriff auf historische Lastdaten des letzten Kalenderjahrs nicht mehr

---

646 *Ahlers*, in: Aichele/Doleski, Smart Market, S. 97 (104). Das Argument der fehlenden Transparenz gilt insbesondere für Verbraucher, welche mit dem Netzbetreiber nicht selbst vertraglich verbunden sind (Standardlastprofil-Kunden), vgl. *Franz/Knop*, emw 1/2012, S. 28 (30).

647 Aufgrund dessen variable Netzentgelte ablehnend *BNetzA*, „Smart Grid" und „Smart Market", S. 20; befürwortend hingegen *Wieser*, Intelligente Elektrizitätsversorgungsnetze, S. 211 f.

648 Zu den Maßnahmen siehe *BMWi*, Weißbuch „Ein Strommarkt für die Energiewende", Maßnahmen 7–9, S. 69 ff. Die folgenden Ausführungen beziehen sich auf Maßnahme 8.

649 § 19 StromNEV wurde um einen Abs. 4 ergänzt. Auf diesen wird im Zusammenhang mit stationären Stromspeichern eingegangen, siehe § 6 A. II. 1. a) aa). Im Übrigen plant die Bundesregierung, die Maßnahmen des Weißbuchs außerhalb des StromMG umzusetzen, siehe BT-Drs. 18/7317, S. 172.

möglich sein wird.[650] Durch den Vorschlag, intensiven Netznutzern in bestimmten Situationen eine marktorientierte Verbrauchserhöhung oder -reduzierung unter Beibehaltung ihres individuellen Netzentgeltes zu gestatten, könnte der Anreiz zur Lastverschiebung, welcher durch die geringen Preissignale des Marktes allein derzeit noch nicht ausreichend gegeben ist,[651] vergrößert werden. Allerdings müsste die Maßnahme, um den ursprünglichen Grund der Privilegierung zu wahren, durch die Festlegung von Schwellenwerten konkretisiert werden, die vor der marktorientierten Lastverschiebung über- oder unterschritten werden müssen. Zudem wäre eine negative Auswirkung marktorientierten Verhaltens auf die Netzstabilität zu vermeiden.[652] Denkbar wäre, dem Netznutzer die Gefährdung des Netzes durch einen Anstieg der Netzentgelte bei Beibehaltung seines Verhaltens anzuzeigen, um so den Anreiz zur Lastverschiebung zu nehmen. Die beabsichtigte Gleichstellung intensiver Netznutzer mit atypischen Netznutzern bei der Bereitstellung von Regelenergie ist sinnvoll. Die bisherige Benachteiligung intensiver Verbraucher[653] war nicht nachvollziehbar, da auch bei diesen die Erbringung von Regelleistung zur Stabilisierung des Netzes beitragen kann.

Eine über die genannten Maßnahmen hinausgehende Öffnung der Netzentgelte für mehr Lastflexibilität zugunsten leistungsgemessener, nicht nach § 19 Abs. 2 StromNEV privilegierter Verbraucher ist zunächst nicht angezeigt. Die Auswirkungen von mehr Lastflexibilität für Großverbraucher sollten zunächst abgewartet und ausgewertet werden. Der ein flexibles Verbrauchsverhalten hemmende Berechnungsgrundsatz der Abhängigkeit der Netzentgelthöhe von der individuellen Jahreshöchstlast sollte beibehalten bleiben, um durch ein vermehrtes Auftreten von Bezugsspitzen nicht zu negativen Netzauswirkungen zu führen.[654] Den nicht-privilegierten Netznutzern bleibt primär ein Preisanreiz im

---

650 Hierzu *50Hertz* u.a., Stellungnahme der Übertragungsnetzbetreiber zum Weißbuch, S. 4 f.

651 Dazu auch bereits oben § 5 A. II. 2. a), Fn. 624.

652 Zu diesem Maßnahmenvorschlag ausführlich *Connect,* Leitstudie Strommarkt 2015, S. 77.

653 Die *BNetzA* hat für atypische Netznutzer festgelegt, dass die Erbringung negativer Regelleistung bei der Ermittlung der individuellen Höchstlast unberücksichtigt bleibt. Für stromintensive Netznutzer war erbrachte Regelenergie bei der Ermittlung der Benutzungsstunden hingegen relevant, vgl. *BNetzA,* BK4-13-739, S. 3 f., 37. Näher *Voß/Wagner/Hartmann,* IR 2014, S. 76 (80).

654 Im Ergebnis auch *BDEW,* Positionspapier Netzentgeltsystematik Strom, S. 3. *Connect,* Leitstudie Strommarkt 2015, S. 76 schlägt zur Vermeidung netzkritischer Situationen den Einsatz zusätzlicher Indikatoren vor, welche kritische Netzzustände anzeigen sollen, ist sich hinsichtlich des einzusetzenden Indikators jedoch noch unschlüssig.

Rahmen ihres variablen Tarifs, welcher freilich durch die Netzentgelte verzerrt wird, sowie der Anreiz, ihre Netzentgelthöhe durch die Vermeidung von Lastspitzen zu senken. Um zunächst diese Anreize flächendeckend zu setzen, müssen mehr Verbraucher mit intelligenten Messsystemen ausgestattet und mehr Zählerstandsgangmessungen durchgeführt werden.[655]

III. Fazit

Die durch § 14a EnWG gestattete *direkte Laststeuerung* leistet trotz der Fokussierung auf die Verpflichtung des Verteilnetzbetreibers, über die Laststeuerung von Verbrauchseinrichtungen die Effizienz seines Netzes zu erhöhen, einen Beitrag zur Verbrauchsflexibilisierung. Für den Letztverbraucher besteht ein Anreiz, eine steuerbare Verbrauchseinrichtung zur Laststeuerung anzubieten, wenn eine angemessene Netzentgeltreduzierung die durch die Steuerung hervorgerufene Nutzungseinschränkung aufwiegt. Ein *Kontrahierungszwang* des Netzbetreibers bei Vorliegen der Voraussetzungen des § 14a EnWG besteht nicht, vielmehr kann er Netzkunden auswählen, bei denen eine Verbrauchssteuerung tatsächlich zur Netzentlastung beiträgt.

Durch die *Steuerungshandlung* kann die Abschaltung oder Zuschaltung einer Verbrauchseinrichtung erreicht werden, entscheidend ist einzig ihre Netzdienlichkeit. Da auch in der Mittelspannung Potenziale zur Netzsteuerung bestehen, sollte der bislang auf das Niederspannungsnetz beschränkte Anwendungsbereich von § 14a S. 1 EnWG auf diese Netzebene ausgeweitet werden. Um insbesondere dem Netzkunden Anhaltspunkte dafür zu geben, welche Verbrauchseinrichtungen sich zur Laststeuerung eignen, sollten de lege ferenda in der Lastmanagement-Verordnung Angaben zu objektiv geeigneten Verbrauchseinrichtungen und zur Höhe der Netzentgeltreduktion aufgenommen werden, wobei die Reduktionshöhe an die Netzdienlichkeit der Verbrauchseinrichtung gekoppelt sein sollte. Da von der Steuerungshandlung neben dem die Laststeuerung gestattenden Netzkunden jeweils noch ein dritter Akteur betroffen ist (Stromlieferant oder Letztverbraucher), sind in der Verordnung zudem Festlegungen zu Dauer,

655 Auf weitere Preisbestandteile, welche zu einer Lastflexibilisierung anreizen können, wird hier nicht eingegangen. Für Großverbraucher des produzierenden Gewerbes kann der sog. Spitzenausgleich (vgl. § 10 StromStG) bei effizientem Verhalten einen Anreiz zur Verbrauchsflexibilisierung darstellen. Für Anschlussnehmer des Niederspannungsnetzes können die Baukostenzuschüsse, die der Netzbetreiber zur Deckung seiner Kosten für die Erstellung oder Verstärkung der örtlichen Verteileranlagen verlangen kann, eine Verbrauchssteuerung auslösen (vgl. § 11 Abs. 1 NAV). Zu Letzteren ausführlich *Wieser*, Intelligente Elektrizitätsversorgungsnetze, S. 212 ff.

Häufigkeit und Umfang der Steuerungshandlungen zu machen, um deren Zumutbarkeit für alle von ihr betroffenen Akteure zu gewährleisten.

Für eine *indirekte, anreizbasierte Laststeuerung* des Letztverbrauchers eignen sich nur Preissignale, Verbrauchsinformationen können lediglich zu künftigen Energieeinsparungen anregen. *Variable Stromtarife* können einen Preisimpuls hervorrufen. Besonders zur Lastflexibilisierung geeignet sind dabei dynamische tageszeitabhängige sowie lastvariable Tarife. Beide Tarife erfordern die Kenntnis des aktuellen Verbrauchs des Kunden, sodass bei diesem entweder eine Leistungsmessung oder eine Zählerstandsgangmessung durchgeführt werden muss. Die Annahme eines vom Stromlieferanten auf Basis der regionalen Gegebenheiten ausgestalteten Tarifangebotes durch den Letztverbraucher hängt davon ab, ob der Aufwand der Lastflexibilisierung durch ihren Nutzen in Form einer Kostenersparnis aufgewogen wird.

Ein weiterer Flexibilisierungsanreiz kann prinzipiell über die *Höhe der Netzentgelte* gesetzt werden. Die derzeitige Netzentgeltsystematik bietet aber weder für leistungsgemessene Verbraucher, deren Entgelt nach dem grundlegenden Berechnungsmodell ermittelt wird, noch für nach § 19 Abs. 2 StromNEV privilegierte Verbraucher mit atypischer oder intensiver Netznutzung ausreichende Anreize. Da das grundlegende Berechnungsmodell das vom Netznutzer zu leistende Entgelt von seinem Beitrag zur jährlichen Netzhöchstlast abhängig macht, wird dieser dazu angereizt, Bezugsspitzen möglichst zu vermeiden. Aber auch für privilegierte Netznutzer, die aufgrund ihrer Sonderform der Netznutzung Anspruch auf ein individuelles Netzentgelt haben, wird ein flexibles Verhalten gehemmt. Während bei Verbrauchern mit intensiver Netznutzung die Kontinuität des Bezugsverhaltens für eine Entgeltreduktion entscheidend ist, könnten Verbraucher mit atypischer Netznutzung ihre Last grundsätzlich aus einer Hochlast- in eine Schwachlastphase des Netzes verschieben. Einem am Angebot volatiler Energie orientierten Verbrauch steht jedoch entgegen, dass die Hochlastzeitfenster für ein Jahr durch den Netzbetreiber festgelegt werden. Die im Weißbuch des Bundeswirtschaftsministeriums aus dem Jahr 2015 vorgeschlagenen Maßnahmen für privilegierte Verbraucher können hier Abhilfe schaffen und sind daher zeitnah umzusetzen. Durch die kurzfristigere Festlegung der Hochlastzeitfenster für atypische Netznutzer sowie die Gestattung einer marktorientierten Verbrauchsänderung ohne Verlust des individuellen Entgelts für Verbraucher mit intensiver Netznutzung ließe sich der Verbrauch stärker an den Preissignalen des Marktes orientieren. Im Übrigen sollte die durch diese Maßnahmen mögliche Lastflexibilität zunächst ausgewertet werden, bevor Hemmnisse leistungsgemessener Verbraucher abgebaut werden.

B. Flexibilisierung der Erzeugungsseite („intelligente Einspeisung")

Um bei einem hohen Anteil dargebotsabhängiger Energiequellen Schwankungen in der Energieerzeugung vermeiden bzw. rechtzeitig ausgleichen zu können, müssen Inflexibilitäten auf der Erzeugerseite beseitigt werden. Idealerweise orientiert sich die Stromeinspeisung an den Preisschwankungen des Strommarktes. Ein marktorientierter Betrieb von EE-Anlagen sowie KWK-Anlagen schafft einen Wettbewerb mit konventionellen Kraftwerken um die kostengünstigsten Erzeugungsangebote und trägt zur Vermeidung der Abregelung von EE-Anlagen bei.

I. Bessere Integration von Erneuerbaren Energien in das Versorgungssystem

Der Flexibilisierungsbedarf betrifft primär die Erneuerbaren Energien, welche aus ihrer durch Förderung geprägten Sonderstellung auf dem Strommarkt herauszulösen sind und mehr Verantwortung im Energiesystem übernehmen müssen.

1. Förderregime Erneuerbarer Energien im EEG

a) Direktvermarktung als Grundsatz

Seit 1. August 2014 ist eine verpflichtende Direktvermarktung des in EE-Anlagen erzeugten Stromes der Regelfall und eine feste Einspeisevergütung die Ausnahme.[656] Anlagenbetreiber haben zwar einen „Zahlungsanspruch" gegenüber dem Netzbetreiber, dieser erschöpft sich aber in einer Marktprämie (§ 19 Abs. 1 Nr. 1, § 20 EEG).[657] Der erzeugte EE-Strom ist von den Anlagenbetreibern selbst oder mithilfe eines Direktvermarktungsunternehmers am Markt zu veräußern.[658] Um die Fahrweise einer direkt vermarkteten Anlage an die aktuelle Marktsituation

---

656 Vgl. § 2 Abs. 2 EEG und die Gesetzesbegründung zum EEG 2014, BT-Drs. 18/1304, S. 125, wonach die Direktvermarktung „Vorrang" gegenüber einer Einspeisevergütung hat. Im Förderregime des EEG 2012 stand Betreibern regelmäßig eine Einspeisevergütung zu, vgl. § 16 EEG a.F. (2012).

657 Es bleibt damit bei der Pflicht der Netzbetreiber zur physikalischen Abnahme des Stromes, eine Pflicht zur kaufmännischen Abnahme besteht indes nicht, vgl. § 11 Abs. 1 EEG.

658 Vgl. zur Direktvermarktung § 3 Nr. 16 EEG. Direktvermarktungsunternehmer ist nach § 3 Nr. 17 EEG, wer vom Anlagenbetreiber mit der Vermarktung des Stroms beauftragt wurde oder ihm den Strom kaufmännisch abnimmt, ohne Letztverbraucher des Stroms zu sein. Siehe dazu *Breuer/Lindner*, REE 2014, S. 129 (130) (zur inhaltlich gleichen Norm des § 5 Nr. 10 EEG a.F. [2014]).

anpassen zu können, ist ihre Fernsteuerbarkeit Voraussetzung für den Erhalt der Marktprämie (§ 20 Abs. 1 Nr. 3 EEG). Die Anlage ist technisch so auszustatten, dass der Direktvermarkter oder ein Dritter, an welchen der Strom veräußert wird, die jeweilige Ist-Einspeisung abrufen und die Einspeiseleistung ferngesteuert regeln kann (vgl. § 20 Abs. 2 EEG).[659]

Die Vermarktung birgt aufgrund der Schwankungen der am Markt erzielbaren Erlöse Kostenrisiken für den Anlagenbetreiber. Die Marktprämie soll die Differenz zwischen den energieträgerspezifisch anzulegenden Werten und dem nachträglich berechneten Monatsmarktwert des Stroms ausgleichen.[660] Der anzulegende Wert wird dabei für Windenergieanlagen auf See, für Windenergieanlagen an Land und Solaranlagen ab einer installierten Leistung von 750 kW sowie für Biomassenanlagen ab einer Leistung von 150 kW im Rahmen einer Ausschreibung ermittelt.[661] Eine administrative Festlegung der anzulegenden Werte erfolgt für Anlagen der genannten Arten mit geringerer Leistung sowie für Wasserkraft-, Geothermie- und Gasanlagen.[662]

Von diesem Marktprämienmodell kann nur abgewichen werden, soweit entweder eine sonstige Direktvermarktung gewählt wird, die allerdings keine

659 Soweit die Anlagen der Einbaupflicht des § 29 MsbG unterfallen, sind Abrufung und ferngesteuerte Einspeiseleistungsregelung über das intelligente Messsystem vorzunehmen, vgl. § 20 Abs. 3 EEG.

660 §§ 23, 23a i.V.m. Anl. 1 EEG. Der anzulegende Wert bildet die Grundlage für die Höhe der Marktprämie, siehe die Gesetzesbegründung zum EEG 2017, BT-Drs. 18/8860, S. 183. Der Monatsmarktwert entspricht dem tatsächlichen durchschnittlichen Börsenpreis am Spotmarkt, vgl. § 3 Nr. 34 EEG.

661 § 22, § 2 Abs. 3, § 3 Nr. 3 EEG. Die Verpflichtung, die Marktprämienhöhe über Ausschreibungen zu ermitteln, galt für Freiflächen-Solaranlagen bereits unter dem Förderregime des EEG 2014, vgl. § 55 EEG a.F. (2014). Hierzu *Knauff/Chou*, EWeRK 2016, S. 160 (160 f.). Für die übrigen Anlagenarten wurden die Ausschreibungen durch das „Gesetz zur Einführung von Ausschreibungen für Strom aus erneuerbaren Energie und zu weiteren Änderungen des Rechts der erneuerbaren Energien“ (EEG-ÄndG) eingeführt, das am 1. Januar 2017 in Kraft getreten ist. Durch Art. 1 des EEGÄndG wurde das EEG 2014 zum EEG 2017 novelliert, siehe hierzu *Elspas/Berg/Günther*, KSzW 2016, S. 211 (211). Ab 2017 wird die benötigte installierte Leistung energieträgerspezifisch ausgeschrieben, das jährliche Ausschreibungsvolumen ergibt sich aus §§ 4, 28 EEG. Den Zuschlag erhält der Bieter, der das niedrigste Gebot abgegeben hat, vgl. §§ 32 ff. EEG. Näher zum Ausschreibungsverfahren *Vollprecht/Altrock*, EnWZ 2016, S. 387 (389 ff.); *Elspas/Berg/Günther*, KSzW 2016, S. 211 (211 ff.).

662 Siehe zu den weiteren Ausnahmen von der Verpflichtung zur Teilnahme an den Ausschreibungen § 22 Abs. 2 S. 2 Nr. 2 und 3, Abs. 4 S. 2 Nr. 2, Abs. 5 S. 2 EEG.

finanzielle Förderung nach sich zieht,[663] oder die Voraussetzungen für eine feste Einspeisevergütung vorliegen. Diese kann nach § 21 EEG für kleine Anlagen mit einer installierten Leistung von höchstens 100 kW sowie für Anlagen mit einer Leistung von über 100 kW als Ausfallvergütung für bis zu drei aufeinanderfolgende bzw. bis zu insgesamt sechs Kalendermonate pro Kalenderjahr in Anspruch genommen werden.[664]

Das seit August 2014 im Regelfall anzuwendende Modell der Direktvermarktung verringert gegenüber dem zuvor geltenden EEG-Förderregime die Sonderstellung der Erneuerbaren Energien auf dem deutschen Strommarkt und verstärkt ihre Marktorientierung.[665] Durch die seit 1. Januar 2017 erfolgende wettbewerbliche Ermittlung der Höhe der Marktprämie im Rahmen eines Ausschreibungsverfahrens, an dem Betreiber von Windenergie-, Solarenergie- und Biomasseanlagen grundsätzlich teilnehmen müssen, wird die wettbewerbliche Ausrichtung der Erneuerbaren Energien noch intensiviert.[666] Das Direktvermarktungsmodell ist wegen der durch schwankende Markterlöse entstehenden Kostenrisiken für die Anlagenbetreiber Kritik ausgesetzt. Durch den Wegfall einer festen Einspeisevergütung als Alternative für den Anlagenbetreiber können monetäre und planungsbezogene Unsicherheiten entstehen, die ein Investitionshindernis darstellen können.[667] Die Marktprämie kann diese Risiken zwar abfedern. Aufgrund des im Ausschreibungsverfahren bestehenden Kostenwettbewerbs der Bieter um die ausgeschriebenen Mengen ist jedoch davon auszugehen, dass die Marktprämie bei einer wettwerblichen Ermittlung niedriger ist

---

663 Vgl. § 21a EEG. Siehe zu dieser Vermarktungsart *Müller/Kahl/Sailer*, ER 2014, S. 139 (140).

664 Die Einspeisevergütung wird nicht in voller Höhe des für die Marktprämie anzulegenden Wertes gewährt, vgl. § 53, § 52 Abs. 1 S. 1 Nr. 3 EEG. Die Gewährung einer Ausfallvergütung erfolgt, wenn dem Anlagenbetreiber eine Direktvermarktung seines Stroms aufgrund einer Ausnahmesituation, etwa einer Insolvenz des Direktvermarkters, nicht möglich ist, siehe BT-Drs. 18/8860, S. 195.

665 Die bessere Marktintegration Erneuerbarer Energien war eines der Ziele des EEG 2014, siehe BT-Drs. 18/1304, S. 88; *Herz/Valentin*, EnWZ 2014, S. 358 (358).

666 *Gawel/Purkus/Bruttel*, EnWZ 2016, S. 153 (158). Zudem ermöglicht die Festlegung von Ausschreibungsvolumen (§ 28 EEG) eine staatliche Mengensteuerung der zuzubauenden Erzeugungsleistung, siehe hierzu *Vollprecht/Altrock*, EnWZ 2016, S. 387 (388); *Meya* u.a., et 11/2016, S. 34 (35 f.).

667 Näher zur Kritik am Direktvermarktungsmodell und seinen Folgen für Anlagenbetreiber *Purkus* u.a., UFZ Discussion Papers 21/2014, S. 15; *Müller/Kahl/Sailer*, ER 2014, S. 139 (142) m.w.N.

als bei einer administrativen Festlegung.[668] Daher ist fraglich, inwieweit sich die Projekte, die letztlich den Zuschlag erhalten, tatsächlich wirtschaftlich umsetzen lassen.[669]

Einer Flexibilisierung der Erzeugung gereicht die marktorientierte Ausrichtung der Förderung Erneuerbarer Energien indes durchaus zum Vorteil. Die in ihrer Höhe aufgrund der Orientierung an den Börsenpreisen monatlich schwankende Marktprämie bietet Anlagenbetreibern einen Steuerungsanreiz dafür, Strom insbesondere dann einzuspeisen, wenn der Börsenpreis zusammen mit der Marktprämie einen ausreichenden Gewinn erwarten lässt, bzw. die Anlagen abzuregeln, wenn die Börsenpreise niedrig oder negativ sind.[670] Die verpflichtende Fernsteuerbarkeit der Anlagen ermöglicht dabei eine schnelle Reaktion auf die Preissignale.[671]

b) Förderungsverringerung bei negativen Preisen

Vor diesem Hintergrund der Anreizwirkung schwankender Marktpreise stellt die Regelung des § 51 EEG, welche für Anlagen mit einer installierten Leistung von mehr als 500 kW bzw. bei Windenergieanlagen von mehr als 3 MW, die nach dem 31. Dezember 2015 in Betrieb genommen wurden, gilt,[672] ein Flexibilisierungshindernis dar. Wenn die Stundenkontrakte am Spotmarkt in der vortätigen Auktion an mindestens sechs aufeinanderfolgenden Stunden negativ sind, verringert sich nach § 51 Abs. 1 EEG der im Rahmen der Marktprämie energieträgerspezifisch anzulegende Wert für den gesamten Zeitraum auf Null.[673] Die Bestimmung

---

668 Siehe hierzu *Gawel/Purkus/Bruttel*, EnWZ 2016, S. 153 (158).

669 Auf diese Frage wird hier nicht vertieft eingegangen. Näher *Kahl/Bews*, JZ 2015, S. 232 (233 f.); *Gawel/Purkus/Bruttel*, EnWZ 2016, S. 153 (158); *Elspas/Berg/Günther*, KSzW 2016, S. 211 (212).

670 *Purkus* u.a., UFZ Discussion Papers 21/2014, S. 9 f.

671 *Purkus* u.a., UFZ Discussion Papers 21/2014, S. 16; *Breuer/Lindner*, REE 2014, S. 129 (136).

672 Vgl. § 51 Abs. 3 EEG. Ausführlich zu § 51 Abs. 3 EEG sowie der Vorgängerregelung § 24 Abs. 3 EEG a.F. (2014), die nach § 100 Abs. 1 S. 4 EEG für Anlagen anzuwenden ist, die vor dem 1. Januar 2016 in Betrieb genommen wurden *Koch*, KSzW 2016, S. 197 (201 ff.).

673 Die im Rahmen des Gesetzgebungsverfahrens zum Strommarktgesetz zunächst angedachte Klarstellung, wann eine solche negative Preisphase vorliegt, wurde letztendlich nicht in das Gesetz aufgenommen, vgl. BT-Drs. 18/7317, S. 51; BT-Drs. 18/8915, S. 24. § 51 Abs. 1 EEG wurde im Rahmen des EEGÄndG gegenüber der Vorgängerregelung des § 24 EEG a.F. (2014) dahin gehend präzisiert, dass nur auf den vortägigen Spotmarkt abzustellen ist.

geht auf die Umwelt- und Energiebeihilfeleitlinien der Europäischen Kommission zurück. Danach soll sichergestellt werden, dass „Stromerzeuger keinen Anreiz haben, Strom zu negativen Preisen zu erzeugen".[674] Die durch das Entfallen der Marktprämie angereizte Abregelung der Einspeisung soll zur Herstellung eines Gleichgewichtes zwischen Angebot und Nachfrage auf dem Strommarkt beitragen.[675]

Von der Regelung sind insbesondere Anlagen der fluktuierenden Erneuerbaren Energien (FEE) Wind und Sonne betroffen. Bei FEE-Anlagen mit Grenzkosten nahe null besteht grundsätzlich erst bei sehr hohen negativen Preisen ein Anreiz zur Abregelung, während dieser bei Anlagen regelbarer Erneuerbarer Energien (REE) aufgrund positiver Grenzkosten bereits zu einem früheren Zeitpunkt eintritt.[676] Zeiträume von über sechs Stunden mit negativen Preisen traten zwar seit 2008 durchschnittlich weniger als zwei Mal jährlich auf, allerdings wird künftig, insbesondere ab 2020, mit ihrem verstärkten Vorkommen gerechnet.[677] Die Finanzierung von FEE-Anlagen wird aufgrund des Wegfalls der Marktprämie bei dauerhaft negativen Preisen im Sinne von § 51 Abs. 1 EEG unsicherer und kann letztlich ein Hindernis darstellen, künftig in FEE-Anlagen zu investieren.[678] Hingegen begünstigt eine bei negativen Preisen durch § 51 Abs. 1 EEG erzwungene frühzeitige Abregelung von EE-Anlagen, dass die Einspeisung durch konventionelle Kraftwerke mit regelmäßig hohen Grenzkosten fortgeführt und

674 *Europäische Kommission*, Mitteilung „Leitlinien für staatliche Umweltschutz- und Energiebeihilfen 2014–2020", (2014/C 200/01), Rn. 124 S. 2 lit. c). Aufgrund des eindeutigen Wortlauts in den Leitlinien ist die Sechs-Stunden-Regelung in § 51 Abs. 1 EEG als positives Verhandlungsergebnis der Bundesregierung zu werten. Die EU-Kommission hat die Norm als mit den Leitlinien vereinbar angesehen, siehe *Europäische Kommission*, Beschluss vom 23.7.2014, C (2014) 5081 final, Rn. 253. Näher *Kahles/Müller*, Würzburger Berichte zum Umweltenergierecht Nr. 13, S. 17.

675 Hierzu *Haug/Hübler*, in: Säcker, EEG 2014, § 24 Rn. 5 f.; *Salje*, EEG 2014, § 24 Rn. 3, 6. Negative Preise entstehen primär dann, wenn FEE-Anlagen viel Strom erzeugen, konventionelle, unflexible Kraftwerke zeitgleich ihre Leistung nicht drosseln und die Nachfrage nach Strom schwach ist.

676 Bei REE besteht ein Abregelungsanreiz bereits dann, wenn die Kosten der Anlage nach Abzug der erwarteten Marktprämie höher sind als der am Markt erzielbare Preis. Siehe hierzu *Purkus* u.a., UFZ Discussion Papers 21/2014, S. 9 f.

677 *Koch*, KSzW 2016, S. 197 (199); *Wustlich*, NVwZ 2014, S. 1113 (1117); *Kahles/Müller*, Würzburger Berichte zum Umweltenergierecht Nr. 13, S. 5 f. m.w.N.

678 Hierauf hinweisend bereits *BMWi*, Weißbuch „Ein Strommarkt für die Energiewende", S. 87. Die dort angekündigte Überprüfung der Norm führte indes zu keiner Änderung im Rahmen des StromMG.

ein Anreiz ihrer Betreiber, in die Flexibilisierung der Kraftwerke zu investieren, gehemmt wird.[679] Die Regelung leistet somit keinen Beitrag zur Flexibilisierung des Gesamtsystems, deren Mangel eine Ursache für das Entstehen negativer Preise ist.[680] Vorzugswürdig wäre es daher, EE-Anlagenbetreibern auch bei einer Einspeisung zu negativen Preisen die Marktprämie zu gewähren, um durch eine dann zu erwartende Abregelung der Anlagen zu „moderat negativen Preisen" die Ergreifung von Flexibilisierungsmaßnahmen für konventionelle Kraftwerke anzureizen.[681] Einer solchen Änderung stünde jedoch die Vorgabe in den Umwelt- und Energiebeihilfeleitlinien der Europäischen Kommission entgegen.[682]

Um die Finanzierungsrisiken der EE-Anlagenbetreiber bei Geltung von § 51 EEG zu lindern, wurde über verschiedene Optionen eines monetären Ausgleichs des dadurch verursachten Förderungswegfalls nachgedacht.[683] Ein Beitrag zu einer für eine intelligente Erzeugung erforderlichen Transformation des Energiesystems würde durch einen monetären Ausgleich jedoch nicht geleistet. Die auf lange Sicht notwendige Umgestaltung des Strommarktes, die freilich nicht allein

---

679 *Haug/Hübler,* in: Säcker, EEG 2014, § 24 Rn. 59; *Ekardt/Hennig,* in: Frenz u.a., EEG 2014, § 24 Rn. 4; *Purkus* u.a., UFZ Discussion Papers 21/2014, S. 12.

680 *Wustlich,* NVwZ 2014, S. 1113 (1117).

681 *Connect,* Leitstudie Strommarkt 2014, S. 104; *Purkus* u.a., UFZ Discussion Papers 21/2014, S. 16. Auf die für den Ausgleich von Angebot und Nachfrage positive Wirkung von „moderat negativen Preisen" weist auch *BMWi,* Weißbuch „Ein Strommarkt für die Energiewende", S. 87 hin.

682 Siehe Fn. 674. Unionsrechtlichen Leitlinien kommt nicht die Qualität einer Rechtsnorm zu, sie wirken jedoch als Verhaltensnormen der Verwaltung gegenüber ermessenslenkend, vgl. EuGH, Urteil v. 28.6.2005, „Dansk Rørindustri", verb. Rs. 189/02 P u.a., Slg. 2005, 5425 Rn. 209. Allgemein hierzu *Schwarze,* EuR 2011, S. 3 (8). Da die EU-Kommission das EEG 2014, genauer dessen Fördermechanismus und besondere Ausgleichsregelungen als Beihilfe eingestuft hat, die nach Art. 107 Abs. 3 lit. c AEUV i.V.m. den Umwelt- und Energiebeihilfeleitlinien für zulässig zu erachten ist, zöge eine geänderte, nicht notifizierte Fassung von § 51 EEG ein Prüfverfahren der Kommission gem. Art. 108 Abs. 2 AEUV und gegebenenfalls ein Vertragsverletzungsverfahren gem. Art. 258 AEUV nach sich. Siehe *Europäische Kommission,* Entscheidung v. 23. Juli 2014, C (2014) 5081 final, S. 58, 79. Siehe hierzu näher *Kahl/Bews,* Ökostromförderung und Verfassung, S. 26 ff. m.w.N.

683 *Kahles/Müller,* Würzburger Berichte zum Umweltenergierecht Nr. 13, S. 30 ff. unterbreiten hierzu mehrere Vorschläge. So wurde angedacht, den Förderungswegfall durch eine der Härtefallregelung beim Einspeisemanagement (§ 15 EEG) entsprechende Norm auszugleichen, wonach der Netzbetreiber den Betreiber für eine durch § 51 EEG erzwungene Abregelung der Anlage entschädigen muss.

durch eine erneute Änderung des EEG erreicht werden kann,[684] muss darauf ausgelegt sein, die Leistung konventioneller Kraftwerke in Zeiten einer hohen Stromeinspeisung durch EE-Anlagen zuerst zu drosseln und eine vorzeitige Abregelung von EE-Anlagen zu vermeiden.[685] Damit würde gleichzeitig die Ursache für die Entstehung negativer Preise bekämpft. Zielführend kann es aufgrund des Bestehens der Vorgabe in den unionsrechtlichen Umwelt- und Energiebeihilfeleitlinien allerdings nur sein, die notwendige Flexibilisierung auf unionaler Ebene zu initiieren. Nur dann, wenn die EU-weiten Ressourcen dargebotsabhängiger Energiequellen genutzt und miteinander vernetzt werden, kann eine sichere Stromversorgung mit einem hohen Anteil von EE-Anlagen gewährleistet werden.[686] Als erster Schritt auf diesem Weg wären künftig Festlegungen wie jene in Rn. 124 der Leitlinien, dass Stromerzeuger keinen Anreiz haben sollen, Strom zu negativen Preisen zu erzeugen, zu vermeiden, um eine marktorientierte Flexibilisierung der EE-Anlagen ohne Verzerrung der Marktmechanismen zu ermöglichen.

2. *Flexibilitätsprämie und Flexibilitätszuschlag für Biogasanlagen*

Wegen ihrer schnellen Anfahrzeiten eignen sich Biomasseanlagen gut für eine flexible Bereitstellung von Strom.[687] Betreiber von Bestandsanlagen können bei einer Direktvermarktung ihres Stromes für die Bereitstellung zusätzlicher Anlagenkapazität für eine bedarfsorientierte Stromerzeugung neben der Marktprämie eine Flexibilitätsprämie erhalten (§ 50b EEG).[688] Für Neuanlagen mit einer

---

684 Zur Notwendigkeit eines umfassenden Maßnahmenbündels *Schwarz,* ZNER 2014, S. 337 (343).

685 *Kahles/Müller*, Würzburger Berichte zum Umweltenergierecht Nr. 13, S. 33. Zum bisherigen Flexibilisierungspotenzial konventioneller Kraftwerke *Saint-Drenan/Gerhardt/Sterner*, in: Müller, 20 Jahre Recht der Erneuerbaren Energien, S. 877 (889).

686 Zu den möglichen europäischen Ausgleichseffekten am Beispiel von Windenergie *Saint-Drenan/Gerhardt/Sterner*, in: Müller, 20 Jahre Recht der Erneuerbaren Energien, S. 877 (891 f.).

687 *Wustlich/Müller*, ZNER 2011, S. 380 (394).

688 Die Inbetriebnahme der Anlagen muss vor dem 1. August 2014 bzw., soweit die Voraussetzungen von § 100 Abs. 4 EEG vorliegen, vor dem 1. Januar 2015 erfolgt sein (vgl. § 50b S. 4 EEG). Die bereits in § 33i EEG a.F. (2012) vorgesehene Flexibilitätsprämie nahm bis April 2014 lediglich ein kleiner Anteil der direktvermarktenden Biogasanlagen in Anspruch (siehe *Purkus* u.a., UFZ Discussion Papers 21/2014, S. 10 m.w.N.). Die Fortführung der Prämie im EEG 2014 und nun auch im EEG 2017 soll auch Bestandslagen, welche diese bisher nicht in Anspruch genommen haben, zur Flexibilisierung anregen, siehe BT-Drs. 18/8860, S. 232; *Wustlich*, NVwZ 2014, S. 1113 (1118).

installierten Leistung von mehr als 100 kW, deren anzulegender Wert gesetzlich bestimmt wird, sowie für Anlagen, deren anzulegender Wert durch Ausschreibung ermittelt wird, besteht für das Vorhalten zusätzlicher Kapazität hingegen ein Anspruch auf einen Flexibilitätszuschlag (§ 50a Abs. 1 EEG).[689] § 50a EEG ist im Zusammenhang mit § 44b Abs. 1 EEG zu lesen, wonach für Strom, der in Biogasanlagen mit einer Leistung über 100 kW erzeugt wird, lediglich eine finanzielle Förderung für 50% des maximal mit der Anlage erzeugbaren Stroms beansprucht werden kann.[690] Da eine auf die Hälfte der Bemessungsleistung der Anlage begrenzte Förderung nicht ausreicht, um die Anlage wirtschaftlich zu betreiben, werden die Betreiber durch die Regelung in § 44b EEG zur Flexibilisierung gezwungen.[691] Um die Anlage kostendeckend betreiben zu können, muss ihr Betrieb auf die Stromnachfrage und damit auf die Marktpreise ausgerichtet werden.[692] Der Anreiz, in eine Biogasanlage zu investieren, wird aufgrund des finanziellen Drucks, die Flexibilisierung optimal auszugestalten, um die Anlage kostendeckend betreiben zu können, gehemmt. Der Anreiz zur Marktintegration von REE-Anlagen wird durch die §§ 44b, 50a EEG allerdings deutlich verstärkt.[693]

3. *Öffnung der Regelenergiemärkte*

Erzeugung und Verbrauch müssen im Energieversorgungssystem stets im Gleichgewicht sein. Tatsächlich kommt es aber aufgrund von Prognoseungenauigkeiten sowie Kraftwerksausfällen zwischen den prognostizierten Erzeugungs- und Verbrauchswerten und den in das Netz eingespeisten und aus dem Netz entnommenen Strommengen zu Abweichungen. Auftretende Leistungsungleichgewichte sind zur Erhaltung der Stabilität des Energiesystems durch den

---

689 Obwohl sich § 50a EEG auf „neue Anlagen" bezieht, können damit auch Bestandsanlagen unter 100 kW, die an einer Ausschreibung teilgenommen haben (vgl. zu dieser Möglichkeit § 22 Abs. 4 S. 2 Nr. 1, § 39f EEG), eine Flexibilitätsprämie beanspruchen, siehe BT-Drs. 18/9096, S. 365.

690 Im Regelfall der Direktvermarktung erhält der Anlagenbetreiber für den über 50% hinausgehenden Anteil der erzeugten Strommenge damit keine Förderung, vgl. § 44b Abs. 1 S. 2 EEG.

691 *Wustlich,* NVwZ 2014, S. 1113 (1118); *Salje,* EEG 2014, § 53 Rn. 8. Nach Aussage des Gesetzgebers ist die Zuschlagshöhe so bemessen, dass die aus der Förderbegrenzung resultierenden finanziellen Einbußen ausgeglichen werden können, siehe BT-Drs. 18/8860, S. 232, BT-Drs. 18/1304, S. 148.

692 *Wustlich,* NVwZ 2014, S. 1113 (1118); *Purkus* u.a., UFZ Discussion Papers 21/2014, S. 16.

693 *Purkus* u.a., UFZ Discussion Papers 21/2014, S. 16.

Einsatz von Regelenergie auszugleichen.[694] Diese ist als Primär- und Sekundärregelleistung sowie als Minutenreserve abrufbar. Die drei Arten unterscheiden sich durch ihre Verfügbarkeitsanforderungen.[695] Die den Übertragungsnetzbetreibern obliegende Regelenergiebeschaffung erfolgt unter Anwendung eines transparenten, diskriminierungsfreien Verfahrens mittels Ausschreibung über eine gemeinsame Internetplattform der Netzbetreiber.[696]

Eine bessere Integration von Erneuerbaren Energien erfordert auch ihre verstärkte Einbindung in den Regelleistungsmarkt. Sowohl Anlagen fluktuierender als auch regelbarer Erneuerbarer Energien können grundsätzlich Primärregelleistung bereitstellen. Regelbare EE-Anlagen eignen sich zudem zur Bereitstellung von Sekundärregelleistung und Minutenreserve.[697] Derzeit wird Regelenergie allerdings primär von konventionellen Kraftwerken erbracht. Der Beitrag von EE-Anlagen ist auf Wasserkraftwerke sowie Biomasseanlagen begrenzt, welche durch die Drosselung ihrer Anlagen negative Primärregelenergie erbringen.[698] Eine Öffnung der Regelleistungsmärkte für weitere Anbieter führt aufgrund des dadurch entstehenden Wettbewerbs zur Senkung der für die Bereitstellung der Regelenergie notwendigen Kosten. Weiterhin trägt die Öffnung dazu bei, die Aufrechterhaltung des Betriebs von konventionellen Kraftwerken, die aufgrund des hohen Anteils der Stromeinspeisung durch EE-Anlagen nicht mehr zur Deckung der Verbrauchslast eingesetzt werden, zur Erbringung von Regelenergie zu verringern.[699]

---

694 Vgl. § 2 Nr. 9 StromNZV. Maßgeblich dafür, dass das Stromnetz stabil bleibt, ist die Aufrechterhaltung seiner Spannung und Frequenz. Zur Haltung einer Nennfrequenz von 50 Hz wird Regelenergie eingesetzt. Bei einer Erhöhung der Leistung wird von positiver Regelenergie gesprochen. Wird die Leistung reduziert, spricht man von negativer Regelenergie. Siehe *Böwing*, in: Baur/Salje/Schmidt-Preuß, Regulierung in der Energiewirtschaft, S. 868 Rn. 117, S. 859 Rn. 121; *Burges/Bömer*, in: Müller, 20 Jahre Recht der Erneuerbaren Energien, S. 759 (760 f.).

695 Dies betrifft die Zugriffs- und Bereitstellungszeit. Primärregelleistung muss in 30 Sekunden voll aktiviert, Sekundärregelleistung innerhalb von 5 Minuten verfügbar sein. Minutenreserve muss für 15 Minuten abgerufen werden können, vgl. § 2 Nr. 6, 8, 10 StromNZV sowie *Böwing*, in: Baur/Salje/Schmidt-Preuß, Regulierung in der Energiewirtschaft, S. 858 Rn. 117 ff.

696 § 22 Abs. 2 EnWG, § 6 Abs. 1 StromNZV.

697 *Burges/Bömer*, in: Müller, 20 Jahre Recht der Erneuerbaren Energien, S. 759 (771, 773).

698 *Burges/Bömer*, in: Müller, 20 Jahre Recht der Erneuerbaren Energien, S. 759 (762, 771).

699 Siehe *BMWi*, Weißbuch „Ein Strommarkt für die Energiewende", S. 67, welches diese Gesichtspunkte für eine Öffnung des Regelleistungsmarktes anführt.

a) *Markteintrittsbarrieren*

Abhängig von der Regelleistungsart müssen die Regelenergie anbietenden Erzeugungsanlagen, Stromspeicher und Verbraucher bestimmte Präqualifikationsbedingungen erfüllen, um an den jeweiligen Ausschreibungen teilnehmen zu können (§ 6 Abs. 5 StromNZV). Die Vorgaben zu den einzelnen Regelenergiearten sowie die jeweiligen Ausschreibungsbedingungen, insbesondere die Häufigkeit der Ausschreibung, die Kriterien für die Erteilung des Zuschlags, der Erbringungszeitraum, die Mindestangebotsgröße der Regelleistung sowie die Möglichkeit eines Poolings, sind in Festlegungen der Bundesnetzagentur geregelt.[700] Die Ausschreibung von Primär- und Sekundärregelleistung erfolgt danach wöchentlich, jene von Minutenreserve werktäglich. Der Erbringungszeitraum von Primärregelenergie ist auf eine Woche, jener von Minutenreserve auf vier Stunden festgelegt. Sekundärregelenergie ist in festgelegten Zeitscheiben zu erbringen.[701] Die zuvor ausschließlich an der Verfügbarkeit und den technischen Charakteristika konventioneller, steuerbarer Kraftwerke ausgerichteten Ausschreibungsbedingungen wurden im Jahr 2011 bereits flexibler gestaltet, um weiteren Anbietern, insbesondere auch EE-Anlagen, die Teilnahme am Regelenergiemarkt zu ermöglichen.[702]

Auch wenn die Ausschreibungsbedingungen nunmehr weniger starr sind, beinhalten sie weiterhin Diskriminierungen für flexible Anbieter. Insbesondere die Dauer des jeweiligen Erbringungszeitraumes als auch die Ausschreibungsfrequenz von einer Woche bzw. einem Werktag stellen Markteintrittshindernisse dar.[703] Anbieter, die im Rahmen der Ausschreibung den Zuschlag für die Regelenergieerbringung erhalten haben, müssen ihre Leistung für den gesamten Erbringungszeitraum bereithalten. Die Angebotsmöglichkeiten für Betreiber von EE-Anlagen, insbesondere von solchen mit fluktuierenden Erneuerbaren Energien, werden dadurch begrenzt, dass ihnen eine sichere Leistungsbereithaltung für lange Erbringungszeiträume wie auch eine sichere Prognose, dass sie die zum Ausschreibungszeitpunkt angebotene Leistung zu einem späteren, eventuell eine Woche späteren Zeitpunkt liefern können, schwer möglich ist.[704] Zudem ist die Entscheidung, Regelleistung anzubieten, aufgrund des mitunter langen Zeitraums

700 *BNetzA,* Beschlüsse v. 12.4.2011 und 18.10.2011, BK6-10-097, -098, -099.

701 *BNetzA,* BK6-10-097, S. 2; BK6-10-098, S. 2; BK6-10-099, S. 2.

702 *BNetzA,* BK6-10-097, S. 6; BK6-10-098, S. 7; BK6-10-099, S. 6. Primär- und Sekundärregelleistung wurden nur monatlich ausgeschrieben. Zudem lag die Mindestangebotsgröße bei allen Regelleistungsarten höher. Anschaulich zu den Änderungen *Connect,* Leitstudie Strommarkt 2015, S. 64, 66.

703 *Connect,* Leitstudie Strommarkt 2015, S. 67.

704 *Connect,* Leitstudie Strommarkt 2015, S. 67.

zwischen der Angebotsabgabe und der tatsächlichen Leistungserbringung mit unnötigen Kostenrisiken verbunden. Zum Zeitpunkt der Angebotsabgabe können die Anlagenbetreiber schlecht prognostizieren, ob sie zum Lieferzeitpunkt nicht am Strommarkt durch eine Direktvermarktung des Stroms einen besseren Preis erzielen könnten als bei einer Bereitstellung des Stromes als Regelleistung.[705]

b) Maßnahmen zum Abbau der bestehenden Hemmnisse

Die genannten Markteintrittsbarrieren erfordern weitere Änderungen der Ausschreibungsbedingungen. Eine erste Änderung findet sich in der im Rahmen des Strommarktgesetzes neu gefassten Norm des § 8 StromNZV. Nach § 8 Abs. 1 S. 3 StromNZV bemisst sich die zu zahlende Vergütung für jedes Angebot eines Regelenergieproduktes, das zum Zuge kommt, nach dem im jeweiligen Angebot geforderten Preis, soweit nicht die Bundesnetzagentur durch Festlegung das sog. Einheitspreisverfahren als Vergütungsverfahren der Regelenergie bestimmt hat.[706] Diese hat indes von der ihr eingeräumten Festlegungskompetenz keinen Gebrauch gemacht und die Festlegung des Einheitspreisverfahrens abgelehnt.[707] Sowohl für den Bereich der Sekundärregelleistung als auch für den Bereich der Minutenreserve nannte sie als Grund für ihre Ablehnung die nach ihrer Ansicht entstehenden höheren Regelarbeitskosten.[708] Befürworter eines Einheitspreisverfahrens hatten argumentiert, dass sich durch dessen Festlegung der Preis für den Einsatz der Regelenergie primär an den jeweiligen Grenzkosten der Anbieter orientiere.[709] Insbesondere für die Bereitstellung von Sekundärregelenergie und Minutenreserve solle so erreicht werden, dass in den Ausschreibungen nicht mehr wie im Rahmen des bisher geltenden Gebotspreisverfahrens das von den Bietern prognostizierte Preisniveau, sondern ihre individuellen Kosten bestimmend sind.[710] Dadurch, dass so der effizienteste Anbieter den Zuschlag erhält, sollten die Preise für die eingesetzte Regelleistung letztlich sinken.[711] Da die Gebote

705 *Connect,* Leitstudie Strommarkt 2015, S. 68.

706 Siehe zum Hintergrund auch die Gesetzesbegründung zum StromMG, BT-Drs. 18/7317, S. 135 f. sowie *BMWi,* Weißbuch „Ein Strommarkt für die Energiewende", S. 68.

707 *BNetzA,* Beschlüsse v. 30. Juni 2017, BK6-15-158, S. 42 f. und BK6-15-159, S. 31 f.

708 *BNetzA,* BK6-15-158, S. 42; BK6-15-159, S. 31.

709 BR-Drs. 542/15, S. 160; BT-Drs. 18/7317, S. 136. Allgemein zu beiden Preisverfahren *Helman/Hobbs/O'Neill,* in: Sioshansi, Competitive Electricity Marktes, S. 179 (189 f.).

710 *BMWi,* Weißbuch „Ein Strommarkt für die Energiewende", S. 68.

711 *BMWi,* Weißbuch „Ein Strommarkt für die Energiewende", S. 68; BR-Drs. 542/15, S. 65, 160. A.A. *BNetzA,* Eckpunktepapier zu den Festlegungsverfahren BK-6-15-158, -159, S. 10.

beim Gebotspreisverfahren spekulativ abgegeben werden,[712] hätte das Einheitspreisverfahren mit der Fokussierung auf die tatsächlichen Kosten der Anbieter in der Tat dazu beitragen können, dass insbesondere neue Bieter, die hinsichtlich des abzugebenden Gebotes unerfahren sind, eine reelle Chance haben, mit einem für sie wirtschaftlichen Angebot den Zuschlag zu erhalten. Insofern ist die Ablehnung des Einheitspreisverfahrens durch die Bundesnetzagentur zumindest unter dem Gesichtspunkt einer Öffnung des Regelmarktes durchaus bedauerlich.

Die Festlegung des Einheitspreisverfahrens wäre allerdings nur ein Beitrag zur Flexibilisierung des Regelleistungsmarktes gewesen. Darüber hinaus bedarf es für eine Marktteilnahme flexibler Anbieter einer deutlichen Verkürzung der Erbringungszeiträume und einer Erhöhung der Ausschreibungsfrequenzen. In Bezug auf die Sekundärregelung sowie die Minutenreserve wurden Änderungen der bestehenden Festlegungen von der Bundesnetzagentur bereits vorgenommen. Künftig erfolgt etwa die Ausschreibung der Sekundärregelleistung und der Minutenreserve kalendertäglich.[713] Zudem wurde der Erbringungszeitraum der Sekundärregelenergie auf vier Stunden verkürzt und damit mit jenem der Minutenreserve harmonisiert.[714] Diese Änderungen sind ein wichtiger, aber kein finaler Schritt zur Flexibilisierung der Ausschreibungsbedingungen. Langfristig ist für alle Regelenergiearten eine kalendertägliche Ausschreibung und ein stündlicher Erbringungszeitraum anzustreben, um in allen drei Regelleistungsmärkten diskriminierungsfreie Teilnahmevoraussetzungen zu schaffen.[715] Überdies sollte die Ausschreibung für positive und negative Primärregelleistung, wie dies bereits für die Sekundärregelleistung und die Minutenreserve der Fall ist, getrennt erfolgen.[716] Durch eine gemeinsame Ausschreibung positiver und negativer Primärregelenergie werden Anbieter diskriminiert, denen eine Regelleistungserbringung

---

712 *Helman/Hobbs/O'Neill,* in: Sioshansi, Competitive Electricity Marktes, S. 179 (189 f.).

713 *BNetzA,* BK6-15-158, S. 2; BK6-15-159, S. 2.

714 *BNetzA,* BK6-15-158, S. 2. Die im Weißbuch vorgeschlagene Verkürzung des Erbringungszeitraums der Minutenreserve auf eine Stunde wurde dagegen derzeit nicht umgesetzt, siehe hierzu *BNetzA,* Eckpunktepapier zu den Festlegungsverfahren BK-6-15-158, -159, S. 12. Siehe näher *BMWi,* Weißbuch „Ein Strommarkt für die Energiewende", S. 68; *Connect,* Leitstudie Strommarkt 2015, S. 68 ff.; *Scholtka/Martin/Sänger,* ER 2016, S. 249 (251 f.).

715 *Connect,* Leitstudie Strommarkt 2015, S. 69.

716 So auch der perspektivische Vorschlag von *Connect,* Leitstudie Strommarkt 2015, S. 71. Zur Sekundärregelenergie und Minutenreserve vgl. *BNetzA,* BK6-10-098, S. 3 f.; BK6-10-099, S. 3.

nur in eine Richtung möglich ist.[717] Eine getrennte Ausschreibung wurde in der Vergangenheit mit Verweis darauf abgelehnt, dass dadurch erstens Änderungen bei der Parametrierung der Sekundärregelleistung erforderlich wären und zweitens die Kostenregelung des § 8 Abs. 1 S. 1 StromNZV für Anbieter mit hohen variablen Kosten, die nur eine Regelrichtung anbieten, gegenüber Anbietern mit niedrigen variablen Kosten zu Benachteiligungen führen würde.[718] Das letztgenannte Argument könnte durch eine Normänderung, die für alle drei Regelleistungsarten einen einheitlichen Vergütungsmechanismus bestimmt, entkräftet werden.[719] Bezüglich des erstgenannten Argumentes ist festzustellen, dass die Flexibilisierungsmaßnahmen hinsichtlich der Sekundärregelenergie und Minutenreserve ohnehin Änderungen des bisherigen Konzeptes erfordert haben und der Zeitpunkt günstig ist, die Ausschreibungsbedingungen aller Regelenergiearten diskriminierungsfrei zu gestalten.

II. Bessere Integration von KWK-Anlagen

Eine bessere Integration von KWK-Anlagen in den Strommarkt, in dem sie aufgrund ihrer vergleichsweise positiven Energieeffizienz- sowie niedrigen CO_2-Emissionswerte eine wichtige Rolle spielen, zielt darauf ab, die KWK-Förderung näher an den Markt heranzuführen und die Stromerzeugung durch KWK-Anlagen auf die schwankende Einspeisung durch fluktuierende Erneuerbare Energien abzustimmen.[720]

---

717 Dies gilt etwa für Windenergieanlagen, aber auch für Speicher. Diesen Anbietern ist eine Teilnahme an der Ausschreibung nur möglich, wenn sie einen weiteren Betreiber finden, dessen gegenteilige Regelenergie sie zum Anlagen-Pooling nutzen können. Siehe *BNetzA*, BK6-10-097, S. 11, 18, 36.

718 *BNetzA*, BK6-10-097, S. 9, 36 f. Nach § 8 Abs. 1 S. 1 Hs. 1 StromNZV sind die Kosten für die vorgehaltene und eingesetzte Primärregelleistung den Übertragungsnetznutzern zusammen in Rechnung zu stellen, bei Sekundärregelleistung und Minutenreserve wird hingegen grundsätzlich zwischen Leistungsvorhaltung und tatsächlichem Einsatz von Regelarbeit unterschieden.

719 Eine solche Änderung erfolgte durch das StromMG nicht. § 8 Abs. 1 S. 1 wurde vielmehr um einen Halbsatz ergänzt, wonach durch Festlegung der BNetzA die Vorhaltekosten für Sekundärregelenergie und Minutenreserve zur Stärkung der Bilanzkreistreue verstärkt auf die Bilanzkreisverantwortlichen umgelegt werden können. Siehe BT-Drs. 18/7317, S. 135; *Stelter/Ipsen*, EnWZ 2016, S. 483 (484 f.).

720 In § 1 Abs. 1 KWKG, der in dieser Form am 1. Januar 2016 in das Gesetz aufgenommen wurde und der bis 2025 feste Ziele zur Erhöhung der KWK-Stromerzeugung festlegt, kommt die intendierte bessere Abstimmung der KWK- und EE-Förderung nicht in aller Deutlichkeit zum Ausdruck. Klarer ergab sich dieses Ziel noch aus dem

1. Verpflichtende Direktvermarktung

Analog zu den Vorgaben in §§ 19, 20 EEG gilt für KWK-Strom seit 1. Januar 2016 der Grundsatz der Direktvermarktung. Die Verpflichtung zur Direktvermarktung betrifft Betreiber von KWK-Anlagen mit einer Leistung von mehr als 100 kW (§ 4 Abs. 1 KWKG). Betreiber von KWK-Anlagen bis zu 100 kW können dagegen eine kaufmännische Abnahme des Stroms vom Netzbetreiber verlangen (§ 4 Abs. 2, 3 KWKG).[721] Der Anspruch auf Zahlung eines Zuschlags für KWK-Strom besteht auch weiterhin.[722] Allerdings entfällt dieser nach § 7 Abs. 7 KWKG für Zeiträume, in denen der Wert der Stundenkontrakte am Spotmarkt null oder negativ ist. § 7 Abs. 7 KWKG ist noch strikter gefasst als die für EE-Anlagen geltende Bestimmung des § 51 EEG. Begründet wird dies damit, dass KWK-Anlagen im Gegensatz zu FEE-Anlagen eine Verlagerung ihrer Erzeugung in Zeiten mit positiven Preisen möglich ist.[723] Die Einführung der verpflichtenden Direktvermarktung im KWKG ist positiv zu beurteilen, da dadurch eine am Strompreis orientierte Fahrweise der KWK-Anlagen angeregt wird. Das Entfallen des Förderanspruches bei Vorliegen der Voraussetzungen des § 7 Abs. 7 KWKG birgt für die regelbaren KWK-Anlagen nicht so viele Nachteile wie das Entfallen der Marktprämie für FEE-Anlagen nach § 51 EEG. Dennoch ist die Verzerrung der Marktmechanismen auch hier entbehrlich, da bereits eine an den Marktpreisen orientierte Anlagenfahrweise zur Prävention negativer Preise beiträgt und eine Abregelung von EE- und KWK-Anlagen letztlich konventionelle Kraftwerke begünstigt.[724]

Gesetzesentwurf zur Neuregelung des KWKG vom 19. Oktober 2015, vgl. BT-Drs. 18/6419, S. 10, 39. Die Gesetzesbegründung des Gesetzes zur Änderung der Bestimmungen der Stromerzeugung aus Kraft-Wärme-Kopplung und zur Eigenversorgung vom 22. Dezember 2016, dessen Art. 1 erneute Änderungen des KWKG beinhaltet, weist nunmehr ebenfalls deutlicher auf die beabsichtigte stärkere Abstimmung von EEG und KWKG hin, siehe BT-Drs. 18/10209, S. 2. Die Änderungen des KWKG (KWKG 2017) traten zum 1. Januar 2017 in Kraft.

721 Näher *Brahms*, ER 2015, S. 223 (224). Zur bis Ende 2015 geltenden Rechtslage nach § 4 Abs. 3 KWKG a.F. (2012) *Jacobshagen/Kachel*, in: Danner/Theobald, Energierecht, § 4 KWKG Rn. 38 ff.

722 Die Zuschlagszahlungen für KWK-Strom richten sich nach den §§ 5 ff. KWKG. Seit Anfang 2017 (vgl. Fn. 720) wird die Höhe des Zuschlags für Anlagen mit einer Leistung bis 50 MW allerdings in einem Ausschreibungsverfahren ermittelt. Siehe hierzu ausführlich *Günther*, ER 2017, S. 3 (4 f.).

723 BT-Drs. 18/6419, S. 44; *Kachel*, EnWZ 2016, S. 51 (54). Zu § 51 EEG bereits oben § 5 B. I. 1. b).

724 Siehe *Connect*, Leitstudie Strommarkt 2014, S. 70 sowie bereits oben § 5 B. I. 1. b).

2. *Anreiz zu einer verstärkt stromgeführten Anlagenfahrweise*

Ein weiterer Anreiz zu einer bedarfsgerechteren Einspeisung wird durch die Verdoppelung der zulässigen Förderhöchstbeträge bei der Förderung des Neu- und Ausbaus von Wärme- oder Kältenetzen sowie des Neubaus von Wärme- oder Kältespeichern gesetzt.[725] KWK-Anlagen werden bisher vielfach nicht stromgeführt und damit an den Preissignalen des Strommarktes orientiert, sondern wärmegeführt betrieben. Die Pflicht, eine bestimmte Wärmelast decken zu müssen, kann dazu führen, dass die Stromeinspeisung dieser Anlagen auch in Zeiten eines hohen Angebots von EE-Strom und einer geringen Verbrauchslast nicht gedrosselt werden kann.[726] Dies hat ein Absinken des Strompreises sowie das Erfordernis einer Abregelung von FEE-Anlagen zur Folge.[727] Die Erhöhung der Fördervolumina gibt Anlagenbetreibern einen Anreiz, ihre KWK-Anlagen stromgeführt zu betreiben.[728] In Verbindung mit der verpflichtenden Direktvermarktung des KWK-Stroms entsteht durch diesen zusätzlichen Anreiz ein hohes Flexibilisierungspotenzial, mit welchem der künftigen Notwendigkeit einer bedarfsorientierten und auf die Stromeinspeisung Erneuerbarer Energien abgestimmten Fahrweise von KWK-Anlagen begegnet werden kann.

III. Fazit

Für eine *bessere Integration von Erneuerbaren Energien* in das Versorgungssystem spielt der seit 1. August 2014 im EEG geltende *Grundsatz der Direktvermarktung* eine wichtige Rolle. Die Anlagenbetreiber sind verpflichtet, den erzeugten EE-Strom selbst am Markt zu veräußern. Gegenüber dem Netzbetreiber haben sie lediglich Anspruch auf Zahlung einer Marktprämie. Dieses Förderregime trägt zum Abbau der Sonderstellung Erneuerbarer Energien im Strommarkt bei. Die seit 1. Januar 2017 erfolgende Ermittlung der Höhe der Marktprämie im

725 Wärme- und Kältenetze wurden bis Ende 2015 mit höchstens 10 Mio. je Projekt gefördert, nunmehr liegt der Höchstbetrag bei 20 Mio., vgl. § 7a Abs. 1 S. 4 KWKG a.F. (2012), § 19 Abs. 1 S. 4, § 21 KWKG. Wärme- und Kältespeicher wurden mit höchstens 5 Mio. gefördert, jetzt beträgt die Höchstfördersumme 10 Mio., vgl. § 7b Abs. 1 S. 3 KWKG a.F. (2012), § 23 Abs. 1 S. 4, § 25 KWKG.

726 *Connect*, Leitstudie Strommarkt 2014, S. 88, 92. Allgemein zum stromgeführten und wärmegeführten Betrieb von KWK-Anlagen *Kruppa*, Energy 2.0 4/2010, S. 18 (19 f.).

727 *Connect*, Leitstudie Strommarkt 2014, S. 92.

728 Aufgrund der Erhöhung der Fördervolumina können die Betreiber die Netze oder Speicher größer dimensionieren und die Anlagen bei gleichbleibender Wärmelastdeckung stärker stromgeführt betreiben, siehe BT-Drs. 18/6419, S. 49; *BMWi*, Weißbuch „Ein Strommarkt für die Energiewende", S. 78.

Rahmen einer Ausschreibung, an der Betreiber von Windenergie-, Solarenergie- und Biomasseanlagen grundsätzlich teilnehmen müssen, verstärkt die wettbewerbliche Ausrichtung Erneuerbarer Energien noch. Die Betreiber werden zu einer an den Preissignalen des Marktes orientierten Einspeisung ihres EE-Stroms angereizt. Ein *Flexibilisierungshemmnis* stellt dabei jedoch die Norm des § 51 EEG dar, wonach sich der im Rahmen der Marktprämie anzulegende Wert bei negativen Preisen für sechs Stunden am Spotmarkt auf null reduziert. Die so erzwungene frühzeitige Abregelung von EE-Anlagen begünstigt die Fortführung der Einspeisung durch konventionelle Kraftwerke. Die Betreiber der Kraftwerke haben keinen Anreiz für eine Investition in Flexibilisierungsmaßnahmen. Da § 51 EEG auf den Umwelt- und Energiebeihilfeleitlinien der Europäischen Kommission beruht, muss eine Änderung der Rechtslage auf EU-Ebene initiiert werden, um eine marktorientierte Flexibilisierung der Anlagen zu ermöglichen.

Betreiber von Biogasanlagen können für die Bereitstellung zusätzlicher Anlagenkapazität für eine bedarfsorientierte Stromerzeugung neben der Marktprämie einen *Flexibilitätszuschlag* erhalten (§ 50a EEG). Aufgrund der Förderungsbegrenzung in § 44b EEG, wonach lediglich für 50% des maximal in der Anlage erzeugbaren Stroms eine finanzielle Förderung beansprucht werden kann, sind die Betreiber jedoch aus Kostengründen zu einer marktorientierten Fahrweise ihrer Anlagen gezwungen. Die Bestimmungen hemmen die grundsätzliche Entscheidung, in eine Biogasanlage zu investieren, reizen aber gleichzeitig zu einer bedarfsorientierten Erzeugung an und sind daher aus Sicht der Marktintegration positiv zu beurteilen.

Die *Regelleistungsmärkte* müssen besser für EE-Anlagen geöffnet werden. Zwar nehmen bereits heute REE-Anlagen an diesen teil. Um die Kosten für die Regelenergiebereitstellung zu senken und einen ineffizienten Betrieb konventioneller Kraftwerke zu vermeiden, ist aber der *Abbau bestehender Markteintrittshindernisse* erforderlich. Ein erster Ansatzpunkt zur Marktflexibilisierung wurde im Rahmen des Strommarktgesetzes in § 8 Abs. 1 StromNZV vorgenommen, nach dessen Satz 3 sich die Vergütung eines Regelenergieproduktes, das zum Zuge kommt, nach dem im jeweiligen Angebot geforderten Preis bemisst, soweit nicht die Bundesnetzagentur durch Festlegung das sog. Einheitspreisverfahren als Vergütungsverfahren bestimmt hat. Die Bundesnetzagentur hat die Einführung des Einheitspreisverfahrens mit Verweis auf das Entstehen höhere Regelarbeitskosten abgelehnt. Dies ist zumindest unter dem Gesichtspunkt einer Öffnung des Regelmarktes bedauerlich, da insbesondere neue Bieter, die hinsichtlich des abzugebenden Gebotes unerfahren sind, eine reelle Chance gehabt hätten, mit einem für sie wirtschaftlichen Angebot den Zuschlag zu erhalten.

Darüber hinaus müssen die Voraussetzungen für die Teilnahme an allen drei Regelleistungsmärkten diskriminierungsfrei ausgestaltet werden. Die von der Bundesnetzagentur vorgenommene Steigerung der Ausschreibungsfrequenzen für Sekundärregelleistung und Minutenreserve sowie die Verkürzung des Erbringungszeitraums für Sekundärregelleistung sind ein wichtiger Schritt. Langfristig ist für alle Regelenergiearten eine kalendertägliche Ausschreibung und ein stündlicher Erbringungszeitraum festzulegen. Zudem muss die Ausschreibung für positive und negative Primärregelleistung künftig getrennt erfolgen. Anbieter von EE-Anlagen, denen eine Regelleistungserbringung nur in eine Richtung möglich ist, werden durch die derzeit gemeinsame Ausschreibung diskriminiert.

Eine *bessere Integration von KWK-Anlagen* in den Strommarkt erfordert ihre optimierte Abstimmung mit EE-Anlagen. Die seit 1. Januar 2016 grundsätzlich bestehende *Pflicht zur Direktvermarktung* von KWK-Strom regt eine am Strompreis orientierte Fahrweise der Anlagen an. Die Norm des § 7 Abs. 7 KWKG, wonach der Förderzuschlag für KWK-Strom für Zeiträume mit negativen Preisen am Spotmarkt entfällt, ist entbehrlich. Eine flexible Anlagenfahrweise trägt bereits zur Vermeidung negativer Preise bei. Der *Anreiz zum stromgeführten Betrieb der Anlage* wird durch die gestiegenen Förderbeträge für den Bau von Wärmenetzen und -speichern noch erhöht, da die Anlagenbetreiber ihre größer dimensionierten Netze und Speicher bei einer gleichbleibenden Wärmelastdeckung stärker stromgeführt betreiben können.

C. Intelligentes Verbrauchs- und Einspeisemanagement

Verbrauchs- und erzeugungsseitige Flexibilitätsoptionen müssen durch ein entsprechendes Last- und Einspeisemanagement optimal in den Strommarkt integriert werden. Mithilfe eines intelligenten Energiemanagements sollen Angebot und Nachfrage durch ein Zusammenwirken von Netz und Markt ausgeglichen werden.[729] Energiemanagementleistungen werden sowohl von Energieversorgungsunternehmen als auch Energiedienstleistern angeboten. Ob neuen Anbietern von Managementleistungen der Marktzugang jedoch in gleichem Maße möglich ist wie bereits am Markt etablierten Akteuren, wird im Folgenden im Anschluss an eine Darstellung der bestehenden Energiemanagementpotenziale untersucht.

729 Ein Zusammenhang mit dem Einspeisemanagement der §§ 14, 15 EEG, das bei Zugrundelegung der erwähnten Ampelsystematik (Fn. 595) die „rote" Phase betrifft, besteht nicht. Vielmehr geht es um die „gelbe" Übergangsphase. Siehe *Kreusel,* in: Aichele/Doleski, Smart Market, S. 383 (391 ff.).

I. Verbrauchs- und erzeugungsseitige Managementpotenziale

1. *Integrationsfunktion der Energieversorgungsunternehmen und -dienstleister*

Der Gesetzgeber hat sich für einen marktorientierten Abstimmungsansatz von Erzeugung und Verbrauch entschieden,[730] bei dem die wichtigste Funktion nicht den Netzbetreibern, sondern den Energieversorgungsunternehmen und -dienstleistern zukommt. Solange es den Marktakteuren gelingt, die Energiekapazitäten so abzustimmen, dass ein Gleichgewicht zwischen Erzeugung und Verbrauch herrscht, bedarf es keines zwangsweisen Eingriffs des Netzbetreibers. Bei einer solchen Ausrichtung des Abstimmungsansatzes kommt den Energieversorgungsunternehmen und -dienstleistern die Rolle eines Vermittlers zwischen der Erzeugungs- und der Verbrauchsseite zu, der Netzbetreiber wird hingegen selbst zum Flexibilitätsnachfrager.[731]

Von den in ein intelligentes Verbrauchs- und Einspeisemanagement involvierten Marktrollen ist neben den im Energievertrieb agierenden Energieversorgungsunternehmen insbesondere die Rolle des Aggregators zu erwähnen. Je nach Größe der vorhandenen Einspeise- und Lastflexibilitätsoptionen kann eine optimale Integration in den Strommarkt eine Bündelung der Kapazitäten erforderlich machen, um eine Konkurrenzsituation zu Großverbrauchern und konventionellen Kraftwerken am Markt erzeugen zu können.[732] Aggregatoren sind Energiedienstleister, welche sich auf die Zusammenfassung von mehreren erzeugungsseitigen Leistungsmengen und/oder verbrauchsseitigen Flexibilitätsoptionen zu größeren Portfolios konzentrieren.[733] Aufgrund der durch den Aggregator vorgenommenen Koordinierung der vorhandenen Energiemengen und -kapazitäten können

730 Vgl. hierzu den durch das StromMG ins EnWG eingefügten § 1 Abs. 4 Nr. 2 EnWG. Die in § 1 Abs. 4 EnWG aufgelisteten Ziele drücken die Grundsatzentscheidung des Gesetzgebers für einen weiterentwickelten Strommarkt aus, siehe BT-Drs. 18/7317, S. 75 f. Für einen solchen Ansatz bereits im Jahr 2011 plädierend *BNetzA*, „Smart Grid“ und „Smart Market“, S. 14.

731 BT-Drs. 18/7317, S. 76; *BDEW*, Diskussionspapier Smart Grids 2012, S. 21. § 14a EnWG stimmt insoweit mit einer marktorientierten Ausrichtung überein.

732 *BDEW*, Diskussionspapier Smart Grids 2012, S. 20.

733 BT-Drs. 18/7317, S. 136; *Lauterborn*, in: Aichele/Doleski, Smart Market, S. 215 (224). Siehe diesbezüglich auch die im Vorschlag einer Neufassung der EltRL in Art. 2 Nr. 14 vorgesehene Definition des Aggregators als „Marktteilnehmer, der mehrere Kundenlasten oder erzeugten Strom zum Kauf, Verkauf oder zur Versteigerung auf einem organisierten Energiemarkt bündelt“, vgl. *Europäische Kommission*, COM (2016) 864 final, S. 61.

die gebündelten Produkte bedarfsorientierter auf dem Strommarkt oder dem Regelenergiemarkt angeboten werden.[734] Damit die Aggregatoren zu einer Verschiebung der Verbrauchslast sowie einer bedarfsorientierteren Stromeinspeisung beitragen können, müssen sie die erzeugungs- und verbrauchsseitig verfügbaren Flexibilitätsvolumina zunächst erschließen und identifizierte Flexibilitätsoptionen anschließend vernetzen, koordinieren und bündeln. Dazu bedarf es einer informationstechnischen Anbindung der einzelnen Erzeugungsanlagen und Verbrauchslasten sowie einer Datenübertragung in Echtzeit.[735]

2. *Verbrauchs- und erzeugungsseitige Bündelungspotenziale*

Auf der Verbrauchsseite ergeben sich durch die Bündelung mehrerer Verbrauchskapazitäten größere Potenziale zur Lastverschiebung. Für kleine und mittelgroße Verbraucher wird die Möglichkeit einer Teilnahme am Strommarkt und am Regelenergiemarkt damit verbessert. Auf der Erzeugungsseite kann eine Kopplung von Einspeiseleistungen insbesondere in virtuellen Kraftwerken erfolgen.[736] Durch die Aggregation mehrerer kleiner, dezentraler Anlagen zu einem großen Erzeugungsverbund können, insbesondere bei der Bündelung von FEE- und REE-Anlagen in einem Kraftwerk, Erzeugungsspitzen geglättet werden. Virtuelle Kraftwerke ermöglichen eine gegenüber konventionellen Großkraftwerken genauere Steuerung und schnellere Reaktion auf Preissignale des Strommarktes. Die Vermarktungsoptionen für die Betreiber der dezentralen Anlagen vergrößern sich dadurch ebenso wie die Eignung der Anlagen zur Teilnahme am Regelenergiemarkt.[737]

II. Beseitigung von Markteintrittshemmnissen für neue Anbieter

In Anerkennung der durch die Bündelung von Verbrauchslasten entstehenden Lastverschiebungspotenziale sowie der steigenden Bedeutung der Marktrolle des Aggregators wurden im Rahmen des Strommarktgesetzes erste Schritte

734 *Aichele/Schönberger*, in: Aichele/Doleski, Smart Market, S. 283 (289).

735 *Lauterborn*, in: Aichele/Doleski, Smart Market, S. 215 (226). Insoweit empfiehlt sich ein separat am jeweiligen Erzeugungs- oder Verbrauchsvolumen installiertes intelligentes Messsystem.

736 Zum Potenzial von Lastmanagement und virtuellen Kraftwerken allgemein in § 2 A. III. 3. a).

737 *Lohnert/Kaczynski*, in: Aichele/Doleski, Smart Market, S. 555 (560); *Ahlers*, in: Aichele/Doleski, Smart Market, S. 97 (117 f.).

unternommen, um bestehende Hemmnisse für den Markteintritt neuer Anbieter zu beseitigen.[738]

1. *Öffnung der Sekundärregelleistungsmärkte für Aggregatoren*

Eine Maßnahme zur Marktöffnung ist die Öffnung der Sekundärregelleistungsmärkte für Aggregatoren. Lieferanten, Bilanzkreisverantwortliche und Betreiber von Übertragungsnetzen sind verpflichtet, einem Letztverbraucher mit Zählerstandsgangmessung oder viertelstündiger registrierender Lastgangmessung die Bereitstellung von Minutenreserve oder Sekundärregelung über einen anderen Bilanzkreis gegen angemessenes Entgelt zu ermöglichen (§ 26a Abs. 1 S. 1 StromNZV). Vor Einfügung von § 26a in die Stromnetzzugangsverordnung im Rahmen des Strommarktgesetzes[739] waren lediglich Bilanzkreisverantwortliche zur Öffnung des Bilanzkreises für die Bereitstellung von Minutenreserve verpflichtet (§ 26 Abs. 3 StromNZV a.F.). Die nunmehr geregelte weiter gehende Bilanzkreisöffnung[740] vereinfacht den Zugang der Aggregatoren zum Sekundärregelmarkt. Die so ermöglichte verstärkte Teilnahme flexibler Verbrauchslasten am Regelenergiemarkt ist zu begrüßen. Eine verpflichtende Öffnung der Bilanzkreise für die Bereitstellung von Sekundärregelung war bereits im Rahmen des Festlegungsverfahrens zur Vereinheitlichung der Bilanzkreisverträge, das im Jahr 2011 zum Abschluss kam, gefordert worden. Die Bundesnetzagentur hatte diese Forderung damals mit dem Argument abgelehnt, dass einem Anlagenbetreiber, der am Regelleistungsmarkt teilnehmen wolle, auch die Möglichkeit offen stehe, sich am Markt einen anderen Bilanzkreisverantwortlichen zu suchen oder aber die Regelenergiebereitstellung über einen eigenen Bilanzkreis abzuwickeln.[741] Die Ablehnungsbegründung verdeutlicht die erst jüngst enorm

738 Siehe hierzu auch die unionsrechtliche Vorgabe in Art. 15 Abs. 8 UAbs. 2 EED, wonach die Mitgliedstaaten dafür sorgen müssen, dass Dienstleister wie Aggregatoren von den Netzbetreibern bei der Erfüllung der Anforderungen der Ausgleichsleistungen diskriminierungsfrei behandelt werden.

739 Die Norm wurde auf Empfehlung des Ausschusses für Wirtschaft und Energie in das Strommarktgesetz aufgenommen, siehe BT-Drs. 18/8915 v. 22.6.2016, S. 21 f., 41.

740 Die Festlegungen in § 26a Abs. 1 StromNZV gelten für neue Verträge seit Inkrafttreten des StromMG am 30. Juli 2016 sowie im Übrigen ab 1. Januar 2018 (§ 26a Abs. 3 StromNZV).

741 Zur Forderung sowie zu ihrer Ablehnung *BNetzA*, Beschluss v. 29.6.2011, BK6-06-013, S. 9.

gestiegene Wichtigkeit der Marktrolle des Aggregators.[742] Dessen Verweis auf die von der Bundesnetzagentur vorgeschlagenen Alternativen ist angesichts der Bedeutung eines intelligenten Energiemanagements für eine intelligente Energieversorgung nicht mehr statthaft.

2. *Informationspflichten und standardisierte Abwicklungsprozesse*

Die an der Erbringung der Regelenergie Beteiligten haben Regelungen über den zwischen ihnen erfolgenden Informationsaustausch sowie die Bilanzierung der Energiemengen zu treffen (§ 26a Abs. 1 S. 2 StromNZV). Die Pflicht zur Festlegung von Regelungen über den Informationsaustausch der Beteiligten ist relevant, damit die für die Bilanzkreisöffnung notwendigen Vorkehrungen getroffen werden bzw. Handlungen unterlassen werden können, welche zu Bilanzungleichgewichten führen könnten.[743] Entscheidend ist dabei, dass der Informationsfluss zu einem angemessenen Zeitpunkt erfolgt.[744] Die rechtzeitige Informationsübermittlung ist vor allem für den Bilanzkreisverantwortlichen bedeutsam, da dieser nur auf der Grundlage der Informationen erforderliche Vorkehrungen für die Bilanzkreisöffnung treffen kann. Rechtsunsicherheiten hinsichtlich des Zeitpunktes sind nicht förderlich. Die Vorgabe in § 26a Abs. 1 StromNZV sollte in einer Festlegung der Bundesnetzagentur gem. § 27 Abs. 1 Nr. 23 StromNZV dahin gehend präzisiert werden, dass der Austausch zu einem angemessenen Zeitpunkt vor Öffnung des Bilanzkreises zu erfolgen hat.

§ 26a Abs. 1 StromNZV benennt Lieferanten explizit als einen der Beteiligten, welche die Erbringung von Regelleistung durch einen Letztverbraucher zu ermöglichen haben. Vor dem Hintergrund, dass das Angebot von Lastflexibilitäten auf dem Markt oftmals nicht vom Letztverbraucher selbst, sondern von einem Aggregator getätigt werden wird, ist es positiv zu bewerten, dass dem Aspekt des Verhältnisses der am Markt tätigen Akteure untereinander, genauer der Beziehung von Aggregator und Stromlieferant, nunmehr mehr Aufmerksamkeit gewidmet wird.[745] Der Aggregator als spezialisierter Dienstleister konzentriert

---

742 Dass der Aggregator eine wichtige Rolle im Rahmen der Laststeuerung spielt, zeigt sich auch auf europäischer Ebene. Gemäß dem Vorschlag der Europäischen Kommission zur Neufassung der EltRL sollen die Mitgliedstaaten künftig sicherstellen, dass der Regulierungsrahmen die Teilnahme von Aggregatoren am Markt begünstigt, vgl. *Europäische Kommission,* COM (2016) 864 final, S. 79.

743 BT-Drs. 18/7317, S. 136.

744 Hierauf hinweisend auch die Gesetzesbegründung zum StromMG, BT-Drs. 18/7317, S. 136.

745 Siehe hierzu auch BT-Drs. 18/8915, S. 41.

sich einzig auf eine optimale Vermarktung der erschlossenen Flexibilitätsoptionen. Sein Handeln kann unter Umständen der Prognose des Stromlieferanten hinsichtlich der durch einen Kunden abgenommenen Strommenge zuwiderlaufen mit der Folge, dass der Lieferant weniger Strom verkauft als in seinem Fahrplan angenommen und Ungleichgewichte in seinem Bilanzkreis drohen, welche sodann durch Ausgleichsleistungen zu beheben sind.[746] Die gesetzliche Inpflichtnahme des Lieferanten allein ist nicht ausreichend, um Aggregatoren einen ungehinderten Marktzugang zu ermöglichen und Konflikte zwischen den Akteuren zu vermeiden. Sollte es ihnen nicht gelingen, ihre gegenläufigen Interessen in einer individuellen Vereinbarung in Einklang zu bringen, kann der Aggregator seine erschlossenen Flexibilitätsoptionen nicht am Regelleistungsmarkt anbieten.

Um Konflikte zwischen den Marktakteuren von vornherein zu vermeiden, müssen Prozesse mit Konfliktpotenzial zwischen den Marktrollen „Aggregator" und „Lieferant" verbindlich geregelt werden. Die Marktteilnehmer einigten sich Ende 2016 auf eine sog. Branchenlösung, mithilfe derer die Markthindernisse für Aggregatoren abgebaut und ihre Möglichkeiten zur Teilnahme am Sekundärregelleistungs- sowie Minutenreservemarkt verbessert werden sollen.[747] Diese Verständigung auf Grundsätze für die Erbringung von Regelenergie durch Aggregatoren ist zu begrüßen. Diesen sollte jedoch durch eine Festlegung der Regulierungsbehörde rechtliche Verbindlichkeit verliehen werden, um insbesondere für den Aggregator Rechtssicherheit herzustellen.[748] Die Bundesnetzagentur könnte etwa einen Standardbilanzkreisvertrag veröffentlichen, der mindestens Angaben zu einer angemessenen Vergütung des seinen Bilanzkreis öffnenden Stromlieferanten, zur nachträglichen Fahrplankorrektur sowie zur erforderlichen Kommunikation zwischen den beteiligten Akteuren enthält.[749]

---

746 Näher hierzu *Dembski*, Stellungnahme des Bitkom zum Grünbuch Strommarkt, S. 6.

747 Beteiligte Marktteilnehmer waren neben den vier Übertragungsnetzbetreibern verschiedene Verbände wie der BDEW und der BNE. Siehe zur Branchenlösung die Meldung „Branchenlösung zur Flexibilisierung", in: ZfK-online v. 14. Dezember 2016, http://www.zfk.de/artikel/branchenloesung-zur-flexibilisierung.html (zuletzt abgerufen am 20.8.2017) sowie zum Hintergrund *de Wyl/Wagner*, IR 2016, S. 146 (148 f.); *Scholtka/Martin/Sänger*, ER 2016, S. 249 (251).

748 Siehe kritisch zur Branchenlösung *de Wyl/Wagner*, IR 2016, S. 146 (150).

749 *Dembski*, Stellungnahme des Bitkom zum Strommarktgesetz, S. 2. Standardverträge haben sich auch auf anderen Gebieten, etwa im Messwesen, als wirksames Instrument zur Marktöffnung für neue Anbieter bewährt. Ein eigenständiger Rahmenvertrag ist gegenüber einer Aufnahme der genannten Inhalte in den existierenden Standardbilanzkreisvertrag der Bundesnetzagentur vorzuziehen, da Letzterer primär das Verhältnis zwischen Übertragungsnetzbetreiber und Bilanzkreisverantwortlichem

III. Fazit

Um verbrauchs- und erzeugungsseitige Flexibilitätsoptionen im Rahmen eines *intelligenten Last- und Einspeisemanagements* optimal in den Strommarkt zu integrieren, folgt der Gesetzgeber einem marktorientierten Abstimmungsansatz, bei welchem den Energieversorgungsunternehmen und -dienstleistern die wichtigste *Integrationsfunktion* beim Ausgleich von Angebot und Nachfrage zukommt. Energiemanagementpotenziale ergeben sich insbesondere durch die Bündelung von Lastflexibilitätsoptionen und die Kopplung von Erzeugungskapazitäten in virtuellen Kraftwerken. Dem Aggregator als einem auf Energiemanagement spezialisierten Dienstleister kommt bei der Umsetzung dieser Potenziale eine bedeutende Rolle zu.

Zur *Beseitigung von Zugangshemmnissen für neue Anbieter zum Regelenergiemarkt* wurden im Strommarktgesetz erste Maßnahmen ergriffen, welche zur Marktöffnung beitragen. Die Verpflichtung des Lieferanten, Bilanzkreisverantwortlichen und Übertragungsnetzbetreibers zur *Öffnung des Bilanzkreises* für die Bereitstellung von Sekundärregelleistung sowie Minutenreserve (§ 26a Abs. 1 S. 1 StromNZV) ist ebenso positiv zu bewerten wie die Pflicht der an der Erbringung der Regelleistung Beteiligten, Regelungen über den zwischen ihnen erfolgenden *Informationsaustausch* sowie die Bilanzierung der Energiemengen zu treffen (§ 26a Abs. 1 S. 2 StromNZV). Beide Maßnahmen vereinfachen eine Marktteilnahme flexibler Verbrauchslasten am Regelenergiemarkt. Die Informationspflicht muss jedoch hinsichtlich des angemessenen Austauschzeitpunktes konkretisiert werden, um sicherzustellen, dass die für die Bilanzkreisöffnung notwendigen Vorkehrungen rechtzeitig getroffen werden können.

Um Konflikte zwischen alten und neuen Anbietern von Regelleistung – genauer zwischen Stromlieferanten und Aggregatoren – zu vermeiden, die oftmals gegenläufige Interessen verfolgen, sollte die Bundesnetzagentur die im Rahmen einer sog. Branchenlösung der Marktteilnehmer Ende 2016 getroffenen unverbindlichen Verfahrensgrundsätze für die Erbringung von Regelenergie durch Aggregatoren in einem *Standardbilanzkreisvertrag* festlegen, der mindestens Angaben zu einer angemessenen Vergütung des seinen Bilanzkreis öffnenden Lieferanten, zur nachträglichen Fahrplankorrektur und zur erforderlichen

---

betrifft. Vgl. hierzu *BNetzA*, BK6-06-013, Anl. 1. Der Vertrag ist auf dem Stand vom 29. Juni 2011. Das Festlegungsverfahren zu seiner Änderung (BK6-14-044) ist noch nicht abgeschlossen. Siehe zum Gang und Stand des Festlegungsverfahrens *de Wyl/ Wagner*, IR 2016, S. 146 (146 ff.).

Kommunikation zwischen den Beteiligten enthält. Nur durch eine verbindliche Festlegung von Mindestvertragsinhalten kann verhindert werden, dass der neue Marktanbieter aufgrund seiner schlechteren Ausgangsposition einen Vertrag mit für ihn nachteiligen Regelungen hinnehmen muss.

§ 6 Markt- und netzseitige Herausforderungen in Bezug auf Energiespeicher

Im bisherigen Energieversorgungssystem ist der Einsatz von Energiespeichern vom Aspekt der Versorgungssicherheit geprägt. Im Rahmen einer intelligenten Energieversorgung tritt daneben die Möglichkeit, Energiespeicher zum Ausgleich von Bilanzungleichgewichten zu nutzen.[750] Ein Einsatz von Energiespeichern ist sowohl verstärkt netzseitig im Smart Grid[751] als auch verstärkt marktseitig im Smart Market[752] denkbar.[753] Als Flexibilitätsoption können dabei sowohl stationäre Energiespeicher als auch – perspektivisch – Elektrofahrzeuge als mobile Speicher herangezogen werden. Die Darstellung widmet sich im Folgenden zunächst der Möglichkeit der Integration stationärer Energiespeicher in den bestehenden Rechtsrahmen (A.). Im Anschluss daran werden die Möglichkeiten zum Einsatz von mobilen Speichern zur Stabilisierung des Energiesystems untersucht (B.).

A. Stationäre Energiespeicher

Die Abhandlung unternimmt einleitend den Versuch einer rechtlichen Klassifizierung von stationären Stromspeichern anhand der im Energiebereich existierenden Kategorien und prüft, ob es einer eigenen Definition von Stromspeichern bedarf. Im Anschluss daran wird sowohl für den sektoralen Bereich, mithin den Einsatz von Speichern innerhalb des Stromsektors als auch den sektorübergreifenden Bereich, also die Speichernutzung außerhalb des Stromsektors, das Bestehen von Investitions- und Betriebsanreizen untersucht. Im sektorübergreifenden Bereich wird hierbei der Fokus auf den Aspekt der Power to Gas-Technologie gelegt.[754] Für den sektoralen sowie sektorübergreifenden Bereich wird

750 *BNetzA*, „Smart Grid" und „Smart Market", S. 31.

751 Siehe zum Begriff des Smart Grid bereits § 2 B. I.

752 Siehe zum Begriff des Smart Market bereits § 2 B. IV.

753 *BNetzA*, „Smart Grid" und „Smart Market", S. 31; *Gabel/Johanndeiter*, et 6/2017, S. 28 (28).

754 Im sektoralen Bereich wird die Nutzung ausländischer Speicherkapazitäten nicht näher erörtert. Siehe hierzu bereits § 2 B. V. 1., Fn. 143. Andere sektorübergreifende Bereiche werden aus Platzgründen nicht näher betrachtet. Siehe zu Power to Heat etwa *Altrock/Thomas/Vollprecht*, EnWZ 2016, S. 106 ff.; *Buchmüller/Hennig*, ZNER 2016, S. 384 ff. Allgemein zu stationären Speichern bereits § 2 A. III. 3. b) und B. V.

geprüft, ob dem Eintritt von Stromspeicherbetreibern in den Strom- sowie Regelenergiemarkt Hindernisse entgegenstehen. Weiterhin widmet sich die Untersuchung der Frage, inwieweit Stromspeicher zur Optimierung des Netzbetriebs eingesetzt werden können. Dem schließt sich eine Auseinandersetzung mit der Frage des ausreichenden Bestehens von Anreizen zur Investition in stationäre Stromspeicher an.

I. Energierechtlicher Rahmen für Speicheranlagen

1. Klassifizierung von Energiespeichern

a) Begriffsbestimmung in EnWG und EEG

Weder im EnWG noch im EEG wird der Begriff des Energiespeichers definiert.

Das EnWG enthält den Begriff der Speicheranlage, § 3 Nr. 31 EnWG definiert diese jedoch als eine einem Gasversorgungsunternehmen gehörende oder von ihm betriebene Anlage zur Gasspeicherung. Bereits der Wortlaut führt zu dem Schluss, dass der Begriff der Speicheranlage hier im Sinne eines Gasspeichers zu verstehen ist.[755] Weiterhin ist an mehreren Stellen des EnWG von „Anlagen zur Speicherung elektrischer Energie" die Rede.[756] Eine Definition lässt sich dem Gesetz insofern nicht entnehmen, jedoch verdeutlicht dieser eigenständige Begriff, dass Stromspeicheranlagen vom Begriff der Speicheranlage gem. § 3 Nr. 31 EnWG nicht umfasst sind.[757]

Das EEG enthält in § 61a Abs. 1 die Vorgabe, dass für Strom, der zum Zweck der Zwischenspeicherung an einen elektrischen, chemischen, mechanischen oder physikalischen Stromspeicher geliefert oder geleitet wird, eine Befreiung von der EEG-Umlage in Betracht kommt. Die Norm beschreibt verschiedene Speichertechnologien, bleibt eine Definition des Begriffes des Stromspeichers jedoch schuldig.[758] Des Weiteren findet sich in § 19 Abs. 3 S. 2 EEG der Begriff des Stromspeichers. Aus der systematischen Stellung der Norm ergibt sich, dass es in § 19 Abs. 3 S. 2 EEG weniger um den Stromspeicher als Anlage geht, sondern vielmehr um den Erhalt des in § 19 Abs. 1 EEG normierten Zahlungsanspruchs sowie die Bemessung der Anspruchshöhe für EE-Strom, der vor der Einspeisung

---

755 Zu dieser Auslegung trägt auch die Tatsache bei, dass § 3 Nr. 31 EnWG auf Art. 2 Nr. 9 der Richtlinie 2003/55/EG betreffend den Erdgasbinnenmarkt zurückgeht.

756 Vgl. etwa § 1 Abs. 4 Nr. 3, § 1a Abs. 3, § 13a Abs. 1, § 17 Abs. 1, § 118 Abs. 6 EnWG.

757 Zur Anwendbarkeit der Definition des § 3 Nr. 31 EnWG auf Stromspeicher auch *Riewe/Meyer*, EWeRK 2015, S. 138 (139).

758 *Riewe/Meyer*, EWeRK 2015, S. 138 (139).

in das Netz zwischengespeichert wurde.[759] Die Vorschrift des § 19 Abs. 3 EEG ist im Zusammenhang mit § 3 Nr. 1 Hs. 2 EEG zu lesen. Danach gelten Einrichtungen, die zwischengespeicherte Energie, die ausschließlich aus Erneuerbaren Energien stammt, aufnehmen und in elektrische Energie umwandeln, als Anlagen in Sinne von § 3 Nr. 1 Hs. 1 EEG, mithin als Einrichtungen zur Erzeugung von Strom aus Erneuerbaren Energien. Während im Rahmen von § 61a Abs. 1 EEG der erste Prozessschritt des Speichervorgangs, die Stromlieferung an den Speicher, für die Befreiung von der EEG-Umlage ausschlaggebend ist, stellt § 3 Nr. 1 Hs. 2 EEG für die Gleichstellung entscheidend auf den letzten Prozessschritt, die Umwandlung in elektrische Energie, ab.[760] Folglich muss für eine Gleichstellung mit einer EE-Anlage die im Speicher umgewandelte und rückverstromte Energie nicht ausschließlich aus Erneuerbaren Energien stammen.[761]

b) Gleichstellung mit Erzeugungsanlagen

Im EnWG umfasst der Oberbegriff der Energieanlage Anlagen zur Erzeugung, Speicherung, Fortleitung oder Abgabe von Energie (§ 3 Nr. 15 EnWG). Die Auflistung verschiedener Anlagentypen deutet nicht darauf hin, dass Stromspeicher mit Erzeugungsanlagen gleichgestellt werden sollen. Gegen eine Verschiedenheit von Erzeugungsanlagen und Stromspeichern spricht auch nicht die Tatsache, dass der Gesetzgeber Letztere zumindest dann mit Ersteren als „in Maßen vergleichbar" ansieht, wenn der in den Speicher eingespeiste Strom später in das Netz rückgespeist wird.[762] Das Herausstellen der begrenzten Vergleichbarkeit deutet darauf hin, dass das EnWG generell zwischen Stromspeichern und Erzeugungsanlagen differenziert.[763]

---

759 *Thomas/Altrock*, ZUR 2013, S. 579 (586); *Salje*, EEG 2014, § 19 Rn. 29 f.

760 *Thomas/Altrock*, ZUR 2013, 579 (586 f.); *von Bredow/Balzer*, et 4/2015, S. 72 (73). Welche Speicher als Anlagen gem. § 3 Nr. 1 EEG gelten, hängt folglich davon ab, ob die Zwischenspeicherung und Umwandlung in elektrische Energie in derselben Einrichtung erfolgt oder nicht.

761 *Thomas/Altrock*, ZUR 2013, 579 (588); *Wieser*, ZUR 2011, S. 240 (242). A.A. aber wohl Letzterer in *Wieser*, Intelligente Elektrizitätsversorgungsnetze, S. 243. Aufgrund der Fiktion sind neben Wasserstoff- und Batteriespeichern etwa auch Druckluftspeicher als von der Norm umfasst anzusehen, vgl. BT-Drs. 16/8148, S. 38 (Gesetzbegründung zum EEG 2009).

762 BT-Drs. 17/6365, S. 33. Eine Gleichstellung erfolgt z.B. in § 13a Abs. 1, § 13b EnWG sowie in §§ 17, 18 EnWG. Hierzu näher *Sailer*, ZNER 2012, S. 153 (156).

763 So auch *Riewe/Sauer*, EWeRK 2014, S. 79 (81) m.w.N. Vgl. auch § 13j Abs. 1 Nr. 4 EnWG, wonach bei der Ermittlung von Erlösmöglichkeiten aufgrund von Anpassungseinspeisungen zwischen Erzeugungsanlagen und Stromspeichern unterschieden

Für den stromsteuerrechtlichen Bereich hängt die Qualifikation eines Stromspeichers als Erzeugungsanlage von der Speicherart ab. Während die Stromeinspeisung in Pumpspeicher nach § 12 Abs. 1 Nr. 2 StromStV als zur Stromerzeugung erfolgte Netzentnahme gilt, verneint der Bundesfinanzhof für Batteriespeicher eine Klassifizierung als Stromerzeugungsanlage.[764]

Im Bereich des EEG haben Stromspeicher aufgrund der dargestellten, auf einer normativen Fiktion[765] beruhenden Gleichstellung von Stromspeichern mit EE-Anlagen gem. § 3 Nr. 1 Hs. 2 EEG Anspruch auf vorrangigen Netzanschluss nach § 8 Abs. 1 EEG, vorrangige Abnahme ihres Stromes nach § 11 Abs. 1 EEG sowie die Zahlung einer Marktprämie nach §§ 19, 20 EEG. Da primäres Ziel der EEG-Regelungen jedoch weiterhin die Förderung von EE-Anlagen bleibt, haben Stromspeicher die genannten Ansprüche allerdings nur dann, wenn der zwischengespeicherte Strom ausschließlich aus Erneuerbaren Energien stammt.[766] Power to Gas-Anlagen, welche regelmäßig aus drei Teilen bestehen,[767] unterfallen § 3 Nr. 1 EEG als Gesamtanlage, wenn die Anlagenteile räumlich nah beieinanderliegen.[768] Ansonsten ist lediglich die Rückverstromungsanlage als Anlage im Sinne der Norm anzusehen.[769]

c) *Qualifikation als Letztverbraucher*

Das EnWG definiert den Begriff des Letztverbrauchers in § 3 Nr. 25 EnWG als natürliche oder juristische Person, die Energie für den eigenen Verbrauch

---

werden kann. Zu einer Gleichstellung mit Erzeugungsanlagen tendierend *Schäfer-Stradowsky/Boldt*, ZUR 2015, S. 451 (453).

764 BFH, Urt. v. 19. Juni 2012, VII R 33/10. Siehe hierzu *Riewe/Sauer*, EWeRK 2014, S. 79 (81).

765 *Salje*, EEG 2014, § 5 Rn. 10.

766 *Schumacher*, in: Säcker, EEG 2014, § 5 Rn. 33; *von Oppen*, ER 2014, S. 9 (10). Für Speicher, die sowohl Strom aus erneuerbaren als auch aus fossilen Quellen zwischenspeichern, besteht damit kein Anschlussvorrang, siehe *Thomas/Altrock*, ZUR 2013, 579 (588).

767 Dabei handelt es sich um Elektrolyseur, Gasspeicher sowie Rückverstromungsanlage, soweit eine Wiedereinspeisung in das Stromnetz vorgesehen ist. Soll Methan erzeugt werden, kommt eine Methanisierungsanlage hinzu. Siehe hierzu *von Bredow/Balzer*, et 4/2015, S. 72 (73).

768 *Von Bredow/Balzer*, et 4/2015, S. 72 (73). Zu diesem weiten Anlagenbegriff siehe BGH, Urteil v. 23. Oktober 2013, VIII ZR 262/12 = NVwZ 2014, S. 313 (317). Hierzu ausführlich *Hennig/von Bredow/Valentin*, in: Frenz u.a., EEG 2014, § 5 Rn. 12 ff.

769 Zum Fokus von § 3 Nr. 1 EEG bereits § 6 A. I. 1. a).

kauft.[770] Die Frage, ob Betreiber eines Pumpspeichers als Letztverbraucher in diesem Sinne einer Zahlungspflicht von Netzentgelten unterliegen, wird vom Bundesgerichtshof bejaht.[771] Die Klassifizierung wird zum einen mit dem in zwei Vorgänge aufzuteilenden Speicherablauf begründet. Durch den zunächst notwendigen Pumpvorgang werde erst Energie verbraucht, bevor durch das Ablassen des Wassers aus dem höhergelegenen Speicherbecken neue Energie erzeugt werden könne.[772] Zum anderen wird der eine Netzentgeltbefreiung für Pumpspeicher regelnde § 118 Abs. 6 EnWG herangezogen, aus dem sich im Umkehrschluss eine grundsätzliche Entgeltpflicht ergebe.[773]

Ob die Einordnung von Pumpspeichern als Letztverbraucher auf andere Speicherarten übertragen werden kann, ist umstritten. Für eine Übertragbarkeit wird angeführt, dass es für eine Qualifikation als Letztverbraucher nur auf den Strombezug des Speichers ankomme.[774] Die Gegenauffassung verweist auf den vom BGH getätigten Hinweis, dass die Entscheidung lediglich Pumpspeicher betreffe und nicht jede Stromspeicherung als Letztverbrauch eingeordnet werden könne.[775] Zudem wird darauf verwiesen, dass der BGH in § 3 Nr. 25 EnWG nur auf den Aspekt des Verbrauches abgestellt, das Tatbestandsmerkmal des Kaufens jedoch außer Acht gelassen habe. Werde letzteres Merkmal bei Betreibermodellen, bei welchen mehr als zwei Personen in die Speicherung involviert sind, nicht in der Person des Speicherbetreibers erfüllt, sei das Vorliegen eines

---

770 Im EEG wird auf das Erwerbserfordernis verzichtet. Letztverbraucher ist nach § 3 Nr. 33 EEG jede natürliche oder juristische Person, die Strom verbraucht. Diese Definition wurde erst in das EEG 2014 aufgenommen, zuvor griff man auf § 3 Nr. 25 EnWG zurück, vgl. *Boesche,* in: Säcker, BerlKomm-EnR 2014, § 3 EnWG Rn. 132. Die Gesetzesbegründung zu § 3 Nr. 33 EEG weist darauf hin, dass die EEG-rechtliche Definition trotz des Fehlens des Merkmals „Kaufen" inhaltlich weiterhin § 3 Nr. 25 EnWG entspreche, aber zur Anpassung an die Erfordernisse des EEG modifiziert worden sei, siehe BT-Drs. 18/1304, S. 114. Aufgrund des Fehlens des Erwerbstatbestandes ist eine Deckungsgleichheit mit § 3 Nr. 25 EnWG allerdings zu verneinen, siehe *Hennig/von Bredow/Valentin,* in: Frenz u.a., EEG 2014, § 5 Rn. 171; zweifelnd *Brahms,* ER 2014, S. 235 (237).

771 BGH, Beschluss v. 17. November 2009, EnVR 56/08 = NVwZ-RR 2010, S. 431 ff. In BGH, Beschluss v. 9. Oktober 2012, EnVR 47/11 = NVwZ-RR 2013, 408 f. sowie Beschluss v. 9. Oktober 2012, EnVR 42/11 = RdE 2013, S. 171 f. wurde diese Rechtsprechung bestätigt.

772 BGH, Beschluss v. 17. November 2009, EnVR 56/08 = NVwZ-RR 2010, S. 431 (432).

773 BGH, NVwZ-RR 2010, S. 431 (432 f.).

774 *Stappert/Vallone/Groß,* RdE 2015, S. 62 (63); *von Oppen,* ER 2014, S. 9 (11 f.).

775 *Sauer,* EWeRK 2015, S. 176 (179). Vgl. BGH, NVwZ-RR 2010, S. 431 (432 f.).

Letztverbrauchs fraglich.[776] Überdies wird angeführt, dass die Einordnung von Stromspeichern als Letztverbraucher systemwidrig sei, da der Letztverbrauch so zweimal, bei der Einspeicherung und nach der Rückverstromung durch den Stromkunden, mit einem Netznutzungsentgelt belastet werde.[777] Zuletzt wird zur Abgrenzung von Letztverbrauch und Stromspeicherung ein Urteil des Bundesfinanzhofes aus dem Jahr 1993 herangezogen, in welchem dieser die Frage, ob es sich bei dem Strombezug durch einen Pumpspeicher um eine „Lieferung" im umsatzsteuerrechtlichen Sinne handele, mit dem Argument verneinte, dass die wirtschaftliche Bedeutung der Stromlieferung nicht in dessen Verbrauch, sondern in dessen Einspeicherung liege und Letztere daher als Verwahrung anzusehen sei.[778]

2. Notwendigkeit einer Legaldefinition für Stromspeicher

Die Gleichstellung der Speicher mit Erzeugungsanlagen im EEG sowie die Bejahung der Letztverbrauchereigenschaft vom Pumpspeichern durch den BGH verdeutlichen, dass bisher versucht wird, Stromspeicher über die im Energiebereich existierenden Kategorien von Erzeugung und Verbrauch zu klassifizieren. Diese Einordnung mag für Pumpspeicher aufgrund des zweiteiligen Speicherprozesses noch nachvollziehbar sein. Für andere Speicherarten wie Batteriespeicher oder Power to Gas-Anlagen, bei welchen eine Aufteilung des Speichervorganges in einen Verbrauchs- und einen Erzeugungsabschnitt künstlich erscheint, ist eine solche Klassifizierung jedoch nicht überzeugend.[779] Eine bessere Einordnung von Stromspeichern gelingt bei Zugrundelegung eines funktionalen Verständnisses

---

776 Zu diesem Aspekt ausführlich *Lietz*, EWeRK 2014, S. 96 (100), welche hierfür folgendes Beispiel nennt: Wenn die Speichernutzung Kunden entgeltlich zur Verfügung gestellt wird, der Kunde aber die einzuspeichernden Strommengen selbst erwirbt, liegt beim Speicherbetreiber kein Kauf für den eigenen, sondern für den fremden Verbrauch vor.

777 *Krebs*, RdE 2012, S. 19 (21); *Schwintowski*, EWeRK 2016, S. 369 (370). Diesem Argument wird jedoch entgegengehalten, dass die Gesetzessystematik mit Ausnahmetatbeständen wie § 118 Abs. 6 EnWG eher für die Auslegung des BGH spreche, siehe *Thomas/Altrock*, ZUR 2013, S. 579 (579).

778 BFH, Urteil v. 12.5.1993, XI R 56/90 = DStR 1993, S. 1783 (1783). Siehe hierzu *von Bredow/Balzer*, et 4/2015, S. 72 (74). Kritisch zur Heranziehung des Urteils aufgrund verschiedener Zielrichtungen von „Lieferung" und „Letztverbrauch" *Lietz*, EWeRK 2014, S. 96 (99).

779 A.A. *Fraunhofer IWES*, Roadmap Speicher, S. 99; *Drerup/Bourwieg*, ER 2016, S. 197 (198, 201).

des Speichervorgangs.[780] Wie der BFH bereits 1993 herausgearbeitet hat, liegt der Speicherschwerpunkt in der Verwahrung des Stromes in einer bestimmten Form von Energie mit der Absicht, diese zu einem späteren Zeitpunkt wieder zu nutzen.[781] Diesem Verständnis scheint auch die Europäische Kommission zu folgen, da sie Stromspeicher weder als Erzeugungsanlage noch als Letztverbraucher ansieht.[782] Zudem zeigt die Gasspeicherdefinition in § 3 Nr. 31 EnWG, dass dem EnWG die Kategorie der Speicheranlage bereits bekannt ist. Eine parallel dazu erfolgende Definition für Stromspeicher wäre daher systemkonform.[783]

Der Bundesrat hat den insoweit bestehenden Änderungsbedarf erkannt und vorgeschlagen, § 3 Nr. 25 EnWG zur Klarstellung um den Zusatz „also diese Energie nicht nach erfolgter Zwischenspeicherung in einem elektrischen, chemischen, mechanischen oder physikalischen Speicher wieder ausspeisen" zu ergänzen.[784] Im Rahmen des Strommarktgesetzes wurden diese Änderungsvorschläge jedoch bedauerlicherweise nicht umgesetzt.[785] Diese Änderung trüge zur Differenzierung zwischen Speichern und Letztverbrauchern bei und stellte heraus, dass Speicher dann Letztverbraucher sein können, wenn das Ziel der Stromaufnahme nicht die Zwischenspeicherung ist. Um Unklarheiten sowie

---

780 Hierzu auch *Schwintowski*, EWeRK 2015, S. 81 (91); *Schneider/Kirch,* RdE 2016, S. 165 (166).

781 Siehe hierzu Fn. 778.

782 So die freilich unverbindliche Ansicht des damaligen Leiters der Generaldirektion Energie der Europäischen Kommission *Philip Lowe* in einem Schreiben an EURELECTRIC v. 31. Mai 2013, http://www.vozpopuli.com/upload/Antonio_Munoz/energy-storage-response-from-p-lowe.pdf (zuletzt abgerufen am 20.8.2017). Vgl. hierzu auch *Riewe/Sauer,* EWeRK 2014, S. 79 (86).

783 Der Erlass von § 118 Abs. 6 EnWG kann insoweit als Reaktion des Gesetzgebers aufgefasst werden, um eine Entgeltpflicht von Speichern trotz der erwähnten gerichtlichen Einordnung von Pumpspeichern als Letztverbraucher zu vermeiden, siehe *Lietz,* EWeRK 2014, S. 96 (98 f.) sowie Fn. 777.

784 *BRat*, Stellungnahme zum Entwurf des StromMG v. 18. Dezember 2015, BR-Drs. 542/15 (B), S. 6. Zu weiteren Ergänzungsvorschlägen *Riewe/Sauer,* EWeRK 2014, S. 79 (95); *Schwintowski,* EWeRK 2015, S. 81 (96). Vgl. auch BT-Drs. 18/1304, S. 115; *CDU/CSU/SPD*, Koalitionsvertrag 2013, S. 41, wo zumindest eine Überprüfung der Letztverbrauchereigenschaft von Speichern angekündigt wurde.

785 Nach Ansicht der Bundesregierung würde diese Änderung zu einer nicht gewollten Besserstellung der Stromspeicher gegenüber anderen Flexibilitätsoptionen führen, siehe BT-Drs. 18/7317, S. 171.

unterschiedliche Rechtsfolgen in EnWG und EEG zu vermeiden, sollte der Zusatz auch in § 3 Nr. 33 EEG ergänzt werden.[786]

Neben dieser Klarstellung in § 3 Nr. 25 EnWG bedarf es einer Definition für Stromspeicher, um ihre Verschiedenheit von Erzeugungsanlagen und Letztverbrauchern zu verdeutlichen und ihre eigenständige Rolle in einem intelligenten Energiesystem herauszustellen. Die Vorschläge zur Begriffsbestimmung reichen von einer Einheitsdefinition für „Speicheranlagen für Energie“, die sowohl Gas- als auch Stromspeicher umfasst,[787] über eine eigenständige Definition für „Speicheranlagen für elektrische Energie“ in Analogie zu § 3 Nr. 31 EnWG[788] bis hin zu einem Stufenkonzept, das zunächst „Anlagen zur Speicherung von Energie“ definiert und in der Folge zwischen „Speicheranlagen für Gas“ und „Speicheranlagen für elektrische Energie“ differenziert.[789] Ein Vorschlag für eine Definition von Stromspeichern wird am Ende der Darstellung von Teil A. gemacht, nachdem im Folgenden die entscheidenden Aspekte, welche es in die Definition aufzunehmen gilt, beleuchtet wurden.[790]

II. Sektorale Investitions- und Betriebsanreize

Im Stromsektor[791] kommt im Bereich des Strommarktes eine Nutzung bei der Erzeugung, dem Handel und dem Bezug von Strom in Betracht. Speicher bieten im Smart Market eine Flexibilisierungsoption für Aggregatoren. Zudem können sie durch eine Verstetigung der Energieerzeugung und der Verhinderung von Netzengpässen zur Optimierung des Netzbetriebs beitragen.[792]

---

786 Der dahin gehende Vorschlag (vgl. *BRat,* Empfehlung des Wirtschaftsausschusses v. 4. Dezember 2015, BR-Drs. 542/1/15, S. 31) wurde nicht in die Stellungnahme (Fn. 784) aufgenommen.

787 *Schwintowski,* EWeRK 2015, S. 81 (96).

788 *Riewe/Sauer,* EWeRK 2014, S. 79 (95 f.).

789 *Riewe/Meyer,* EWeRK 2015, S. 138 (142 ff.).

790 Siehe unten § 6 A. IV.

791 Bei einer sektoralen Speichernutzung wird auch von Power-to-Power gesprochen, während eine sektorübergreifende Nutzung als Power-to-X bezeichnet wird. Zu diesen Begriffen etwa *Schill,* in: Kemfert/Schill/Traber, Energiewende in Deutschland, S. 61 (70). Der Power to X-Bereich wird erst in § 6 A. III. betrachtet, § 6 A. II. beschränkt sich auf den Power to Power-Bereich.

792 *Heller,* EWeRK 2013, S. 177 (178, 186); *Brahms,* ER 2014, S. 235 (235).

1. *Abbau von Markteintrittsbarrieren auf dem Strommarkt*

a) Verhinderung von Doppelbelastungen[793]

aa) Netzentgeltbefreiung

Eine Entgeltbefreiung für den zu Einspeicherungszwecken bezogenen Strom wird für *neu errichtete Stromspeicheranlagen* gewährt, soweit diese nach dem 31. Dezember 2008 errichtet und ab dem 4. August 2011 innerhalb von fünfzehn Jahren in Betrieb genommen werden (§ 118 Abs. 6 S. 1 EnWG).[794] Die Befreiung gilt für einen Zeitraum von zwanzig Jahren ab Inbetriebnahme und wird nur gewährt, wenn Strom zur Speicherung entnommen und zeitlich verzögert wieder in dasselbe Netz ausgespeist wird (§ 118 Abs. 6 S. 3, 6 EnWG).[795] Auftretende Speicherverluste sind von ihr mitumfasst.[796] *Bestehende Pumpspeicher* werden von einer Entgeltzahlung zur Anreizung effizienz- und kapazitätserhöhender Umbaumaßnahmen für zehn Jahre befreit, wenn ihre Leistung nach dem 4. August 2011 nachweislich um mindestens 7,5% oder ihre speicherbare Energiemenge um mindestens 5% erhöht wurde (§ 118 Abs. 6 S. 2 EnWG).[797] Die Freistellung steht unter der Voraussetzung eines erheblichen Abweichens des Höchstlastbeitrages der Anlage von der zeitgleichen Jahreshöchstlast aller Entnahmen aus

---

793 Der Gedanke, eine doppelte Belastung mit verschiedenen im Zusammenhang mit der Netznutzung, dem Strombezug und dem Stromverbrauch entstehenden Kostenpositionen verhindern zu müssen, ist nur vor dem Hintergrund der erwähnten höchstrichterlichen Einordnung von Pumpspeichern als Letztverbraucher verständlich (hierzu oben Fn. 771). Darauf aufbauend entstehen sowohl beim Strombezug des Speichers zum Zwecke der Zwischenspeicherung als auch beim Bezug des aus dem Speicher ausgespeisten Stromes durch einen Letztverbraucher Kostenbelastungen.

794 Zum Ziel von § 118 Abs. 6 S. 1 EnWG siehe BT-Drs. 16/12898, S. 20.

795 Zum Inbetriebnahmezeitpunkt näher *Stappert/Vallone/Groß*, RdE 2015, S. 62 (63).

796 BT-Drs. 17/10754, S. 33 f.; *Posser*, in: Kment, EnWG, § 118 Rn. 8. Kritisch zur Einbeziehung von Speicherverlusten *Heller*, EWeRK 2013, S. 177 (179).

797 BT-Drs. 17/6072, S. 97. Die Begrenzung der Befreiung für Bestandsanlagen auf Pumpspeicher ist vor dem Hintergrund zu sehen, dass vornehmlich diese bis dato als Speicher eingesetzt wurden (vgl. § 2 B. V. 1.). Aufgrund des zeitlich früh ansetzenden Befreiungstatbestandes für Neuanlagen ist eine Schlechterstellung anderer Speicherarten nicht zu erkennen. Kritisch aber *Wieser*, Intelligente Elektrizitätsversorgungsnetze, S. 234. Näher zu den Befreiungsvoraussetzungen BT-Drs. 17/11705, S. 57; *Posser*, in: Kment, EnWG, § 118 Rn. 9. Die Entgeltbefreiung erfolgt durch Genehmigung der Regulierungsbehörde (§ 118 Abs. 6 S. 5 EnWG). Hierzu *Stappert/Vallone/Groß*, RdE 2015, S. 62 (64 f.).

derselben Netzebene (§ 118 Abs. 6 S. 4 EnWG). Pumpspeicher müssen damit durch netzdienliches Verhalten zu einer Netzentlastung beitragen.[798]

bb) Angebot eines individuellen Netzentgelts

Nach § 19 Abs. 4 StromNEV ist Letztverbrauchern, die Strom dem Netz ausschließlich zur Speicherung in einem Stromspeicher entnehmen und den zurückgewonnenen Strom wieder in das Netz rückspeisen, ein individuelles Netzentgelt anzubieten.[799] Speicherbetreiber, die keine Entgeltbefreiung nach § 118 Abs. 6 EnWG in Anspruch nehmen können, sollen nur für den Strom, der dem Netz dauerhaft entzogen wird, mit Netzentgelten belastet werden.[800] Um den Speichern ein flexibles, am Strompreis orientiertes Agieren auf dem Strommarkt zu ermöglichen, wird kein Arbeits-, sondern lediglich ein Leistungsnetzentgelt erhoben.[801] Die Aufnahme der Norm im Rahmen des Strommarktgesetzes vom 26. Juli 2016 verdeutlicht, dass der Verordnungsgeber Speicher als Faktor zur Flexibilisierung des Strommarkts wahrnimmt.[802] Auch wenn Speicher vorwiegend marktorientiert eingesetzt werden, können Entgeltreduzierungen als Anreiz zur Speicherinvestition dienen. Der Befreiungszeitraum von zwanzig Jahren in § 118 Abs. 6 S. 1 EnWG trägt zwar zu einer wirtschaftlichen Planungssicherheit von Speicherprojekten bei. Die Verpflichtung zur Inbetriebnahme neuer Speicher innerhalb von fünfzehn Jahren ab 4. August 2011 (bis 2026) zur Inanspruchnahme einer vollständigen Entgeltbefreiung ist aber zu kurz bemessen und kann insbesondere bei Großprojekten keinen Investitionsanreiz setzen.[803] Da erst ab 2040 von einem erhöhten Speicherbedarf und einer erhöhten Investition in Speicher auszugehen ist,[804] kann die Aussicht einer Entgeltreduzierung gem. § 19 Abs. 4 StromNEV gerade in dieser Phase ein Anreiz sein, dennoch in

798 BT-Drs. 17/6072; *Lehnert/Vollprecht*, ZNER 2012, S. 356 (361). *Sailer*, ZNER 2012, S. 153 (155) kritisiert die Begrenztheit dieser Anforderung auf Pumpspeicherkraftwerke.

799 Die Norm wurde durch Art. 3 StromMG in § 19 StromNEV eingefügt, vgl. BT-Drs. 18/8915, S. 21. Zur Zusammensetzung des Netzentgelts siehe bereits in § 5 A. II. 3.

800 BT-Drs. 18/8915, S. 40.

801 BT-Drs. 18/8915, S. 40.

802 Ende 2011 hatte sich die Bundesnetzagentur mit dem Argument, Speicher würden in erster Linie nicht netzdienlich, sondern marktorientiert betrieben, noch gegen eine Netzentgeltbefreiung von Speichern ausgesprochen, siehe *BNetzA*, „Smart Grid" und „Smart Market", S. 32.

803 So auch *Dietrich/Ahnsehl*, et 1,2/2012, S. 135 (137 f.); *Sailer*, ZNER 2012, S. 153 (155).

804 Zum prognostizierten Speicherbedarf bereits § 2 A. III. 3. b).

Speicherprojekte zu investieren.[805] Zudem bietet die Norm für Betreiber, welche die Voraussetzungen von § 118 Abs. 6 EnWG nicht erfüllen, weil sie den Strom nicht in dasselbe Netz rückspeisen, einen Anreiz, ihre Speicherdienstleistung auf dem Strommarkt anzubieten.

cc) Verringerung der EEG-Umlage

Die Pflicht von Versorgungsunternehmen, die Strom an Letztverbraucher liefern, zur Zahlung der EEG-Umlage an den Übertragungsnetzbetreiber (§ 60 Abs. 1 EEG)[806] verringert sich für Strom, der in einem Stromspeicher zwischengespeichert wird, in der Höhe und dem Umfang, in der die EEG-Umlage für Strom, der zu einem späteren Zeitpunkt wieder aus dem Stromspeicher ausgespeist wird, gezahlt wird, höchstens aber auf null. Dabei wird vermutet, dass für den aus dem Speicher ausgespeisten Strom die volle EEG-Umlage gezahlt worden ist, soweit der Strom in ein Netz eingespeist und in einen Bilanzkreis eingestellt wird (§ 61k Abs. 1 EEG).[807] Die Privilegierung von Stromspeichern bezüglich der Zahlung der EEG-Umlage bezweckt die Sicherstellung ihrer Wirtschaftlichkeit.[808] Im Rahmen der Zwischenspeicherung auftretende Speicherverluste werden von der Privilegierung umfasst (§ 61k Abs. 1 S. 3 EEG).[809] Seit 1. Januar 2017 können auch bivalente Speicherkonzepte, bei welchen der zwischengespeicherte Strom

---

805 *Stelter/Ipsen,* EnWZ 2016, S. 483 (488) kritisieren die Norm als nicht weitgehend genug.

806 Elektrizitätsversorgungsunternehmen (vgl. § 3 Nr. 20 EEG) haben die Differenzkosten zwischen erzielten EEG-Stromerlösen und den an Anlagenbetreiber geleisteten Zahlungen im Rahmen des bundesweiten Belastungsausgleiches anteilig durch Zahlung der EEG-Umlage zu tragen. Allgemein hierzu *Cosack,* in: Frenz u.a., EEG 2014, § 60 Rn. 1 ff.; *Salje,* EEG 2014, § 60 Rn. 1 ff.

807 Die Bestimmungen zur EEG-Umlagepflicht bzw. Ausnahmen hiervon wurden im Gesetz zur Änderung der Bestimmungen zur Stromerzeugung aus Kraft-Wärme-Kopplung und zur Eigenversorgung vom 22. Dezember 2016 (Fn. 720) neu geregelt, wobei die zuvor sehr unübersichtliche Gesetzeslage größtenteils lediglich übersichtlicher gestaltet wurde, siehe BT-Drs. 18/10209, S. 109. § 61k EEG, der erst auf Empfehlung des Ausschusses für Wirtschaft und Energie in den Gesetzentwurf aufgenommen wurde, basiert auf § 61a Abs. 1 EEG a.F., erweitert aber dessen Anwendungsbereich, siehe hierzu BT-Drs. 18/10668, S. 167 vom 14. Dezember 2016. Insgesamt hierzu *Günther,* ER 2017, S. 3 (6 ff.).

808 Siehe hierzu schon BT-Drs. 17/8877, S. 1 f., 12; *Salje,* EEG 2014, § 60 Rn. 60.

809 BT-Drs. 18/10668 v. 14. Dezember 2016, S. 167. Hierzu schon *Sauer,* EWeRK 2015, S. 176 (177).

nur teilweise zur Rückspeisung in das Netz und teilweise zur Eigenversorgung[810] genutzt wird, von der Privilegierung des § 61k EEG profitieren.[811] Die Höhe der Privilegierung wird jeweils für eine sog. Saldierungsperiode berechnet, die gem. § 61k Abs. 1a EEG in der Regel ein Kalenderjahr beträgt. Soweit der zwischengespeicherte Strom nicht ausschließlich in das Netz rückgespeist oder zur Eigenversorgung verwendet wird, ist die Saldierungsperiode auf einen Kalendermonat verkürzt.[812] Die Inanspruchnahme der Privilegierung setzt voraus, dass eine ordnungsgemäße Erfassung und Abrechnung der in den Speicher eingespeisten und aus ihm entnommenen Strommengen durch separate Messeinrichtungen erfolgt und sämtliche Strommengen dem Übertragungsnetzbetreiber mitgeteilt werden.[813]

Trotz der nunmehr insgesamt strengeren Voraussetzungen für die Inanspruchnahme des Privilegierungstatbestandes ist dessen Erweiterung durch die Einbeziehung von bivalenten Speichern grundsätzlich positiv zu bewerten, da nunmehr auch für flexible Speicherkonzepte Umsetzungsanreize gesetzt werden.[814]

---

810 § 3 Nr. 19 EEG. Siehe ausführlich zu diesem Begriff *Hennig/Herz*, ZNER 2016, S. 30 (33 ff.).

811 Vgl. § 61k Abs. 1 und 1a EEG. Die Aufnahme bivalenter Speicherkonzepte wurde im Rahmen des Gesetzes zur Änderung der Bestimmungen zur Stromerzeugung aus Kraft-Wärme-Kopplung und zur Eigenversorgung vom 22. Dezember 2016 vorgenommen, siehe BT-Drs. 18/10668, S. 167. Das EEG 2017 sah zwar bereits eine Regelung vor, wonach Stromspeicher, die zur Eigenversorgung eingesetzt werden, mit Speichern, die den Speicherstrom in das Netz der allgemeinen Versorgung rückspeisten, zumindest gleichgestellt wurden, vgl. § 61a Abs. 1 Nr. 2 EEG a.F. Jedoch war es für Speicherkonzepte, die sowohl zur Zwischenspeicherung als auch zur Eigenversorgung eingesetzt wurden, nicht möglich, für den eingespeicherten Strom eine EEG-Umlagebefreiung in Anspruch zu nehmen. Siehe zur alten Rechtslage sowie der Kritik hieran *Cosack*, in: Frenz u.a., EEG 2014, § 60 Rn. 128 f.; *Brahms*, ER 2014, S. 235 (236 f.); *Thomas/Altrock*, ZUR 2013, S. 579 (583); *von Oppen*, ER 2014, S. 9 (13).

812 Um Missbrauch vorzubeugen, ist die Privilegierung für bivalente Speicher in einem Kalenderjahr jedoch auf 500 für die Eigenversorgung genutzte Kilowattstunden je Kilowattstunde installierter Speicherkapazität begrenzt, siehe BT-Drs. 18/10668, S. 168.

813 Vgl. § 61k Abs. 1b EEG. Die Meldepflicht aller in den Speicher ein- und aus dem Speicher ausgespeisten Strommengen der Elektrizitätsversorgungsunternehmen gem. § 74 Abs. 2 S. 3 EEG dient der Überprüfung des Vorliegens der Voraussetzungen von § 61k EEG, siehe BT-Drs. 18/10668, S. 169.

814 Siehe hierzu auch *Günther*, ER 2017, S. 3 (8).

dd) Stromsteuer

Bei Zugrundelegung der Letztverbrauchereigenschaft führt die Entnahme von Strom, der von einem im Steuergebiet ansässigen Versorger geleistet wurde, aus dem Netz durch Speicher nach § 5 Abs. 1 S. 1 StromStG zur Entstehung einer Stromsteuer.[815] Von dieser Stromsteuerpflicht ist nach § 9 Abs. 1 Nr. 1 StromStG Strom aus erneuerbaren Energien befreit, wenn dieser aus einem ausschließlich mit EE-Strom gespeisten Netz entnommen wird. Soweit Strom aus EE-Anlagen über ein solches Netz zum Speicher geleitet wird, greift diese Befreiungsnorm.[816] Nach § 9 Abs. 1 Nr. 2 StromStG sind zudem Stromentnahmen steuerpflichtbefreit, die im Zusammenhang mit dem technischen Betrieb einer Erzeugungsanlage verbraucht werden.[817] Als zur Stromerzeugung entnommen gilt gem. § 12 Abs. 1 Nr. 2 StromStV der in Pumpspeichern von den Pumpen zum Fördern der Speichermedien zur Erzeugung von Strom verbrauchte Strom. Diese Privilegierung ist aufgrund des eindeutigen Wortlautes nicht auf sonstige Stromspeicher anwendbar. Zur Verhinderung einer Doppelbesteuerung wird einerseits eine analoge Anwendung der Befreiung auf andere Speichertechnologien sowie andererseits eine gleichstellende Ergänzung der StromStV vorgeschlagen.[818] Interessant ist die Auffassung der Bundesregierung, wonach § 9 Abs. 1 Nr. 2 StromStG als Ausprägung des sog. Herstellerprivilegs zu sehen sei und nicht der Förderung von Speichertechnologien diene.[819] Der Ankündigung der Bundesregierung, bei der Feststellung einer stromsteuerrechtlichen Benachteiligung neu entwickelter Speichertechnologien die erforderlichen Schritte zu deren Beseitigung vorzunehmen, folgte bis dato keine Anpassung der Befreiungstatbestände.[820]

---

815 Steuerschuldner ist der Versorger (§ 5 Abs. 2, § 2 Nr. 1 StromStG). Insgesamt zu § 5 StromStG *Milewski*, in: Möhlenkamp/Milewski, EnergieStG/ StromStG, § 5 StromStG Rn. 3 ff.

816 *Möhlenkamp*, in: Möhlenkamp/Milewski, EnergieStG/ StromStG, § 9 StromStG Rn. 1 ff.

817 *Möhlenkamp*, in: Möhlenkamp/Milewski, EnergieStG/ StromStG, § 9 StromStG Rn. 9.

818 Für eine Analogie plädierend *Lehnert/Vollprecht*, ZNER 2012, S. 356 (362); *Heller*, EWeRK 2013, S. 177 (181). Für eine verordnungsrechtliche Gleichstellung *Sailer*, in: Müller, 20 Jahre Recht der Erneuerbaren Energien, S. 777 (802); *Dietrich/Ahnsehl*, et 4/2010, S. 61 (62).

819 BT-Drs. 17/10314 (Antwort der BReg auf eine kleine Anfrage der Grünen v. 16.7.2012), S. 12 f. Zum Herstellerprivileg siehe Art. 14 Abs. 1 lit. a der Energiesteuerrichtlinie 2003/96/EG sowie *Thomas/Altrock*, ZUR 2013, S. 579 (584).

820 Siehe BT-Drs. 17/10314, S. 13. Da die StromStV ohne Änderung von § 12 novelliert wurde (vgl. BGBl. I 2013, S. 2763), kann auch nicht mehr von einer für eine analoge

Legt man die Ansicht zugrunde, dass es sich bei Stromspeichern nicht um Letztverbraucher handelt, so entstünde bereits keine Stromsteuer nach § 5 Abs. 1 StromStG.

Der BFH hat zumindest für Batteriespeicher eine Klassifizierung als Erzeugungsanlage verneint.[821] Demzufolge ist ihr Strombezug nicht als Letztverbrauch im Sinne von §§ 5, 9 Abs. 1 Nr. 2 StromStG einzuordnen.[822] Auch die Bundesregierung scheint dieser Ansicht zu folgen, da sie mit einem Versorgungsnetz verbundene Batteriespeicher als Netzbestandteil ansieht und eine Stromsteuerentstehung ablehnt.[823] Im Gesetz spiegelt sich dies jedoch nicht wider. Vielmehr entsteht durch den Befreiungstatbestand für Pumpspeicher der Eindruck einer Ungleichbehandlung verschiedener Speicherarten. Zur Beseitigung von Nachteilen für andere Speichertechnologien bedarf es daher einer gesetzlichen Klarstellung im StromStG, dass die Stromentnahme durch Stromspeicher generell nicht zur Entstehung einer Stromsteuer führt.

ee) Befreiung von weiteren Umlagen und Abgaben

Der Strombezug durch Stromspeicher könnte überdies von der Entrichtung der KWK-Umlage (§ 26 Abs. 1 KWKG), der StromNEV-Umlage (§ 19 Abs. 2 S. 15 StromNEV), der Offshore-Haftungsumlage (§ 17f Abs. 1 EnWG), der Umlage für abschaltbare Lasten (§ 18 Abs. 1 AbLaV) sowie einer Konzessionsabgabe (§ 48 EnWG, § 1 Abs. 2 KAV) befreit sein. Gesetzliche Befreiungstatbestände existieren insoweit nicht, vertreten wird jedoch, dass die genannten Umlagen und Abgaben Teil der Netzentgelte und daher vom Befreiungstatbestand des § 118 Abs. 6 S. 1 EnWG umfasst sind.[824] Die Bundesnetzagentur und das OLG Düsseldorf sind dagegen der Ansicht, dass die Umlagen und Abgaben keine Netzentgeltbestandteile sind.[825]

Anwendung der Norm erforderlichen planwidrigen Regelungslücke ausgegangen werden. Hierauf hinweisend *von Oppen*, ER 2014, S. 9 (15). Allgemein zu den Voraussetzungen einer Analogie *Larenz*, Methodenlehre, S. 381 ff.

821 BFH, Urt. v. 19. Juni 2012, VII R 33/10. Siehe hierzu bereits oben § 6 A. I. 1. b).

822 *Sauer*, EWeRK 2015, S. 176 (180 f.).

823 BT-Drs. 17/10875 (Antworten auf schriftliche Fragen der Abgeordneten v. 28.9.2012), S. 18 f.

824 *Stappert/Vallone/Groß*, RdE 2015, S. 62 (65 ff.); *Lehnert/Vollprecht*, ZNER 2012, S. 356 (361 f.); *Heller*, EWeRK 2013, S. 177 (179 f.).

825 OLG Düsseldorf, Beschluss v. 9.3.2016, VI-3 Kart 17/15 (V), Rn. 58 ff.; *BNetzA*, Beschluss v. 9.3.2015, BK4-14-003, S. 12.

Nach § 26 Abs. 1 KWKG kann die KWK-Umlage „bei der Berechnung der Netzentgelte als Aufschlag in Ansatz" gebracht werden. Für die StromNEV-, die Offshore- sowie die AbLaV-Umlage gilt die Festlegung des § 26 Abs. 1 KWKG kraft Verweises gleichermaßen.[826] Die Formulierung in § 26 Abs. 1 KWKG, die Umlage werde „bei der Berechnung der Netzentgelte" berücksichtigt, spricht dafür, die einzelnen Umlagen als Entgeltbestandteile zu sehen.[827] Zudem lässt sich der Zweck der Entgeltbefreiung, einen möglichst großen Anreiz zur Investition in Speicher zu schaffen, für ihre Einbeziehung anführen.[828] Unter Zugrundelegung eines weiten Verständnisses von § 118 Abs. 6 S. 1 EnWG ist dieser damit auf die Umlagen anwendbar.

Ob dieses Ergebnis auch für Konzessionsabgaben Bestand hat, ist jedoch fraglich. Zwar sind Konzessionsabgaben nach § 4 Abs. 1 KAV in den Netzentgelten auszuweisen, was für eine Einordnung als Entgeltbestandteil sprechen könnte.[829] Andererseits sieht das EnWG getrennte Vorgaben zu Netzentgelten (§ 21 EnWG) und Konzessionsabgaben (§ 48 EnWG) vor. Weiterhin könnte die Formulierung in § 3 Abs. 1 S. 1 Nr. 1 KAV, dass gewährte Preisnachlässe für Kommunen im Rechnungsbetrag für den Netzzugang ausgewiesen werden müssen, dafür sprechen, dass Preisnachlässe und Konzessionsabgaben gleichermaßen nur Bestandteil des Rechnungsbetrages, aber eben nicht der Netzentgelte sind.[830] Die besseren Argumente scheinen daher gegen eine Einbeziehung der Konzessionsabgaben in § 118 Abs. 6 EnWG zu sprechen. Um Rechtssicherheit zu schaffen, sollte die Norm klarstellend geändert werden. Für eine die Mitumfassung von Konzessionsabgaben bejahende Klarstellung spricht, dass diese Abgabe wie auch die Umlagen letztlich durch die Netznutzer getragen werden soll. Entstünde für den Strombezug des Speichers eine Konzessionsabgabenpflicht, bestünde die Gefahr einer Doppelbelastung einer Strommenge.[831]

---

826 Vgl. § 19 Abs. 2 S. 15 StromNEV, § 17f Abs. 1 S. 2, 3 EnWG und § 18 Abs. 1 S. 1 AbLaV.

827 Ausführlich *Weitner*, et 11/2016, S. 94 (95 f.). A.A. OLG Düsseldorf, VI-3 Kart 17/15 (V), Rn. 61.

828 Siehe hierzu BT-Drs. 17/6072, S. 97; *Weitner*, et 11/2016, S. 94 (96).

829 *Schneider/Kirch*, RdE 2016, S. 165 (170); *Stappert/Vallone/Groß*, RdE 2015, S. 62 (68).

830 So *Lehnert/Vollprecht*, ZNER 2012, S. 356 (361); *Heller*, EWeRK 2013, S. 177 (179). So im Ergebnis auch OLG Düsseldorf, VI-3 Kart 17/15 (V), Rn. 62 f.

831 *Sauer*, EWeRK 2015, S. 176 (183 f.).

b) Erhaltung der Marktprämie bei Zwischenspeicherung

Eine Marktprämie nach § 19 Abs. 1 Nr. 1, § 20 EEG[832] kann auch bei einer Zwischenspeicherung des in einer EE-Anlage erzeugten Stroms vor der Einspeisung in ein Netz beansprucht werden (§ 19 Abs. 3 S. 1 EEG). Die Höhe des Zahlungsanspruchs pro eingespeister Kilowattstunde bestimmt sich nach der Anspruchshöhe, die bei einer direkten Einspeisung in das Netz ohne Zwischenspeicherung bestanden hätte (§ 19 Abs. 3 S. 3 EEG). Der Anspruch erstreckt sich jedoch nur auf die aus dem Speicher in das Stromnetz ausgespeiste Strommenge (§ 19 Abs. 3 S. 2 EEG). Diese Ausnahme von Speicherverlusten vom Zahlungsanspruch hemmt insbesondere bei Technologien mit niedrigen Wirkungsgraden den Anreiz zum Betrieb eines Stromspeichers.[833] Werden in denselben Speicher Strommengen aus Anlagen mit unterschiedlichen Energieträgern eingespeist, ist die bei der Ausspeisung zu zahlende Prämie anteilig anhand der in den Speicher eingespeisten Strommengen zu berechnen.[834]

Wie sich aus der Formulierung „vor der Einspeisung in ein Netz" in § 19 Abs. 3 S. 1 EEG ergibt, bleibt der Förderanspruch nur für Zwischenspeicherungen in dezentralen Speichern erhalten. Bei Speicherungen in zentralen Speichern, die mit der EE-Anlage über das öffentliche Netz verbunden sind, entfällt der Anspruch.[835] Es wird spekuliert, dass durch diese Beschränkung eine Belastung des Netzes mit Speicherstrom vermieden werden sollte.[836] Der Kritik, dass durch die Beschränkung zugleich eine Netzentlastung durch eine Zwischenspeicherung von EE-Strom sowie die Etablierung zentraler, in der Regel kostengünstigerer Speicher verhindert werde,[837] ist zuzustimmen. Auch wenn die Bestimmungen des EEG in erster Linie der Förderung Erneuerbarer Energien dienen und keine spezielle Förderung von Stromspeichern beinhalten, sollten sie den verstärkten Einsatz von Speichern nicht hemmen. Der Anspruch auf die Marktprämie sollte

832 Zur durch die Marktprämie unterstützten Direktvermarkung bereits oben § 5 B. I. 1. a).

833 *Thorbecke/Greb*, in: Säcker, EEG 2014, § 19 Rn. 104 f.; *Ekardt/Hennig*, in: Frenz u.a., EEG 2014, § 19 Rn. 34. A.A. *Dietrich/Ahnsehl*, et 1,2/2012, S. 135 (136). Zu den Wirkungsgraden siehe § 2 B. V.

834 *Thorbecke/Greb*, in: Säcker, EEG 2014, § 19 Rn. 106. Siehe hierzu ausführlich *Wieser*, Intelligente Elektrizitätsversorgungsnetze, S. 248 ff. sowie *Sauer/Todorovic*, EWeRK 2016, S. 306 (306 ff.).

835 Siehe hierzu BT-Drs. 17/6071, S. 65; BT-Drs 18/8860, S. 192. Zu den Begriffen „zentraler" und „dezentraler" Speicher *Heller*, EWeRK 2013, S. 177 (178).

836 *Thomas*, ZNER 2011, S. 608 (611); *Bösche/Ponder/Thomas*, RELP 2012, S. 159 (169).

837 *Heller*, EWeRK 2013, S. 177 (183); *Sailer*, ZNER 2012, S. 153 (158).

daher auch bei einer Stromzwischenspeicherung in einem zentralen Speicher erhalten bleiben.[838]

c) Entgelt für dezentrale Einspeisung

Alternativ zu einem Zahlungsanspruch nach § 19 Abs. 1 EEG haben Speicherbetreiber einen Entgeltanspruch für dezentrale Einspeisung nach § 18 Abs. 1 StromNEV.[839] In § 18 StromNEV sind lediglich dezentrale Erzeugungsanlagen erwähnt. Für eine Subsumtion von Speichern unter § 18 StromNEV lässt sich aufgrund der bisher für sie verfolgten Klassifizierungssystematik aber die Gleichstellung von Erzeugungsanlagen und Speichern hinsichtlich des Netzanschlusses nach § 17 EnWG anführen.[840] Auch der Normzweck spricht für eine – zumindest analoge – Anwendung von § 18 StromNEV auf Stromspeicher, da diese genau wie Erzeugungsanlagen durch eine dezentrale Einspeisung grundsätzlich zur Senkung der Netzkosten beitragen.[841]

Da Erzeugungsanlagen in den vergangenen Jahren in großer Zahl dezentral angeschlossen wurden, haben sich die Infrastrukturkosten für die niedrigeren Netzebenen eher erhöht statt verringert.[842] Der Gesetzgeber hat den Aspekt der Gewährung vermiedener Netzentgelte im Rahmen des Netzentgeltmodernisierungsgesetzes umfassend neu geregelt.[843] Neuanlagen haben nur noch dann Anspruch auf ein vermiedenes Netzentgelt, wenn sie vor dem 1.1.2023 bzw., bei Anlagen mit volatiler Erzeugung, vor dem 1.1.2018 in Betrieb genommen wurden (§ 120 Abs. 1 EnWG).[844] Die Berechnungsgrundlage des Anspruchs wird ab

---

838 So bereits *Lehnert/Thomas*, in: Altrock/Oschmann/Theobald, EEG 2012, § 16 Rn. 52.

839 Eine dezentrale Einspeisung, die geringere Transportkosten verursacht, soll durch die Beanspruchungsmöglichkeit so „vermiedener Netzentgelte“ angereizt werden, siehe BR-Drs. 542/15, S. 159.

840 *Heller*, EWeRK 2013, S. 177 (185). Zur Gleichstellung schon oben § 6 A. I. 1. b).

841 *Heller*, EWeRK 2013, S. 177 (185). Eine Gleichstellung befürwortend wohl auch die Bundesregierung, siehe BT-Drs. 17/10314, S. 12, gegen eine Gleichstellung *von Oppen*, ER 2014, S. 9 (16).

842 Hierzu BT-Drs. 18/7317, S. 134; *Petermann*, EWeRK 2016, S. 185 (188 f.); *Bourwieg*, ER 2017, S. 47 (48).

843 Netzentgeltmodernisierungsgesetz (NeMoG) vom 17. Juli 2017 (BGBl. I 2503), in Kraft getreten am 22. Juli 2017.

844 Betreiber von Anlagen mit volatiler Erzeugung erhalten überdies ab 1. Januar 2020 gar kein Entgelt mehr für eine dezentrale Einspeisung. Die Ausschüttung vermiedener Netzentgelte wird für diese Anlagen zudem schrittweise abgeschmolzen, vgl. § 120 Abs. 3 EnWG, § 18 Abs. 5 StromNEV.

1. Januar 2018 zudem auf dem Niveau von 2016 festgeschrieben (§ 120 Abs. 4 EnWG).[845] § 18 StromNEV kann Speicherbetreibern daher nur noch in begrenztem Maße als Anreiz dienen.

2. *Stromspeichereinsatz zur Optimierung des Netzbetriebs*

a) *Zuordnung des Speichereinsatzes zum Stromnetzbetrieb*

Netzseitig kommt ein Stromspeichereinsatz zur Optimierung des Netzbetriebs, durch welchen der Erwerb erforderlicher Speicherkapazitäten am Markt durch den Netzbetreiber entbehrlich würde, in Betracht.[846] Fraglich ist, ob ein solcher Speichereinsatz mit den geltenden Entflechtungsvorgaben vereinbar wäre.

Dem Entflechtungsregime zufolge müssen vertikal integrierte Energieversorgungsunternehmen und rechtlich selbstständige Netzbetreiber, die mit solchen Unternehmen verbunden sind, einen transparenten und diskriminierungsfreien Netzbetrieb ermöglichen.[847] Die auf unionalen Vorgaben beruhenden §§ 6–10e EnWG verpflichten zur grundsätzlichen Trennung des Netzbetriebs (Übertragung und Verteilung) von anderen Tätigkeiten der energiewirtschaftlichen Wertschöpfungskette wie Erzeugung, Handel und Vertrieb.[848] Das Gesetz sieht mit der buchhalterischen, informationellen, operationellen, (gesellschafts-)rechtlichen und eigentumsrechtlichen Trennung verschiedene Entflechtungsstufen

---

845 Siehe hierzu BT-Drs. 18/11528, S. 8 f; BT-Drs. 18/12999, S. 8, 21.

846 *Weyer/Lietz*, ZNER 2014, S. 241 (243 f.). Ein solcher netzseitiger Stromspeichereinsatz wird insbesondere für Batteriegroßspeicher diskutiert, vgl. *Riewe/Sauer*, EWeRK 2014, S. 79 (80).

847 Vgl. § 6 Abs. 1 EnWG. Ein vertikal integriertes Energieunternehmen nimmt mindestens eine der Funktionen Übertragung oder Verteilung und mindestens eine der Funktionen Erzeugung oder Vertrieb wahr (§ 3 Nr. 38 EnWG). Neben der Ermöglichung eines diskriminierungsfreien Netzbetriebs sollen durch die Trennung Quersubventionierungen zwischen dem Netzbetrieb und anderen Bereichen vertikal integrierter Unternehmen verhindert werden. Näher *Säcker/Schönborn*, in: Säcker, Berl-KommEnR 2014, § 6 EnWG Rn. 2 f.; *Eder*, in: Danner/Theobald, Energierecht, § 6 EnWG Rn. 2, 15.

848 Zu den EU-Vorgaben näher *de Wyl/Finke*, in: Schneider/Theobald, EnWR, § 4 Rn. 2 ff.

vor.[849] Für den Gasspeicherbereich bestehen spezielle Entflechtungsvorgaben, für den Stromspeicherbereich fehlen sie dagegen.[850]

Die grundsätzliche Möglichkeit eines netzseitigen Speichereinsatzes zeigt § 3 Nr. 31 EnWG, wonach Einrichtungen, die den Betreibern von Gasleitungsnetzen bei der Wahrnehmung ihrer Aufgaben vorbehalten sind, nicht als Speicheranlagen im Sinne der Norm gelten. Denkbar ist ein Einsatz von Stromspeichern zur Optimierung des Stromnetzes (§ 11 Abs. 1 EnWG sowie § 12 Abs. 1 EEG).[851] Eine Rechtspflicht zum Speicherbetrieb besteht indes nicht. Der netzdienliche Stromspeicherbetrieb ist eine der dem Netzbetreiber zur Verfügung stehenden Alternativen zum Netzausbau, dessen Realisierung in erster Linie von seiner wirtschaftlichen Zumutbarkeit abhängt.[852] Der Netzbetreiber ist indes verpflichtet, die Möglichkeit eines netzdienlichen Stromspeichereinsatzes in seiner Entscheidungsfindung einer konkreten Optimierungsmaßnahme zu berücksichtigen.[853] Sollte der Speichereinsatz die kostengünstigste der zur Verfügung stehenden Optimierungsvarianten darstellen, würden sich die Auswahlmöglichkeiten des Netzbetreibers auf einen netzdienlichen Einsatz von Stromspeichern verdichten.[854]

---

849 Die informatorische und buchhalterische Entflechtung werden für alle Netzbetreiber in §§ 6–6d EnWG geregelt und sind unabhängig von möglichen Gefahren für den Wettbewerb vorzunehmen. Die operationelle und rechtliche Entflechtung ist für Verteilnetzbetreiber (§§ 7–7b EnWG) und Transportnetzbetreiber (§§ 8–10e EnWG) jeweils spezifisch geregelt. Hierzu *Knauff*, in: Kment, EnWG, § 6 Rn. 8; *de Wyl/Finke*, in: Schneider/Theobald, EnWR, § 4 Rn. 37 ff., 228 ff.

850 *Wieser*, EurUP 2011, S. 176 (182).

851 Die dann als funktionale Netzbestandteile zu betrachtenden Stromspeicher könnte der Netzbetreiber zur Vermeidung von Netzengpässen sowie zur Glättung von Lastspitzen nutzen, siehe *Schwintowski*, EWeRK 2015, S. 81 (90); *Riewe/Meyer*, EWeRK 2015, S. 138 (141).

852 Zur wirtschaftlichen Zumutbarkeit bereits § 3 B. I. 2.

853 *Riewe/Sauer*, EWeRK 2014, S. 79 (93). A.A. wohl *Kohls*, ZUR 2015, S. 1 (1). Für eine Pflicht des Netzbetreibers zum netzoptimierenden Speicherbetrieb *Heller*, EWeRK 2013, S. 177 (187).

854 *Riewe/Sauer*, EWeRK 2014, S. 79 (93 f.); *Schwintowski*, EWeRK 2015, S. 81 (87). Dies gilt insbesondere mit Blick auf § 15 Abs. 2 EEG, wonach der Netzbetreiber die für die Abregelung einer EE-Anlage entstandenen Kosten gem. § 15 Abs. 1 EEG nur dann bei den Netzentgelten in Ansatz bringen kann, wenn er die Abregelungsmaßnahme nicht zu vertreten hat. Davon ist nur auszugehen, wenn er alle Möglichkeiten zur Netzoptimierung und -verstärkung ausgeschöpft hat.

b) Keine ausschließliche Zuordnung des Speichereinsatzes zum Netzbetrieb

Ein ausschließlich netzseitiger Speichereinsatz wird als nicht wirtschaftlich erachtet.[855] Um die Investitionen in den Stromspeicher refinanzieren zu können, wäre daher ein sowohl netz- als auch marktseitiger Speichereinsatz sinnvoll. Hinsichtlich eines marktseitigen Einsatzes kommt in Betracht, dass Betreiber Strom zur Einspeicherung erwerben und später wieder veräußern. Zudem ist denkbar, dass Stromspeicher als eigenständige Infrastruktureinrichtung ihre Kapazität anderen Akteuren zur Verfügung stellen.[856] Der Speicherbetrieb würde in diesem Fall lediglich die Speicherung, nicht aber die Speicherstromvermarktung umfassen.[857] Ob Speicherbetreiber auf dem existierenden Strommarkt agieren oder sich ein eigenständiger Markt für Speicherdienstleistungen etablieren wird, ist beim derzeitig geringen Ausbaustadium von Speichern nicht absehbar.[858] In jedem Fall muss sich eine sowohl netz- als auch marktseitige Speichernutzung an den §§ 6 ff. EnWG messen lassen.[859]

Ein Speicherbetrieb, der zumindest teilweise *bei der Stromerzeugung oder im Rahmen des Stromvertriebs oder -handels* eingesetzt wird, ist ebenso informatorisch, buchhalterisch, rechtlich und operationell vom Netzbetrieb zu trennen wie ein Speicherbetrieb, der den Speicherstrom zumindest *teilweise eigenständig vermarktet.*[860]

Speicher, die *als eigene Infrastruktureinheiten* betrieben werden sollen, sind zumindest informatorisch und buchhalterisch (§ 6a Abs. 1, § 6b EnWG) vom Netzbetrieb zu entflechten.[861] Für ein darüber hinausgehendes Entflechtungserfordernis kann angeführt werden, dass der Speicherbetrieb wettbewerblich organisiert werden kann und Einflussmöglichkeiten des Netzbetreibers auf konkurrierende Speicher durch eine strikte Trennung des Netzbetriebs von anderen Tätigkeitsbereichen vermieden werden müssen.[862] Gegen eine Entflechtungspflicht spricht

---

855 *BNetzA*, „Smart Grid" und „Smart Market", S. 32; *Weyer/Lietz*, ZNER 2014, S. 241 (244).

856 Zu beiden Einsatzvarianten *Hempel*, ZfK 2013, S. 8; *Riewe/Sauer*, EWeRK 2014, S. 79 (90).

857 *Hempel*, ZfK 2013, S. 8; *Weyer/Lietz*, ZNER 2014, S. 356 (356).

858 *Schwintowski*, EWeRK 2015, S. 81 (93); *Weyer/Lietz*, ZNER 2014, S. 356 (356).

859 *Weyer/Lietz*, ZNER 2014, S. 241 (244).

860 Hierzu *Weyer/Lietz*, ZNER 2014, S. 241 (244 f.); *Schwintowski*, EWeRK 2014, S. 271 (272 f.).

861 *Weyer/Lietz*, ZNER 2014, S. 241 (244).

862 *Riewe/Sauer*, EWeRK 2014, S. 79 (90). Eine denkbare Gefahr der Wettbewerbsverzerrung ist die Gewährung von günstigeren Rahmenbedingungen in Bezug auf Zugang

auch nicht der systematische Vergleich mit dem Gasbereich. Betreiber von Gasverteilernetzen sind nicht zur rechtlichen und operationellen Entflechtung von Gasspeicheranlagenbetreibern verpflichtet.[863] Für den Bereich des Transportnetzes bestehen Vorgaben zur rechtlichen und operationellen Entflechtung nur für das Modell des unabhängigen Transportnetzbetreibers, nicht aber für die Modelle der eigentumsrechtlichen Entflechtung und des unabhängigen Netzbetreibers.[864] Die auf Art. 15 Abs. 1 und Art. 29 GasRL basierenden Entflechtungsvorgaben von Gasnetz- und Gasspeicherbetreibern hängen mit den spezifischen Gasmarktverhältnissen zusammen, die unter anderem durch den Drittzugangsanspruch zu Speicheranlagen dokumentiert werden.[865] Aufgrund anders gelagerter Marktverhältnisse und derzeit geringem Speicherbedarf im Stromsektor fehlt es an einer vergleichbaren Interessenlage, die eine entsprechende Heranziehung der Vorgaben für den Stromspeicherbereich rechtfertigen würde.[866] Die Vorgaben zur rechtlichen und operationellen Entflechtung sind daher auch auf den Betrieb von Stromspeichern als eigener Infrastruktureinheit anzuwenden, sofern der Wortlaut der Entflechtungsnormen nicht auf einen bestimmten energiewirtschaftlichen Tätigkeitsbereich beschränkt ist.[867]

3. *Erbringung von Netzsystemdienstleistungen durch Stromspeicher*

Als flexible Akteure, die Strom gleichmäßig aufnehmen oder bereitstellen können, eignen sich Stromspeicher als Systemdienstleister und insbesondere als

---

und Nutzung des Netzes für Speicherbetreiber, die mit Netzbetreibern verbunden sind. Siehe hierzu *Hempel*, ZfK 2013, S. 8; *Weyer/Lietz*, ZNER 2014, S. 356 (356).

863 Vgl. Art. 29, 26 Abs. 1 GasRL, §§ 7, 7a EnWG sowie BT-Drs. 17/6072, S. 49. Näher *Weyer/Lietz*, ZNER 2014, S. 356 (359 f.); *Fischerauer*, Regulierung des Zugangs zu Speicheranlagen, S. 271 ff.

864 *Weyer/Lietz*, ZNER 2014, S. 356 (359). Zum unabhängigen Netzbetreiber (sog. ITO-Modell) vgl. §§ 10–10e EnWG bzw. Art. 29, 17–23 GasRL, zur eigentumsrechtlichen Entflechtung vgl. § 8 EnWG, Art. 15 GasRL, zum unabhängigen Systembetreiber (sog. ISO-Modell) vgl. § 9 EnWG.

865 Vgl. §§ 26, 28 EnWG. Im Gegensatz zum Strombereich kommt Gasspeichern beim Handel und Vertrieb von Gas eine entscheidende Rolle zu. Näher *Däuper*, in: Danner/Theobald, Energierecht, § 28 EnWG Rn. 4 f.; *Fischerauer*, Regulierung des Zugangs zu Speicheranlagen, S. 82 ff., 113 ff.

866 In der EltRL fehlen demgemäß Vorgaben zur Stromspeicherung, vgl. Art. 14 Abs. 1, Art. 29 Elt-RL. Teilweise a.A. *Weyer/Lietz*, ZNER 2014, S. 356 (359 f.), die für die Modelle der eigentumsrechtlichen Entflechtung und des unabhängigen Systembetreibers kein Entflechtungserfordernis erkennen.

867 Vgl. etwa § 7a Abs. 2 Nr. 1, § 8 Abs. 2 und 3 EnWG. Siehe hierzu auch Fn. 862.

Anbieter von Regelenergie.[868] Während Pumpspeicher jetzt schon am Regelenergiemarkt teilnehmen können, ist die Teilnahme von Batteriespeichern durch festgelegte Präqualifikationsbedingungen wie Mindestangebotsgröße, Ausschreibungsfrequenz und Erbringungszeiträume behindert.[869] Um Speicherbetreibern eine Teilnahme am Regelleistungsmarkt zu ermöglichen, müssen diese Markthemmnisse abgebaut werden.[870]

Im Kontext der Teilnahme von Stromspeichern am Regelenergiemarkt wird die Frage diskutiert, ob Netzbetreiber Strom, der in einen von ihnen betriebenen Speicher aufgenommen wurde, als Regelenergie für ihr eigenes Netz bereitstellen können.[871] Dafür ließe sich anführen, dass der Speicher auch in diesem Fall einen Bestandteil des Netzes darstellt und daher die Entflechtungsvorgaben nicht greifen.[872] Durch eine solche Regelenergiebereitstellung würde jedoch die Verpflichtung, Regelenergie in einem marktorientierten Verfahren zu beschaffen, umgangen.[873] Ihre Bereitstellung durch den Netzbetreiber widerspräche der mit der wettbewerblichen Organisation des Regelmarkts verfolgten Intention der Reduzierung der Regelenergiekosten.[874]

4. *Erfordernis weiterer Anreize für den Speichereinsatz*

Wie gezeigt,[875] bestehen verschiedene indirekte Anreize für die Investition in und den Einsatz von Stromspeicheranlagen. Eine gezielte gesetzliche Förderung besteht hingegen nicht.[876] Die Bundesregierung und die Bundesnetzagentur

---

868 *BMWi,* Weißbuch „Ein Strommarkt für die Energiewende", S. 67; *Schwintowski,* EWeRK 2015, S. 81 (90). Zu den Systemdienstleistungen schon § 2 A. III. 3. (Fn. 49), zur Regelenergie § 5 B. I. 3.

869 *Von Oppen,* ER 2014, S. 9 (16). Zu den Einsatzmöglichkeiten von Pumpspeicherwerken in der Regelenergiebereitstellung näher *Carr/Pellinger/von Roon,* et 9/2013, S. 50 f.

870 Bezüglich der Maßnahmen zum Abbau wird auf § 5 B. I. 3. a), b) verwiesen.

871 *Riewe/Sauer,* EWeRK 2014, S. 79 (87 ff.); *Schwintowski,* EWeRK 2015, S. 81 (91 f.).

872 *Riewe/Sauer,* EWeRK 2014, S. 79 (87).

873 Vgl. § 22 EnWG, § 6 StromNZV. So auch *Schwintowski,* EWeRK 2015, S. 81 (92). A.A. *BDEW,* Diskussionspapier Smart Grids 2012, S. 18; *Riewe/Sauer,* EWeRK 2014, S. 79 (89).

874 *Schwintowski,* EWeRK 2015, S. 81 (92); *Mielke,* in: Kment, EnWG, § 22 Rn. 2, 5. Letztlich eine Selbstbereitstellungsmöglichkeit ablehnend auch *Riewe/Sauer,* EWeRK 2014, S. 79 (89 f.).

875 Siehe hierzu insbesondere die Ausführungen in § 6 A. II. 1. und 3.

876 Vgl. aber die bestehende KfW-Förderung für Solarstromspeicher (BAnz v. 29.2.2016 B1 S. 1).

begrüßen zwar den Zubau von Speichern, erachten es aber für ausreichend, die Entwicklung des Stromspeicherleistungsmarktes dem Wettbewerb zu überlassen.[877] Für diese Marktentwicklung spricht der fehlende akute Speicherbedarf. Eine Förderung ohne besonderen Nutzen für das Energiesystem bedeutete lediglich einen Kostenzuwachs, mit welchem im Endeffekt wohl der Letztverbraucher belastet würde. Andererseits ist bereits zum jetzigen Zeitpunkt darauf zu achten, dass Speicherbetreiber mit keinen systembedingten Barrieren konfrontiert werden, welche einen Markteintritt von vornherein erschweren.

Interessant ist in diesem Zusammenhang der Vorschlag einer mittelbaren Förderung von Speicherleistungen. Die Möglichkeit, die Nachfrage nach Stromspeichern zu erhöhen, wird darin gesehen, EE-Anlagenbetreibern nach einer netzengpassbedingten Abregelung ihrer Anlagen keine Entschädigungszahlung mehr zuzugestehen.[878] Nach § 15 Abs. 1 S. 1 EEG haben Betreiber einen Entschädigungsanspruch auf 95% der ihnen entgangenen Einnahmen gegenüber dem Netzbetreiber, wenn dieser die Stromeinspeisung aus ihrer Anlage wegen eines Netzengpasses nach § 14 EEG reduziert hat.[879] Da die Gewinne bei einer solchen Abregelung beinahe den sonst erzielbaren Gewinnen entsprechen, würden die Betreiber folglich nicht dazu veranlasst, eine entgeltpflichtige Stromspeichermöglichkeit auf dem Markt nachzufragen.[880]

Dieser Meinung ist darin beizupflichten, dass der Anspruch nach § 15 EEG eine Marktintegration von Speichern erschwert.[881] Gegen seine Abschaffung spricht jedoch der Normzweck. Die Regelung soll die Finanzierbarkeit neuer Projekte der Anlagenbetreiber sicherstellen, aber auch disziplinierend auf den Netzbetreiber einwirken, mit dem Einspeisemanagement (§ 14 Abs. 1 EEG)

---

877 BT-Drs. 16/12898, S. 20; BT-Drs. 17/10314, S. 12; *BNetzA*, „Smart Grid" und „Smart Market", S. 31 f. Für eine wettbewerbliche Marktentwicklung auch *Hempel*, ZfK 2013, S. 8.

878 *EFZN*, Eignung von Speichertechnologien zum Erhalt der Systemsicherheit, S. 228. In diese Richtung, aber ohne ausdrückliche Forderung der Abschaffung von § 15 EEG auch *Schwintowski*, EWeRK 2014, S. 271 (272); *Kohls*, ZUR 2015, S. 1 (1); *Kunze/Funk*, EWeRK 2013, S. 252 (254).

879 Nach § 15 Abs. 1 S. 2 EEG beträgt die Entschädigungshöhe jedoch 100% ab dem Zeitpunkt, ab welchem die entgangenen Einnahmen nach § 15 Abs. 1 S. 1 EEG ein Prozent der Einnahmen dieses Jahres übersteigen. Dadurch sollen unverhältnismäßige finanzielle Belastungen einzelner Betreiber innerhalb eines Jahres verhindert werden. Zur Entschädigungspflicht näher *Salje*, EEG 2014, § 15 Rn. 7 ff.; *Ehricke/Frenz*, in: Frenz u.a., EEG 2014, § 15 Rn. 24 ff.

880 *EFZN*, Eignung von Speichertechnologien zum Erhalt der Systemsicherheit, S. 228.

881 *Schwintowski*, EWeRK 2014, 271 (272).

dosiert umzugehen und seiner Kapazitätserweiterungspflicht (§ 12 Abs. 1 EEG) ordnungsgemäß nachzukommen.[882] Letzterer Zweck wird durch § 15 Abs. 2 EEG verdeutlicht. Der Netzbetreiber kann die durch die Entschädigungszahlungen entstehenden Kosten nur dann bei den Netzentgelten in Ansatz bringen, wenn das Einspeisemanagement erforderlich war und er dieses nicht zu vertreten hat.[883] Insbesondere die Abschaffung dieser Norm wäre für die ordnungsgemäße Erfüllung von § 12 EEG und damit die Beseitigung der Ursache für die Notwendigkeit eines Einspeisemanagements kontraproduktiv.[884]

Indes kann die Transformation des Energiesystems nicht allein dem Netzbetreiber aufgebürdet werden. Eine intelligente Energieversorgung zeichnet sich durch eine effiziente Nutzung vorhandener Kapazitäten aus. Zweck der Beschränkung des Anspruchs in § 15 Abs. 1 EEG auf 95% der entgangenen Einnahmen ist es, die Betreiber zu einer Anpassung ihrer geplanten Anlageninvestitionen an die jeweilige Netzsituation anzureizen.[885] Durch eine weitere Senkung der Entschädigungshöhe könnte man einen Anreiz zur Einbeziehung von vorhandenen Speicherdienstleistungen setzen. Die Speichernutzung käme auch den Anlagenbetreibern zugute, weil dadurch letztlich ihr gesamter erzeugter Strom in das Energiesystem gelangen könnte. Da etwa ab dem Jahr 2040 von einem erhöhten Speicherbedarf ausgegangen wird, sollte die Absenkung der Entschädigungshöhe auch erst zu diesem Zeitpunkt erfolgen.[886] Eine Absenkung auf 75% erscheint ausreichend, um die gewünschten Anreize zu setzen. Die Regelung des § 15 Abs. 1 S. 2 EEG sollte beibehalten werden, um unverhältnismäßige Umsatzeinbußen der Anlagenbetreiber zu vermeiden.[887] Mithilfe der Absenkung des Anspruchs nach § 15 Abs. 1 S. 1 EEG würde eine direkte Förderung von Stromspeichern vermieden, gleichzeitig aber die für eine intelligente Stromversorgung so wichtige Flexibilisierung des Energiesystems vorangetrieben bzw. die durch die Anspruchsgewährung verursachte Störung des Wettbewerbs zwischen den Flexibilitätsoptionen abgemildert.

---

882 BT-Drs. 16/8148, S. 47; *Ehricke/Frenz,* in: Frenz u.a., EEG 2014, § 15 Rn. 5; *Hoppenbrock,* in: Altrock/Oschmann/Theobald, EEG 2012, § 12 Rn. 5, 7.

883 Siehe zum Vertretenmüssen bereits Fn. 854.

884 Zum Netzbetreiber als Adressaten von § 15 EEG siehe BT-Drs. 16/9477, S. 23.

885 BT-Drs. 16/6071, S. 65.

886 Zum geschätzten Zeitpunkt des erhöhten Speicherbedarfs schon § 2 A. III. 3. b).

887 Siehe dazu bereits Fn. 879.

III. Sektorübergreifende Investitions- und Betriebsanreize

Mithilfe der Power to Gas-Technologie kann elektrische Energie in Wasserstoff sowie Methan umgewandelt und in dieser Energieform gespeichert werden. Die Technologie eröffnet vielfältige sektorübergreifende Nutzungsmöglichkeiten des erzeugten Gases.[888] Für den Stromsektor ist "Power to Gas" insbesondere aufgrund der langfristigen Speichermöglichkeiten interessant. Das in einem stationären Speicher oder dem Erdgasnetz gespeicherte Gas kann in einer Rückverstromungsanlage wieder in Strom umgewandelt und bedarfsgerecht in das Stromnetz rückgespeist werden.

1. Abbau von Markteintrittsbarrieren auf dem Strommarkt

a) Verhinderung von Doppelbelastungen

Die *Netzentgeltbefreiung* des § 118 Abs. 6 S. 1 EnWG für zwanzig Jahre ab Inbetriebnahme wird auch für Power to Gas-Anlagen gewährt.[889] Gem. § 118 Abs. 6 S. 7 EnWG gelten die Sätze 2 und 3 für solche Anlagen nicht. Eine Rückeinspeisung des eingespeisten und gespeicherten Stromes in dasselbe Netz ist folglich keine zwingende Voraussetzung der Entgeltbefreiung.[890] Eine Entgeltbefreiung wird zudem auch gewährt, wenn das erzeugte Gas für andere Zwecke als die Stromerzeugung verwendet wird. Mit dem Ausschluss der Geltung von § 118 Abs. 6 S. 3 EnWG macht der Gesetzgeber systematisch deutlich, dass eine Entgeltbefreiung bei Power to Gas-Anlagen keine Rückverstromung voraussetzt.[891] Die StromNEV-Umlage, die KWK-Umlage, die Offshore-Haftungsumlage, die Umlage für umschaltbare Lasten sind als Teile der Netzentgelte vom Tatbestand des § 118 Abs. 6 S. 1 EnWG umfasst. Ob dieses Ergebnis auch für die Konzessionsabgabe gilt, ergibt sich auch hinsichtlich des Strombezuges einer Power to Gas-Anlage nicht eindeutig aus dem Gesetz.[892]

---

888 Das Gas kann zur Wärmeerzeugung, in Industrieprozessen oder als Kraftstoff verwendet werden. Zu den Einsatzoptionen *Lietz,* ER 2015, S. 61 (61); *von Bredow/Balzer,* et 4/2015, S. 72 (72).

889 Zur Notwendigkeit, die Befreiung zeitlich zu verlängern, bereits oben § 6 A. II. 1. a) aa).

890 *Thomas/Altrock,* ZUR 2013, S. 579 (582). Da § 118 Abs. 6 S. 2 EnWG nur für Pumpspeicher gilt, ist der Hinweis auf seine Nichtanwendbarkeit überflüssig, siehe *Sailer,* ZNER 2012, S. 153 (156).

891 *Thomas,* ZNER 2011, S. 608 (613 f.). Zweifelnd *Stappert/Vallone/Groß,* RdE 2015, S. 62 (65).

892 Siehe hierzu bereits ausführlich § 6 A. II. 1. a) ee).

Eine *Stromsteuerbefreiung* kommt für Power to Gas-Anlagen aufgrund von § 9a Abs. 1 Nr. 1 StromStG in Betracht.[893] Danach wird die Steuer für nachweislich versteuerten Strom, den ein Unternehmen des produzierenden Gewerbes für die Elektrolyse entnommen hat, auf Antrag erlassen, erstattet oder vergütet. Die ursprünglich für industrielle Umwandlungsprozesse von Strom in Gas vorgesehene Privilegierung[894] lässt sich auch auf das Elektrolyseverfahren von Power to Gas-Anlagen anwenden. Die Betreiber der Power to Gas-Anlage können zudem nach § 2 Nr. 3, Nr. 2a StromStG als Unternehmen des produzierenden Gewerbes eingeordnet werden.[895]

Die *Privilegierung in Bezug auf die EEG-Umlage* setzt eine Rückverstromung voraus. Nach § 61k Abs. 2 EEG verringert sich für Strom, der zur Erzeugung von Speichergas genutzt wird, das in das Gasnetz eingespeist wird, der Anspruch auf Zahlung der EEG-Umlage in der Höhe und dem Umfang, in der das Speichergas unter Berücksichtigung der Anforderungen des § 44b Abs. 5 Nr. 1 und 2 EEG zur Stromerzeugung eingesetzt wird und auf den Strom die EEG-Umlage gezahlt wird.[896] Umwandlungsverluste sind dem Wortlaut zufolge von der Privilegierung umfasst.[897]

b) *Erhaltung der Marktprämie bei Zwischenspeicherung und Rückverstromung*

Der Anspruch auf eine Marktprämie bleibt nach § 19 Abs. 3 S. 4 EEG auch bei einem gemischten Einsatz von Erneuerbaren Energien mit Speichergasen erhalten.[898] Da ein Speichergaseinsatz einen abgeschlossenen Umwandlungsprozess

---

893 Zur grundsätzlichen Frage, ob überhaupt eine Stromsteuer anfällt, bereits § 6 A. II. 1. a) dd).

894 BT-Drs. 16/1172, S. 47 f.; *Möhlenkamp*, in: Möhlenkamp/Milewski, EnergieStG/StromStG, § 9a StromStG Rn. 1; *von Bredow/Balzer*, et 4/2015, S. 72 (75).

895 *Von Bredow/Balzer*, et 4/2015, S. 72 (75). Diese Einordnung erfolgt nach Abschnitt E (Energie- und Wasserversorgung), Nr. 40.21.3 der Klassifikation der Wirtschaftszweige des Statistischen Bundesamtes, Ausgabe 2003, auf welche § 2 Nr. 2a StromStG verweist.

896 Zum Begriff „Speichergas" näher § 6 A. III. 3. a). Nach der Fiktion in § 44b Abs. 5 EEG ist das aus dem Gasnetz entnommene Gas als Speichergas anzusehen, soweit die entnommene Menge im Wärmeäquivalent am Ende des Kalenderjahres der Menge von Speichergas entspricht, die an anderer Stelle in das Gasnetz eingespeist wurde, und wenn für den Gastransport Massenbilanzsysteme verwendet wurden. Näher dazu *Hennig/von Bredow*, in: Frenz u.a., EEG 2014, § 47 Rn. 43 ff.

897 Siehe hierzu bereits *Salje*, EEG 2014, § 60 Rn. 63.

898 *Von Bredow/Balzer*, et 4/2015, S. 72 (76).

von Strom in Wasserstoff oder Methan erfordert, ergibt sich aus dem Zusammenhang, dass sich § 19 Abs. 3 S. 4 EEG nicht auf den Elektrolyseur, sondern auf die Rückverstromungsanlage bezieht.[899] Der Anspruch erfordert eine Zwischenspeicherung vor der Einspeisung in ein Netz und umfasst nur die aus dem Speicher in das Netz ausgespeiste Strommenge. Das Erfordernis der Zwischenspeicherung in dezentralen Speichern hemmt die Etablierung zentraler Power to Gas-Anlagen.[900] Da die Umwandlungsverluste bei einem Einsatz von Speichergas noch höher sind als bei einer anderen Art der Zwischenspeicherung, ist der durch den Erhalt der Marktprämie gesetzte wirtschaftliche Anreiz für Betreiber einer Power to Gas-Anlage insgesamt gering.[901]

2. *Teilnahme am Regelenergiemarkt und Einsatz im Rahmen des Netzbetriebs*

Die Bereitstellung negativer Regelenergie am Regelenergiemarkt bietet sich für Power to Gas-Anlagen insbesondere dann an, wenn der Strom für die Wasserelektrolyse dem Stromnetz entnommen wird und nach geltendem Recht kein Anspruch auf eine Marktprämie nach § 19 Abs. 1 Nr. 1, § 20 EEG besteht.[902]

Ein Einsatz einer Power to Gas-Anlage im Rahmen des Netzbetriebes, bei welchem Strom als Gas zwischengespeichert und später rückverstromt und in das Netz eingespeist wird, erscheint aufgrund hoher Umwandlungsverluste unwahrscheinlich.[903]

3. *Einspeisung des zwischengespeicherten Gases in das Erdgasnetz*

Das Erdgasnetz kann im Zusammenhang mit der Power to Gas-Technologie zur bloßen Durchleitung des Gases zur Rückverstromungsanlage oder aber als Gasspeicher genutzt werden. Die Gasnetznutzung als Speicher wird gegenüber einer stationären Speicherung favorisiert, da Letztere mit einem höheren

899 So im Ergebnis mit anderer Begründung auch *Sailer*, ZNER 2012, S. 153 (158).

900 *Von Bredow/Balzer*, et 4/2015, S. 72 (76). Siehe hierzu bereits die Ausführungen in § 6 A. II. 1. b).

901 *Von Bredow/Balzer*, et 4/2015, S. 72 (76). Zu den geringen Wirkungsgraden siehe § 2 B. V. 3.

902 *Schäfer-Stradowsky/Boldt*, ZUR 2015, S. 451 (456); *Thomas*, Solarzeitalter 2014, S. 34 (35). Siehe zu Möglichkeiten der Regelenergiemarktteilnahme von Stromspeichern bereits § 6 A. II. 3.

903 *Schäfer-Stradowsky/Boldt*, ZUR 2015, S. 451 (453).

Energieaufwand verbunden ist und das Gasnetz mit 500.000 km Länge einen fast grenzenlosen Speicher bietet.[904]

a) *Rechtliche Einordnung von Wasserstoff und Methan*

Die im Zusammenhang mit Power to Gas-Anlagen relevanten Gleichstellungsregelungen knüpfen an das entstandene Gas an. Der „Biogas"-Begriff in § 3 Nr. 10c EnWG umfasst durch Wasserelektrolyse erzeugten Wasserstoff sowie synthetisch erzeugtes Methan, wenn der zur Elektrolyse eingesetzte Strom und das zur Methanisierung eingesetzte Kohlendioxid oder -monoxid nachweislich weit überwiegend aus Erneuerbaren Energien stammen. Als weit überwiegend gilt dabei ein EE-Anteil von mindestens 80%.[905] Zudem fallen Wasserstoff und Methan bei einer Einspeisung in das Gasnetz unter den „Gas"-Begriff in § 3 Nr. 19a EnWG.

Im EEG existiert ebenfalls der Begriff „Biogas" (§ 3 Nr. 11 EEG). Dieser bezieht sich allerdings nur auf aus Biomasse entstandenes Gas und kann nicht auf Wasserstoff und Methan angewendet werden.[906] Dagegen umfasst der Begriff „Speichergas" in § 3 Nr. 42 EEG „jedes Gas, das keine erneuerbare Energie ist, aber zum Zweck der Zwischenspeicherung von Strom aus erneuerbaren Energien ausschließlich unter Einsatz von Strom aus erneuerbaren Energien erzeugt wird". Diese Definition ist mangels Beschränkung auf Wasserstoff und Methan einerseits weitreichender als jene von Biogas in § 3 Nr. 10c EnWG, andererseits aufgrund der Vorgabe der Ausschließlichkeit der Nutzung von Erneuerbaren Energien enger als jene gefasst.[907] Der Wortlaut von § 3 Nr. 42 EEG lässt es aber zu, dass das für eine Methanisierung eingesetzte Kohlendioxid oder -monoxid aus nicht erneuerbaren Quellen stammt.[908]

Aus Verständnis- und Vereinfachungsgründen erscheint es angebracht, die im EnWG und EEG verwendeten Begrifflichkeiten zu vereinheitlichen.[909]

---

904 Das deutsche Erdgasnetz bietet eine Speicherkapazität von über 200 TWh und kann eine Energiemenge von etwa 1.000 TWh pro Jahr transportieren. Rein rechnerisch könnten über das Jahr etwa 15 TWh Wasserstoff gespeichert werden. Hierzu *Auer,* Moderne Stromspeicher, S. 11 m.w.N.

905 BT-Drs. 17/6072, S. 50. Siehe hierzu näher *Lietz,* ER 2015, S. 61 (62).

906 *Lietz,* ER 2015, S. 61 (63).

907 *Sailer,* ZNER 2012, S. 153 (157); *Valentin/von Bredow,* et 12/2011, S. 99 (102).

908 *Bösche/Ponder/Thomas,* RELP 2012, S. 159 (168); *Volk,* RdE 2013, S. 361 (364). Vgl. jedoch auch BT-Drs. 17/6071, S. 62, wonach eine nur zur Methanisierung erfolgte Erzeugung von CO_2 den Zwecken des EEG widerspräche und daher nicht dem Begriff des Speichergases unterfalle.

909 *Lietz,* ER 2015, S. 61 (63).

b) *Folge der Einordnung als Biogas im Sinne von § 3 Nr. 10c EnWG*

Wenn der erzeugte Wasserstoff oder das erzeugte Methan als Biogas im Sinne von § 3 Nr. 10c EnWG qualifiziert werden können, finden die für Biogas geltenden Privilegierungen der §§ 31 ff. GasNZV und §§ 19 ff. GasNEV Anwendung.

Als Folge davon haben Betreiber von Elektrolyseuren und Methanisierungsanlagen zum einen Anspruch auf vorrangigen Gasnetzanschluss gegenüber dem Netzbetreiber, der dabei 75% der Anschlusskosten übernehmen muss. Nach § 33 Abs. 1, § 32 Nr. 3 GasNZV steht dieser Anspruch Anlagen zur Aufbereitung von Biogas auf Erdgasqualität zu. Wegen der Erweiterung des Biogasbegriffs gem. § 3 Nr. 10c EnWG sind jedoch auch Wasserstoff und Methan erzeugende Anlagen anspruchsberechtigt, selbst wenn die Qualität dieser Gase nicht von vornherein als zur Einspeisung in das Gasnetz geeignet angesehen werden kann.[910] Zum anderen besteht ein Anspruch auf vorrangigen Netzzugang von Wasserstoff und Methan (§ 34 Abs. 1 GasNZV), da Netzbetreiber verpflichtet sind, Verträge für die Gasnetzeinspeisung vorrangig mit Einspeisern von Biogas abzuschließen. Zudem ist für die Biogaseinspeisung ein erweiterter Bilanzausgleich anzubieten, welcher Einspeisern mit einer fluktuierenden Einspeisung gestattet, einen von anderen Gasen abweichenden Biogasbilanzkreis mit einem Bilanzierungszeitraum von zwölf Monaten und einer Bilanzierungstoleranz von 25% bezogen auf die Jahreseinspeisemenge zu nutzen (§ 35 GasNZV).[911]

Für die Einspeisung von Wasserstoff oder Methan in das Gasnetz ist überdies kein Netzentgelt zu entrichten.[912] Dies ergibt sich für die Einspeisung von Gas im Sinne von § 3 Nr. 19a EnWG allgemein aus § 118 Abs. 6 S. 8 EnWG, wonach Elektrolyseure und Methanisierungsanlagen von den Einspeiseentgelten in das Gasnetz, an das sie angeschlossen sind, befreit sind. § 18 Abs. 1 S. 3 GasNEV sieht eine Befreiung von den Einspeiseentgelten in das örtliche Verteilnetz vor. Für das Fernleitungsnetz bestimmt § 19 Abs. 1 S. 3 GasNEV die Befreiung von einer Entgeltzahlung nur für die Einspeisung von Biogas. Der eigenständige Regelungsgehalt des zeitlich zuletzt eingefügten § 118 Abs. 6 S. 8 EnWG beschränkt sich damit auf die Fälle, in welchen das in das Fernleitungsnetz eingeleitete Gas

---

910 Zur Geltung der GasNZV BT-Drs. 17/6072, S. 50. Aufgrund der genannten Qualitätsunterschiede kritisch *Lietz,* ER 2015, S. 61 (63); *Schäfer-Stradowsky/Boldt,* ZUR 2015, S. 451 (458).

911 Hierzu näher *de Wyl/Thole/Bartsch,* in: Schneider/Theobald, EnWR, § 16 Rn. 570.

912 Sowohl für die Ein- als auch die Ausspeisung von Gas in das Netz fallen Entgelte an (vgl. § 20 Abs. 1b, § 21 EnWG, §§ 3, 13 GasNEV), siehe näher *Schütte,* in: Kment, EnWG, § 21 Rn. 31.

nicht weit überwiegend aus Erneuerbaren Energien stammt.[913] Die sich wie im Strombereich stellende Frage, ob § 118 Abs. 6 S. 8 EnWG auch die Befreiung von weiteren Entgelten und Abgaben umfasst, sollte durch eine klarstellende Gesetzesänderung entschieden werden.[914]

Schließlich steht Einspeisern von Biogas nach § 20a GasNEV unabhängig von der Netzebene gegenüber dem Netzbetreiber, in dessen Netz die Einspeisung erfolgt, ein pauschales Entgelt in Höhe von 0,7 ct/kWh eingespeisten Biogases für vermiedene Netzentgelte für zehn Jahre ab Inbetriebnahme des Netzanschlusses zu.[915] Die zunächst vom Netzbetreiber zu tragenden Kosten des Netzanschlusses nach § 33 GasNZV, des erweiterten Bilanzausgleiches nach § 35 GasNZV sowie des Entgelts für die dezentrale Einspeisung nach § 20a GasNEV werden über eine Biogasumlage auf die Gasnetznutzer gewälzt (§ 20b GasNEV).[916]

c) Verweigerungsmöglichkeiten des Netzbetreibers

Der Netzbetreiber kann den Netzanschluss ablehnen, soweit ihm dieser aus wirtschaftlichen oder technischen Gründen nachweisbar nicht möglich oder nicht zumutbar ist (§ 33 Abs. 8 S. 1 GasNZV, § 17 Abs. 2 EnWG). Eine nicht durchgehende, fluktuierende Einspeisung des Wasserstoffs begründet jedoch keine wirtschaftliche Unmöglichkeit.[917] Eine Verweigerung des Netzanschlusses aus Kapazitätsgründen ist nicht möglich (§ 33 Abs. 8 S. 2 GasNZV).

Ein vorrangiger Netzzugang kann bei fehlender Netzkompatibilität des Gases nach § 36 GasNZV (§ 34 Abs. 1 S. 1 Hs. 2 GasNZV) oder einer technischen Unmöglichkeit oder wirtschaftlichen Unzumutbarkeit (§ 34 Abs. 2 GasNZV) verweigert werden. Die Einhaltung der bei der Gaseinspeisung zu beachtenden allgemein anerkannten Regeln der Technik wird bei Beachtung der technischen Regeln der Deutschen Vereinigung des Gas- und Wasserfaches e.V. (DVGW) vermutet (§ 49 Abs. 1 und 2 EnWG, § 19 GasNZV). Für die Qualitätsanforderungen von Biogas konkretisiert § 36 Abs. 1 S. 1 GasNZV dies dahin gehend, dass der Einspeiser das Entsprechen des Gases mit den in den Arbeitsblättern G 260 und G 262 der DVGW (Stand 2007) niedergelegten Voraussetzungen

---

913 *Sailer*, ZNER 2012, S. 153 (156); *von Bredow/Valentin*, et 12/2011, S. 99 (102, Fn. 37).

914 Siehe dazu schon § 6 A. III. 1. a) sowie speziell für den Gasbereich *Lietz*, ER 2015, S. 61 (65).

915 Im Gegensatz zum Stromsektor bestehen für den Gassektor auch keine Pläne zur Änderung des Anspruchs. Siehe zu den Plänen im Stromsektor § 6 A. II. 1. c).

916 *Volk*, RdE 2013, S. 361 (363); *Lietz*, ER 2015, S. 61 (63).

917 *BNetzA*, Positionspapier zur Einspeisung von Wasserstoff und Methan in Gasnetze, S. 3.

sicherstellen muss.[918] Während eine Beimischung von Methan möglich ist, kann reiner Wasserstoff nicht in unbegrenztem Maße in das Erdgasnetz eingespeist werden. Ein zu hoher Wasserstoffanteil im Erdgas kann Schäden an Bestandteilen des Netzes oder Kundenanlagen hervorrufen.[919] Seine Beimischung ist derzeit bis zu einer Konzentration von fünf Vol.-% möglich, ohne dass negative Folgen für die Sicherheit des Erdgasnetzes zu erwarten sind.[920]

Das Positionspapier der Bundesnetzagentur zur Einspeisung von Wasserstoff in das Gasnetz sieht nach Eingang eines Anschlussbegehrens eine umfassende Überprüfung der Netzkompatibilität durch den Netzbetreiber vor.[921] Zur Erhöhung der Wasserstoffaufnahmefähigkeit des Netzes ist der Netzbetreiber jedoch nicht verpflichtet.[922] Dem Prioritätsgrundsatz folgend muss er eine einmal genehmigte Wasserstoffeinspeisung nicht mehr beschränken, auch wenn dadurch ein zeitlich späteres Anschlussbegehren nicht oder nur teilweise verwirklicht werden kann.[923] Da eine Aufteilung der Aufnahmekapazität eines Netzabschnittes unter mehreren Anschlusspetenten nach einer genehmigten Einspeisung nicht in Betracht kommt, bestehen derzeit keine Anreize für die Investition in neue Power to Gas-Projekte, sobald die Aufnahmefähigkeit des Netzes erreicht ist.[924] Für die Einspeisung von Biogas hat die Bundesnetzagentur entschieden, dass der

---

918 Aufgrund der statischen Verweisung in § 36 GasNZV sind danach die sich aus den Arbeitsblättern G 260 (Stand 2000) und G 262 (Stand 2004) ergebenden Grenzwerte maßgebend.

919 *BNetzA*, Positionspapier zur Einspeisung von Wasserstoff und Methan in Gasnetze, S. 5.

920 *Antoni/Kostka*, ewp 12/2012, S. 100 (100). Arbeitsblatt G 260 ist mittlerweile auf dem Stand 2013, G 262 auf dem Stand 2011. Der BNetzA zufolge gelten die aktuellen Versionen auch für die Grenzwerte der Wasserstoffeinspeisung, da in diesen keine Änderungen des Normgehalts vorgenommen worden seien, siehe *BNetzA*, Positionspapier zur Einspeisung von Wasserstoff und Methan in Gasnetze, S. 7 Fn. 16. Die Ansicht ist aufgrund des Wortlauts von § 36 GasNZV abzulehnen. Zudem ist der Grenzwert im Arbeitsblatt G 262 (Stand 2011) nicht mehr so eindeutig formuliert wie dies noch in G 262 (Stand 2004) der Fall ist. Hierzu näher *Lietz*, ER 2015, S. 61 (64); *Valentin/von Bredow*, et 12/2011, S. 99 (102); *Schäfer-Stradowsky/Boldt*, ZUR 2015, S. 451 (458).

921 *BNetzA*, Positionspapier zur Einspeisung von Wasserstoff und Methan in Gasnetze, S. 6–8.

922 *BNetzA*, Positionspapier zur Einspeisung von Wasserstoff und Methan in Gasnetze, S. 5.

923 *BNetzA*, Positionspapier zur Einspeisung von Wasserstoff und Methan in Gasnetze, S. 9.

924 *Lietz*, ER 2015, S. 61 (65).

Netzbetreiber dazu angehalten ist, technische Herausforderungen der Einspeisung freiwillig zu untersuchen, um so der Privilegierung Geltung zu verschaffen.[925] Aus der gesetzlichen Gleichstellung mit Biogas lässt sich diese Verpflichtung auch für Wasserstoff herleiten. Um Anreize zu schaffen, sollte daher eine der Entscheidung für Biogas entsprechende Änderung der Regelung zur Erhöhung der Wasserstoffaufnahmekapazität des Gasnetzes in Betracht gezogen werden.[926]

4. *Notwendigkeit einer gezielten Förderung*

Um der Power to Gas-Technologie den Markteintritt zu erleichtern, wird vorgeschlagen, Anlagenbetreibern für die Phase der Markteinführung einen Anspruch auf eine feste Einspeisevergütung gegenüber dem Gasversorger zuzusprechen, welche als Investitionssicherheit dienen soll.[927] Durch die festgelegte Mindestvergütung für das eingespeiste Gas entsteht eine Kostendifferenz zwischen der für das geförderte Gas und „herkömmliches" Erdgas gezahlten Vergütung. Diese soll über die Netzentgelte auf die Stromletztverbraucher gewälzt werden, da diesen die Nutzung der Power to Gas-Technologie letztlich zugutekäme.[928]

Die durch den Vorschlag aufgeworfene Frage nach der Rechtfertigung der Abwälzung der Kosten, die durch die privilegierte Behandlung von Wasserstoff und Methan nach §§ 31 ff. GasNZV entstehen, auf die Gasletztverbraucher ist durchaus berechtigt.[929] Bei einer systemdienlichen Einspeisung von überschüssigem Strom in das Gasnetz erübrigten sich zu einem gewissen Grad Systemdienstleistungen und Einspeisemanagementmaßnahmen im Stromsektor, für deren Kosten letztlich die Stromverbraucher aufkommen müssen.[930] Die Kostenumlage auf die davon profitierenden Verbraucher erscheint daher verursachungsgerecht.[931]

Indes würde die Gewährung einer festen Einspeisevergütung zum jetzigen Zeitpunkt einen falschen Anreiz zur Investition in die Power to Gas-Technologie

---

925 *BNetzA,* Beschluss v. 25.2.2011, BK7-10-191, S. 39 f. Dies soll im Rahmen von Pilotprojekten geschehen. Auf diesen Beschluss hinweisend *Lietz,* ER 2015, S. 61 (65).

926 *Lietz,* ER 2015, S. 61 (65).

927 Der entsprechende Gesetzentwurf für ein „Erneuerbares Gas Einspeise- und Speichergesetz" (EEGasG) wurde 2011 vorgestellt, vgl. etwa *Fachverband Biogas e.V.,* Pressemitteilung 30/11 v. 28. Dezember 2011. Dazu *Thomas,* ZNER 2011, S. 608 (615); *Antoni/Kostka,* ewp 12/2012, S. 100 (102).

928 Siehe hierzu *Antoni/Kostka,* ewp 12/2012, S. 100 (102).

929 Die Wälzung erfolgt über die Biogasumlage (§ 20b GasNEV), vgl. § 6 A. III. 3. b).

930 Siehe hierzu *Lietz,* ER 2015, S. 61 (66) m.w.N.

931 *Volk,* RdE 2013, S. 361 (364); *Lietz,* ER 2015, S. 61 (66).

setzen. Eine solche Vergütung ermöglichte zwar einen Markteintritt von Power to Gas-Anlagen. Eine wirtschaftliche Fehlförderung, die angesichts des nicht vorhandenen Speicherbedarfs und dem gegenüber anderen Technologien geringeren Wirkungsgrad von Power to Gas bei der Gewährung einer festen Vergütung wahrscheinlich wäre, ist aber zu vermeiden.[932] Solange Ungleichgewichte im Stromnetz durch günstigere Flexibilitätsmaßnahmen des Smart Market wie etwa der Kopplung von Lastflexibilitätsoptionen und Erzeugungskapazitäten in virtuellen Kraftwerken ausgeglichen werden können, ist diesen der Vorzug gegenüber der Power to Gas-Technologie zu geben.[933] Eine Förderung im oben beschriebenen Sinne sollte frühestens ab 2030 ins Auge gefasst werden.[934]

IV. Vorschlag einer Legaldefinition für Stromspeicheranlagen

Unter Berücksichtigung der vorstehenden Ausführungen bietet sich folgende Definition einer „Stromspeicheranlage“ an: „Eine einem Elektrizitätsversorgungsunternehmen gehörende oder von ihm betriebene Anlage zur Zwischenspeicherung von elektrischer Energie; ausgenommen sind Anlagen, die ausschließlich Betreibern von Elektrizitätsversorgungsnetzen bei der Wahrnehmung ihrer Aufgaben vorbehalten sind.“[935] Um Verwechslungen zu vermeiden, sollte die für Gas geltende Definition der „Speicheranlage“ in § 3 Nr. 31 EnWG bei gleichbleibendem Inhalt in „Gasspeicheranlage“ geändert werden. Die technologieoffen gestaltete Definition der „Stromspeicheranlage“ umfasst sämtliche Speicherarten, unabhängig vom jeweiligen Speicherprozess. Das entscheidende Definitionselement ist der Begriff Zwischenspeicherung, der verdeutlicht, dass von der Definition nur Anlagen umfasst werden, welche den in eine andere Energieform umgewandelten Strom zu einem späteren Zeitpunkt rückverstromen und in das Stromnetz einspeisen. Nur in diesem Fall kommt es zu einer Verwahrung des Stromes.[936] Die Herausnahme von im Netzbetrieb eingesetzten Stromspeichern aus der Definition ist der Ausnahme für Gasspeicheranlagen in § 3 Nr. 31 EnWG ähnlich

---

932 Zum Wirkungsgrad-Problem der Technologie sehr deutlich *Euler*, ZNER 2013, S. 487 (491).

933 *Lietz*, ER 2015, S. 61 (66). Zu Maßnahmen auf Erzeuger- und Verbraucherseite schon § 5.

934 Zur Einschätzung des frühestens ab dem Jahr 2030 wirtschaftlichen Einsatzes bereits § 2 B. V. 3.

935 Siehe zur Notwendigkeit einer Legaldefinition für Stromspeicher schon § 6 A. I. 2.

936 Siehe hierzu schon § 6 A. I. 2. Zum Rückverstromungserfordernis *Riewe/Meyer*, EWeRK 2015, S. 138 (143); *EFZN*, Eignung von Speichertechnologien zum Erhalt der Systemsicherheit, S. 165.

und gewährleistet, dass Netzbetreiber Stromspeicher im Einklang mit den Entflechtungsvorgaben als Netzbestandteile betreiben können.

Durch die Begrenzung von Stromspeicheranlagen auf Anlagen, die den Strom später wieder ins Netz speisen, werden Power to Gas-Anlagen, die den umgewandelten Strom für andere Zwecke nutzen sowie Anlagen, die zur Eigenversorgung eingesetzt werden, nicht von der Definition umfasst. Um das Entstehen von Regelungslücken zu vermeiden, sollte den Definitionen der „Stromspeicheranlage" und der „Gasspeicheranlage" eine als Oberbegriff dienende Definition eines „Energiespeichers" vorangestellt werden,[937] die folgendermaßen lauten könnte: „Anlagen, die Energie mit dem Ziel der elektrischen, chemischen, elektrochemischen, mechanischen oder thermischen Speicherung aufnehmen und [nach] einer zeitlich verzögerten Nutzung wieder zur Verfügung stellen."[938] Die durch das Stufenkonzept speicherthematisch entstehende Begriffsmehrheit wird durch eine klare Rechtslage aufgewogen.

V. Fazit

De lege lata werden Aspekte stationärer Energiespeicher bereits vereinzelt geregelt. Mehr als ein fragmentarisches Gerüst stellt der Rechtsrahmen aber nicht dar.

Derzeit werden Stromspeicher in die Kategorien von Erzeugung und Verbrauch eingeordnet. Eine *gesonderte Begriffsbestimmung einer Stromspeicheranlage* ist aber notwendig, um ihre Eigenständigkeit mit dem Fokus auf einer Stromverwahrung hervorzuheben. Die Gefahr von Doppelbelastungen der zu Speicherzwecken von Speicheranlagen bezogenen Strommengen mit diversen Umlagen und Abgaben, die der Gesetzgeber durch Ausnahmen zu vermeiden sucht, rührt insbesondere von der Klassifizierung der Speicher als Letztverbraucher her. Durch die Herausnahme von Stromspeichern aus dem Letztverbraucherbegriff des § 3 Nr. 25 EnWG sowie eine eigenständige Definition für Stromspeicher könnten Doppelbelastungsgefahren signifikant verringert und dem Regelungsrahmen überdies mehr Rechtsklarheit verliehen werden. Die Ausnahmetatbestände sollten aus Klarstellungsgründen beibehalten werden. Da der Begriff des Stromspeichers lediglich Anlagen umfasst, die den Strom zeitlich verzögert in das Netz rückspeisen, sollte zur Vermeidung von Regelungslücken zudem die als Oberbergriff dienende Definition des Energiespeichers eingeführt werden, welcher auch nicht rückspeisende Power to Gas-Anlagen unterfielen.

---

937 Zum Vorschlag dieses Stufenkonzeptes *Riewe/Meyer*, EWeRK 2015, S. 138 (144).

938 So der Vorschlag des *BDEW*, Definition des Begriffes „Energiespeicher", S. 2.

Ein Wettbewerb mit anderen Flexibilitätsoptionen ist Stromspeicherbetreibern nur möglich, wenn keine *Hindernisse für ihren Markteintritt* bestehen. Sowohl für sektorale Speicher (Pump-, Druckluft- und Batteriespeicher) als auch für sektorübergreifend einsetzbare Power to Gas-Anlagen sind durch die Befreiung von der Entrichtung eines Netzentgelts, einer KWK-Umlage, einer StromNEV-Umlage, einer Offshore-Haftungsumlage und der Umlage für abschaltbare Lasten erste gesetzliche Anreize für einen Markteintritt gelegt. Eine zu befürwortende Befreiung von der Konzessionsabgabe ergibt sich aus dem Gesetz nicht. § 118 Abs. 6 S. 1 EnWG ist daher klarstellend zu ändern. Die Option für Betreiber sektoraler Speicher, die keine Entgeltbefreiung nach § 118 Abs. 6 EnWG in Anspruch nehmen können, ein individuelles Netzentgelt nach § 19 Abs. 4 StromNEV zu beanspruchen, schafft einen weiteren Anreiz, in Speicherprojekte zu investieren. Eine Privilegierung im Hinblick auf die EEG-Umlagen wird nach § 61k Abs. 1 und 2 EEG in der Höhe und dem Umfang gewährt, in welcher der Speicherstrom bzw. das Speichergas später rückgespeist wird. Flexible Speicherkonzepte, welche den Strom nur teilweise in das Stromnetz rückspeisen, können die Privilegierung damit grundsätzlich auch beanspruchen. Die stromsteuerrechtlichen Normen sehen nur für Pumpspeicher eine explizite Steuerbefreiung vor. Für Power to Gas-Anlagen ist eine für industrielle Verfahren vorgesehene Privilegierung anwendbar. Die Rechtsprechung hat das Entstehen einer Stromsteuer auch für Batteriespeicher verneint. Die Bundesregierung scheint sich dieser Ansicht anzuschließen. Das StromStG sollte zur Beseitigung von Ungleichbehandlungen dahin gehend geändert werden, dass die Stromentnahme durch Energiespeicher generell nicht zur Stromsteuerentstehung führt.

Der *Anspruch auf Zahlung einer Marktprämie* nach §§ 19, 20 EEG bleibt Betreibern nur bei einer dezentralen Zwischenspeicherung des EE-Stroms vor der Einspeisung in ein Netz erhalten. Der so verursachten Hemmung der Etablierung zentraler Stromspeicher bzw. Power to Gas-Anlagen kann durch eine Änderung des § 19 Abs. 3 EEG abgeholfen werden, wonach der Anspruch auf die Marktprämie auch bei der Nutzung des Stromnetzes zur zentralen Zwischenspeicherung des EE-Stromes besteht. Alternativ zur Marktprämie können Stromspeicherbetreiber ein *Entgelt für eine dezentrale Einspeisung* nach § 18 Abs. 1 StromNEV beanspruchen. Der Anspruch ergibt sich nicht aus dem Wortlaut der Norm. Stromspeicher tragen aber wie Erzeugungsanlagen mit einer dezentralen Einspeisung zur Senkung der Stromkosten bei und sind diesen daher gleichzustellen. § 18 StromNEV kann Speicherbetreibern allerdings nur noch in begrenztem Maße als Anreiz dienen. Ab 1. Januar 2018 wird die Berechnungsgrundlage für die Ermittlung der Entgelthöhe auf dem Niveau des Jahres 2016 festgeschrieben. Neuanlagen, die ab 1. Januar 2023 in Betrieb genommen werden, erhalten kein vermiedenes Netzentgelt mehr.

Ein *Stromspeichereinsatz zur Optimierung des Netzbetriebs* ist möglich, wenn der Speichereinsatz dem Netzbetrieb als funktionaler Netzbestandteil zugeordnet werden kann. Einem flexiblen, netz- und marktseitigen Einsatz durch den Netzbetreiber stehen die Entflechtungsvorgaben der §§ 6 ff. EnWG entgegen. Stromspeicher eignen sich als flexible Marktakteure zur *Bereitstellung von Regelleistung.* Während Pumpspeicher diese bereits erbringen, verhindern die festgelegten Präqualifikationsbedingungen wie Mindestangebotsgröße und Erbringungszeitraum die Marktteilnahme von Batteriespeichern. Der Bereitstellung selbst gespeicherter Strommengen als Regelenergie durch den Netzbetreiber steht dessen Verpflichtung zur Regelenergiebeschaffung in einem transparenten und marktorientierten Verfahren entgegen. Gegen eine Nutzung des gespeicherten Stromes für andere Systemdienstleistungen ist indes mangels Regulierungsvorschriften in diesen Bereichen nichts einzuwenden.

Power to Gas-Anlagenbetreibern bietet sich die Option der *Nutzung des Gasnetzes* als Durchleitungsmedium oder Langzeitspeicher. Aufgrund der gesetzlichen Gleichstellung von Wasserstoff und Methan mit Biogas finden die Privilegierungen der GasNZV und GasNEV Anwendung. Es besteht Anspruch auf vorrangigen Anschluss an das Gasnetz und vorrangigen Netzzugang von Wasserstoff und Methan. Ein Netzentgelt für die Einspeisung ist nicht zu entrichten, vielmehr steht einspeisenden Betreibern gegenüber dem Netzbetreiber ein pauschales Entgelt für vermiedene Netzentgelte zu. Der Anreiz der Gasnetznutzung wird aber zumindest für die Einspeisung von Wasserstoff durch die Beimischungsbeschränkung auf fünf Vol.-% gehemmt. Der Netzbetreiber kann den Netzzugang bei fehlender Netzkompatibilität verweigern. Um eine Erhöhung der Wasserstoffaufnahmekapazität des Gasnetzes zu erreichen und damit Anreize für die Investition in Power to Gas-Projekte zu setzen, sollte hinsichtlich der Wasserstoffaufnahmekapazität des Gasnetzes entsprechend der in Bezug auf die Einspeisung von Biogas getroffenen Entscheidung durch die Bundesnetzagentur festgelegt werden, dass Netzbetreiber zumindest zur freiwilligen Untersuchung der technischen Herausforderungen der Wasserstoffeinspeisung in das Gasnetz angehalten sind.

Weder für Stromspeicher noch für Power to Gas-Anlagen ist eine zeitnahe *Schaffung direkter gesetzlicher Investitions- und Förderungsanreize* anzuraten. Stromspeicher müssen sich zunächst im Wettbewerb mit anderen Flexibilitätsoptionen beweisen. Eine Förderung der Speichertechnologien bietet sich an, sobald sie dem Energiesystem aufgrund eines erhöhten Speicherbedarfs dienlich sein können. Für sektorale Speicher eignet sich eine mittelbare Förderung durch eine Absenkung der Anspruchshöhe des § 15 Abs. 1 S. 1 EEG, welcher Betreibern bei einer netzengpassbedingten Einspeisereduzierung ihrer Anlagen einen Entschädigungsanspruch gegenüber dem Netzbetreiber gewährt. Eine Absenkung auf 75% der dem Betreiber entgangenen Einnahmen würde die effiziente Einbeziehung vorhandener Speicher anreizen. Diese Anspruchshöhe sollte ab dem Jahr 2040 gelten, ab welchem mit erhöhtem Speicherbedarf zu rechnen ist. Für Power to Gas-Anlagen, die aufgrund hoher Speicherverluste und beschränkter Nutzungsmöglichkeit des Gasnetzes eine langfristige Speicheroption darstellen, könnte der Markteintritt auf lange Sicht, ab 2030, durch einen den Betreibern zustehenden Anspruch auf eine feste Einspeisevergütung gegenüber dem Gasversorger erleichtert werden. Die durch die Vergütung entstehenden Kosten sollten dabei nicht durch die Gas-, sondern die Stromverbraucher getragen werden, welchen der Einsatz von Power to Gas letztlich zugutekommt.

B. Integration von Elektromobilität in eine intelligente Energieversorgung

Die folgende Darstellung widmet sich bezüglich des Einsatzes von Elektromobilen als mobile Speicher im Rahmen einer intelligenten Energieversorgung zunächst der Frage, ob de lege lata die Voraussetzungen und Anreize für eine Etablierung von Elektromobilität am Markt bereits gegeben sind. Im Anschluss daran wird untersucht, inwieweit im Rahmen des geltenden Rechts bereits eine Systemintegration von Elektrofahrzeugen in das Energieversorgungssystem möglich ist.[939]

I. Etablierung von Elektromobilität am Markt als Grundvoraussetzung

Voraussetzung eines systemdienlichen Einsatzes der Elektromobilität im Energiesektor ist das Vorhandensein einer ausreichenden Ladeinfrastruktur sowie einer ausreichenden Anzahl von Elektromobilen. Die Koordinierung dieser beiden Komponenten stellt sich bislang als Problem dar. Investoren sind mit dem Aufbau einer Ladeinfrastruktur zurückhaltend, solange keine Fahrzeuge vorhanden sind, welche diese nutzen. Eine ausreichende Anzahl an Nutzern wird es jedoch erst bei einer ausreichend zur Verfügung stehenden Ladeinfrastruktur geben.[940]

---

939 Die Darstellung beschränkt sich dabei auf vierrädrige Elektrofahrzeuge. Allgemein zur Elektromobilität bereits § 2 A. III. 4 und B. VI.

940 *Flauger,* et 4/2017, S. 4 spricht insoweit von einem „Henne-Ei-Problem".

1. Aufbau einer bedarfsgerechten öffentlichen Ladeinfrastruktur

Aufgrund fehlender Nutzer hat sich der Ausbau der öffentlichen Ladeinfrastruktur seit dem Jahr 2012 verlangsamt.[941] Das Vorhandensein einer öffentlichen Ladeinfrastruktur wird objektiv allerdings nicht über eine erfolgreiche Markteinführung der Elektromobilität entscheiden. Es wird davon ausgegangen, dass Elektrofahrzeuge zu 85% an privaten und lediglich zu 15% an öffentlich zugänglichen Ladepunkten geladen werden.[942] Eine öffentliche Ladeinfrastruktur ermöglicht das Zurücklegen weiterer Strecken. Überdies senkt das sichtbare Vorhandensein von Ladepunkten aus Sicht der Fahrzeugnutzer die Angst, unterwegs liegen zu bleiben. Diese psychologische Wirkung ist nicht zu unterschätzen, da sie den entscheidenden Impuls für die Anschaffung eines Elektromobils geben kann.[943] Der Stellenwert einer öffentlichen Ladeinfrastruktur für die Marktetablierung der Elektromobilität tritt auch auf unionsrechtlicher Ebene zutage. Nach Art. 4 Abs. 1 der Richtlinie 2014/94/EU (sog. AFI-RL) haben die Mitgliedstaaten anhand eines nationalen Strategierahmens die Errichtung einer angemessenen Zahl von öffentlich zugänglichen Ladepunkten bis spätestens 31. Dezember 2020 sicherzustellen. Die genaue Ladepunktanzahl hängt dabei in erster Linie von der im nationalen Strategierahmen geschätzten Zahl der bis 2020 zugelassenen Elektrofahrzeuge ab.[944]

---

941 *NPE,* Statusbericht Ladeinfrastruktur, S. 7. Allgemein zur Ladeinfrastruktur § 2 B. VI. 2.

942 *NPE,* Fortschrittsbericht 2014, S. 47.

943 *Wietschel* u.a., et 12/2015, S. 78 (81); *Linßen,* et 3/2015, S. 33 (34); *Lorkowski,* in: Boesche u.a., Handbuch Elektromobilität, S. 115 (126 f., 133 f.).

944 Die Bundesregierung geht in ihrem nationalen Strategierahmen vom November 2016 von einer erforderlichen Ladepunktanzahl von 36.000 Normalladepunkten und 7.000 Schnellladepunkten aus, siehe *BMVI,* Nationaler Strategierahmen, S. 25. Im Richtlinienvorschlag war für Deutschland noch eine Mindestanzahl von 150.000 öffentlichen Ladepunkten vorgesehen, vgl. *Europäische Kommission,* Vorschlag für eine Richtlinie über den Aufbau der Infrastruktur für alternative Kraftstoffe, COM (2013) 18 final, Art. 4 Nr. 2 i.V.m. Anh. II. Angesichts des stagnierenden Ausbaus der Ladeinfrastruktur und des nunmehr deutlich niedrigeren angenommenen nationalen Ladepunktbedarfs, ist die in der AFI-RL festgelegte, „offenere“ Formulierung zu begrüßen.

a) Der Begriff „öffentlich zugänglicher Ladepunkt"

Kabelgebundene Ladepunkte können öffentlich, halböffentlich oder privat sein.[945]

Die seit dem 17. März 2016 geltende Ladesäulenverordnung (LSV) legt technische Mindestanforderungen für den Aufbau und Betrieb von öffentlich zugänglichen Ladepunkten sowie Anzeigepflichten für Ladepunktebetreiber fest. Ein Ladepunkt ist nach § 2 Nr. 6 LSV „eine Einrichtung, die zum Aufladen von Elektromobilen geeignet und bestimmt ist und an der zur gleichen Zeit nur ein Elektromobil aufgeladen werden kann." Beträgt die Ladeleistung bei der Stromübertragung höchstens 22 kW, handelt es sich um einen Normalladepunkt; bei einer Ladeleistung von mehr als 22 kW liegt ein Schnellladepunkt vor (§ 2 Nr. 7, 8 LSV). Öffentliche Ladepunkte werden auf Flächen im öffentlichen Besitz, etwa am Straßenrand oder auf öffentlichen Parkplätzen, errichtet.[946] Halböffentliche Ladepunkte sind der Öffentlichkeit unabhängig davon, ob sie in privatem oder öffentlichem Besitz sind, zugänglich.[947] Dies ist etwa bei Kundenparkplätzen eines Unternehmens oder Rastplätzen an der Autobahn der Fall. Private Ladepunkte können hingegen nur von einer klar bestimmten Gruppe genutzt werden, wie etwa Mitgliedern eines Privathaushaltes oder Arbeitnehmern eines Unternehmens.[948]

Die LSV enthält keine Definitionen für öffentliche, halböffentliche und private Ladepunkte. Vielmehr definiert sie den Begriff des „öffentlich zugänglichen" Ladepunkts, der nach § 2 Nr. 9 LSV vorliegt, „wenn er sich entweder im öffentlichen Straßenraum oder auf privatem Grund befindet, sofern der zum Ladepunkt gehörende Parkplatz von einem unbestimmten oder nur nach allgemeinen Merkmalen bestimmbaren Personenkreis tatsächlich befahren werden kann."[949] Ob ein Ladepunkt öffentlich zugänglich in diesem Sinne ist, soll von der Zugänglichkeit zum Parkplatz, auf dem sich der Ladepunkt befindet, nicht jedoch von nutzungsbezogenen Aspekten abhängen.[950] Die Zugänglichkeit ist

945 Näher *Helbig*, Elektromobilität, S. 70 f. Die weiteren Möglichkeiten Batterieladung, induktives Laden und Batteriewechsel werden nicht weiter untersucht. Allgemein hierzu § 2 B. VI. 2., Fn. 176.

946 *Lorkowski*, in: Boesche u.a., Handbuch Elektromobilität, S. 115 (120).

947 *Lorkowski*, in: Boesche u.a., Handbuch Elektromobilität, S. 115 (120); *NPE*, Fortschrittsbericht 2014, S. 47.

948 *Lorkowski*, in: Boesche u.a., Handbuch Elektromobilität, S. 115 (120).

949 § 2 Nr. 9 LSV geht auf Art. 2 Nr. 7 AFI-RL zurück, wonach alle Nutzer aus der Union nichtdiskriminierend Zugang zu „öffentlich zugänglichen" Ladepunkten haben müssen.

950 *BMWi*, Verordnungsbegründung zur LSV v. 29. Oktober 2015, BR-Drs. 507/15, S. 13.

nur zu verneinen, wenn der Personenkreis, der Zugang zu einem Ladepunkt hat, von vornherein bestimmt oder bestimmbar ist.[951]

Fraglich ist, ob § 2 Nr. 9 LSV präzise genug gefasst ist. Aufgrund der Unbestimmtheit der Passage „nach allgemeinen Merkmalen bestimmbaren Personenkreis“ erfasst die Definition neben öffentlichen auch solche Ladepunkte, welche sich auf einem zugänglichen Parkplatz befinden. Dies hat zur Folge, dass alle Ladepunkte im öffentlichen Raum die in der LSV vorgegebenen Anforderungen erfüllen und ihren Anzeigepflichten nachkommen müssen.[952] Private Investoren könnten davon abgehalten werden, in Ladepunkte zu investieren, deren Nutzung durch einen größeren Personenkreis grundsätzlich nicht vorgesehen ist, die aber aufgrund der weiten Definition in § 2 Nr. 9 LSV den Bestimmungen der LSV unterfallen können. Soweit diese Ladepunkte die Vorgaben der LSV nicht erfüllen, kann ihr Betrieb in letzter Konsequenz untersagt werden (vgl. § 5 Abs. 2 LSV). Da das Angebot von Ladepunkten durch private Betreiber eine tragende Säule für die Verbreitung einer Ladeinfrastruktur darstellt, muss aus § 2 Nr. 9 LSV eindeutig hervorgehen, ob die Regelungen der LSV auf Ladepunkte der privaten Betreiber Anwendung finden. Eine Präzisierung der Definition hätte im Rahmen der Ergänzung der LSV um nutzungsbezogene Aspekte des Betriebes von Ladepunkten wie Authentifizierung, Nutzung und Bezahlung vorgenommen werden können (vgl. § 1 Hs. 2 LSV). Dabei hätte sich eine Begriffseinschränkung über eben jene nutzungsbezogene Kriterien angeboten, da diese eine klarere Möglichkeit zur Abgrenzung bieten als das Merkmal der Zugänglichkeit des Parkplatzes, auf welchem sich der Ladepunkt befindet.[953] Der Verordnungsgeber hat diese Möglichkeit bedauerlicherweise nicht wahrgenommen.[954]

b) Energiewirtschaftsrechtliche Einordnung des einzelnen Ladepunkts

Der Gesetzgeber hat sich der Frage der energiewirtschaftsrechtlichen Qualifizierung des einzelnen Ladepunkts im Rahmen des Strommarktgesetzes gewidmet. Die Definition des Letztverbrauchers in § 3 Nr. 25 EnWG wurde mit Wirkung zum 30. Juli 2016 um folgenden Halbsatz ergänzt: „auch der Strombezug der Ladepunkte für Elektromobile steht dem Letztverbrauch im Sinne dieses Gesetzes

951 BR-Drs. 507/15, S. 13.

952 Kritisch hierzu auch *BNE,* Stellungnahme zur Ladesäulenverordnung, S. 1 f.

953 So auch *BNE,* Stellungnahme zur Ladesäulenverordnung, S. 3.

954 Vgl. BR-Drs. 256/17 v. 29. März 2017, S. 1.

[…] gleich".[955] Die Einordnung von Ladepunkten als Letztverbraucher soll zum Aufbau einer bedarfsgerechten Ladeinfrastruktur beitragen.[956]

Fraglich ist, ob die Qualifizierung von Ladepunkten als Letztverbraucher gem. § 3 Nr. 25 EnWG überzeugt. Der Letztverbraucher ist das letzte Glied der Versorgungskette, welches Energie ausschließlich zur Deckung des Eigenbedarfs kauft.[957] Die Erfüllung des Merkmals „Eigenverbrauch" durch den Ladepunkt ist fraglich. Man könnte der Ansicht sein, dass der Strombezug des Ladepunktes außer zur Deckung des unmittelbar für den Ladepunktbetrieb benötigten Energiebedarfs dazu dient, Strom an Dritte zu verteilen.[958] Eine Verteilung im Sinne von § 3 Nr. 37 EnWG liegt jedoch nicht vor, da der Strom vom Ladepunkt nicht über ein Elektrizitätsnetz transportiert, sondern mithilfe eines Ladekabels an das Fahrzeug geleitet wird.[959] Der Ladepunktbetreiber nutzt die von ihm erworbene Energie zur Abgabe an Elektromobile im Sinne von einzelnen Verbrauchsgeräten.[960] Die Einordnung von Ladepunkten als Letztverbraucher überzeugt daher. Durch die Ergänzung von § 3 Nr. 25 EnWG wird die zuvor geführte Diskussion um die Klassifizierung von Ladepunkten beendet und grundsätzlich Rechts- und Investitionssicherheit geschaffen.[961]

---

955 Vgl. Art. 1 Nr. 4 StromMG v. 26. Juli 2016, BT-Drs. 18/7317, S. 13. Sind mehrere Ladepunkte an einer Ladeeinrichtung angebracht, gilt der Strombezug jedes einzelnen Ladepunktes als Letztverbrauch, siehe BT-Drs. 18/7317, S. 78.

956 BT-Drs. 18/7317, S. 77. Vgl. hierzu die Kritik des Wirtschafts- und Umweltausschusses, der dafür plädierte, vor einer energiewirtschaftlichen Einordnung von Ladepunkten die Verantwortlichkeiten der Marktakteure zu konkretisieren, BR-Drs. 542/1/15 v. 4. Dezember 2015, S. 13 f.

957 *Theobald*, in: Danner/Theobald, Energierecht, § 3 EnWG Rn. 207 f. Siehe zur bedeutungsgleichen EU-rechtlichen Definition des „Endkunden" Art. 2 Nr. 9 EltRL.

958 Dies zöge die Unvereinbarkeit von § 3 Nr. 25 EnWG mit der unionsrechtlichen Definition des „Endkunden" in Art. 2 Nr. 9 EltRL nach sich. So *Adam*, ZNER 2016, S. 189 (191).

959 Hierauf hinweisend bereits *Feller/de Wyl/Missling*, ZNER 2010, S. 240 (242).

960 *Feller/de Wyl/Missling*, ZNER 2010, S. 240 (242 f.). Hierzu auch noch § 6 B. I. 1. d) aa).

961 Siehe hierzu BT-Drs. 18/7317, S. 60, 117. Der einzelne, öffentliche Ladepunkt war zuvor als Energieversorgungsnetz im Sinne von § 3 Nr. 16 EnWG (so *Weis*, E-Mobility, S. 288; *Adam*, ZNER 2016, S. 189 [193]; *Hartwig*, ZNER 2013, S. 475 [478 ff.]; *von Hoff*, ZNER 2009, S. 341 [341 f.]), als Kundenanlage im Sinne von § 3 Nr. 24a EnWG (so *Mayer/Klein*, et 8/2013, S. 73 [74]; *von Hammerstein/von Hoff*, ZNER 2011, S. 259 [262]; *Fest/Franz/Haas*, et 4/2010, S. 93 [96]; *Feller/de Wyl/Missling*, ZNER 2010, S. 240 [241 ff.]) sowie als Energieanlagen sui generis eingeordnet worden (*Keil/Schmelzer*, ZNER 2010, S. 563 [566 f.]; *Boesche*, in: Boesche u.a., Handbuch Elektromobilität, S. 201 [206]; *Heinlein*, in: Boesche u.a., Handbuch

Einschränkend muss jedoch hinzugefügt werden, dass die vorgenommene Ergänzung von § 3 Nr. 25 EnWG dann für keine klare Rechtslage sorgt, wenn eine Aufladung des Elektrofahrzeugs mit der sog. Mobile Metering Methode erfolgen soll, bei welcher sich die Messeinrichtung bereits im Fahrzeug befindet und der Fahrzeugnutzer für die Messung nicht auf einen Zähler in einem stationären Ladepunkt angewiesen ist.[962] In der Gesetzesbegründung merkt der Gesetzgeber zwar an, dass mobile Ladepunkte unter die Definition des § 3 Nr. 25 EnWG fallen,[963] allerdings führt er nicht aus, in welchem Fall er dies im Rahmen der ergänzten Letztverbraucherdefinition für möglich hält. Wenn die Beladung eines Fahrzeugs mit mobilem Ladepunkt an einem öffentlich zugänglichen Ladepunkt vorgenommen wird, gilt Letzterer als Letztverbraucher. Die Einordnung des mobilen Ladepunktes als Letztverbraucher ist nicht mehr möglich.[964] Der durch die enge Fassung von § 3 Nr. 25 EnWG hervorgerufenen Beeinträchtigung des Markteintritts von alternativen Lademethoden könnte durch eine Erweiterung der Definition um den Zusatz „soweit keine Durchleitung an das Elektromobil erfolgt und dieses aufgrund eines eigenen Zählers hinter dem Ladepunkt als Letztverbraucher gilt“[965] abgeholfen werden. Allerdings zöge eine derartige Ergänzung ein Regelungsbedürfnis hinsichtlich der Qualifikation eines stationären Ladepunktes nach sich, da dieser bei Nutzung eines mobilen Ladepunkts nicht als Letztverbraucher gelten könnte. Die vom Gesetzgeber in § 3 Nr. 25 EnWG getroffene Definition kann aufgrund der beschriebenen Hemmniswirkung für alternative Lademethoden lediglich für sich in Anspruch nehmen, die energiewirtschaftliche Einordnung von Ladepunkten eindeutig zu regeln.[966]

Elektromobilität, S. 219; *Müller*, in: Korthauer, Handbuch Elektromobilität 2015, S. 159 [164]; *Gauggel*, IR 2011, S. 252 [253]).

962 Zum Mobile Metering ausführlich *Hechtfischer/Pawlitschek*, IR 2012, S. 278 ff.

963 BT-Drs. 18/7317, S. 78.

964 Hierzu auch *BNE*, Stellungnahme zum Referentenentwurf Strommarktgesetz, S. 3 f.

965 So der Vorschlag von *Dembski*, Stellungnahme des Bitkom zum Strommarktgesetz, S. 3.

966 Es ist allerdings fraglich, ob sich das Mobile Metering in naher Zukunft als Lademethode etablieren könnte. Zu den bestehenden eichrechtlichen und bilanzrechtlichen Schwierigkeiten dieser Methode bereits *Fest/Franz/Haas*, et 5/2010, S. 79 (80).

c) *Pflichten des Ladepunktbetreibers*

Die Aufgabe des Aufbaus der Ladeinfrastruktur soll grundsätzlich durch die Privatwirtschaft bewältigt werden.[967] Bei einem Ladepunktbetreiber handelt es sich damit in der Regel um eine private natürliche oder juristische Person.[968] Der Betreiber des Ladepunktes kann etwa der Betreiber des Parkhauses sein, in welchem der Ladepunkt errichtet werden soll. Denkbar ist aber auch, dass Energieversorgungsunternehmen den Betrieb des Ladepunktes übernehmen. Für den letztgenannten Fall wird in der Gesetzesbegründung betont, dass die Unternehmen als Energieversorgungsunternehmen im Sinne von § 3 Nr. 18 EnWG bzw. Elektrizitätsversorgungsunternehmen im Sinne von § 5 Nr. 20 EEG zur Abführung der gesetzlichen Umlagen, etwa der EEG-Umlage, verpflichtet bleiben.[969]

Aufgrund der Einordnung von Ladepunkten als Letztverbraucher fällt die Aufgabe des Ladepunktbetriebes insbesondere nicht dem Netzbetreiber zu.[970] Dies ergibt sich aus § 17 Abs. 1 EnWG, wonach die Netzanschlusspflicht der Netzbetreiber auch Ladepunkte für Elektromobile umfasst.[971] Zwar enthält § 17 Abs. 1 EnWG bereits den Begriff des Letztverbrauchers, sodass es aufgrund von § 3 Nr. 25 EnWG keiner expliziten Nennung des Anspruchs von Ladepunkten auf Netzanschluss bedurft hätte. Die gesonderte Erwähnung verdeutlicht aber, dass es sich bei Ladepunkten eben nicht um einen Teil des Netzes handelt.[972] Stromlieferanten haben folglich auch keinen Anspruch auf diskriminierungsfreien Zugang zum Ladepunkt nach § 20 Abs. 1 EnWG.[973] Als Letztverbraucher können die Betreiber vielmehr im Einklang mit der Vorgabe in Art. 4 Abs. 8

967 *BReg*, Regierungsprogramm Elektromobilität, S. 35, 37 f.

968 Mit der Frage, wo ein Ladepunkt im öffentlichen Raum betrieben werden kann, sind eine Reihe infrastrukturrechtlicher Aspekte verbunden, die in dieser Arbeit nicht erörtert werden. Siehe hierzu *de Wyl/Ringwald/Lange*, IR 2012, S. 280 (282 f.); *Will*, WiVerw 2014, S. 91 ff.; *Michaels/de Wyl/Ringwald*, DÖV 2011, S. 831 ff.; *Hanke*, KommP Spezial 2013, S. 47 ff.

969 BT-Drs. 18/7317, S. 78. Ausführlicher hierzu *Herz/Hennig*, ZNER 2016, S. 132 (135).

970 Zur Übernahme der Rolle des Ladepunktbetreibers durch den Verteilnetzbetreiber bei Einordnung des Ladepunktes als Teil des Netzes noch ausführlich *Weis*, E-Mobility, S. 381 ff.

971 Diese Ergänzung wurde im Rahmen des StromMG eingefügt, siehe BT-Drs. 18/7317, S. 30. Vgl. auch Art. 4 Abs. 11 AFI-RL, wonach der Netzbetreiber mit dem Ladepunktbetreiber nichtdiskriminierend zusammenarbeiten muss.

972 BT-Drs. 18/7317, S. 117.

973 Ein solcher Anspruch wäre bei Einordnung von Ladepunkten als Teil des Energienetzes möglich gewesen. Hierzu *Heinlein*, in: Boesche u.a., Handbuch Elektromobilität, S. 191 (198).

AFI-RL, wonach die Mitgliedstaaten sicherstellen müssen, dass Ladepunktbetreiber von jedem Elektrizitätsunternehmen in der Union ungehindert Strom beziehen können, den Stromlieferanten ihres Ladepunktes frei wählen.

aa) Einhaltung der in der Ladesäulenverordnung festgelegten Verpflichtungen

Bei einer Einordnung des Ladepunktes als „öffentlich zugänglich" im Sinne von § 2 Nr. 9 LSV hat der Betreiber die in der Ladesäulenverordnung festgelegten Vorgaben zu erfüllen. Der damit verbundene Eingriff in seine Berufsausübungsfreiheit (Art. 12 Abs. 1 GG) ist durch Art. 20a GG gerechtfertigt. Ein einheitlicher Qualitäts- und Sicherheitsstandard an öffentlichen Ladepunkten trägt dazu bei, dass diese von Nutzern unterschiedlichster Fahrzeugmodelle frequentiert und so die Verbreitung der emissionsarmen Elektromobilität unterstützt werden kann.[974]

Die Ausrüstung der Ladepunkte muss den in § 3 LSV niedergelegten Standards entsprechen. Die in § 3 Abs. 2 und 3 LSV festgelegten technischen Mindestanforderungen gehen dabei inhaltlich über die Vorgaben der AFI-Richtlinie hinaus.[975] Vorgaben zu den in § 5 LSV festgelegten Anzeige- und Nachweispflichten, die Betreiber dazu verpflichten, der Regulierungsbehörde den Aufbau ihres Ladepunktes anzuzeigen und, soweit es sich um Schnellladepunkte handelt, die Einhaltung der Mindestanforderungen in § 3 LSV nachweisen, sind in der AFI-Richtlinie nicht enthalten. Diese überschießende Umsetzung in der LSV wurde vom Verordnungsgeber mit dem Ziel einer „größtmöglichen Interoperabilität" begründet.[976] Fraglich ist aber, ob sich diese Vorgaben nicht als investitionshemmend entpuppen. Die Erfüllung der Anzeige- und Nachweispflichten gem. § 5 LSV ist mit zusätzlichen Kosten verbunden, die den Anreiz für Betreiber, in einen öffentlichen Ladepunkt zu investieren, weiter schmälert.[977] Die Festlegung einer weniger aufwendigen Methode zur Dokumentierung öffentlich

974 So auch *Kortlüke* u.a., Elektromobilität und Erneuerbare Energien, S. 109.

975 Gem. § 3 Abs. 1 und 2 LSV sind Normal- und Schnellladepunkte mit Steckdosen und Kupplungen des Typs 2 (DIN EN 62196-2) auszustatten. Nach § 3 Abs. 3 LSV müssen alle Gleichstrom-Ladepunkte mit Kupplungen des Typs Combo 2 (DIN EN 62196-3) ausgestattet sein. Nach Art. 4 Abs. 4, Anh. II Nr. 1.1, 1.2 AFI-RL müssen Schnellladepunkte nur eine Kupplung des Typs 2 vorweisen. Für Gleichstrom-Normalladepunkte sind keine Combo 2-Kupplungen vorgesehen.

976 BR-Drs. 507/15, S. 7.

977 Der Erfüllungsaufwand für die Wirtschaft wird auf 900.000 Euro p.a. bis 2020 geschätzt. Hinzu treten Mehrkosten von 300.000 Euro für die Bundesnetzagentur, vgl. BR-Drs. 507/15, S. 2.

zugänglicher Ladepunkte wäre vorzugswürdig gewesen. Die Nutzung vorhandener Informationen über bestehende Ladeinfrastruktur hätte sich angeboten.[978]

bb) Kostentragung

Ein privatwirtschaftlicher Aufbau der öffentlichen Ladeinfrastruktur wird durch hohe Investitionskosten für die einzelnen Ladepunkte sowie die fehlenden Nutzer der Ladepunkte gehemmt.[979] Eine Refinanzierung der Kosten ist nur unter bestimmten Voraussetzungen möglich, die allerdings in der Regel noch nicht vorliegen.[980] Um die anvisierten Ausbauziele zu erreichen, ist eine Förderung des Ladeinfrastrukturaufbaus von staatlicher Seite daher unumgänglich. Die Bundesregierung hat im Mai 2016 ein Marktanreizprogramm verabschiedet, das unter anderem die Förderung des Aufbaus der öffentlich zugänglichen Ladeinfrastruktur mit 300 Mio. Euro von 2017–2020 vorsieht, die aus dem Sondervermögen „Energie- und Klimafonds" stammen sollen.[981] Die Förderung ist mit den beihilferechtlichen Vorgaben der Art. 107, 108 AEUV vereinbar. Soweit man nicht der Auffassung ist, dass bereits die Eröffnung des Beihilfetatbestandes wegen der wettbewerbsneutralen Förderung öffentlicher, grundsätzlich allen potenziellen Elektromobilnutzern zugänglicher Ladepunkte mangels Selektivität zu verneinen ist,[982] ist die staatliche Bezuschussung des Aufbaus der Ladeinfrastruktur aufgrund der durch die Elektromobilität eintretenden ökologischen Verbesserungen zumindest als allgemeine Umweltschutzbeihilfe im

---

978 Der *BDEW* erfasst beispielsweise seit 2011 die vorhandene Ladeinfrastruktur. Siehe hierzu *BDEW*, Positionspapier zur Umsetzung der LSV, S. 2.

979 *NPE*, Fortschrittsbericht 2014, S. 22. Nach Schätzung der Nationalen Plattform Elektromobilität (NPE) betragen die Investitionskosten für einen Schnellladepunkt derzeit (2015) 35.000 Euro und die jährlichen Betriebskosten 3.000 Euro. Die Kosten für einen Normalladepunkt liegen bei 10.000 Euro bzw. 1.500 Euro. Siehe hierzu *NPE*, Statusbericht Ladeinfrastruktur, S. 12.

980 Ein tragfähiges Geschäftskonzept setzt nach Schätzungen der NPE eine Mindestanzahl von Ladevorgängen am Tag sowie einen Mindestpreis für das Laden voraus, siehe *NPE*, Statusbericht Ladeinfrastruktur, S. 11–13; allgemein hierzu *Nofz/Schomaker*, IR 2011, S. 262 (264 f.).

981 *BMVI*, Nationaler Strategierahmen, S. 33. Die Fördersumme ist zur Mitfinanzierung von 15.000 Ladepunkten vorgesehen. Zum „Energie und Klimafonds" vgl. §§ 1, 2 Abs. 1 EKFG.

982 *Kortlüke* u.a., Elektromobilität und Erneuerbare Energien, S. 112. Allgemein zum Merkmal der Selektivität *Kliemann*, in: von der Groeben/Schwarze/Hatje, EU-Recht, Art. 107 AEUV Rn. 31.

Sinne von Art. 36 der Allgemeinen Gruppenfreistellungsverordnung (AGVO) gerechtfertigt.[983]

Eine staatliche Förderung über ein Marktanreizprogramm ist positiv zu bewerten. Die Förderung lässt sich verhältnismäßig schnell realisieren, zudem können durch die Festlegung verschiedener Förderbeträge verschiedene Förderschwerpunkte gesetzt werden.[984] Um Fehlanreize zu vermeiden, sollte die Förderung eines Ladepunkts jedoch an die Verpflichtung des Betreibers gekoppelt werden, den Ladepunkt für einen bestimmten Mindestzeitraum zu betreiben.[985] Zu kritisieren bleibt, dass die staatliche Bezuschussung der Finanzierung öffentlich zugänglicher Ladepunkte erst ab 2017 realisiert wird.[986] Des Weiteren ist fraglich, ob der festgesetzte Förderbetrag ausreichend sein wird, um die erwünschten Investitionsanreize zu setzen.[987]

d) Rechtsfolgen für die in einen Ladevorgang involvierten Akteure

aa) Rechtliche Qualifizierung des Elektrofahrzeugnutzers

Aufgrund der Einordnung von Ladepunkten als Letztverbraucher kann der Strombezug eines Elektromobilnutzers für sein Fahrzeug an einem Ladepunkt keinen Letztverbrauch darstellen. Ihre Klassifizierung im Sinne von § 3 Nr. 25 EnWG schlägt jedenfalls dann fehl, wenn das Aufladen an öffentlichen Ladepunkten unentgeltlich oder an einem privaten Ladepunkt (z.B. einer Steckdose) erfolgt, welchen der Fahrzeugnutzer oder ein Dritter bereits als Letztverbraucher nutzt.[988] Dagegen wären die Tatbestandsmerkmale der Norm bei Beladung des Fahrzeugs an einem öffentlichen Ladepunkt gegen Entgelt grundsätzlich erfüllt, da die Fahrzeugnutzer Energie für den Eigenverbrauch kaufen

983 *Kortlüke* u.a., Elektromobilität und Erneuerbare Energien, S. 114. Die AGVO erklärt bestimmte staatliche Beihilfemaßnahmen als mit den Art. 107, 108 AEUV vereinbar.

984 *Kortlüke* u.a., Elektromobilität und Erneuerbare Energien, S. 106, 172.

985 Die NPE schlägt einen Zeitraum von fünf Jahren vor, siehe *NPE,* Statusbericht Ladeinfrastruktur, S. 28.

986 Zu vorher diskutierten Förderungsprogrammen *NPE*, Statusbericht Ladeinfrastruktur, S. 27 f.

987 Die NPE hat einen Förderungsbedarf von 193 Mio. Euro für Schnellladepunkte sowie 346 Mio. Euro für Normalladepunkte bis 2020 ermittelt, siehe *NPE,* Fortschrittsbericht 2014, S. 51.

988 Ebenso wie das Aufladen eines Mobiltelefons an einer Restaurant-Steckdose führt das Laden des Elektroautos an einem Ladepunkt nicht dazu, dass der Nutzer als Letztverbraucher zu qualifizieren ist, siehe *Feller/de Wyl/Missling,* ZNER 2010, S. 240 (242 f.). A.A. *Hartwig,* ZNER 2013, S. 475 (480).

würden.[989] Eine unterschiedliche Einordnung der Fahrzeuge danach, wo und auf welche Weise sie geladen werden, trägt allerdings nicht zur Rechtsklarheit bei.[990] Elektromobile sind daher aus energiewirtschaftsrechtlicher Sicht als bloße Verbrauchsgeräte anzusehen.[991]

Eine andere Qualifizierung nimmt der Gesetzgeber jedoch im Messstellenbetriebsgesetz vor. Nach § 2 Nr. 8 MsbG umfasst der Begriff des Letztverbrauchers jede natürliche oder juristische Person, welche Energie für den eigenen Verbrauch oder für den Betrieb von Ladepunkten zur Versorgung von Elektrofahrzeugnutzern bezieht (§ 2 Nr. 8 MsbG). Die Definition ist an jene in § 3 Nr. 25 EnWG angelehnt. Durch die Verwendung des Wortes „beziehen" soll aber zum Ausdruck gebracht werden, dass es primär auf den physischen Strombezug ankommt.[992] Ausweislich der Gesetzesbegründung ist damit sowohl der Ladepunkt als auch der Elektromobilnutzer als Letztverbraucher im Sinne von § 2 Nr. 8 MsbG zu qualifizieren.[993] Die Intention des Gesetzgebers hinter der Erweiterung des Letztverbraucherbegriffs im MsbG ist nachvollziehbar, weil durch diese der rechtliche Status von Ladepunkten geklärt und zugleich die Anwendbarkeit des MsbG auf Elektrofahrzeugnutzer in ihrer Eigenschaft als Anschlussnutzer gesichert werden kann.[994] Indes steht der Qualifizierung von Ladepunkten sowie Elektromobilnutzern als Letztverbraucher das systematische Argument entgegen, dass es keinen Letztverbraucher hinter dem Letztverbraucher geben kann.[995] Zudem trägt die Verwendung unterschiedlich weiter Letztverbraucherbegriffe im EnWG und MsbG nicht zur Rechtsklarheit bei. Eine Kongruenz der in EnWG und MsbG verwendeten Begriffe wäre vorzugswürdig gewesen. Statt der Definitionserweiterung

---

989 Für eine Einordnung von an Ladepunkten „tankenden" Fahrzeugnutzern als Letztverbraucher *Weis*, E-Mobility, S. 259, 392; *Hartwig*, ZNER 2013, S. 475 (479).

990 Siehe hierzu auch schon § 6 B. I. 1. b). In der Gesetzesbegründung wird daher deutlich formuliert: „Die Nutzung des Ladepunktes durch den Elektrofahrzeugnutzer stellt keinen Strombezug im Sinne des EnWG dar [...].", siehe BT-Drs. 18/7317, S. 78.

991 Für eine Einordnung von Ladepunkten als Verbrauchsgerät *Herz/Hennig*, ZNER 2016, S. 132 (134); *Feller/de Wyl/Missling*, ZNER 2010, S. 240 (242 f.); *Gauggel*, IR 2011, S. 252 (253).

992 So die Begründung des Gesetzgebers im Entwurf eines Gesetzes zur Digitalisierung der Energiewende, siehe BT-Drs. 18/7555 v. 17.2.2016, S. 73.

993 Siehe BT-Drs. 18/8919, S. 23.

994 Die Nutzung eines Netzanschlusses ist gesetzlich nur „Letztverbrauchern" möglich, vgl. § 2 Nr. 3 MsbG, § 1 Abs. 3 NAV.

995 Die Strombezieher stehen nicht auf einer Linie, vielmehr bezieht der Fahrzeugnutzer seinen Strom vom Ladepunkt, der zum Entnahmezeitpunkt bereits als Letztverbraucher einzuordnen ist.

von § 2 Nr. 8 MsbG, mit welcher die Anwendung des primär für stationäre Messsysteme konzipierten MsbG auf Elektromobilnutzer gewährleistet werden sollte,[996] hätte es sich angeboten, die Rechtsverhältnisse der in einen Ladevorgang an einem öffentlich zugänglichen Ladepunkt involvierten Akteure sowie die auf sie anzuwendenden Vorgaben gebündelt in einer Rechtsverordnung zu regeln.

bb) Regelungsbedarf

Die Vorschriften des EnWG finden im Verhältnis von Ladepunktbetreiber und Elektromobilnutzer somit keine Anwendung. Dieses Verhältnis bedarf jedoch ebenso wie die Verhältnisse der anderen, in einen Ladevorgang involvierten Akteure einer näheren rechtlichen Ausgestaltung.

§ 4 LSV, der auf Art. 9 Abs. 4 AFI-RL zurückgeht, sieht die Möglichkeit vor, ein Elektromobil an jedem Ladepunkt ohne Authentifizierung und vertragliche Verbindung zum Ladepunktbetreiber „punktuell", gegen Bar- oder Kartenzahlung, aufladen zu können. Diese Regelung, die im Rahmen der Ersten Verordnung zur Änderung der Ladesäulenverordnung in die LSV aufgenommen wurde,[997] ist zu begrüßen. Im Interesse einer einfachen Nutzung öffentlich zugänglicher Ladepunkte darf die Nutzung des Ladepunktes nicht vom Abschluss eines Vertrages mit dem betreffenden Energieunternehmen oder Ladepunktbetreiber abhängen. Daneben bedarf es jedoch einer weiteren Ergänzung der LSV. Ein Elektromobilnutzer wird grundsätzlich einen Vertrag mit einem sog. E-Mobility-Provider abschließen, welcher ihm das Laden des Elektrofahrzeugs an bestimmten Ladepunkten ermöglicht.[998] Damit der Kunde sein Fahrzeug auch laden kann, wenn er sich nicht im Ladepunkt-Gebiet seines Providers befindet, kann Letzterer einen E-Roamingvertrag mit einem anderen E-Mobility-Provider abschließen, welcher die Nutzung von dessen Ladepunkten ermöglicht.[999] In der LSV sollten

---

996 Der Zusatz „oder für den Betrieb von Ladepunkten zur Versorgung von Elektrofahrzeugnutzern" wurde § 2 Nr. 8 MsbG erst auf Empfehlung des Ausschusses für Wirtschaft und Energie hinzugefügt, siehe BT-Drs. 18/8919 v. 22.6.2016, S. 8. Vgl. auch *BDEW*, Stellungnahme zum RegE eines GDEW, S. 25, welcher vor dieser Erweiterung noch davon ausging, dass das MsbG auf dem Ladepunkt nachgelagerte Rechtsverhältnisse keine Anwendung findet.

997 Siehe BR-Drs. 256/17, S. 2, 5.

998 Die Rolle des E-Mobility-Providers kann mit jener des Ladepunktbetreibers zusammenfallen.

999 Die öffentlichen Ladepunkte müssen über ein sog. E-Roaming-System miteinander verbunden werden. Siehe hierzu näher *Fluhr/Stich*, in: Boesche u.a., Handbuch Elektromobilität, S. 286 (288).

die rechtlichen Beziehungen und Verantwortlichkeiten aller in einen Ladevorgang involvierten Akteure eindeutig geregelt werden. Um den Ladepunkt eines fremden E-Mobility-Providers nutzen zu können, muss der Ladepunktbetreiber den Nutzer identifizieren können. Die dort entnommene Strommenge muss über den eigenen E-Mobility-Provider einem Elektrofahrzeugnutzer eindeutig zugeordnet und abgerechnet werden können.[1000]

2. *Anreize zur Investition in eine private Ladeinfrastruktur*

Private Ladepunkte können in einer Garage oder einem Carport angebracht werden, wenn dem Elektromobilnutzer ein Eigenheim zur Verfügung steht, das er zur Miete bewohnt oder dessen Eigentümer er ist. Daneben ist das Anbringen einer Lademöglichkeit an einem Garagenstellplatz oder Parkplatz einer Wohnanlage denkbar, wenn der Nutzer als Mieter oder Wohnungseigentümer in einem Mehrfamilienhaus wohnt. Überdies kommt die Errichtung eines Ladepunktes auf dem Firmenparkplatz des Arbeitgebers in Betracht.[1001] Die Nutzung herkömmlicher Steckdosen als Ladepunkte ist zwar möglich, sie empfiehlt sich aufgrund von Sicherheitsbedenken jedoch nur im Ausnahmefall.[1002] Stattdessen wird der Einsatz von Kraftstrom-Steckdosen (sog. Wallboxen) angeraten, die aufgrund einer höheren Leistung eine schnellere Ladung ermöglichen.[1003] Da Wallboxen in der Regel in Privathaushalten nicht vorhanden sind, verursacht ihre Installation Kosten, die vor allem dann, wenn die Wallbox gegen die Nutzung Dritter geschützt und mit einem separaten intelligenten Messsystem ausgestattet wird, schnell vierstellige Eurobeträge erreichen können.[1004]

1000 Auf daraus resultierende Autorisierungs- und Abrechnungsfragen wird hier aufgrund der Fokussierung auf den Aufbau der Ladeinfrastruktur als Voraussetzung für die Integration von Elektromobilen als mobile Speicher in das Energiesystem nicht weiter eingegangen. Siehe hierzu näher *Fluhr/Stich*, in: Boesche u.a., Handbuch Elektromobilität, S. 286 (290 ff.); *NPE*, Fortschrittsbericht 2014, S. 29 ff. Zu datensicherheitsrechtlichen Aspekten beim Ladevorgang bereits § 4 B. I. 4.

1001 *NPE*, Statusbericht Ladeinfrastruktur, S. 15; *Rodi/Hartwig*, ZUR 2014, S. 592 (592 f.).

1002 *Rodi/Hartwig*, ZUR 2014, S. 592 (593). Die Bedenken betreffen zum einen die lange Ladedauer, welche zu einer Überhitzung führen kann, sowie die an der Steckdose mögliche Ladeleistung.

1003 *Riekert*, et 11/2016, S. 75 (75). Siehe auch *NPE*, Zwischenbericht AG 3 2010, S. 13.

1004 Siehe hierzu *Rodi/Hartwig*, ZUR 2014, S. 592 (599); *NPE*, Fortschrittsbericht 2014, S. 51.

a) Installation privater Ladepunkte in Neubauten

In der *Bauleitplanung* kann der Aspekt der Errichtung privater Ladepunkte bereits berücksichtigt werden. Die Förderung von Elektromobilität kann unter dem Gesichtspunkt einer auf Verkehrsvermeidung ausgerichteten städtebaulichen Entwicklung als Belang des Personen- und Güterverkehrs (§ 1 Abs. 6 Nr. 9 BauGB) sowie als Belang des Umweltschutzes (§ 1 Abs. 6 Nr. 7 lit. e) und f) BauGB) Eingang in die planerische Abwägung der öffentlichen und privaten Belange nach § 1 Abs. 7 BauGB finden.[1005] Flächen, welche als Lademöglichkeit für Elektromobile dienen sollen, können im Bebauungsplan als Verkehrsflächen mit besonderer Zweckbestimmung festgesetzt werden (§ 9 Abs. 1 Nr. 11 BauGB). Eine Änderung der Rechtslage ist nicht zwingend angezeigt. Zur Hervorhebung der Bedeutung von Stellflächen für die Marktetablierung der Elektromobilität bietet es sich aber an, § 1 Abs. 6 Nr. 9 BauGB um eine Erwähnung von Elektromobilen zu erweitern und in § 9 Abs. 1 Nr. 11 BauGB Flächen für das Aufladen von Elektromobilen explizit aufzulisten.[1006]

In *bauordnungsrechtlicher Hinsicht* kommt zur Förderung des Aufbaus privater Ladeinfrastruktur insbesondere die Nutzbarmachung der Stellplatzpflicht in Betracht. Bis auf das Landesrecht von Berlin beinhalten alle Landesbauordnungen Vorgaben zur Errichtung von Stellplätzen für Fahrzeuge.[1007] Konkretisierungen zur Beschaffenheit der Stellplätze finden sich in Garagen- bzw. Stellplatzverordnungen. Die Hessische Garagenverordnung etwa sieht bereits vor, dass in Garagen eine ausreichende Anzahl von Stellplätzen vorhanden sein muss, die über einen Anschluss an Ladestationen für Elektromobile verfügen, wobei der Anteil dieser Plätze mindestens 5% der jeweiligen Gesamtzahl der Stellplätze betragen muss (§ 2 Abs. 3 GaVO).[1008] Der den Verpflichteten überlassene Freiraum zur Vorgabenumsetzung birgt ein gewisses Konfliktpotenzial, etwa hinsichtlich der

---

1005 *Battis*, in: Battis/Krautzberger/Löhr, BauGB, § 1 Rn. 75; *Harendt/Mayer*, Ladeinfrastruktur im Neubau und Bestand, S. 11.

1006 So die Änderungsvorschläge von *Harendt/Mayer*, Ladeinfrastruktur im Neubau und Bestand, S. 14.

1007 Die LBO Baden-Württemberg sieht etwa vor, dass bei der Errichtung von Gebäuden für jede Wohnung ein Stellplatz herzustellen ist, vgl. § 37 LBO BW. § 50 Abs. 1 der BauO Berlin sieht hingegen nur eine Stellplatzpflicht für Behinderte bei Errichtung öffentlich zugänglicher Gebäude vor.

1008 Die GaVO wurde in der Fassung vom 17. November 2014 verschärft. In der vorigen Fassung aus dem Jahr 2012 war nur in Mittel- und Großgaragen mit mind. 100 Stellplätzen ein Anteil von 1% der Gesamtstellplätze als Plätze für Elektromobile bereitzustellen. Siehe dazu *Rodi/Hartwig*, ZUR 2014, S. 592 (596).

Frage der Kostentragung oder der Aufteilung der Ladepunktplätze innerhalb einer Garage. Diese Fragestellungen können jedoch in Stellplatzsatzungen der Gemeinden noch konkretisiert werden. Sie können zudem regeln, welcher Geldbetrag an die Gemeinden als Ablösung zu entrichten ist, wenn der Verpflichtete der Herstellung der Stellplätze nicht nachkommen kann. Insgesamt erscheint eine wie im Hessischen Recht vorgenommene Aufnahme einer gesetzlichen Verpflichtung zur Errichtung einer Mindestanzahl von Plätzen für Elektromobile als ein geeignetes und im Hinblick auf das Eigentumsrecht des Stellplatzverpflichteten verhältnismäßiges Mittel, um eine kontinuierliche Erhöhung der privaten Lademöglichkeiten für Elektrofahrzeuge zu erreichen.[1009] Die Entscheidung für eine derartige oder andersartige Modernisierung der Stellplatzpflicht bleibt jedoch den Ländern als bauordnungsrechtlichen Kompetenzträgern überlassen (Art. 30, 70 GG). Zur konkreten Ausgestaltung der Vorgaben in Stellplatzsatzungen sind die Gemeinden ermächtigt. Eine bundesweite Modifizierung der Stellplatzpflicht kommt daher nicht in Betracht. Denkbar ist lediglich die Aufnahme einer Regelung in die Mustergaragenverordnung (MGarVO).[1010] In Betracht kommt die Ergänzung von § 4 MGarVO, welcher sich mit Maßgaben zu Einstellplätzen befasst, um Vorgaben zu Stellplätzen für Elektrofahrzeuge im Sinne von § 2 Abs. 3 der Hessischen GaVO.[1011]

In diesem Zusammenhang sind die Pläne der EU-Kommission, die Gebäudeenergieeffizienzrichtlinie 2010/31/EU um Vorgaben zu Ladepunkten für Elektromobile zu ergänzen, beachtenswert.[1012] Ab dem 1. Januar 2025 soll bei allen neuen oder renovierten Geschäftsgebäuden mit mehr als zehn Stellplätzen mindestens

---

1009 Zum Eigentumsrecht des Stellplatzeigentümers sogleich ausführlicher unter § 6 B. I. 2. b) bb).

1010 Musterverordnungen wie die Musterbauordnung oder die Mustergaragenverordnung sind rechtlich unverbindlich, sollen den Ländern aber als Leitlinien dienen und könnten daher zur Aufnahme einer Regelung zu Stellplätzen für Elektromobile in den landesrechtlichen Bauordnungen anreizen sowie zu einer dahin gehenden Vereinheitlichung der bauordnungsrechtlichen Vorschriften beitragen. Allgemein *Jäde*, NVwZ 2003, S. 668 (668). Zur MGarVO siehe die Internetseite der *Bauministerkonferenz*, https://www.is-argebau.de/verzeichnis.aspx?id=991&o=991 (zuletzt abgerufen am 20.8.2017).

1011 Die entsprechende Änderung der MGarVO wäre durch die zuständige Bauministerkonferenz umzusetzen. Zu diesem Vorschlag *Harendt/Mayer*, Ladeinfrastruktur im Neubau und Bestand, S. 20 f.

1012 *Europäische Kommission*, Vorschlag für eine Richtlinie zur Änderung der Richtlinie 2010/31/EU über die Gesamtenergieeffizienz von Gebäuden v. 30.11.2016, COM (2016) 765 final.

jeder zehnte Stellplatz mit einem Ladepunkt ausgerüstet werden. Zudem sollen in neuen oder renovierten Wohngebäuden mit mehr als zehn Stellplätzen zumindest Vorverkabelungen vorgenommen werden, welche die Errichtung von Ladepunkten für jeden Stellplatz ermöglichen.[1013] Die Umsetzung dieser progressiven Vorschläge trüge zu einer deutlichen Erhöhung von Lademöglichkeiten bei. Abzuwarten bleibt freilich, ob die Vorschläge sich letztendlich in dieser Form in der Richtlinie wiederfinden werden.

b) Installation privater Ladepunkte in Bestandsgebäuden

Der Anteil an Elektromobilnutzern, die ihre Wallbox als Eigentümer eines Hauses mit Parkmöglichkeit an einer beliebigen Stelle errichten können, ist insbesondere in Städten und Ballungsräumen gering. Es wird angenommen, dass zwei Drittel der Deutschen in Mehrfamilienhäusern wohnen, sei es zur Miete oder als Wohnungseigentümer.[1014] Soweit ein Stellplatz vorhanden ist, hat der Fahrzeugnutzer diesen entweder angemietet oder kann ihn als Sondereigentümer oder als Teil des Gemeinschaftseigentums einer Wohnungseigentümergemeinschaft nutzen.[1015]

aa) Derzeitige Rechtslage

Im Rahmen eines Mietverhältnisses stellt die Installation einer Wallbox auf einem Stellplatz eine bauliche Veränderung an der Mietsache dar, da ein Eingriff in ihre bauliche Substanz notwendig ist.[1016] Soweit der Vermieter die Installation nicht aus eigenem Antrieb vornimmt, ist es dem Mieter nicht gestattet, bauliche Veränderungen ohne dessen Zustimmung vorzunehmen.[1017] In der Rechtsprechung wurden zwar schon Duldungspflichten des Vermieters bezüglich baulicher Veränderungen der Mietsache basierend auf dem Grundsatz von Treu und Glauben angenommen.[1018] Diese Duldungspflichten sind aber auf enge

---

1013 Siehe zu diesen geplanten Vorgaben COM (2016) 765 final, S. 19.

1014 *NPE,* Statusbericht Ladeinfrastruktur, S. 16.

1015 Über einen Stellplatz verfügen nur ca. 70% der Nutzer. Die übrigen, als „Laternenparker" bezeichneten Nutzer stellen ihr Auto auf der Straße ab, vgl. *Rodi/Hartwig,* ZUR 2014, S. 592 (592) m.w.N.

1016 Zum Begriff der baulichen Veränderung *Blank,* in: Blank/Börstighaus, Miete, § 555b BGB Rn. 2.

1017 *Klein-Blenkers,* in: Dauner-Lieb/Langen, BGB, Bd. 2/1, § 535 Rn. 178.

1018 Zu Rechtsprechungsbeispielen siehe *Häublein,* in: MüKo BGB, Bd. 4, § 535 Rn. 87 ff. m.w.N.

Ausnahmen beschränkt.[1019] Ein Anspruch auf Ausstattung des Stellplatzes mit einer Wallbox besteht grundsätzlich nicht.

In Wohnungseigentümergemeinschaften bedarf die Installation einer Wallbox der Zustimmung aller Wohnungseigentümer (§ 22 Abs. 1 S. 1 WEG), da sie eine bauliche Veränderung darstellt, die über die ordnungsgemäße Instandhaltung des Gemeinschaftseigentums hinausgeht.[1020] Das Zustimmungsbedürfnis gilt unabhängig davon, ob es sich bei dem Stellplatz um durch dauerhafte Markierungen abgegrenztes Sondereigentum handelt (§ 3 Abs. 2 S. 2 WEG) oder er Teil des Gemeinschaftseigentums ist, da jedenfalls die an den Stellplatz angrenzenden oder ihn umgrenzenden Wände Gemeinschaftseigentum sind.[1021] Die Installation einer Wallbox kann allerdings als Maßnahme zur Anpassung des Gemeinschaftseigentums an den Stand der Technik im Sinne von § 22 Abs. 2 WEG betrachtet werden, da die politisch gewünschte Nutzung von Elektromobilen nur möglich ist, wenn ausreichend private Ladepunkte zur Ladung bereitstehen.[1022] Abweichend von § 22 Abs. 1 WEG ist damit eine doppelt qualifizierte Mehrheit erforderlich.[1023]

bb) Änderungsvorschläge

Im Rahmen von Wohnungseigentumsgemeinschaften könnte zur Verbesserung der Rechtslage von Sondereigentümern ein Anspruch auf Zustimmung der Wohnungseigentümer zur Ausstattung des Stellplatzes mit einer Wallbox festgelegt werden, wobei die Zustimmung nur bei einer Unverhältnismäßigkeit des Eingriffs in das Gemeinschaftseigentum und der nicht ausreichenden Berücksichtigung der Interessen der Wohnungseigentümer verweigert werden könnte.[1024] Die Kosten der Installation wären in diesem Fall vom Sondereigentümer selbst zu tragen. Für den Fall, dass die Einstellplätze einer Wohnungseigentumsanlage nicht im Sondereigentum eines Wohnungseigentümers stehen, bleibt es hingegen dabei, dass der einzelne Wohnungseigentümer keinen Anspruch auf Installation

---

1019 *Harendt/Mayer,* Ladeinfrastruktur im Neubau und Bestand, S. 4.

1020 *Rodi/Hartwig,* ZUR 2014, S. 592 (597); *Riekert,* et 11/2016, S. 75 (76).

1021 *Rodi/Hartwig,* ZUR 2014, S. 592 (597).

1022 *Rodi/Hartwig,* ZUR 2014, S. 592 (597). „Stand der Technik" in § 22 Abs. 2 WEG meint „das Niveau einer (…) bewährten, fortschrittlichen technischen Entwicklung (…), das das Erreichen des gesetzlich vorgegebenen Ziels gesichert erscheinen lässt", siehe BT-Drs. 16/887, S. 30.

1023 Ein Beschluss bedarf dann der Stimmen von Dreiviertel der stimmberechtigten Wohnungseigentümer sowie mehr als der Hälfte aller Miteigentumsanteile.

1024 So der Vorschlag von *Rodi/Hartwig,* ZUR 2014, S. 592 (597).

einer Wallbox hat. § 22 Abs. 2 WEG könnte aber klarstellend dahin gehend geändert werden, dass die Installation einer Wallbox als Anpassung an den Stand der Technik gilt.

Zur Verbesserung der Rechtslage von Mietern könnte einerseits ein Anspruch auf Zustimmung des Vermieters zu einer für die Nutzung von Elektromobilen erforderlichen baulichen Veränderung festgelegt werden.[1025] Eine Verweigerung des Vermieters käme bei einer unverhältnismäßigen Einschränkung seines Interesses an einer unveränderten Erhaltung der Mietsache in Betracht, wobei eine Unverhältnismäßigkeit zu verneinen wäre, wenn sich die bauliche Veränderung rückstandslos wieder beseitigen ließe und der optische Gesamteindruck des Gebäudes nicht beeinträchtigt wäre.[1026] Andererseits könnte ein Anspruch des Mieters auf Ausstattung des von ihm gemieteten Stellplatzes mit einer Wallbox festgelegt werden, wenn der Mieter dem Vermieter einen Nachweis darüber erbringt, dass er Halter eines Elektrofahrzeuges ist.[1027] Da die Installation einer Wallbox als Investition in die Modernisierung der Mietsache anzusehen wäre, träfen den Vermieter die Installationskosten.[1028]

Der Vorschlag der Normierung eines Anspruchs des Mieters auf Ausstattung eines Stellplatzes mit einer Wallbox auf Kosten des Vermieters ist für den zügigen Ausbau der privaten Ladeinfrastruktur zu bevorzugen. Das Interesse des Mieters am Kauf eines Elektromobils wird nicht durch zusätzliche Kosten für die Wallbox gehemmt.

Das Eigentum des Vermieters wird durch einen solchen Anspruch stark beeinträchtigt. Allerdings ist festzustellen, dass der Eigentumsfreiheit durch seine Sozialbindung gem. Art. 14 Abs. 2 GG Grenzen gesetzt sind, in Bezug auf die Errichtung von Stellplätzen für Elektromobile als Beitrag zum Umweltschutz konkret durch die Staatszielbestimmung des Art. 20a GG.[1029] Der verstärkte Ausbau privater Ladeinfrastruktur fördert unmittelbar die Etablierung der Elektromobilität

---

1025 Siehe zu diesem Vorschlag *Harendt/Mayer,* Ladeinfrastruktur im Neubau und Bestand, S. 5. Dies ansprechend auch *Rodi/Hartwig,* ZUR 2014, S. 592 (598). § 554a BGB normiert den Anspruch des Mieters auf Zustimmung des Vermieters zu einer behindertengerechten Nutzung der Mietsache.

1026 In dieselbe Richtung ginge die Normierung einer Duldungspflicht des Vermieters hinsichtlich baulicher Veränderungen, durch welche die Nutzung von Elektrofahrzeugen ermöglicht wird. Siehe zu beiden Vorschlägen *Harendt/Mayer,* Ladeinfrastruktur im Neubau und Bestand, S. 4 f.

1027 *Rodi/Hartwig,* ZUR 2014, S. 592 (598).

1028 *Rodi/Hartwig,* ZUR 2014, S. 592 (598).

1029 *Sommermann,* in: von Münch/Kunig, GG I, Art. 20a Rn. 48.

als klimafreundliche und zukunftsgerichtete Mobilitätsmethode, die dem Prinzip der Nachhaltigkeit folgend zur Erhaltung der natürlichen Lebensgrundlagen beiträgt und daher ein gewichtiges, im gesellschaftlichen Interesse stehendes Verfassungsgut darstellt.[1030] Hinter diesem nicht lediglich einer Minderheit von Mietern, sondern der gesamten Gesellschaft zugutekommenden Zweck muss die mit der Förderung einhergehende Eigentumsbeeinträchtigung in der Abwägung zurückzutreten.[1031] Der Anspruch des Mieters sollte jedoch an die Voraussetzung geknüpft werden, dass der Mieter einen Nachweis darüber erbringt, dass er Halter eines Elektrofahrzeuges ist. Der Vermieter sollte die entstandenen Kosten in Anlehnung an die für Modernisierungsmaßnahmen geltende Regelung in § 559 Abs. 1 BGB auf den Mieter umlegen können.[1032] Zudem sollte, um die Verhältnismäßigkeit zu wahren und zu verhindern, dass dem Eigentümer durch die zeitgleiche Geltendmachung mehrerer Ansprüche erhebliche Kosten entstehen, der Anspruch dahin gehend eingeschränkt werden, dass ein Eigentümer einer Garage ab einer gewissen Anzahl von Stellplätzen nur verpflichtet ist, einen bestimmten Prozentsatz der Parkplätze mit einer Wallbox auszustatten und jedem Stellplatznutzer den Zugang zur Wallbox zu gewährleisten. Beispielsweise könnte an die Hessische GaVO angelehnt festgelegt werden, dass nur 5% der Gesamteinstellplätze mit einer Lademöglichkeit für Elektromobile ausgestattet werden muss.

Im Übrigen sollte aufgrund der Installationskosten für Wallboxen auch und gerade im Bereich der privaten Ladeinfrastruktur eine staatliche Förderung aufgelegt werden. Die anvisierte zügige Marktetablierung der Elektromobilität kann ohne staatliche Förderungen nicht erreicht werden. Auch im privaten Bereich wäre eine staatliche Bezuschussung des Ladeinfrastrukturaufbaus in Form eines Marktanreizprogrammes denkbar, das als allgemeine Umweltschutzbeihilfe nach Art. 36 AGVO gerechtfertigt werden könnte.[1033] Speziell für Vermieter, deren Installationskosten sich erst nach einem gewissen Zeitraum durch die vorgeschlagene Erhöhung des Mietzinses amortisieren ließen, könnte zudem über die Möglichkeit einer Kreditförderung als Zwischenfinanzierung nachgedacht

1030 Zum Nachhaltigkeitsprinzip *Jarass*, in: Jarass/Pieroth, GG, Art. 20a Rn. 10.

1031 So im Ergebnis auch *Rodi/Hartwig*, ZUR 2014, S. 592 (599).

1032 *Rodi/Hartwig*, ZUR 2014, S. 592 (598). § 559 Abs. 1 BGB gestattet eine Erhöhung der jährlichen Miete um 11% der für eine Wohnung aufgewendeten Modernisierungskosten.

1033 *Kortlüke* u.a., Elektromobilität und Erneuerbare Energien, S. 114. Dazu auch § 6 B. I. 1. c) bb).

werden, um den erwartbaren Widerstand der vom Begehren des Mieters betroffenen Eigentümer zumindest zu minimieren.[1034]

3. *Weitere Anreize für die Etablierung von Elektrofahrzeugen am Markt*

Neben Anreizen zur Schaffung einer ausreichenden Ladeinfrastruktur können Privilegierungen und Vorgaben monetärer und nicht-monetärer Art zu einer zeitnahen Etablierung der Elektromobilität am Markt beitragen.

a) Anreize monetärer Art

Zur Förderung der Absatzsteigerung von Elektromobilen beschloss die Bundesregierung eine bis 30. Juni 2019 befristete finanzielle Förderung durch einen sog. *Umweltbonus*. Die Kaufprämie kann seit dem 2. Juli 2016 von Personen des Privatrechts beantragt werden, auf welche nach dem 18. Mai 2016 ein Hybridfahrzeug oder ein reines Elektrofahrzeug mit einem maximalen Netto-Listenpreis von 60.000 Euro erstmals zugelassen wurde.[1035] Die Finanzierung in Höhe von 4000 Euro für ein reines Elektrofahrzeug sowie von 3000 Euro für ein Hybridfahrzeug wird jeweils zur Hälfte durch den Bund sowie die Autohersteller getragen.[1036] Positiv hervorgehoben werden kann, dass diese öffentlichkeitswirksame Prämie zu einem temporären Abbau des Preishemmnisses führen kann, auch wenn sie ohne die Förderung des Aufbaus einer ausreichenden Ladeinfrastruktur nicht zu deutlich mehr Elektromobilen auf den Straßen führen wird. Die Förderung der von der Bundesregierung selbst nur als Brückentechnologie eingeplanten Hybridfahrzeuge verlängert den Übergang zu einer lediglich aus reinen Elektromobilen bestehenden Autolandschaft jedoch unnötig und setzt den falschen Anreiz.[1037] Eine Fokussierung der Förderung auf reine Elektromobile,

---

1034 *Rodi/Hartwig*, ZUR 2014, S. 592 (599).

1035 Siehe hierzu *BMWi*, Richtlinie zur Förderung des Absatzes von elektrisch betriebenen Fahrzeugen (Umweltbonus) v. 29. Juni 2016 (BAnz. AT v. 1.7.2016 B1). Die Prämie ist insgesamt auf einen Betrag von 1,2 Mrd. Euro begrenzt. Nr. 3.1 der Förderrichtlinie verweist hinsichtlich der Begriffsbestimmungen eines Hybrid- sowie reinen Elektrofahrzeuges auf § 2 Nr. 1 EmoG.

1036 *BMWi*, Richtlinie zur Förderung des Absatzes von elektrisch betriebenen Fahrzeugen, Nr. 4.

1037 Zu Hybridfahrzeugen als Brückentechnologie siehe § 2 B. VI. 1., Fn. 171. Zu Reaktionen auf die Einführung des Umweltbonus auch *Gammelin/Balser*, Förderung soll 400.000 E-Autos auf die Straße bringen, in: Süddeutsche.de, online-Artikel vom 27. April 2016.

etwa durch eine deutlichere Differenz der Förderhöhe für beide Technologiearten wäre vorzugswürdig.

Die *Gewährung steuerlicher Vergünstigungen* bietet einen weiteren Anreiz zum Erwerb von Elektromobilen. Die am inländischen Bruttolistenpreis orientierte einkommensteuerrechtliche Belastung der privaten Nutzung eines als Dienstwagen eingesetzten Elektromobils, welche aufgrund höherer Listenpreise immer zu einer nachteiligen steuerlichen Belastung von Elektrofahrzeugen führt, wird bereits durch eine Minderung des Listenpreises um die darin enthaltenen Kosten des Batteriesystems ausgeglichen (§ 6 Abs. 1 Nr. 4 S. 2, 3 EStG).[1038] Dieser Nachteilsausgleich kann sowohl für reine Elektromobile als auch extern aufladbare Hybride angesetzt werden.

Seit dem 17. November 2016 sind gewährte Vorteile, die ein Arbeitnehmer dadurch erlangt, dass er sein Elektromobil an einer Ladestation des Arbeitgebers lädt, von der Steuer befreit (§ 3 Nr. 46 EStG). Zudem ist es Arbeitgebern nunmehr möglich, die Lohnsteuer auf geldwerte Vorteile an den Arbeitnehmer, die aus der unentgeltlichen oder verbilligten Übereignung der Ladevorrichtung für Elektro- oder Hybridfahrzeuge entstehen, oder auf Zuschüsse zu Aufwendungen, die der Arbeitnehmer für den Erwerb und Betrieb der Ladestation selbst trägt, mit einem pauschalen Steuersatz von 25% zu erheben (§ 40 Abs. 2 S. 1 Nr. 6 EStG).[1039] Die Regelungen in § 3 Nr. 46 sowie § 40 Abs. 2 S. 1 Nr. 6 EStG sind positiv zu bewerten. Ladepunkte auf Firmenparkplätzen können dazu beitragen, Hemmnisse bezüglich einer Kaufentscheidung für ein Elektromobil abzubauen, die durch die Befürchtung entstehen, nach einem Arbeitstag wegen einer nicht ausreichenden Batterieleistung des Fahrzeugs nicht nach Hause fahren zu können. Die Privilegierungen setzen sowohl für Arbeitgeber als auch Arbeitnehmer Anreize, um in Ladepunkte an der Arbeitsstätte zu investieren bzw. diese zu nutzen.[1040]

Überdies sind Halter von reinen Elektrofahrzeugen, die in der Zeit vom 18. Mai 2011 bis 31. Dezember 2020 erstmalig zugelassen wurden, und solche, die in der Zeit vom 18. Mai 2016 bis 31. Dezember 2020 nachträglich zu einem reinen Elektrofahrzeug umgerüstet wurden, für zehn Jahre von der Kraftfahrzeugsteuer befreit (§ 3d Abs. 1, Abs. 4 KraftStG). An den Befreiungszeitraum schließt

---

1038 Näher *Balmes*, BB 2013, S. 215 (215 f.); *BReg*, Regierungsprogramm Elektromobilität, S. 49 f.

1039 § 3 Nr. 46 sowie § 40 Abs. 2 S. 1 Nr. 6 EStG wurden im Rahmen des Gesetzes zur steuerlichen Förderung von Elektromobilität im Straßenverkehr (EMobStFG) vom 7. November 2016 in das Einkommenssteuergesetz eingefügt. Die Festlegungen gelten zunächst bis 31. Dezember 2020, vgl. § 52 Abs. 4 S. 10, Abs. 37c EStG.

1040 Siehe hierzu auch die Gesetzesbegründung zum EMobStFG, BT-Drs. 18/8828, S. 13 f.

sich eine dauerhafte Steuerermäßigung um 50% an (§ 9 Abs. 2 KraftStG).[1041] Die unterschiedliche Behandlung von Hybridfahrzeugen im KraftStG und EStG ist aus ökologischen Gesichtspunkten nachvollziehbar. Eine einheitliche steuerrechtliche Behandlung von Hybridfahrzeugen würde aus systematischer Sicht aber zu mehr Rechtsklarheit beitragen.[1042]

b) Anreize nicht-monetärer Art

Die Grundlage für nicht-monetäre Förderungsmaßnahmen findet sich im Elektromobilitätsgesetz vom 5. Juni 2015 (EmoG). Zur Verringerung von klima- und umweltschädlichen Auswirkungen des motorisierten Individualverkehrs (vgl. § 1 EmoG) ermöglicht das EmoG Ländern und Gemeinden zeitlich begrenzt bis 31. Dezember 2026 die Festlegung straßenverkehrsrechtlicher Bevorrechtigungen für elektrisch betriebene Fahrzeuge. Als „elektrisch betriebenes Fahrzeug" gelten dabei reine Batterieelektrofahrzeuge, von außen aufladbare Hybridelektrofahrzeuge sowie Brennstoffzellenfahrzeuge (§ 2 Nr. 1 EmoG).[1043] Nach § 3 Abs. 4 EmoG können vier Bevorrechtigungen festgelegt werden: das Parken auf öffentlichen Straßen, die Nutzung von für besondere Zwecke bestimmten öffentlichen Straßen (Busspuren), Ausnahmen von Zufahrtsbeschränkungen sowie Vergünstigungen hinsichtlich der Erhebung von Parkgebühren.[1044] Die Inanspruchnahme der Bevorrechtigungen setzt nach § 4 Abs. 1 EmoG eine deutlich sichtbare Kennzeichnung der Fahrzeuge voraus.[1045] Sowohl die Privilegierungen

---

1041 Bis zur Änderung von § 3d KraftStG im Rahmen des EMobStFG wurde für Elektrofahrzeuge, die nach dem 31. Dezember 2015 zugelassen wurden, lediglich eine Befreiung von fünf Jahren gewährt. Die nunmehr einheitliche Gewährung eines zehnjährigen Befreiungszeitraums ist zu begrüßen, da der Anreiz zum Kauf eines Elektrofahrzeuges durch die bisherige Regelung gerade in der Markthochlaufphase ab 2016 unnötig geschmälert wurde. Siehe hierzu auch BT-Drs. 18/8828, S. 12 f.

1042 *Balmes*, BB 2013, S. 215 (217).

1043 Die Bevorrechtigungen sind dabei auf Fahrzeuge bestimmter EU-Klassen beschränkt (vgl. § 1 EmoG), denen aufgrund ihres Anteils am Straßenverkehr die größte Bedeutung zur Erreichung des Gesetzesziels beigemessen wird. Hierzu näher *Maslaton/Hauk*, NVwZ 2015, S. 555 (556) m.w.N.

1044 Bei letzterer Bevorrechtigung handelt es sich um einen monetären Anreiz, der aus Gründen des Zusammenhangs aber in diesem Abschnitt aufgelistet wird. Siehe zu den Bevorrechtigungen näher BT-Drs. 18/3418 v. 3. Dezember 2014, S. 27 f. sowie *Schubert*, NZV 2016, S. 153 (156 f.).

1045 Eine Kennzeichnungspflicht besteht aber nicht. Näher *Schubert*, NZV 2016, S. 153 (157 f.).

als auch die Art und Weise der Kennzeichnung können auf Verordnungsebene konkretisiert werden (§ 3 Abs. 5, § 4 Abs. 2 EmoG).[1046]

Das EmoG hat bereits vor seinem Inkrafttreten Kritik hervorgerufen. Der Bundesrat vertrat die Ansicht, dass es zur Regelung straßenverkehrsrechtlicher Bevorrechtigungen keines eigenständigen Gesetzes bedürfe, sondern eine Einbettung der Regelungen in das Straßenverkehrsgesetz ausreiche.[1047] Die Bundesregierung empfand das StVG wegen dessen „verkehrsordnungsrechtlicher Grundausrichtung" hingegen als falschen Ort für die Förderregelungen.[1048] Da das StVG bereits jetzt Normen enthält, die nur mittelbar Verkehrszwecken dienen, ist diese Argumentation aus rechtssystematischer Sicht zweifelhaft.[1049] Dies gilt umso mehr, als das EmoG für die Konkretisierung der §§ 3, 4 selbst auf die Ermächtigungsnorm in § 6 Abs. 1 StVG verweist. Vielmehr führt die Schaffung eines eigenen Elektromobilitätsgesetzes zu einer Zersplitterung des verkehrsrechtlichen Rahmens. Dies trägt zwar zu einer exponierten Stellung der Elektromobilität bei, es erschwert aber künftige Anpassungen wie etwa die Erweiterung der im EmoG enthaltenen Privilegien auf andere emissionsarme Fahrzeuge.[1050] Ein weiterer Kritikpunkt ist die Einbeziehung von Hybridfahrzeugen in den Anwendungsbereich des EmoG.[1051] Privilegierungen können für Hybride beansprucht werden, wenn das Fahrzeug höchstens 50 Gramm CO_2 je Kilometer ausstößt oder seine Reichweite bei Nutzung des elektrischen Antriebs mindestens 30 km bzw. ab 1. Januar 2018 40 km beträgt (§ 3 Abs. 2, § 5 Abs. 2 EmoG). Eine Unterscheidung in Bezug auf ihre Umweltfreundlichkeit wird aber nicht gemacht, sodass sowohl Hybride, die primär elektrisch angetrieben werden und den Verbrennungsmotor nur als Reichweitenverlängerung nutzen, als auch Hybride, bei denen frei entschieden werden kann, ob der Elektro- oder der Verbrennungsmotor genutzt wird, die Bevorrechtigungen in Anspruch nehmen

---

1046 Zur Konkretisierung gem. § 4 Abs. 2 EmoG sogleich noch ausführlicher.

1047 Der Bundesrat hatte bereits einen Gesetzentwurf zur Änderung des StVG beschlossen, siehe BR-Drs. 671/13 (B) v. 29. November 2013. Vgl. hierzu auch *Schubert*, NZV 2016, S. 153 (153 f.).

1048 BT-Drs. 18/3418, S. 11. Zur Situation vor Inkrafttreten des EmoG *Mayer/Warnecke*, KommJur 2013, S. 361 (362 f.). Zum Gesetzgebungsverfahren *Schubert*, NZV 2016, S. 153 (153 ff.).

1049 Die Normen § 5 (Verlust von Dokumenten) und § 6a (Gebühren) dienen etwa nur mittelbar dem Verkehrsaspekt. Siehe dazu *Schubert*, NZV 2016, S. 153 (154) m.w.N.

1050 *Schubert*, NZV 2016, S. 153 (155).

1051 Der Gesetzgeber begründet die Einbeziehung mit der Brückenfunktion der Technologie auf dem Weg zu einer rein elektrischen Autolandschaft, siehe BT-Dr. 18/3418, S. 26.

können.[1052] Um zu vermeiden, dass Privilegierungen vornehmlich für Hybride beansprucht werden, die keinen Beitrag zur Verbesserung der Umweltfreundlichkeit des Individualverkehrs leisten, sollten die Voraussetzungen für ihre Inanspruchnahme stufenweise verschärft werden.[1053]

Zudem wurde die Konkretisierung des Erfordernisses der deutlich sichtbaren Fahrzeugkennzeichnung nach § 4 Abs. 1 EmoG in der Fahrzeugzulassungsverordnung kritisiert. Gemäß § 9a Abs. 2 FZV wird für inländische Elektromobile auf Antrag ein um den Buchstaben „E“ ergänztes Kennzeichen zugeteilt. Im Ausland zugelassene Fahrzeuge erhalten dagegen eine blaue Plakette mit dem Buchstaben „E“ (§ 9a Abs. 4 i.V.m. Anl. 3a FZV).[1054] Dem Argument, dass die Kennzeichen für inländische Fahrzeuge zu einer guten Erkennbarkeit und Kontrollmöglichkeit beitrügen,[1055] wird entgegengehalten, dass unterschiedliche Kennzeichnungen für in- und ausländische Fahrzeuge zu aufwendig seien und dem Kennzeichnungszweck mit einer einheitlichen Zuteilung einer Plakette ebenso hätte entsprochen werden können.[1056]

Hinsichtlich der festgelegten Bevorrechtigungen ist fraglich, ob die Möglichkeit, Elektromobilen die Nutzung von Busspuren zu gestatten (§ 3 Abs. 4 Nr. 2 EmoG), von den zuständigen Behörden in die Praxis umgesetzt wird. Die Zulassung von Elektromobilen auf diesen Fahrstreifen darf zu keiner Störung des öffentlichen Personennahverkehrs führen. Gerade in Ballungsräumen dürften Gemeinden von dieser Möglichkeit daher keinen Gebrauch machen.[1057] Die von

---

1052 *Maslaton/Hauk*, NVwZ 2015, S. 555 (558 f.). Zu den Antriebstechnologien schon § 2 B. VI. 1.

1053 Der Bundesrat plädiert für eine Erhöhung der Reichweite des elektrischen Antriebs auf 60 km, siehe BR-Drs. 436/14 (B) v. 7. November 2014, S. 3 f. *Maslaton/Hauk*, NVwZ 2015, S. 555 (559) schlagen hingegen vor, Privilegierungen nur Hybriden mit Reichweitenverlängerung zu gewähren.

1054 Das Kennzeichen ist an das für Oldtimer ausgegebene „H“-Kennzeichen angelehnt, die Plakette entspricht hingegen den für Umweltzonen ausgegebenen Umweltplaketten.

1055 So die Ausführungen in der Gesetzesbegründung zum EmoG, siehe BT-Drs. 18/3418, S. 36. In der Begründung zur 50. Verordnung zur Änderung straßenverkehrsrechtlicher Vorschriften vom 28.5.2015 (BR-Drs. 254/15) finden sich hingegen keine weiteren Ausführungen.

1056 BR-Drs. 436/14 (B), S. 4; *Schubert*, NZV 2016, S. 153 (158); *Maslaton/Hauk*, NVwZ 2015, S. 555 (558) m.w.N.

1057 Verbände und Kommunen äußerten sich dementsprechend kritisch zu § 3 Abs. 4 Nr. 2 EmoG, vgl. *Maslaton/Hauk*, NVwZ 2015, S. 555 (557) m.w.N. Siehe auch BR-Drs. 436/14 (B), S. 4.

der Bundesregierung angedachte Ausweisung von Sonderfahrspuren für Elektromobile wurde richtigerweise nicht weiter verfolgt.[1058] Eine solche Privilegierung wäre im ohnehin engen Straßennetz deutscher Städte praktisch nicht umsetzbar. Sie stünde vielmehr der Leichtigkeit des Verkehrsflusses entgegen. Von weiteren Bevorrechtigungen sollte abgesehen werden, um zunächst die Wirkung der festgelegten Privilegierungen einschätzen zu können und die Akzeptanz der Bevölkerung für die Sonderbehandlung von Elektromobilen nicht überzustrapazieren.[1059] Im Übrigen ist es auf lange Sicht fraglich, ob der im EmoG gewählte Ansatz der Privilegierung einer bestimmten Antriebstechnologie auch nach dem Außerkrafttreten des Gesetzes am 31. Dezember 2026 weiterverfolgt wird. In der jetzigen, für die Marktetablierung der Elektromobilität wichtigen Phase können die im EmoG festgelegten, verfassungsrechtlich durch Art. 20a GG gerechtfertigten Bevorrechtigungen einen positiven Anreiz für die Anschaffung eines Elektromobils schaffen. Für die Zeit nach Außerkrafttreten des Gesetzes, in welcher Elektromobile bereits fester Bestandteil des Straßenbildes sein sollen, böte sich statt der Förderung spezieller Antriebstechnologien eine breitere, an Emissionswerten und dem Umweltbeitrag eines Fahrzeuges orientierte Privilegierung an.[1060]

II. Systemintegration

Der Gesetzgeber hebt die Bedeutung der Elektromobilität als Möglichkeit der Flexibilisierung von Angebot und Nachfrage nunmehr als Grundsatz des Strommarktes explizit hervor (§ 1a Abs. 3 EnWG).[1061] Elektromobilität kann als Flexibilitätsoption einerseits dadurch nutzbar gemacht werden, dass die Stromentnahme für die Fahrzeugbeladung zu Zeiten eines hohen Stromangebots erfolgt. Weiterhin können Elektromobile als Speicher fungieren und in ihrer Batterie gespeicherte Energie bei Bedarf wieder in das Energiesystem zurückspeisen.

1. Gesteuertes Laden (Grid-to-Vehicle)

Eine netzdienliche Steuerung der Beladung von Elektromobilen kann direkt oder indirekt (anreizbasiert) erfolgen. Eine *direkte Steuerung des Ladevorgangs* ermöglicht die Regelung in § 14a EnWG. Verteilnetzbetreiber haben

---

1058 Siehe hierzu *BReg*, Regierungsprogramm Elektromobilität, S. 48 f.

1059 Zu weiteren vorgeschlagenen Privilegierungen *Mayer/Warnecke*, KommJur 2013, S. 361 (365 f.).

1060 *Maslaton/Hauk*, NVwZ 2015, S. 555 (559).

1061 § 1a EnWG wurde im Rahmen des StromMG eingefügt. Siehe BT-Drs. 18/7317, S. 12, 54, 60.

Letztverbrauchern ein reduziertes Netzentgelt zu berechnen, wenn mit ihnen im Gegenzug die netzdienliche Steuerung von Verbrauchseinrichtungen vereinbart wurde.[1062] Als Verbrauchseinrichtung gelten auch Elektromobile. Voraussetzung für ihre netzdienliche Steuerung ist, dass sie an einen Ladepunkt angeschlossen und damit mit dem Stromnetz verbunden ist.[1063] Die Möglichkeit einer Netzentgeltreduktion eröffnet sich daher in erster Linie für Netzkunden, welche ihr Fahrzeug für längere Zeit an einen privaten Ladepunkt anschließen können, etwa in einer Garage oder auf einem Firmenparkplatz. Aufgrund der Ausbausituation privater Ladepunkte sowie der fehlenden Durchdringung des Marktes mit Elektromobilen ist aber fraglich, inwieweit Netzbetreiber derzeit die Steuerung von Elektromobilen als Mittel zur Netzentlastung nutzen.[1064] Eine *indirekte Steuerung des Ladevorgangs* kann durch Preisanreize erreicht werden.[1065] Diese Art der Lademanagements wird primär die Steuerung von Nutzern ermöglichen, welche als Letztverbraucher über einen privaten Ladepunkt verfügen und mit ihrem Stromlieferanten einen variablen Tarif abgeschlossen haben. Ob sich dieser Stromtarif ausschließlich auf das Elektromobil des Letztverbrauchers bezieht oder dieses nur eines seiner Verbrauchsgeräte ist, hängt von der konkreten Vereinbarung mit dem jeweiligen Lieferanten ab.[1066]

Das Potenzial zur Ladesteuerung an öffentlichen Ladepunkten kann derzeit aber nicht ausgeschöpft werden. Aufgrund der Einordnung des Ladepunktes als Letztverbraucher empfängt dieser über das eingebaute Messsystem den Preisimpuls seines Lieferanten. Der Elektromobilnutzer kann den für die Beladung des Fahrzeuges festgelegten Preis annehmen oder ablehnen. Die Auswahl eines bestimmten Lieferanten ist ihm aber nicht möglich. Die Preissignale des Marktes werden nicht an den Fahrzeugnutzer weitergegeben. Die erhoffte Integration des Flexibilisierungspotenzials von Elektromobilen in den Strommarkt wird damit

---

1062 Zu § 14a EnWG näher bereits in § 5 A. I.

1063 *Linßen,* et 3/2015, S. 33 (33).

1064 *Herz/Hennig,* ZNER 2016, S. 132 (135).

1065 Näher zu einem anreizbasierten Lademanagement bereits § 5 A. II.

1066 Gleiches gilt für die Frage, ob die Kunden im Rahmen des gewählten Tarifs mit Strom aus erneuerbaren Quellen beliefert werden. Stromlieferanten können die Bedürfnisse der Elektromobilität bereits jetzt in ihren angebotenen variablen Stromtarifen berücksichtigen. Eine Konkretisierung des gesetzlichen Rahmens, wie dies von der Bundesregierung angedacht wurde, ist insoweit nicht notwendig. Vgl. dazu *BReg,* Regierungsprogramm Elektromobilität, S. 40. Siehe auch *Böwing,* in: Boesche u.a., Handbuch Elektromobilität, S. 87 (98 f.).

gehemmt.[1067] Eine Weitergabe des Preissignals wäre mithilfe des Einsatzes intelligenter Messsysteme, mithin mobiler Ladepunkte, möglich.[1068] Die Nutzung mobiler Ladepunkte wird durch die Letztverbraucherdefinition in § 3 Nr. 25 EnWG jedoch blockiert.[1069] Denkbar ist derzeit nur, dass der E-Mobility-Provider die Kunden in seinem Gebiet auf Wunsch über aktuelle Preise an den Ladepunkten informiert.[1070] Damit könnte zumindest ein teilweiser Anreiz zur Beladung des Fahrzeuges zu einem bestimmten Zeitpunkt erreicht werden. Angesichts der Tatsache, dass die Ladeinfrastruktur zu 85% aus privaten Ladepunkten bestehen wird und bei der Nutzung öffentlicher Ladepunkte die schnelle, nicht primär an Preissignalen orientierte Beladung des Fahrzeugs im Vordergrund steht, ist der Verlust an Flexibilitätspotenzial von Elektromobilen an öffentlichen Ladepunkten in der Phase ihrer Marktetablierung zu vernachlässigen. Sobald Elektromobile den Massenmarkt erreicht und genügend Ladepunkte vorhanden sind, bedarf es aber einer Überprüfung, ob die beschriebene „begrenzte" Weitergabe des Preissignals bezüglich der Nutzung von öffentlichen Ladepunkten neben dem Lademanagement von an privaten Ladepunkten angeschlossenen Fahrzeugen ausreichend ist, um ein optimales Lademanagement von Elektromobilen erreichen zu können.

2. *Speichermanagement (Vehicle-to-Grid)*

Bei einem Einsatz als mobile Speicher können Elektromobile zur Senkung kurzfristig auftretender Lastspitzen beitragen, indem die in ihrer Batterie gespeicherte Energie als Regelleistung in das Netz zurückgespeist wird.[1071]

1067 *Dembski*, Stellungnahme des Bitkom zum Strommarktgesetz, S. 3; *Franz/Fest/Gaul*, in: Boesche u.a., Handbuch Elektromobilität, S. 378 (384 f.). Zum Flexibilisierungspotenzial der Elektromobilität siehe BT-Drs. 18/7317, S. 60. Zum Ganzen auch schon § 6 B. I. 1. d) bb).

1068 *Dembski*, Stellungnahme des Bitkom zum Strommarktgesetz, S. 3; *Ringel*, in: Herbes/Friege, Marketing Erneuerbarer Energien, S. 299 (309 f.).

1069 Zur Frage, warum dennoch aus Gründen der Rechtsklarheit an der Einordnung von stationären Ladepunkten als Letztverbraucher festgehalten werden sollte, bereits oben § 6 B. I. 1. b).

1070 Dies könnte etwa durch Kurznachrichten erfolgen, die auf dem Smartphone empfangbar sind.

1071 Hierzu *Linßen*, et 3/2015, S. 33 (33); *Pehnt*, in: Müller, 20 Jahre Recht der Erneuerbaren Energien, S. 483 (501); *Böwing*, in: Boesche u.a., Handbuch Elektromobilität, S. 87 (99).

a) Vergleich mit der Rechtslage stationärer Stromspeicher

Nach dem geltenden energiewirtschaftlichen Elektromobilitätsregime übernimmt der Ladepunkt die Rolle des Letztverbrauchers. Eine Einordnung des Elektrofahrzeuges als Letztverbraucher ist damit nicht möglich, dieses stellt vielmehr ein bloßes Verbrauchsgerät dar. Das Verhältnis des Ladepunktes zum Elektromobilnutzer wird energiewirtschaftsrechtlich nicht abgebildet. Im Gegensatz dazu gelten stationäre Stromspeicher als Letztverbraucher.[1072] Eine Einordnung von Elektrofahrzeugen als Stromspeicher im Sinne des EnWG ist vor diesem Hintergrund nicht möglich. Aber auch eine Einordnung als „Stromspeicheranlage" im Sinne der vorgeschlagenen, neu in das EnWG aufzunehmenden Definition gestaltet sich als schwierig.[1073] In Elektromobile eingebaute Batteriespeicher nehmen insofern eine Sonderrolle ein, als der Zweck der Zwischenspeicherung zum Zeitpunkt der Beladung der Batterie nicht eindeutig gegeben ist. Der primäre Zweck der Beladung ist die Nutzung der Energie zum Antrieb des Fahrzeugs, eine Zwischenspeicherung kommt nur sekundär in Betracht. Die in Elektromobilen eingebauten Batteriespeicher können allenfalls unter den vorgeschlagenen Oberbegriff des „Energiespeichers" subsumiert werden.[1074]

Stationäre Stromspeicher werden nach geltender Rechtslage von der Entrichtung verschiedener im Zusammenhang mit der Netznutzung und dem Strombezug entstehender Kostenpositionen befreit, um doppelte Kostenbelastungen zu verhindern, welche aus der Einordnung der Speicher als Letztverbraucher resultieren könnten. Aufgrund der Einordnung des Ladepunktes als Letztverbraucher besteht die Gefahr von Doppelbelastungen beim Einsatz von Elektromobilen als mobile Speicher nur für diesen. Allerdings ist bei Rückspeisung des vom Elektromobil an den Ladepunkt zurückgeleiteten Stromes in das Netz lediglich eine doppelte Belastung hinsichtlich der Netznutzung denkbar.[1075] Letztverbraucher, die den in den Batteriespeichern von Elektromobilen gespeicherten Strom wieder in das Netz zurückspeisen, sollten von der Entrichtung eines Netzentgeltes befreit werden.

1072 Zu dieser höchstrichterlich explizit nur für Pumpspeicher getroffenen Einordnung und ihrer Übertragbarkeit auf die anderen Speicherarten schon § 6 A. I. 1. c).

1073 Zu diesem Vorschlag § 6 A. IV.

1074 Siehe hierzu ebenfalls in § 6 A. IV.

1075 Die anderen Umlagen und Abgaben wurden hingegen bereits beim Strombezug des Ladepunkts aufgrund dessen Letztverbrauchereigenschaft entrichtet.

b) *Rückspeisungsoptionen*

Die Anbieter des im Batteriespeicher des Elektromobils gespeicherten Stromes sind der dargelegten Systematik folgend nicht die Fahrzeugnutzer selbst, sondern die Letztverbraucher, an welche der gespeicherte Strom zurückgeleitet wurde.

Der Letztverbraucher, welcher über einen privaten Ladepunkt verfügt, kann einerseits mit dem Netzbetreiber eine Vereinbarung zur direkten Steuerung des Elektromobils als steuerbarer Verbrauchseinrichtung nach § 14a EnWG abschließen. Neben diesem netzseitigen Einsatz der gespeicherten Energie ist andererseits denkbar, dass der Verbraucher die Vermarktung der im mobilen Speicher gespeicherten Energie einem Aggregator überträgt und dieser den Strom als Regelleistung am Markt anbietet. Einen spürbaren entlastenden Effekt wird die Rückspeisung mobil gespeicherter Energie nur dann haben, wenn eine Mehrzahl von Fahrzeugen gleichzeitig genutzt werden kann.[1076] Insofern scheint eine marktseitige Bündelung mehrerer Fahrzeuge durch Aggregatoren, welche die Gesamtgröße als Regelleistung anbieten, insgesamt wahrscheinlicher. Für welche der beiden Nutzungsoptionen sich der Verbraucher entscheidet, hängt von seinen Erlösmöglichkeiten ab. Unabhängig davon, mit wem der Letztverbraucher kontrahiert, muss er für die Bereitstellung des Stromes eine ausreichende monetäre Gegenleistung erhalten, welche die durch die Rückspeisung der Energie verursachte geringere Batterielebensdauer widerspiegelt.[1077]

Die Nutzung privater Ladepunkte zur Rückspeisung der mobil gespeicherten Energie ist damit grundsätzlich denkbar. Sie hängt allerdings davon ab, dass eine ausreichende Gesamtkapazität zur Rückspeisung vorhanden ist. Dagegen ist die Nutzung öffentlicher Ladepunkte zur Rückspeisung des Stromes noch nicht umsetzbar. Eine Rückspeisung an einem beliebigen Ladepunkt setzte voraus, dass die eingespeiste Energie eindeutig einem Elektromobilnutzer zugeordnet und, soweit keine Barauszahlung angestrebt wird, eindeutig abgerechnet werden kann. Zudem müsste geklärt sein, dass die vom Ladepunkt in das hinter ihm liegende Netz eingespeiste Energie von Netz aufgenommen werden kann und welchem Akteur der rückgespeiste Strom zur Nutzung überlassen wird.[1078] Eine systemdienliche Integration des Stroms würde auch hier eine Kopplung mehrerer Fahrzeuge erfordern, die zeitgleich eine Rückspeisung vornehmen. Es scheint schon fraglich, ob die Erfüllung all dieser Parameter zukünftig gelingen

---

1076 *Ringel*, in: Herbes/Friege, Marketing Erneuerbarer Energien, S. 299 (311); *Böwing*, in: Boesche u.a., Handbuch Elektromobilität, S. 87 (89).

1077 *Linßen*, et 3/2015, S. 33 (33 f.).

1078 Siehe hierzu auch *Böwing*, in: Boesche u.a., Handbuch Elektromobilität, S. 87 (99).

wird. Zumindest zum jetzigen Zeitpunkt ist der Wunsch zur Nutzung öffentlich zugänglicher Ladepunkte zur Rückspeisung von Energie verfrüht.

III. Fazit

In Bezug auf den *Aufbau einer öffentlichen Ladeinfrastruktur* legt die *Ladesäulenverordnung* technische Anforderungen für öffentlich zugängliche Ladepunkte fest. Die weite Fassung der Definition des „öffentlich zugänglichen Ladepunkts“ in § 2 Nr. 9 LSV ermöglicht die Einbeziehung privater, nicht zur Nutzung durch einen größeren Personenkreis bestimmter Ladepunkte in den Anwendungsbereich der LSV. Um Investitionen in private Ladepunkte nicht zu hemmen, ist die Definition anhand nutzungsbezogener Kriterien zu präzisieren. Statt der Regelung umfangreicher, investitionshemmend wirkender Anzeige- und Nachweispflichten des Betreibers (§ 5 LSV) hätte es sich angeboten, bereits vorhandene Informationen über bestehende Ladepunkte zu nutzen. Hinsichtlich der grundsätzlich zu befürwortenden staatlichen Förderung des privatwirtschaftlichen Aufbaus der öffentlichen Ladeinfrastruktur ist zu bemängeln, dass diese erst ab 2017 realisiert wird und der Förderbetrag nicht zur Förderung einer großen Zahl von Ladepunkten ausreicht.

Die *energiewirtschaftsrechtliche Klassifizierung von Ladepunkten als Letztverbraucher* (§ 3 Nr. 25 EnWG) beendet die Auseinandersetzung um ihre rechtliche Einordnung und sorgt für Rechtssicherheit. Sie blockiert jedoch die Etablierung mobiler Ladepunkte, die im Fahrzeug angebrachte Messeinrichtungen nutzen, da diese nach einer Einordnung des Ladepunktes als Letztverbraucher selbst keiner sein können. Elektromobile sind Verbrauchsgeräte, ihr Strombezug stellt keinen Letztverbrauch im Sinne des EnWG dar. Die im Messstellenbetriebsgesetz getroffene Klassifizierung von Elektromobilnutzern als weitere Letztverbraucher überzeugt systematisch nicht. Zudem tragen unterschiedliche Begriffsreichweiten in EnWG und MsbG nicht zur Rechtsklarheit bei. Die Rechtsverhältnisse der in einen Ladevorgang involvierten Akteure und die auf sie anzuwendenden Vorgaben hätten stattdessen in einer eigenen Verordnung geregelt werden sollen. Die Möglichkeit, die Regelungen in die LSV aufzunehmen, wurde im Rahmen der Ersten Verordnung zur Änderung der Ladesäulenverordnung jedoch nicht wahrgenommen. § 4 LSV sieht zwar nunmehr vor, dass Elektromobile punktuell an einem Ladepunkt ohne Authentifizierung und vertragliche Verbindung zu dessen Betreiber aufgeladen werden können. Weitere Konkretisierungen der rechtlichen Beziehungen der Akteure fehlen indes.

Es bedarf *Anreizen zur Investition in eine private Ladeinfrastruktur*, da primär diese zur Aufladung von Elektromobilen genutzt wird. In *Neubauten* kann der Aspekt der Ladepunkterrichtung bauplanungsrechtlich bereits berücksichtigt werden. Im Bauordnungsrecht könnten die bestehenden Pflichten zur Errichtung von Stellplätzen dahin gehend konkretisiert werden, dass eine bestimmte Anzahl der Plätze über einen Ladepunktanschluss verfügen muss. Aufgrund der bauordnungsrechtlichen Kompetenz der Länder besteht derzeit nur die Möglichkeit, die den Ländern als Leitlinie dienende Mustergaragenverordnung um Vorgaben zu Stellplätzen für Elektromobile zu ergänzen. Der Vorschlag der EU-Kommission, die Richtlinie 2010/31/EU dergestalt zu ändern, dass die Mitgliedstaaten dafür sorgen müssen, dass ab 2025 bei Geschäftsgebäuden mindestens 10% der Stellplätze mit einem Ladepunkt ausgerüstet und bei Wohngebäuden die technischen Vorkehrungen für die Errichtung von Ladepunkten geschaffen werden, ist zu begrüßen. In *Bestandsgebäuden* bedarf die Errichtung von Ladepunkten der Zustimmung einer doppelt qualifizierten Mehrheit der Wohnungseigentümer. Für im Sondereigentum eines Wohnungseigentümers stehende Stellplätze könnte die Rechtslage verbessert werden, indem die Verweigerungsmöglichkeit der Zustimmung auf Fälle von Unverhältnismäßigkeit begrenzt wird. Mieter bedürfen zur Installation eines Ladepunkts der Zustimmung des Vermieters. Zum zügigen Ausbau der Ladeinfrastruktur ist ein Anspruch des Mieters auf Ausstattung des Stellplatzes mit einem Ladepunkt zu normieren. Die Kosten der als Modernisierung der Mietsache einzustufenden Installation trägt der Vermieter, dem aber die Umlage der Kosten auf den Mieter durch eine prozentuale Erhöhung der Jahresmiete zu gestatten ist. Der Eigentumsschutz des Vermieters tritt hinter den durch den Ladepunktausbau verbesserten Umweltbedingungen zurück. Dem Vermieter sollte zur Zwischenfinanzierung die Möglichkeit einer Kreditförderung angeboten werden.

Ein *monetärer Anreiz für die Marktetablierung von Elektromobilen* ist der zur Absatzsteigerung aufgelegte *Umweltbonus,* den Käufer reiner Elektromobile und Käufer von Hybridfahrzeugen in Anspruch nehmen können. Die Kaufprämie kann das Preishemmnis für den Autokauf reduzieren. Statt der Förderung von Hybriden, die den Übergang zu einer rein elektrisch betriebenen Autolandschaft verlängern, wäre aber eine stärkere Förderung reiner Elektromobile vorzugswürdig gewesen. *Steuerliche Vergünstigungen* werden durch die Gewährung eines Nachteilsausgleichs für die einkommenssteuerrechtliche Belastung der privaten Nutzung eines Dienst-Elektromobils, eine Steuerbefreiung geldwerter Vorteile eines Arbeitnehmers, die dieser durch die Ladung seines Autos am Ladepunkt des Arbeitgebers erhält, sowie eine zehnjährige Befreiung reiner Elektromobile von der Kraftfahrzeugsteuer berücksichtigt. *Nicht-monetäre Anreize* finden sich im Elektromobilitätsgesetz, das Ländern und Gemeinden die Festlegung straßenverkehrsrechtlicher Bevorrechtigungen für reine Elektromobile, Hybride und

Brennstoffzellenfahrzeuge gestattet. Die Vorzüge der Schaffung eines eigenen Gesetzes sind fraglich, da dies künftige Erweiterungen der im EmoG enthaltenen Privilegien auf andere emissionsarme Fahrzeuge erschwert. Die unterschiedslose Privilegierung von Hybriden ist zu kritisieren, da Hybride, bei welchen die Elektromotornutzung nur optional ist, nicht zur Verbesserung der Umweltbilanz des Individualverkehrs beitragen. Die Voraussetzungen für Privilegierungen von Hybriden sind daher stufenweise zu verschärfen. Insgesamt ist fraglich, ob die Bevorrechtigungen in der Praxis zum Einsatz kommen werden, da die Privilegierung von Elektromobilen zu keiner Störung des Verkehrsflusses führen darf.

Zur *Integration von Elektromobilen in das Energiesystem* kann eine *Steuerung der Ladevorgänge* beitragen. Bei Letztverbrauchern mit privatem Ladepunkt kann der Ladevorgang direkt durch den Netzbetreiber oder indirekt durch Preisanreize gesteuert werden. Einer Ladesteuerung an öffentlichen Ladepunkten steht deren Einordnung als Letztverbraucher entgegen. Da diese den Preisimpuls des Lieferanten empfangen, kann der Fahrzeugnutzer keine aktive Rolle einnehmen. Zur Weitergabe des Impulses an ihn bedürfte es mobiler Ladepunkte, deren Einsatz aber durch die Ausgestaltung von § 3 Nr. 25 EnWG blockiert ist. E-Mobility-Provider können die Ladevorgänge ihrer Kunden nur durch Preisinformationen steuern. Bei einem *Einsatz von Elektromobilen als mobile Speicher* wird die in ihrer Batterie gespeicherte Energie bei Bedarf in das Energiesystem zurückgespeist. Mobile Speicher sind nicht als Letztverbraucher einzuordnen. Ihr primärer Zweck ist der Fahrzeugantrieb, nicht die Stromspeicherung. Die Gefahr einer Doppelbelastung mit einem Netzentgelt bei Rückspeisung des gespeicherten Stromes besteht nur für den zwischen Fahrzeug und Netz „mittelnden" Ladepunkt als Letztverbraucher, welchem daher eine Entgeltbefreiung gewährt werden sollte. Anbieter der im Elektromobil gespeicherten Energie ist der Letztverbraucher, an den der Strom zurückgeleitet wurde. Dieser kann mit dem Netzbetreiber eine Steuerung nach § 14a EnWG vereinbaren oder den Strom auf dem Regelmarkt anbieten. Die Vermarktung des Stromes mithilfe eines Aggregators ist wahrscheinlicher, da der Strom mit anderen Kapazitäten zu einer marktrelevanten Größe gebündelt werden muss, um einen spürbaren Effekt zu haben. Die Rückspeisung kann an privaten Ladepunkten erfolgen, die Nutzung öffentlicher Ladepunkte ist dagegen noch nicht umsetzbar. Neben der fehlenden Zuordnungsmöglichkeit des rückgespeisten Stroms an einen Elektromobilnutzer zu Abrechnungszwecken ist nicht klar, ob das Netz den eingespeisten Strom aufnehmen kann und welchem Akteur er zur Nutzung überlassen wird. Zudem bedürfte eine systemdienliche Integration des Stromes einer Kopplung mehrerer gleichzeitig rückspeisender Fahrzeuge.

§ 7 Resümee

I. Der Aufbau eines intelligenten Energieversorgungssystems („Smart Grid") leistet im Rahmen des als „Energiewende" bekannten Transformationsprozesses des Energiesystems einen entscheidenden Beitrag zur Bewältigung der für das bisherige System bestehenden Herausforderungen. Durch eine stärkere Digitalisierung des Energiesystems und eine bessere Vernetzung seiner Akteure können Erzeugung und Verbrauch besser aufeinander abgestimmt und der aus dargebotsabhängigen Energiequellen erzeugte Strom effizienter genutzt werden.

Ein Smart Grid setzt sich aus mehreren Bausteinen zusammen. Zur Vernetzung der einzelnen Marktakteure bedarf es eines als Energieinformationsnetz bezeichneten Kommunikationsnetzes. Moderne Messeinrichtungen, die den Verbrauch und die Nutzungszeit widerspiegeln, und intelligente Messsysteme, die darüber hinaus direkt in das Energieinformationsnetz eingebunden werden können, ermöglichen aufgrund einer Datenmessung in Echtzeit eine bessere Kenntnis von Verbrauchs- und Erzeugungswerten sowie Netzzuständen, von der man sich unter anderem einen Anreiz für die Marktakteure erhofft, Strom effizienter zu nutzen. Die Speicherungsfunktion von stationären und mobilen Stromspeichern, die eine zeitliche Abkopplung der Stromerzeugung vom Strombedarf ermöglicht, kann zum Ausgleich von Energiefluktuationen sowie zur Bereitstellung von Systemdienstleistungen genutzt werden. Zur besseren Abstimmung von Erzeugung und Verbrauch bedarf es eines intelligenten Strommarktes („Smart Market"), in dem Erzeugungsmengen und Lastflüsse durch geeignete Anreize und ein entsprechendes Energiemanagement flexibilisiert und aufeinander abgestimmt werden.

II. Es bedarf der Modernisierung der Energieversorgungsinfrastruktur im Sinne ihrer technischen Optimierung.

1. Vorgaben zur Investition in eine intelligente Messtechnik ergeben sich aus dem Messstellenbetriebsgesetz. Die Regelungen sind vollumfänglich, gehen bisweilen aber über das für die Modernisierung der Messinfrastruktur Notwendige hinaus.

a) Die nationalen Vorgaben gehen auf die unionsrechtlichen Vorgaben zu intelligenten Messsystemen in Anh. I Abs. 2 EltRL zurück, welche einen ungerechtfertigten Eingriff in das Recht auf Achtung des Privatlebens nach Art. 7 GRCh darstellen. Aus der in Anh. I Abs. 2 EltRL festgelegten Pflicht der Mitgliedstaaten zur Ausstattung der Verbraucher mit intelligenten Messsystemen resultiert die Pflicht der Verbraucher zur Duldung des Einbaus von Messgeräten, die aufgrund ihrer technischen Fähigkeiten grundsätzlich mit anderen Marktteilnehmern kommunizieren können. Die EU hat zwar in Art. 9 Abs. 2 lit. b) EED konkretisierend festlegt, dass die Mitgliedstaaten in Bezug auf intelligente Messsysteme die Einhaltung einschlägiger Datenschutzrichtlinien zu gewährleisten haben. Da sie aber keine konkreten Datenschutzregelungen erlassen hat, welche die Gefahren intelligenter Messsysteme adressieren, kommt die EU ihrer aus Art. 7 GRCh resultierenden Pflicht, die Privatsphäre des Einzelnen vor dem Zugriff Dritter zu schützen, nicht ausreichend nach.

b) Bis spätestens 2032 sind sämtliche Messstellen auf Kosten der vom Einbau betroffenen Verbraucher und Anlagenbetreiber jedenfalls mit modernen Messeinrichtungen auszustatten. Bei Verbrauchern mit einem jährlichen Verbrauch von 6000 kWh, Verbrauchern, die mit dem Netzbetreiber eine Vereinbarung nach § 14a EnWG abgeschlossen haben, und Betreibern einer EE- oder KWK-Anlage mit einer installierten Leistung über 7 kW sind ab 2017 intelligente Messsysteme einzubauen. Bei Verbrauchern mit geringerem Verbrauch und Neuanlagen mit geringerer Leistung kann der grundzuständige Messstellenbetreiber ab 2020 bzw. ab 2018 intelligente Messsysteme einbauen.

Entscheidend für die Einbaupflicht ist neben der technischen Möglichkeit die wirtschaftliche Vertretbarkeit des Einbaus. Die Intention des Gesetzgebers, über den Vorbehalt der wirtschaftlichen Vertretbarkeit ein angemessenes Kosten-Nutzen-Verhältnis sicherzustellen und einen Rollout intelligenter Messtechnik um jeden Preis zu vermeiden, ist begrüßenswert, da intelligente Messtechnik der Akzeptanz der von ihrem Einbau Betroffenen bedarf, um zu einer effizienteren Energienutzung beitragen zu können. Die konkrete rechtliche Umsetzung spiegelt das Ansinnen des Gesetzgebers jedoch nicht umfassend wider. Die für mehrere Verbrauchs- und Anlagengruppen festgelegten Vorgaben, wann von einer wirtschaftlichen Vertretbarkeit des Einbaus auszugehen ist, stützen sich allein auf eine im Auftrag des Bundesministeriums für Wirtschaft und Energie durchgeführte Kosten-Nutzen-Analyse. Diese Analyse allein stellt jedoch keine ausreichende Grundlage dar, um den aus der Duldungspflicht des Einbaus und der Zahlungspflicht eines Messentgelts resultierenden Eingriff in die Grundrechte der Letztverbraucher und Anlagenbetreiber zu rechtfertigen. Überdies muss die Möglichkeit des optionalen Einbaus intelligenter Messsysteme durch den Messstellenbetreiber bei Verbrauchern mit einem Verbrauch unter 6000 kWh oder Betreibern von Anlagen mit einer Leistung unter 7 kW von der Zustimmung der Betroffenen abhängig gemacht werden, da der individuelle Nutzen der Messgeräte bei ihnen nicht eindeutig erkennbar ist und das Ziel der effizienteren

Nutzung von Strom auch durch den Einbau von modernen Messeinrichtungen hinreichend erreicht werden kann.

c) Adressat der Einbaupflichten intelligenter Messtechnik ist der grundzuständige Messstellenbetreiber. Dies ist grundsätzlich der örtliche Verteilnetzbetreiber, welcher die Grundzuständigkeit aber auf Dritte übertragen kann. Diese Übertragungsmöglichkeit ist positiv zu bewerten. Da durch den Messstellenbetrieb für intelligente Messtechnik organisatorische, technische und finanzielle Herausforderungen entstehen und eine Quersubventionierung intelligenter Messtechnik durch die Netzentgelte aufgrund der Verpflichtung zur strikten buchhalterischen Trennung der Kosten intelligenter Messtechnik von den Kosten für den sonstigen Messstellenbetrieb nicht möglich ist, ist den Netzbetreibern ein wirtschaftlicher Messstellenbetrieb für intelligente Messtechnik schwer möglich. Es ist davon auszugehen, dass der grundzuständige Messstellenbetrieb für intelligente Messtechnik von darauf spezialisierten Unternehmen übernommen werden wird.

Dem Anschlussnutzer steht das Recht zu, anstelle des grundzuständigen Messstellenbetreibers einen Dritten mit dem Messstellenbetrieb zu beauftragen oder diesen als Betreiber von EE- und KWK-Anlagen selbst zu übernehmen. Dem Auswahlrecht des Anschlussnutzers geht ab 1. Januar 2021 allerdings jenes des Anschlussnehmers vor, wenn dieser als Eigentümer einer Liegenschaft einen Messstellenbetreiber auswählt, um die Energie- und Kosteneffizienz der Liegenschaft zu heben. Mit dieser Regelung schießt der Gesetzgeber über das grundsätzlich zu befürwortende Ziel einer möglichst weitreichenden Effizienzsteigerung bei der Energienutzung hinaus. Ein solches Auswahlrecht des Anschlussnehmers ist schon deswegen abzulehnen, weil es nicht das Interesse des Anschlussnutzers überwiegt, selbst zu entscheiden, wer für die Verarbeitung seiner sensiblen Messdaten zuständig ist. Zudem ist Letzterer derjenige, der die Kosten tragen muss. Durch die Regelung, dass bestehende Messstellenbetriebsverträge des Anschlussnutzers bei Ausübung des Wahlrechts des Anschlussnehmers entschädigungslos enden, greift der Gesetzgeber überdies unverhältnismäßig in die Vertragsautonomie dritter Messstellenbetreiber ein. Mit einem unter dem Zustimmungsvorbehalt des Anschlussnutzers stehenden Auswahlrecht des Anschlussnehmers hätte das Ziel einer Effizienzsteigerung ebenso gut erreicht werden können.

2. Eine direkte Verpflichtung der Netzbetreiber zur Investition in eine intelligente Netzinfrastruktur, die in erster Linie auf der Verteilnetzebene benötigt wird, besteht nicht. Im Rahmen der allgemeinen und speziellen Netzausbaupflichten sind Netzbetreiber zwar dazu verpflichtet, effiziente Maßnahmen zur Netzoptimierung vorrangig in Betracht zu ziehen. Die Auswahl der konkreten

Ertüchtigungsmaßnahme ist jedoch von den örtlichen Gegebenheiten und der wirtschaftlichen Zumutbarkeit der Maßnahme für den Netzbetreiber abhängig. Dieser wird die Entscheidung nicht zuletzt davon abhängig machen, inwieweit eine Investitionsmaßnahme im Rahmen des geltenden Regulierungsregimes über die Netzentgelte refinanziert werden kann. Der Verordnungsgeber hat den Katalog der Anreizregulierungsverordnung, der bis dato für Investitionen in intelligente Netztechnologien keine geeigneten Anreize setzte, im Jahr 2016 um zwei Investitionsinstrumente erweitert. Allerdings ist diese Erweiterung nur teilweise positiv zu bewerten. Das Instrument des jährlichen Kapitalkostenabgleichs verbessert allgemein den Kapitalrückfluss für getätigte Investitionen der Netzbetreiber. Es ermöglicht eine Erlöswirksamkeit der Investitionen ohne Zeitverzug und vermeidet dabei Fehlanreize zur Vernachlässigung des Effizienzgedankens. Demgegenüber steht das Instrument des Effizienzbonus, das durch die Gewährung eines Aufschlages auf die Erlösobergrenze einen gezielten Anreiz zur Investition in intelligente Netztechnologien setzen soll, nur einem begrenzten Kreis von Netzbetreibern zur Verfügung, die im Effizienzvergleich ohnehin bereits als besonders effizient bewertet wurden. Netzbetreiber, die durch intelligente Netztechnologien ihre Effizienz steigern wollen, können den Effizienzbonus hingegen nicht in Anspruch nehmen.

III. Die Schaffung eines Energieinformationsnetzes birgt sowohl datensicherheits- als auch datenschutzrechtliche Risiken.

1. a) Das im Messstellenbetriebsgesetz niedergelegte Datensicherheitskonzept folgt einem produktbezogenen Ansatz. Die gesetzlichen Vorgaben fokussieren sich auf die Gewährleistung der Datensicherheit der Kommunikationseinheit des intelligenten Messsystems (Smart Meter Gateway). Gateways müssen nach dem Stand der Technik bestimmte technische Mindestanforderungen erfüllen, wobei die Einhaltung des Standes der Technik vermutet wird, wenn in der Anlage zum Messstellenbetriebsgesetz aufgeführte Schutzprofile und Technischen Richtlinien des Bundesamtes für Sicherheit in der Informationstechnik (BSI-Schutzprofil) in der jeweils geltenden Fassung eingehalten werden. Mit dieser dynamischen Verweisung auf die IT-spezifischen Vorgaben des BSI-Schutzprofils wird der Gesetzgeber den zur Gewährleistung der Datensicherheit der Anschlussnutzer erforderlichen hohen sicherheitsrechtlichen Anforderungen gerecht. Die für im Bereich der Elektromobilität eingesetzte Messsysteme bis Ende 2020 bestehende Bereichsausnahme ist aufgrund der Sonderstellung öffentlich zugänglicher Ladepunkte, die von einer Vielzahl von Kunden genutzt werden, sinnvoll. Allerdings muss die Ausnahmeregelung des § 19 Abs. 5 MsbG dann konsequenterweise ebenfalls den Besonderheiten der Elektromobilität angepasst werden. Es muss nicht auf die Einwilligung des Anschlussnutzers, sondern auf die Einwilligung des

jeweiligen Nutzers des Ladepunkts ankommen und dieser muss in die Datenverarbeitung auch in elektronischer Form direkt am Ladepunkt einwilligen können.

Die Ansiedlung der neu geschaffenen Rolle des Smart Meter Gateway Administrators, dem mit der Sicherstellung eines zuverlässigen Betriebs intelligenter Messsysteme eine zentrale Funktion zukommt, beim Messstellenbetreiber ist aufgrund dessen Zuständigkeit für den herkömmlichen Messstellenbetrieb sachgerecht. Gleichwohl ist davon auszugehen, dass dieser einen spezialisierten Dritten aus dem IT-Sektor mit der Rolle des Gateway Administrators beauftragen wird.

b) Die mithilfe des intelligenten Messsystems generierten Daten eines Anschlussnutzers werden im Energieinformationsnetz sternförmig über das als „Datendrehscheibe" fungierende Smart Meter Gateway an einen zum Datenumgang berechtigten Akteur übermittelt. Eine Durchbrechung dieses Sternkommunikationsmodells ist nur möglich, um einen weiteren Marktakteur als „Durchleitungsstelle" in den Übermittlungsprozess einzubeziehen. Da sich das aus datensicherheitsrechtlichen Gründen vorzugswürdige Sternmodell grundlegend vom bisher verwendeten Kettenmodell unterscheidet, bei dem der Verteilnetzbetreiber die ihm vom Messstellenbetreiber übermittelten Daten an andere Akteure des Energiesystems weiterleitet, ist ein Systemwechsel erforderlich. Da der Aufbau des Sternkommunikationsmodells einige Zeit in Anspruch nimmt, ist die der Bundesnetzagentur eingeräumte und von dieser genutzte Möglichkeit, bis Ende 2019 ein Interimsmodell festzulegen, das die Grundfunktionalitäten intelligenter Messsysteme bereits im Herbst 2017 ermöglicht, zu begrüßen. Einer präziseren gesetzlichen Regelung hätte es jedoch in Bezug auf die von den „Durchleitungsstellen" einzuhaltenden Datensicherheitsmaßnahmen bedurft. Da auf diese die Vorgaben des BSI-Schutzprofils keine Anwendung finden, bleibt insoweit unklar, welcher Sicherheitsstandard maßgeblich ist.

2. Das Messstellenbetriebsgesetz sieht bereichsspezifische Datenschutzregelungen für die Erhebung, Verarbeitung oder Nutzung der mithilfe intelligenter Messsysteme generierten personenbezogenen Daten vor. Ab 25. Mai 2018 gehen die Vorgaben der EU-Datenschutzgrundverordnung (DSGVO) diesen nationalen Vorgaben vor. Die DSGVO sieht jedoch für verschiedene Vorgaben die Möglichkeit zu nationalen Konkretisierungen vor, sodass die in §§ 49 ff. MsbG enthaltenen Vorgaben als Ausgestaltung des in Art. 6 Abs. 1 lit. c), Abs. 2 DSGVO festgelegten Erlaubnistatbestandes der Datenverarbeitung zur Erfüllung einer rechtlichen Verpflichtung der zum Datenumgang berechtigten Stelle grundsätzlich beibehalten werden können. Bestimmte Vorgaben ergeben sich ab Mai 2018 allerdings direkt aus der DSGVO (u.a. Auftragsdatenverarbeitung, Einwilligungsanforderungen, Betroffenenrechte).

a) Die §§ 49 ff. MsbG enthalten Vorgaben zu den zum Datenumgang mit den personenbezogenen Daten des Anschlussnutzers berechtigten Stellen und legen für verschiedene Gruppen von Letztverbrauchern, Anlagenbetreibern und Marktakteuren konkrete Legitimationstatbestände fest. In Erweiterungen des sachlichen und personellen Anwendungsbereiches kann der Anschlussnutzer einwilligen. In Mehrpersonenhaushalten müssen die Einwilligungsvoraussetzungen aufgrund des jeweils vorliegenden Eingriffs in die informationelle Selbstbestimmung der einzelnen Bewohner zumindest dahin gehend modifiziert werden, dass der Anschlussnutzer in Textform erklärt, alle Haushaltsbewohner über die einzelnen Datenverarbeitungen informiert zu haben und künftig darüber zu informieren. Die Einwilligung ist grundsätzlich schriftlich zu erteilen, nur im Bereich der Elektromobilität sollte aus Praktikabilitätsgründen eine Einwilligung in elektronischer Form als ausreichend erachtet werden.

b) Im Rahmen der gesetzlichen Datenschutzregelungen wird den Grundsätzen der Datenerforderlichkeit und Datensparsamkeit nicht bei allen Verwendungszwecken vollumfänglich entsprochen. Verbrauchern mit einem jährlichen Verbrauch unter 10.000 kWh, die nicht aufgrund eines variablen Tarifs beliefert werden und deren Daten daher auch nicht im Viertelstundentakt an die Marktakteure übermittelt werden, muss die Möglichkeit eingeräumt werden, die derzeit standardmäßig bis zu einem Jahresverbrauch von 100.000 kWh festgelegte viertelstündliche Taktung der Messwerterhebung (Zählerstandsgangmessung) abzulehnen. Zudem sollten in den sternförmig erfolgenden Datenübermittlungsprozess „Verteilerstellen" implementiert werden, um einerseits den Stromlieferanten die Möglichkeit zu geben, rohe Messdaten zur Prognostizierung des Energiebedarfs zu nutzen und auf dieser Grundlage variable Tarife anbieten zu können, andererseits aber sicherzustellen, dass aus diesen rohen Messdaten keine Rückschlüsse auf den Verbraucher gezogen werden können. Als „Verteilerstellen" agierende Marktakteure können die Messdaten verschiedenen Tarifstufen zuordnen und in pseudonymisierter Form an den Stromlieferanten weiterleiten. Schließlich ist die im Messstellenbetriebsgesetz vorgenommene Verlagerung der Bilanzierungsverantwortung für den Bereich intelligenter Messsysteme vom Verteilnetz- auf den Übertragungsnetzbetreiber, welchem Messdaten künftig zum Zweck ihrer Aggregation zu Summenzeitreihen übermittelt werden, rückgängig zu machen, da hierin kein Vorteil gegenüber der bisherigen Situation zu erkennen ist und aufgrund des bis dato fehlenden Wissens des Übertragungsnetzbetreibers bezüglich der Datenaggregation vielmehr von einer Verschlechterung der Datenqualität ausgegangen werden muss.

c) Nutzerrechte bestehen in Form eines Auskunftsrechts des Anschlussnutzers gegenüber dem Messstellenbetreiber, einer allgemeinen sowie spezifischen

Informationspflicht und einer allgemeinen Löschpflicht nicht mehr benötigter Daten. Aus Gründen der Transparenz der erfolgenden Datenverwendungen sind die bestehenden Rechte um eine allgemeine Speicherhöchstfrist für personenbezogene Daten und ein Einwirkungsrecht des Anschlussnutzers im Sinne der Möglichkeit einer Unterbrechung der Kommunikationsverbindung des intelligenten Messsystems während des Übertragungsvorgangs zu ergänzen. Ein allgemeiner Berichtigungsanspruch unrichtiger Daten ergibt sich ab 25. Mai 2018 aus der DSGVO.

3. Der Einbau intelligenter Messsysteme stellt keinen Eingriff in das Grundrecht auf Unverletzlichkeit der Wohnung dar, da Art. 13 GG keinen generellen Schutz des Einzelnen gegen die Infiltration seines informationstechnischen Systems gewährleistet. Der gegebene Eingriff in das Recht auf informationelle Selbstbestimmung der zur Duldung des Einbaus Verpflichteten ist trotz vereinzelter Bedenken hinsichtlich der Angemessenheit des Eingriffs aufgrund der detaillierten Vorgaben in den §§ 49 ff. MsbG dazu, welche Stelle welche Daten für welchen Zweck erheben, verarbeiten und nutzen kann, in der Gesamtabwägung als gerechtfertigt anzusehen. Das Grundrecht auf Gewährleistung der Vertraulichkeit und Integrität informationstechnischer Systeme ist dagegen nicht bereits durch den Einbau, sondern erst dann betroffen, wenn der Verbraucher die Nutzung des Gerätes nicht mehr selbstbestimmt zu kontrollieren vermag und unberechtigte Dritte auf das Messsystem zugreifen können.

IV. Entscheidende Schritte zur Neustrukturierung des Strommarktes hin zu einem intelligenten Energiemarkt, der die Schnittstelle zwischen einem wettbewerblich organisierten Markt und einem regulierten Netzbereich bildet, wurden insbesondere im Rahmen des Strommarktgesetzes vorgenommen.

1. Eine Flexibilisierung des Stromverbrauchs und eine bessere Integration des Letztverbrauchers in ein intelligentes Energieversorgungssystem kann mithilfe von Lastmanagement erreicht werden. Eine direkte Laststeuerung kann zwar zur Verbrauchsflexibilisierung beitragen, sie dient jedoch in erster Linie als Mittel des Netzbetreibers zur Erhöhung seiner Netzeffizienz. Insofern ist es zu begrüßen, dass die Vorgaben in § 14a EnWG im Rahmen des Strommarktgesetzes verbessert wurden und der Netzbetreiber nunmehr die Netzkunden auswählen kann, bei denen eine Laststeuerung tatsächlich zur Netzentlastung beiträgt. Die Möglichkeit zur Laststeuerung sollte aufgrund dort bestehender Steuerungspotenziale auch auf die Mittelspannungsebene ausgeweitet werden. Konkretisierende Vorgaben zu objektiv geeigneten Verbrauchseinrichtungen, der Höhe möglicher Netzentgeltreduktionen lastgesteuerter Verbraucher sowie zu Dauer, Häufigkeit und Umfang der Steuerungshandlungen sind de lege ferenda in einer Lastmanagement-Verordnung

festzulegen. Für ein anreizbasiertes Lastmanagement eignen sich in erster Linie Preissignale. Zur Setzung von Anreizen zur Lastverschiebung kommen neben variablen Stromtarifen grundsätzlich auch die Netzentgelte infrage. Allerdings bietet die derzeitige Netzentgeltsystematik weder für leistungsgemessene Verbraucher noch für privilegierte Verbraucher mit atypischer oder intensiver Netznutzung ausreichende Impulse zur Flexibilisierung ihrer Last. Vor allem den besonders zur Lastverschiebung geeigneten privilegierten Verbrauchern muss die Möglichkeit gegeben werden, ihren Verbrauch stärker an den Preissignalen des Marktes zu orientieren, ohne ihre Privilegierung zu verlieren.

2. a) Zur Erreichung einer Flexibilisierung der Erzeugerseite ist in erster Linie eine bessere Integration von Erneuerbaren Energien in das Energiesystem vonnöten. Der seit 1. August 2014 im EEG verankerte Grundsatz der Direktvermarktung, wonach Anlagenbetreiber ihren Strom selbst am Markt veräußern müssen und gegenüber dem Netzbetreiber nur Anspruch auf Zahlung einer Marktprämie haben, leistet insoweit bereits einen wichtigen Beitrag. Durch die seit 1. Januar 2017 grundsätzlich erfolgende Ermittlung der Höhe der Marktprämie im Rahmen eines Ausschreibungsverfahrens wird die Sonderstellung Erneuerbarer Energien am Strommarkt weiter abgebaut. Indes wird eine weitere Flexibilisierung der Erzeugungsseite durch die auf den Umwelt- und Beihilfeleitlinien der EU beruhende Regelung in § 51 EEG gebremst. Die Festlegung, dass der für die Marktprämie anzulegende Wert bei negativen Preisen für sechs Stunden am Spotmarkt auf null zu reduzieren ist, zwingt EE-Anlagen zu einer frühzeitigen Abregelung. Um zu vermeiden, dass hiervon letztlich konventionelle Kraftwerke profitieren, die ihrerseits zu keinen marktorientierten Flexibilisierungsmaßnahmen angereizt werden, muss auf unionaler Ebene eine Änderung der Rechtslage erreicht werden.

Die im EEG speziell für Betreiber von Biogasanlagen vorgesehene Möglichkeit, für die Bereitstellung zusätzlicher Anlagenkapazität einen Flexibilitätszuschlag zu erhalten, ist sinnvoll, da sich Biogasanlagen aufgrund ihrer Regelungsmöglichkeiten gut für eine bedarfsorientierte Stromerzeugung eignen.

Hinsichtlich der Teilnahme am Regelleistungsmarkt bestehen für EE-Anlagen trotz bereits ergriffener Maßnahmen des Gesetzgebers im Rahmen des Strommarktgesetzes noch zu viele Markteintrittsbarrieren. Die Teilnahmevoraussetzungen an allen drei Regelleistungsmärkten müssen diskriminierungsfrei ausgestaltet werden. Dazu ist über die von der Bundesnetzagentur bereits festgelegte Steigerung der Ausschreibungsfrequenzen für die Sekundärregelleistung und die Minutenreserve sowie die Verkürzung des Erbringungszeitraums für Sekundärregelenergie hinaus für alle Regelenergiearten eine kalendertägliche Ausschreibung und ein stündlicher Erbringungszeitraum festzulegen. Zudem sollte die Ausschreibung für positive und negative Primärregelleistung in der Zukunft getrennt erfolgen.

b) In Bezug auf KWK-Anlagen wird eine an den Preissignalen des Marktes orientierte Integration in den Strommarkt durch die seit 1. Januar 2016 im KWKG bestehende Verpflichtung zur Direktvermarktung von KWK-Strom angeregt. Ebenso trägt die zeitgleich vom Gesetzgeber vorgenommene Verstärkung der Anreize für eine weniger wärmegeführte und stärker stromgeführte Fahrweise der KWK-Anlagen zu ihrer bedarfsorientierten Stromeinspeisung bei. Indes ist die in § 7 Abs. 7 KWKG parallel zur Vorgabe im EEG enthaltene Regelung, wonach der Förderzuschlag für KWK-Strom für Zeiträume mit negativen Preisen am Spotmarkt entfällt, aufgrund der so erfolgenden Verzerrung von Marktmechanismen entbehrlich.

3. Im Rahmen eines intelligenten Einspeise- und Lastmanagements zur optimalen Integration von verbrauchs- und erzeugungsseitigen Flexibilitätsoptionen in den Strommarkt kommt Aggregatoren als auf das Energiemanagement spezialisierten Dienstleistern die wichtigste Integrationsfunktion zu. Potenziale zum Energiemanagement ergeben sich dabei vor allem durch die Bündelung von Lastflexibilitäten sowie die Kopplung von Erzeugungskapazitäten in virtuellen Kraftwerken.

Im Rahmen des Strommarktgesetzes wurden erste Maßnahmen ergriffen, um die für Aggregatoren bestehenden Hemmnisse in Bezug auf den Zugang zum Regelenergiemarkt zu beseitigen. Um Konflikte zwischen alten und neuen Anbietern von Regelleistung, genauer zwischen Stromlieferanten und Aggregatoren, zu vermeiden, müssen verbindliche Vorgaben für den Markteintritt vorgesehen werden. Die von den Marktteilnehmern Ende 2016 im Rahmen einer Branchenlösung vereinbarten Verfahrensgrundsätze für die Erbringung von Regelenergie durch Aggregatoren sollten daher in einem Standardbilanzkreisvertrag der Bundesnetzagentur festgelegt werden, der mindestens Angaben zur Vergütung des seinen Bilanzkreis öffnenden Lieferanten, zur nachträglichen Fahrplankorrektur und zur erforderlichen Kommunikation zwischen den Beteiligten enthält.

V. Stromspeicher stellen in einem intelligenten Energieversorgungssystem eine Option zum Ausgleich von Bilanzungleichgewichten dar. Perspektivisch können neben stationären Stromspeichern auch mobile, in Elektrofahrzeuge eingebaute Stromspeicher als Flexibilitätsoption dienen.

1. Stationäre Stromspeicher können innerhalb des Stromsektors oder in anderen Energiesektoren wie dem Gassektor eingesetzt werden. Bereits de lege lata stehen einem Markteintritt von Stromspeichern nur wenige Hindernisse entgegen, wenngleich der Rechtsrahmen noch kein geschlossenes Bild abgibt. Die zeitnahe

Schaffung direkter gesetzlicher Förderungsanreize ist nicht geboten, da vor dem Jahr 2040 kein erhöhter Bedarf an Stromspeichern bzw. vor dem Jahr 2030 kein erhöhter Bedarf an Power to Gas-Anlagen besteht. Stromspeicher müssen sich zunächst dem Wettbewerb mit anderen Flexibilitätsoptionen stellen.

a) Der derzeit im energierechtlichen Rahmen vorgenommenen Einordnung von Stromspeichern in die Kategorien von Erzeugung und Verbrauch ist eine gesonderte Definition von Stromspeichern vorzuziehen, um ihre Eigenständigkeit und den funktionellen Fokus auf die Stromverwahrung hervorzuheben. Eine solche Definition trüge auch dazu bei, die Gefahren von Doppelbelastungen eingespeicherter Strommengen mit Umlagen und Abgaben, die von der Klassifizierung der Speicher als Letztverbraucher herrühren, zu verringern. Dem Begriff der Stromspeicheranlage sollte zudem der Begriff des Energiespeichers vorangestellt werden, um Regelungslücken, etwa für Power to Gas-Anlagen, zu vermeiden.

b) Sowohl für sektorale Stromspeicher als auch für sektorübergreifend einsetzbare Power to Gas-Anlagen bestehen Befreiungstatbestände im Hinblick auf die Entrichtung eines Netzentgelts. Betreiber sektoraler Speicher, die keine Entgeltbefreiung in Anspruch nehmen können, können zumindest ein individuelles Netzentgelt nach § 19 Abs. 4 StromNEV beanspruchen. Eine Privilegierung in Bezug auf die EEG-Umlage wird in dem Umfang gewährt, in welchem der Speicherstrom bzw. das Speichergas wieder in das Netz rückgespeist wird. Zu begrüßen ist diesbezüglich die zum 1. Januar 2017 erfolgte Aufnahme bivalenter Speicher in den Privilegierungstatbestand, durch welche auch flexible Speicherkonzepte eine Vergünstigung beanspruchen können. In Bezug auf die Stromsteuer sollten die derzeit bestehenden Ungleichbehandlungen verschiedener Speicherarten durch die generelle Gewährung einer Stromsteuerbefreiung für Energiespeicher behoben werden. Die genannten Befreiungen und Privilegierungen schaffen grundsätzlich Anreize, um in Speicherprojekte zu investieren. Gleichzeitig wird die Etablierung zentraler Stromspeicher und Power to Gas-Anlagen aber dadurch gehemmt, dass der Anspruch von EE-Anlagenbetreibern auf die Marktprämie nur dann erhalten bleibt, wenn der Strom vor der Einspeisung in ein Netz zwischengespeichert wird. Das alternativ zur Marktprämie von Stromspeicherbetreibern für eine dezentrale Einspeisung beanspruchbare Entgelt gem. § 18 StromNEV kann aufgrund der Festschreibung der Berechnungsgrundlage des Entgelts auf dem Niveau von 2016 ab 1.1.2018 sowie Begrenzung des Anspruchs auf Anlagen, die vor dem 1.1.2023 in Betrieb genommen werden, nur noch in begrenztem Maße als Anreiz dienen.

c) Ein Stromspeichereinsatz zur Optimierung des Netzbetriebs ist aufgrund der Entflechtungsvorgaben der §§ 6 ff. EnWG nur möglich, wenn der Speichereinsatz dem Netzbetrieb als funktionaler Netzbestandteil zugeordnet werden kann. Der Einsatz von Stromspeichern zur Erbringung von Regelenergie ist derzeit nur Pumpspeichern möglich, für eine Teilnahme von Batteriespeichern müssen hingegen erst die Markthindernisse, die sich aus den festgelegten Präqualifikationsbedingungen für die Teilnahme ergeben, abgebaut werden.

d) Power to Gas-Anlagen haben aufgrund der Gleichstellung von Wasserstoff und Methan mit Biogas Anspruch auf vorrangigen Anschluss an das Gasnetz und vorrangigen Netzzugang von Wasserstoff und Methan. Die sich Power to Gas-Anlagen grundsätzlich bietende Option der Gasnetznutzung als Durchleitungsmedium oder Langzeitspeicher wird jedoch zumindest für die Einspeisung von Wasserstoff durch eine Beimischungsbeschränkung von fünf Vol.-% gehemmt. Um die Wasserstoffaufnahmekapazität des Gasnetzes zu erhöhen, sollten Netzbetreiber zumindest zu einer freiwilligen Untersuchung der technischen Herausforderungen der Wasserstoffeinspeisung in ihr Netz angehalten werden.

2. Elektromobile, deren Marktetablierung in erster Linie zur Reduktion des CO_2-Ausstoßes im Verkehrssektor dient, stellen für den Energiesektor eine weitere Flexibilitätsoption zum Ausgleich von Erzeugung und Verbrauch dar. Grundvoraussetzung für einen systemdienlichen Einsatz der Elektromobilität im Rahmen einer intelligenten Energieversorgung ist das Vorhandensein einer bedarfsgerechten Ladeinfrastruktur sowie einer ausreichenden Anzahl von Elektromobilen.

a) Für den Aufbau einer öffentlichen Ladeinfrastruktur ist bereits ein rechtlicher Rahmen vorhanden. In der Ladesäulenverordnung sind technische Mindestanforderungen für den Aufbau und Betrieb öffentlich zugänglicher Ladepunkte festgelegt. Dies ist grundsätzlich sinnvoll, die weite Formulierung des Begriffes des öffentlich zugänglichen Ladepunktes stellt für private Investoren, die ihre Ladepunkte nicht von einem größeren Personenkreis nutzen lassen wollen, jedoch ein Investitionshemmnis dar. Der Begriff sollte daher durch nutzungsbezogene Kriterien konkretisiert werden. Die im Rahmen des Strommarktgesetzes vorgenommene Klassifizierung von Ladepunkten als Letztverbraucher im Sinne von § 3 Nr. 25 EnWG sorgt für Rechtssicherheit und verschafft der Elektromobilität eine stärkere energiewirtschaftliche Sichtbarkeit. Die erreichte Rechtklarheit wird allerdings durch die im Messstellenbetriebsgesetz vorgenommene Klassifizierung von Elektromobilnutzern als Letztverbraucher wieder verwischt. Die Gelegenheit, die Rechtsverhältnisse aller in einen Ladevorgang involvierten Akteure und der auf sie anwendbaren Vorgaben einheitlich in einer eigenen Rechtsverordnung zu regeln, hat der Verordnungsgeber im Rahmen der Ersten Verordnung zur Änderung der Ladesäulenverordnung nicht wahrgenommen. Begrüßenswert ist hingegen die Aufnahme von Vorgaben zur punktuellen Aufladung von Fahrzeugen an einem Ladepunkt ohne Authentifizierung und vertragliche Verbindung zum Ladepunktbetreiber in die LSV. Insbesondere in der Phase der Marktetablierung werden so Anreize geschaffen, in ein Elektrofahrzeug zu investieren.

b) Der aus Sicht der Fahrzeugnutzer drängenderen Etablierung einer privaten Ladeinfrastruktur hat der Gesetzgeber bisher zu wenig Beachtung geschenkt. Da primär private Ladepunkte zum Laden von Elektromobilen genutzt werden, müssen insoweit bestehende rechtliche Hemmnisse beseitigt und Investitionsanreize gesetzt werden. In Bezug auf Neubauten besteht bislang aufgrund der bauordnungsrechtlichen Kompetenz der Länder lediglich die Option, die den Ländern als Leitlinie dienende Mustergaragenordnung um Vorgaben zu Stellplätzen für Elektromobile zu ergänzen. Insofern ist der von der EU-Kommission gemachte Vorschlag, die Gebäudeenergieeffizienzrichtlinie um die Vorgabe zu ergänzen, dass ab 2025 bei Geschäftsgebäuden mindestens 10% der Stellplätze mit einem Ladepunkt auszurüsten sind und bei Wohngebäuden zumindest die technischen Vorkehrungen für die Errichtung von Ladepunkten zu schaffen sind, sehr zu begrüßen. In Bestandsgebäuden könnte die Lage zumindest für Sondereigentümer, die ihren Stellplatz mit einem Ladepunkt ausstatten wollen, durch eine Begrenzung der Zustimmungsverweigerungsmöglichkeit der übrigen Wohnungseigentümer auf Fälle von Unverhältnismäßigkeit verbessert werden. Für Mieter sollte ein Anspruch auf Ausstattung des Stellplatzes mit einem Ladepunkt auf Kosten des Vermieters festgelegt werden, da nur so ein zügiger Ausbau der privaten Ladeinfrastruktur sichergestellt werden kann. Die Eigentumsbeeinträchtigung des Vermieters muss hinter dem durch den Ausbau der Ladeinfrastruktur erreichten, der Allgemeinheit zugutekommenden Beitrag zum Umweltschutz zurücktreten. Dem Vermieter ist allerdings die Umlage der Installationskosten auf den Mieter durch eine prozentuale Erhöhung der Jahresmiete zu gestatten.

c) Anreize monetärer Art zur Etablierung von Elektromobilen am Markt bestehen mit der als Umweltbonus bekannten befristeten Kaufprämie sowie der Gewährung verschiedener Steuervergünstigungen bereits. Wenngleich diese monetären Anreize allein nicht zu einer Steigerung der Fahrzeuganzahl auf den Straßen führen, können sie zumindest zum Abbau des Preishemmnisses beitragen. Die Gewährung des Umweltbonus auch für Hybridfahrzeuge, die von der Bundesregierung selbst nur als Brückentechnologie auf dem Weg zu einer nur aus reinen Elektromobilen bestehenden Autolandschaft gesehen werden, setzt insoweit jedoch einen Fehlanreiz. Gleiches gilt für die im Elektromobilitätsgesetz vorgesehenen Anreize nicht-monetärer Art. Die auch hier unterschiedslos für reine Elektromobile und Hybride gewährten straßenverkehrsrechtlichen Privilegierungen tragen nicht zum verfolgten Ziel der Verbesserung der Umweltbilanz des Individualverkehrs bei. Die Voraussetzungen für eine Privilegierung von Hybriden sind daher stufenweise zu verschärfen. Im Übrigen erscheint die praktische Relevanz der im Elektromobilitätsgesetz vorgesehenen Privilegierungen begrenzt, da Bevorrechtigungen für Elektromobile den Verkehrsfluss nicht beeinträchtigen dürfen.

d) Eine systemdienliche Integration von Elektromobilen in das Energiesystem kann zum einen durch eine Steuerung der Ladevorgänge erfolgen. Bislang ist ein gesteuertes Lademanagement jedoch nur bei Verbrauchern mit einem privaten Ladepunkt möglich. An öffentlichen Ladepunkten hindert die energiewirtschaftsrechtliche Einordnung von Ladepunkten als Letztverbraucher eine Anreizsetzung für Elektromobilnutzer, da der Stromlieferant den Preisimpuls zunächst an die Ladepunktbetreiber weitergibt und die Fahrzeugnutzer keine aktive Rolle einnehmen können. Gleiches gilt in Bezug auf die zum anderen mögliche Nutzung von Elektromobilen als mobile Speicher, die ihre Energie bei Bedarf wieder in das Energiesystem rückspeisen. Während eine Rückspeisung der Energie in das Netz an privaten Ladepunkten möglich ist, ist die Nutzung öffentlicher Ladepunkte derzeit noch nicht umsetzbar, da die eingespeiste Energie weder eindeutig einem Elektromobilnutzer zugeordnet noch eindeutig abgerechnet werden kann.

VI. Ein besser vernetztes und flexibleres Energiesystem leistet einen wichtigen Beitrag dazu, Erzeugung und Verbrauch in einem Energiesystem mit einem hohen Anteil Erneuerbarer Energien besser aufeinander abzustimmen. Der Aufbau des „Energieversorgungssystems von morgen“ ist bereits in vollem Gange. Wenngleich die von Gesetzgeber und Verordnungsgeber umgesetzten Rechtsakte noch keinen in sich geschlossenen, in jedem Aspekt aufeinander abgestimmten Rechtsrahmen darstellen, so wurden dennoch bedeutende Schritte auf dem Weg zu einem Smart Grid gemacht.

Die Etablierung der einzelnen Bausteine eines intelligenten Energieversorgungssystems ist dabei unterschiedlich weit fortgeschritten. Teilweise liegt dies daran, dass die rechtlichen Rahmenbedingungen für den Aufbau von und die Investition in Bestandteile eines Smart Grid erst vor Kurzem geschaffen wurden. Teilweise ist ursächlich, dass der Investitionsbedarf noch nicht für alle Bausteine in gleichem Maße besteht. Der Aufbau eines Energieinformationsnetzes ist ebenso wie die Installation von intelligenten Messsystemen für Verbraucher mit hohem Jahresverbrauch und Betreiber von Anlagen mit einer hohen installierten Leistung bereits zum jetzigen Zeitpunkt notwendig. Hingegen werden Stromspeicher erst ab dem Jahr 2040 in hoher Zahl benötigt. In Bezug auf Elektromobile steht der Aspekt einer systemdienlichen Integration in das Energiesystem derzeit noch gänzlich im Hintergrund. Der Querschnittcharakter des Rechtskreises „Smart Grid", der neben dem energierechtlichen Kernbereich auch Fragen des Datenschutzrechts, Steuerrechts, Baurechts sowie Wohnungseigentums- und Mietrechts betrifft, erschwert einen einheitlichen, kontinuierlichen Aufbau eines intelligenten Energieversorgungssystems.

Dem Gesetzgeber und dem Verordnungsgeber ist in diesem Zusammenhang zumindest zugutezuhalten, dass die Schaffung eines Smart Grid als Mittel zur Bewältigung der sich im Rahmen der Energiewende stellenden Herausforderungen in den vergangenen Jahren immer stärker in den Fokus gerückt wurde. Allein im Jahr 2016 wurden mehrere entscheidende Weichen dafür gestellt, das Energiesystem intelligenter zu machen. Dass auch in Zukunft weitere Aktivitäten im Bereich des Smart Grid folgen werden, ist an der Einfügung von § 119 in das Energiewirtschaftsgesetz erkennbar.[1079] Die Norm erlaubt, zunächst für ausgewählte Projekte aus dem „Schaufenster intelligente Energie", in einer Rechtsverordnung abweichende Regelungen von bestimmten Vorgaben des geltenden Rechts zu treffen, die mutmaßlich zu einer besseren Integration von Erneuerbaren Energien in das Energiesystem und der Hebung von markt- und netzseitigen Flexibilitätspotenzialen beitragen. Die hieraus gewonnenen Erkenntnisse sollen in künftige Rechtsakte einfließen und das Smart Grid weiter formen. Die Einfügung der Regel in das EnWG ist begrüßenswert, auf die Schaffung eines kohärenten Rechtsrahmens für ein Smart Grid muss weiter hingearbeitet werden. In den Bereichen, in welchen bereits gesetzliche Maßnahmen bestehen, gilt es, die Vorgaben in einer Weise auszuformen bzw. abzuändern, dass diese neben einem größtmöglichen Nutzen für eine bessere Abstimmung von Erzeugung und Verbrauch auch zu einer möglichst hohen Akzeptanz der neuen Technik bei der Bevölkerung führen. In anderen Bereichen wie insbesondere der Elektromobilität gilt es, zeitnah alle Voraussetzungen dafür zu schaffen, dass Elektromobile künftig als Flexibilitätsoption für das Energiesystem genutzt werden können.

Dass die Etablierung eines intelligenten Energieversorgungssystems noch nicht vollständig abgeschlossen ist, darf angesichts der sich mit der Energiewende insgesamt stellenden Generationenaufgabe, für die es in der Geschichte kein Vorbild gibt, nicht erstaunen. Es wird damit auch für den Teilbereich einer intelligenten Energieversorgung bei dem für das Energierecht der vergangenen Jahre allgemein geltenden Grundsatz bleiben: Die nächste Reform wird kommen.

1079 § 119 EnWG wurde im Rahmen des Gesetzes zur Änderung der Bestimmungen der Stromerzeugung aus Kraft-Wärme-Kopplung und zur Eigenversorgung vom 22. Dezember 2016 in das EnWG eingefügt, siehe hierzu BT-Drs. 18/10209 v. 7. November 2016, S. 125 f.

Literaturverzeichnis

Adam, Dietmar, Investitionsstrategien für intelligente Stromzähler, in: Energy 2.0 Kompendium 2010, S. 57 ff.

Adam, Markus, Öffentlich zugängliche Ladestationen für E-Fahrzeuge – Ein Plädoyer für Regulierung – Teil 1, in: ZNER 2016, S. 189 ff.

Agentur für Erneuerbare Energien (AEE) (Hrsg.), Renews Spezial Nr. 33, Erneuerbare Energien und Elektromobilität – Finanzielle Hürden zur Markteinführung bis 2020, Juni 2010, Berlin (abrufbar unter: https://www.unendlich-viel-energie.de/media/file/172.33_Renews_Spezial_elektromobilitaet_markteinfuehrung_jun10_online.pdf, letzter Abruf am 20.8.2017) (zitiert: *AEE,* Renews Spezial Nr. 33)

– *(Hrsg.),* Renews Spezial Nr. 57, Strom speichern, Dezember 2011, Berlin (abrufbar unter: http://www.unendlich-viel-energie.de/media/file/160.57_Renews_Spezial_Strom_speichern_mar13_online.pdf, letzter Abruf am 20.8.2017) (zitiert: *AEE,* Renews Spezial Nr. 57)

– *(Hrsg.),* Renews Spezial Nr. 58, "Smart Grids" für die Stromversorgung der Zukunft, Mai 2012, Berlin (abrufbar unter: https://www.unendlich-viel-energie.de/media/file/161.58_Renews_Spezial_Smart_Grids_jun12online.pdf, letzter Abruf am 20.8.2017) (zitiert: *AEE,* Renews Spezial Nr. 58)

Agora Energiewende (Hrsg.), Stromspeicher in der Energiewende, September 2014, Berlin (abrufbar unter: https://www.agora-energiewende.de/fileadmin/Projekte/2013/speicher-in-der-energiewende/Agora_Speicherstudie_Web.pdf, letzter Abruf am 20.8.2017) (zitiert: *Agora,* Stromspeicher)

Ahlers, Eric, Smart Grids und Smart Markets – Roadmap der Energiewirtschaft, in: Aichele, Christian/Doleski, Oliver D. (Hrsg.), Smart Market, Vom Smart Grid zum intelligenten Energiemarkt, Wiesbaden 2014, S. 97 ff.

Aichele, Christian/Schönberger, Marius, Die Rolle des Endkunden im Smart Market, in: Aichele, Christian/Doleski, Oliver D. (Hrsg.), Smart Market, Vom Smart Grid zum intelligenten Energiemarkt, Wiesbaden 2014, S. 283 ff.

Albrecht, Luisa Katharina, Intelligente Stromzähler als Herausforderung für den Datenschutz, Tatsächliche und rechtliche Betrachtung, Köln 2015

Altrock, Martin/Oschmann, Volker/Theobald, Christian (Hrsg.), EEG. Erneuerbare-Energien-Gesetz. Kommentar, 4. Auflage, München 2013 (zitiert: *Bearbeiter,* in: Altrock/Oschmann/Theobald, EEG 2012)

Altrock, Martin/Thomas, Henning/Vollprecht, Jens, Power to Heat – Kostenbelastungen, Regelenergie und Überschussstrom, in: EnWZ 2016, S. 106 ff.

Angenendt, Nicole/Boesche, Katharina Vera/Franz, Oliver Helge, Der energierechtliche Rahmen einer Implementierung von Smart Grids, in: RdE 2011, S. 117 ff.

Antoni, Julia/Kostka, Johannes, Wege zur Wirtschaftlichkeit von Power-to-Gas-Anlagen, in: ewp 12/2012, S. 100 ff.

Appelrath, Hans-Jürgen/Kagermann, Henning/Mayer, Christoph (Hrsg.), Future Energy Grid – Migrationspfade ins Internet der Energie, acatech Studie, Februar 2012, München/Berlin (abrufbar unter: http://www.acatech.de/fileadmin/user_upload/Baumstruktur_nach_Website/Acatech/root/de/Material_fuer_Sonderseiten/E-Energy/acatech_STUDIE_Future-Energy-Grid_WEB.pdf, letzter Abruf am 20.8.2017)

Auer, Josef/Keil, Jan, Moderne Stromspeicher – Unverzichtbare Bausteine der Energiewende, Deutsche Bank DBResearch, 31. Januar 2012, Frankfurt (abrufbar unter: http://www.dbresearch.de/MAIL/DBR_INTERNET_DE-PROD/PROD0000000000284196.pdf, letzter Abruf am 20.8.2017)

Auernhammer, Herbert (Begr.), Kommentar zum Bundesdatenschutzgesetz und Nebengesetzen, 4. Auflage, Köln 2014 (zitiert: *Bearbeiter*, in: Auernhammer, BDSG)

Balmes, Frank, Elektromobilität: Steuerbremse lösen, in: BB 2013, S. 215 ff.

Bartsch, Michael/Röhling, Andreas/Salje, Peter/Scholz, Ulrich (Hrsg.), Stromwirtschaft – Ein Praxishandbuch, 2. Auflage, München 2008 (zitiert: *Bearbeiter,* in: Bartsch u.a., Stromwirtschaft)

Battis, Ulrich/Krautzberger, Michael/Löhr, Rolf-Peter, Baugesetzbuch, Kommentar, 13. Auflage, München 2016 (zitiert: *Bearbeiter,* in: Battis/Krautzberger/Löhr, BauGB)

Baumgart, Max, Smart Meters – intelligent-effizientes Energiemanagement oder unzulässiger Eingriff in die Privatsphäre? Eine Beurteilung der Vereinbarkeit der Einführung von intelligenten Stromzählern mit der EU-Grundrechtecharta, in: RdE 2016, S. 454 ff.

Baur, Jürgen F./Salje, Peter/Schmidt-Preuß, Matthias (Hrsg.), Regulierung in der Energiewirtschaft, Ein Praxishandbuch, 2. Auflage, Köln 2016 (zitiert: *Bearbeiter,* in: Baur/Salje/Schmidt-Preuß, Regulierung in der Energiewirtschaft)

Becker, Florian, Kooperative und konsensuale Strukturen in der Normsetzung, Tübingen 2005

Becker, Peter, Das Energiekonzept der Bundesregierung, in: ZNER 2010, S. 531 ff.

Benz, Steffen, Energieeffizienz durch intelligente Stromzähler – Rechtliche Rahmenbedingungen, ZUR 2008, S. 457 ff.

Benze, Jörg, Energieinformationsnetze: Basis für die intelligente Energieversorgung, in: Energy 2.0 4/2011, S. 64 ff.

Berg, Andreas/Zayer, Peter/Hechtfischer, Knut/Pawlitschek, Frank, On-board Metering – einfach überall Strom tanken, in: et 6/2011, S. 58 ff.

Beth, Stephan, Rechtsprobleme proprietärer Standards in der Softwareindustrie, Göttingen 2005

Blank, Hubert/Börstighaus, Ulf, Miete, Das gesamte BGB-Mietrecht, Kommentar, 4. Auflage, München 2014 (zitiert: *Bearbeiter,* in: Blank/Börstighaus, Miete)

Bock, Kirsten/Engeler, Malte, Die verfassungsrechtliche Wesensgehaltgarantie als absolute Schranke im Datenschutzrecht, in: DVBl. 2016, S. 593 ff.

Boesche, Katharina Vera, Einordnung der Ladeinfrastruktur als Kundenanlage im Sinne des § 3 Nr. 24a EnWG, in: Boesche, Katharina Vera/Franz, Oliver/Fest, Claus/Gaul, Armin Joachim (Hrsg.), Berliner Handbuch zur Elektromobilität, München 2013, Kap. 10 Unterkap. 3, S. 201 ff.

Booz, Marco, Schafft die Anreizregulierungsverordnung ausreichende Anreize zum Aufbau von Smart Grids?, in: et 6/2014, S. 93 ff.

Bösche, Eyk/Ponder, Anika Nicolaas/Thomas, Henning, Power-to-Gas: The Legal Framework for a Long-Term Energy Storage Technology in Germany, in: RELP 2012, S. 159 ff.

Böwing, Andreas, Umsetzung der Elektromobilität im Umfeld des heutigen Elektrizitätsmarktes, in: Boesche, Katharina Vera/Franz, Oliver/Fest, Claus/Gaul, Armin Joachim (Hrsg.), Berliner Handbuch zur Elektromobilität, München 2013, Kap. 5, S. 87 ff.

Bourwieg, Karsten, Aktuelles aus der Energieregulierung, in: ER 2017, S. 47 ff.

Bräuchle, Thomas, Datenschutzprinzipien in IKT-basierten kritischen Infrastrukturen – Die Formalisierung der datenschutzrechtlichen Einwilligung zur Sicherung des Rechts auf informationelle Selbstbestimmung in Smart Metering Systemen, Baden-Baden 2017

–, Energiemanagementsysteme der Zukunft – Anforderungen an eine datenschutzkonforme Verbrauchsvisualisierung, in: Taeger, Jürgen (Hrsg.), Big Data & Co, Neue Herausforderungen für das Informationsrecht, Edewecht 2014, S. 455 ff.

Brahms, Florian, Die Novelle des Kraft-Wärme-Kopplungs-Gesetzes 2016, in: ER 2015, S. 223 ff.

–, Stromspeicher im EEG 2014, in: ER 2014, S. 235 ff.

Braun, Uwe, Kein Smart Metering ohne Smart Grid, in: et 6/2011, S. 20 f.

Bredow, Hartwig von/Balzer, Lea, Rechtlicher Rahmen für Power-to-Gas: Eine aktuelle Bestandsaufnahme, in: et 4/2015, S. 72 ff.

Bretthauer, Sebastian, Smart Meter im Spannungsfeld zwischen Europäischer Datenschutzgrundverordnung und Messstellenbetriebsgesetz, in: EnWZ 2017, S. 56 ff.

Breuer, Daniel/Lindner, Thomas, Die verpflichtende Direktvermarktung nach dem EEG 2014, in: REE 2014, S. 129 ff.

Britz, Gabriele, Vertraulichkeit und Integrität informationstechnischer Systeme, in: DÖV 2008, S. 411 ff.

Britz, Gabriele/Hellermann, Johannes/Hermes, Georg (Hrsg.), EnWG. Energiewirtschaftsgesetz. Kommentar, 3. Auflage, München 2015 (zitiert: *Bearbeiter,* in: Britz/Hellermann/Hermes, EnWG)

Bruns, Elke/Futterlieb, Matthias/Ohlhorst, Dörte/Wenzel, Bernd, Netze als Rückgrat der Energiewende – Hemmnisse für die Integration erneuerbarer Energien in Strom-, Gas- und Wärmenetze, Oktober 2012, Berlin

Buchmüller, Christian/Hennig, Bettina, Zuschaltbare Lasten, Innovationsausschreibungen, Experimentierklauseln und vieles mehr – Die Entstehung eines Rechtsrahmens für die Sektorkopplung?, in: ZNER 2016, S. 384 ff.

Bundesamt für Sicherheit in der Informationstechnik (BSI) (Hrsg.), Protection Profile for the Gateway of a Smart Metering System (Smart Meter Gateway PP) – Schutzprofil für die Kommunikationseinheit eines intelligenten Messsystems für Stoff- und Energiemengen (BSI-CC-PP-0073), Version 1.3 (Final Release), 31. März 2014, Bonn (abrufbar unter: https://www.bsi.bund.de/SharedDocs/Downloads/DE/BSI/Zertifizierung/Reporte/ReportePP/pp0073b_pdf.pdf?__blob=publicationFile&v=1, letzter Abruf am 20.8.2017) (zitiert: *BSI,* Schutzprofil BSI-CC-PP-0073)

– *(Hrsg.),* Protection Profile for the Security Module of a Smart Meter Gateway (Security Module PP) – Schutzprofil für das Sicherheitsmodul der Kommunikationseinheit eines intelligenten Messsystems für Stoff- und Energiemengen, (BSI-CC-PP-0077), Version 1.03, 11. Dezember 2014, Bonn (abrufbar unter: https://www.bsi.bund.de/SharedDocs/Downloads/DE/BSI/Zertifizierung/Reporte/ReportePP/pp0077V2b_pdf.pdf?__blob=publicationFile&v=1, letzter Abruf am 20.8.2017) (zitiert: *BSI,* Schutzprofil BSI-CC-PP-0077)

– *(Hrsg.),* Technische Richtlinie BSI TR-03109-1, Anforderungen an die Interoperabilität der Kommunikationseinheit eines intelligenten Messsystems, Version 1.0, 18. März 2013 (abrufbar unter: https://www.bsi.bund.de/SharedDocs/Downloads/DE/BSI/Publikationen/TechnischeRichtlinien/TR03109/TR03109-1.pdf?__blob=publicationFile, letzter Abruf am 20.8.2017) (zitiert: *BSI,* TR-03109-1)

– *(Hrsg.),* Technische Richtlinie BSI TR-03109-1, Anlage VI: Betriebsprozesse, Version 1.0, 18. März 2013, Bonn (abrufbar unter: https://www.bsi.bund.de/SharedDocs/Downloads/DE/BSI/Publikationen/Technische

Richtlinien/TR03109/TR-03109-1_Anlage_Betriebsprozesse.pdf?__blob=publicationFile, letzter Abruf am 20.8.2017) (zitiert: *BSI,* TR-03109-1, Anl. VI)

– *(Hrsg.),* Technische Richtlinie BSI TR-03109-4, Smart Metering PKI – Public Key Infrastruktur für Smart Meter Gateways, Version 1.2.1, 9. August 2017 (abrufbar unter: https://www.bsi.bund.de/SharedDocs/Downloads/DE/BSI/Publikationen/TechnischeRichtlinien/TR03109/TR-03109-4_PKI.pdf?__blob=publicationFile&v=3, letzter Abruf am 20.8.2017) (zitiert: *BSI,* TR-03109-4)

– *(Hrsg.),* Technische Richtlinie BSI TR-03109-6: Smart Meter Gateway Administration, Version 1.0, 26. November 2015, Bonn (abrufbar unter: https://www.bsi.bund.de/SharedDocs/Downloads/DE/BSI/Publikationen/TechnischeRichtlinien/TR03109/TR-03109-6-Smart_Meter_Gateway_Administration.pdf?__blob=publicationFile&v=4, letzter Abruf am 20.8.2017) (zitiert: *BSI,* TR-03109-6)

Bundesministerium für Umwelt, Naturschutz und Reaktorsicherheit (BMU) (Hrsg.), Erfahrungsbericht 2011 zum Erneuerbare-Energien-Gesetz (EEG-Erfahrungsbericht), 6. Juni 2011 (abrufbar unter: https://www.clearingstelle-eeg.de/files/EEG_Erfahrungsbericht_2011.pdf, letzter Abruf am 20.8.2017) (zitiert: *BMU,* EEG Erfahrungsbericht 2011)

– *(Hrsg.),* Nationaler Aktionsplan für erneuerbare Energien gemäß der Richtlinie 2009/28/EG zur Förderung der Nutzung von Energie aus erneuerbaren Quellen, 4. August 2010 (abrufbar unter: https://www.clearingstelle-eeg.de/files/Nationaler_Aktionsplan_100804.pdf, letzter Abruf am 20.8.2017) (zitiert: *BMU,* Nationaler Aktionsplan für erneuerbare Energien)

Bundesministerium für Umwelt, Naturschutz, Bau und Reaktorsicherheit (BMUB) (Hrsg.), Erneuerbar mobil – Marktfähige Lösungen für eine klimafreundliche Elektromobilität, März 2014, Berlin (abrufbar unter: http://www.bmub.bund.de/fileadmin/Daten_BMU/Pools/Broschueren/erneuerbar_mobil_2014_broschuere_bf.pdf, letzter Abruf am 20.8.2017) (zitiert: *BMUB,* Erneuerbar mobil)

Bundesministerium für Verkehr und digitale Infrastruktur (BMVI) (Hrsg.), Nationaler Strategierahmen über den Aufbau einer Infrastruktur für alternative Kraftstoffe als Teil der Umsetzung der Richtlinie 2014/94/EU, 9. November 2016, Berlin (abrufbar unter: http://www.bmvi.de/SharedDocs/DE/Anlage/MKS/mks-nationaler-strategierahmen-afid.pdf?__blob=publicationFile, letzter Abruf am 20.8.2017) (zitiert: *BMVI,* Nationaler Strategierahmen)

Bundesministerium für Wirtschaft und Energie (BMWi) (Hrsg.), Ein Strommarkt für die Energiewende, Ergebnispapier des Bundesministeriums für Wirtschaft und Energie (Weißbuch), Juli 2015, Berlin (abrufbar unter: http://www.bmwi.

de/BMWi/Redaktion/PDF/Publikationen/weissbuch,property=pdf,bereich =bmwi2012,sprache=de,rwb=true.pdf, letzter Abruf am 20.8.2017) (zitiert: *BMWi,* Weißbuch „Ein Strommarkt für die Energiewende")

– *(Hrsg.),* Entwicklung der erneuerbaren Energien in Deutschland im Jahr 2016, Grafiken und Diagramme unter Verwendung aktueller Daten der Arbeitsgruppe Erneuerbare Energien-Statistik, Stand Februar 2017 (abrufbar unter: http://www.erneuerbare-energien.de/EE/Redaktion/DE/Downloads/entwicklung_der_erneuerbaren_energien_in_deutschland_im_jahr_2016.pdf;jsessionid=C2F384A1941A337A24364E961ABC2EF9?__blob=publicationFile&v=17, letzter Abruf am 20.8.2017) (zitiert: *BMWi,* Entwicklung der erneuerbaren Energien in Deutschland im Jahr 2016)

– *(Hrsg.),* Forschung für eine umweltschonende, zuverlässige und bezahlbare Energieversorgung – Das 6. Energieforschungsprogramm der Bundesregierung, Juli 2011, Berlin (abrufbar unter: https://www.foerderinfo.bund.de/de/energieforschung-181.php, letzter Abruf am 20.8.2017) (zitiert: *BMWi,* 6. Energieforschungsprogramm)

–, Häufig gestellte Fragen rund um intelligente Messsysteme, Wozu dienen intelligente Messsysteme? (abrufbar unter: https://www.bmwi.de/Redaktion/DE/FAQ/Intelligente-Messsysteme-Zaehler/faq-intelligente-netze-intelligente-zaehler.html, letzter Abruf am 20.8.2017) (zitiert: *BMWi,* Häufig gestellte Fragen rund um intelligente Messsysteme, Wozu dienen intelligente Messsysteme?)

– *(Hrsg.),* Impulspapier Strom 2030, Langfristige Trends – Aufgaben für die kommenden Jahre, September 2016, Berlin (abrufbar unter: http://www.bmwi.de/Redaktion/DE/Publikationen/Energie/impulspapier-strom-2030.pdf?__blob=publicationFile&v=23, letzter Abruf am 20.8.2017) (zitiert: *BMWi,* Impulspapier Strom 2030)

–*/BMU (Hrsg.),* Erster Monitoring-Bericht „Energie der Zukunft", Dezember 2012, Berlin (abrufbar unter: http://www.bmwi.de/Redaktion/DE/Publikationen/Energie/erster-monitoring-bericht-energie-der-zukunft.pdf?__blob=publicationFile&v=7, letzter Abruf am 20.8.2017) (zitiert: *BMWi/BMU,* 1. Monitoring-Bericht)

–*/Bundesministerium für Verkehr, Bau und Stadtentwicklung/BMU/Bundesministerium für Bildung und Forschung (BMWi) (Hrsg.),* Regierungsprogramm Elektromobilität, Mai 2011, Berlin (abrufbar unter: https://www.bmbf.de/files/programm_elektromobilitaet(1).pdf, letzter Abruf am 20.8.2017) (zitiert: *BReg,* Regierungsprogramm Elektromobilität)

Bundesnetzagentur (BNetzA) (Hrsg.), Festlegungsverfahren zur Weiterentwicklung der Ausschreibungsbedingungen und Veröffentlichungspflichten für Sekundärregelung und Minutenreserve, Konsultation von Eckpunkten, BK6-15-158, BK6-15-159, 23. November 2015, Bonn (abrufbar unter: https://www.bundes

netzagentur.de/DE/Service-Funktionen/Beschlusskammern/1BK-Geschaefts zeichen-Datenbank/BK6-GZ/2015/2015_0001bis0999/BK6-15-158/BK6-15-158_Eckpunktepapier_vom_23_11_2015.pdf?__blob=publicationFile&v=2, letzter Abruf am 20.8.2017) (zitiert: *BNetzA,* Eckpunktepapier zu den Festlegungsverfahren BK6-15-158, -159)

– *(Hrsg.),* Evaluierungsbericht nach § 33 Anreizregulierungsverordnung, 21. Januar 2015, Bonn (abrufbar unter: https://www.bundesnetzagentur.de/SharedDocs/Downloads/DE/Allgemeines/Bundesnetzagentur/Publikationen/Berichte/2015/ARegV_Evaluierungsbericht_2015.pdf?__blob=publicationFile&v=3, letzter Abruf am 20.8.2017) (zitiert: *BNetzA,* Evaluierungsbericht nach § 33 ARegV)

– *(Hrsg.),* Positionspapier zur Anwendung der Vorschriften der Einspeisung von Biogas auf die Einspeisung von Wasserstoff und synthetischem Methan in Gasversorgungsnetze vom 1. August 2014 (abrufbar unter: https://www.bundesnetzagentur.de/SharedDocs/Downloads/DE/Sachgebiete/Energie/Unternehmen_Institutionen/NetzzugangUndMesswesen/Gas/Einspeisung_Wasserstoff_u_synth_Methan/PosPapier2014.pdf%3F__blob%3Dpublication File%26v%3D1, letzter Abruf am 20.8.2017) (zitiert: *BNetzA,* Positionspapier zur Einspeisung von Wasserstoff und Methan in Gasnetze)

– *(Hrsg.),* Stellungnahme der Bundesnetzagentur zum „Gesetz zur Digitalisierung der Energiewende" (BT-Drs. 18/7555), 12. April 2016, Bonn (abrufbar unter: https://www.bundesnetzagentur.de/SharedDocs/Downloads/DE/Sachgebiete/Energie/Unternehmen_Institutionen/Netzentwicklung UndSmartGrid/Stellungnahme_Digitalisierung_Energiewende.pdf?__blob=publicationFile&v=1, letzter Abruf am 20.8.2017) (zitiert: *BNetzA,* Stellungnahme zum GDEW)

– *(Hrsg.),* „Smart Grid" und „Smart Market", Eckpunktepapier, Dezember 2011, Bonn (abrufbar unter: https://www.bundesnetzagentur.de/SharedDocs/Downloads/DE/Sachgebiete/Energie/Unternehmen_Institutionen/NetzzugangUndMesswesen/SmartGridEckpunktepapier/SmartGridPapierpdf.pdf?__blob=publicationFile, letzter Abruf am 20.8.2017) (zitiert: *BNetzA,* „Smart Grid" und „Smart Market")

– */Bundeskartellamt (BNetzA) (BKartA) (Hrsg.),* Monitoringbericht 2016, 30. November 2016, Bonn (abrufbar unter: https://www.bundesnetzagentur.de/SharedDocs/Downloads/DE/Sachgebiete/Energie/Unternehmen_Institutionen/DatenaustauschUndMonitoring/Monitoring/Monitoringbericht2016.pdf;jsession id=F2059A17BC3B239E49B5EC1A63BE3D11?__blob=publicationFile&v=2, letzter Abruf am 20.8.2017) (zitiert: *BNetzA/BKartA,* Monitoringbericht 2016)

Bundesregierung (BReg) (Hrsg.), Bilanz zur Energiewende 2015, Februar 2015, Berlin (abrufbar unter: https://www.bundesregierung.de/Content/

DE/_Anlagen/2015/03/2015-03-23-bilanz-energiewende-2015.pdf?__blob=publicationFile&v=1, letzter Abruf am 20.8.2017) (zitiert: *BReg*, Bilanz zur Energiewende 2015)

– *(Hrsg.)*, Glossar zu Energie (abrufbar unter: https://www.bundesregierung.de/Content/DE/StatischeSeiten/Breg/FAQ/faq-energie.html, letzter Abruf am 20.8.2017) (zitiert: *BReg*, Glossar zu Energie)

– *(Hrsg.)*, Nationaler Entwicklungsplan Elektromobilität der Bundesregierung, August 2009, Berlin (abrufbar unter: http://erneuerbar-mobil.de/sites/default/files/2016-08/nep_09_bmu_bf.pdf, letzter Abruf am 20.8.2017) (zitiert: *BReg*, Nationaler Entwicklungsplan Elektromobilität)

Bundesverband der Energie- und Wasserwirtschaft e.V. (BDEW) (Hrsg.), BDEW-Roadmap, Realistische Schritte zur Umsetzung von Smart Grids in Deutschland, 11. Februar 2013, Berlin (abrufbar unter: https://www.bdew.de/internet.nsf/id/816417E68269AECEC1257A1E0045E51C/$file/Endversion_BDEW-Roadmap.pdf, letzter Abruf am 20.8.2017) (zitiert: *BDEW*, Roadmap Smart Grids)

– *(Hrsg.)*, Definition des Begriffes „Energiespeicher“, Begriffsdefinition und Vorschlag für eine Befreiung von Letztverbraucherabgaben, 6. Juni 2014, Berlin (abrufbar unter: https://www.bdew.de/internet.nsf/id/20140606-o-definition-des-begriffes-energiespeicher-de/$file/2014-06-06_Definition_Energiespeicher_final_ohne-Ansprechpartner.pdf, letzter Abruf am 20.8.2017) (zitiert: *BDEW*, Definition des Begriffes „Energiespeicher“)

– *(Hrsg.)*, Diskussionspapier Smart Grids – auf dem Weg zu einem zukunftsfähigen Markt- und Regulierungsdesign, 24. März 2011, Berlin (abrufbar unter: https://www.bdew.de/internet.nsf/id/18D2FD039FC0004CC1257880003D4F22/$file/2011-03-22%20Langfassung%20Smart%20Grids%20clean.pdf, letzter Abruf am 20.8.2017) (zitiert: *BDEW*, Diskussionspapier Smart Grids 2011)

– *(Hrsg.)*., Diskussionspapier Smart Grids – Das Zusammenwirken von Netz und Markt, 26. März 2012, Berlin (abrufbar unter: https://www.bdew.de/internet.nsf/id/D722998361EA9775C12579EA004A202F/$file/157-2_120326_BDEW-Diskussionspapier_Smart%20Grids.pdf, letzter Abruf am 20.8.2017) (zitiert: *BDEW*, Diskussionspapier Smart Grids 2012)

– *(Hrsg.)*, Positionspapier Netzentgeltsystematik Strom, BDEW-Eckpunkte zur Weiterentwicklung, 28. April 2015, Berlin (abrufbar unter: https://www.bdew.de/internet.nsf/id/20150428-o-positionspapier-netzentgeltsystematik-strom-de/$file/BDEW_Positionspapier_Netzentgeltsystematik_Strom_28042015_web.pdf, letzter Abruf am 20.8.2017) (zitiert: *BDEW*, Positionspapier Netzentgeltsystematik Strom)

– *(Hrsg.)*, Positionspapier Umsetzung der Ladesäulenverordnung: § 4 Anzeige- und Nachweispflichten, 6. August 2015, Berlin (abrufbar unter: https://www.bdew.de/internet.nsf/id/6C0A8991C0430104C1257EEA0039F608/$file/BDEW%20Positionspapier%20zu%20§%204Ladesäulenverordnung.pdf, letzter Abruf am 20.8.2017) (zitiert: *BDEW*, Positionspapier zur Umsetzung der LSV)

– *(Hrsg.)*, Stellungnahme zur Novelle der Anreizregulierungsverordnung, 2. Mai 2016, Berlin (abrufbar unter: https://www.bdew.de/internet.nsf/id/20160502-oe-stellungnahme-novelle-der-anreizregulierungsverordn/$file/BDEW_Stellungnahme_Referentenentwurf_Novelle_ARegV_02052016_web.pdf, letzter Abruf am 20.8.2017) (zitiert: *BDEW*, Stellungnahme zur ARegV-Novelle)

– *(Hrsg.)*, Stellungnahme zum Regierungsentwurf eines Gesetzes zur Digitalisierung der Energiewende unter Berücksichtigung der Gegenäußerung der Bundesregierung, 7. April 2016, Berlin (abrufbar unter: https://www.bdew.de/internet.nsf/id/20160407-stellungnahme-zum-regierungsentwurf-eines-gesetzes-zur-digitalisierung-der-energiewende-unt/$file/160407_Stellungnahme_BDEW_GzDdEW.pdf, letzter Abruf am 20.8.2017) (zitiert: *BDEW*, Stellungnahme zum RegE eines GDEW)

BDEW/Zentralverband Elektrotechnik und Elektronikindustrie e.V. (ZVEI) (Hrsg.), Smart Grids in Deutschland, März 2012, Berlin/Frankfurt (abrufbar unter: https://www.bdew.de/internet.nsf/res/86B8189509AE3126C12579CE0035F374/$file/120327%20BDEW%20ZVEI%20Smart-Grid-Broschuere%20final.pdf, letzter Abruf am 20.8.2017) (zitiert: *BDEW/ZVEI*, Smart Grids in Deutschland)

Bundesverband Erneuerbare Energie e.V (BEE)/Greenpeace Energy eG (Hrsg.), Kompassstudie Marktdesign, Leitideen für ein Design eines Stromsystems mit hohem Anteil fluktuierender Erneuerbarer Energien, Dezember 2012, Bochum (abrufbar unter: https://www.bee-ev.de/fileadmin/Publikationen/Studien/Plattform/BEE-Plattform-Systemtransformation-Kompassstudie-Marktdesign.pdf, letzter Abruf am 20.8.2017) (zitiert: *BEE*, Kompassstudie Marktdesign)

Bundesverband Neue Energiewirtschaft e.V. (BNE) (Hrsg.), Stellungnahme zur Ladesäulenverordnung – LSV, Verordnungsentwurf vom 9. Januar 2015, 21. Januar, Berlin (abrufbar unter: http://www.bne-online.de/fr/system/files/files/attachment /20150121%20Stellungnahme%20bne%20Ladesäulenverordnung.pdf, letzter Abruf am 20.8.2017) (zitiert: *BNE*, Stellungnahme zur Ladesäulenverordnung)

– *(Hrsg.)*, Stellungnahme zum Referentenentwurf Strommarktgesetz, 29. September 2015, Berlin (abrufbar unter: http://www.bne-online.de/de/system/files/files/attachment/20150929_bne-Stellungnahme%20zum%20BMWi-RefEntw%20Strommarktgesetz.pdf, letzter Abruf am 20.8.2017) (zitiert: *BNE*, Stellungnahme zum Referentenentwurf Strommarktgesetz)

Burges, Karsten/Bömer, Jens, Systemdienstleistungen durch Anlagen zur Erzeugung von Strom aus Erneuerbaren Energien, in: Müller, Thorsten (Hrsg.), 20 Jahre Recht der Erneuerbaren Energien, Baden-Baden 2012, S. 759 ff.

Calliess, Christian/Dross, Miriam, Neue Netze braucht das Land: Zur Neukonzeption von Energiewirtschaftsgesetz und Netzausbaubeschleunigungsgesetz (NABEG), in: JZ 2012, S. 1002 ff.

Calliess, Christian/Ruffert, Matthias, EUV/AEUV, Das Verfassungsrecht der Europäischen Union mit Europäischer Grundrechtecharta, Kommentar, 5. Auflage, München 2016 (zitiert: *Bearbeiter,* in: Calliess/Ruffert, EUV/AEUV)

Carr, Luis/Pellinger, Christoph/von Roon, Serafin, Pumpspeicherkraftwerke in der Energiewende, in: et 9/2013, S. 50 f.

Causemann, Thorsten/Löffler, Simon, Smart Metering – Wirtschaftlicher Nutzen vs. Investitionskosten, in: *Christiana Köhler-Schute (Hrsg.),* Smart Metering. Technologische, wirtschaftliche und juristische Aspekte des Smart Metering, Berlin 2009 (zitiert: *Autor,* in: Köhler-Schute, Smart Metering)

Cavoukian, Ann, Privacy by Design: Leadership, Methods, and Results, in: *Gutwirth, Serge/Leenes, Ronald/de Hert, Paul/Poullet, Yves (Hrsg.),* European Data Protection: Coming of Age, Dordrecht 2013, S. 175 ff.

Christlich Demokratische Union Deutschlands (CDU)/Christlich-Soziale Union in Bayern e.V. (CSU)/Sozialdemokratische Partei Deutschlands (SPD), Deutschlands Zukunft gestalten, Koalitionsvertrag zwischen CDU, CSU und SPD, 14. Dezember 2013, Berlin (abrufbar unter: https://www.cdu.de/sites/default/files/media/dokumente/koalitionsvertrag.pdf, letzter Abruf am 20.8.2017) (zitiert: *CDU/CSU/SPD,* Koalitionsvertrag 2013)

Connect Energy Economics GmbH (Hrsg.), Leitstudie Strommarkt 2014, Arbeitspaket Optimierung des Strommarktdesigns, Studie im Auftrag des Bundesministeriums für Wirtschaft und Energie, Endbericht, 2. Juli 2014, Berlin (abrufbar unter: http://media.connect-ee.com//Connect_LeitstudieStrommarkt_20140702.pdf, letzter Abruf am 20.8.2017) (zitiert: *Connect,* Leitstudie Strommarkt 2014)

– *(Hrsg.),* Leitstudie Strommarkt 2015, Studie im Auftrag des Bundesministeriums für Wirtschaft und Energie, Endbericht, 4. Mai 2015, Berlin (abrufbar unter: http://media.connect-ee.com//Connect_Leitstudie2015_20150504.pdf, letzter Abruf am 20.8.2017) (zitiert: *Connect,* Leitstudie Strommarkt 2015)

Czermin, Martin, Smart Grids = Safe Grids? Initiativen zum Schutz intelligenter Versorgungsnetzwerke, in: et 6/2013, S. 85 f.

Däubler, Wolfgang/Klebe, Thomas/Wedde, Peter/Weichert, Thilo, Kompaktkommentar zum Bundesdatenschutzgesetz, 5. Auflage, Frankfurt am Main 2016 (zitiert: *Bearbeiter,* in: Däubler u.a., BDSG)

Danner, Wolfgang/Theobald, Christian (Hrsg.), Kommentar zum Energierecht, Loseblattsammlung, München, Stand: 89. Ergänzungslieferung, Mai 2016, (zitiert: *Bearbeiter,* in: Danner/Theobald, Energierecht)

Dauner-Lieb, Barbara/Langen, Werner (Hrsg.), Bürgerliches Gesetzbuch, Schuldrecht, Band 2/1: §§ 241-610, 3. Auflage 2016, Baden-Baden (zitiert: *Bearbeiter,* in: Dauner-Lieb/Langen, BGB Bd. 2/1)

Deckstein, Dinah/Tuma, Thomas, Kapitel abgeschlossen, Interview mit *Peter Löscher*, ehem. Vorstandsvorsitzender der Siemens-AG, in: Der Spiegel, Ausgabe 38/2011, S. 86 f. (zitiert: *Löscher* in: Der Spiegel, 38/2011)

Dembski, Felix, Innovationsfähigkeit und Marktzutrittsschwellen des Smart Grids und Smart Markets, in: Aichele, Christian/Doleski, Oliver D. (Hrsg.), Smart Market, Vom Smart Grid zum intelligenten Energiemarkt, Wiesbaden 2014, S. 235 ff.

–, Stellungnahme des Bitkom zum Grünbuch Strommarkt für die Energiewende, 3. März 2015 (abrufbar unter: https://www.bitkom.org/noindex/Publikationen/2015/Positionspapiere/BITKOM-Stellungnahme-Gruenbuch-Strommarkt-fuer-die-Energiewende/150227-BITKOM-Stellungnahme-Strommarktdesign.pdf, letzter Abruf am 20.8.2017)

–, Stellungnahme des Bitkom zum Strommarktgesetz, 28. September 2015, Berlin (abrufbar unter: https://www.bitkom.org/noindex/Publikationen/2015/Positionspapiere/Stellungnahme-Strommarktgesetz/BITKOM-Stellungnahme-Strommarktgesetz.pdf, letzter Abruf am 20.8.2017)

Deutsche Energie-Agentur GmbH (dena) (Hrsg.), Integration Erneuerbarer Energien in den deutschen/europäischen Strommarkt – Endbericht, 15.08.2012, Berlin (abrufbar unter: http://www.pfbach.dk/firma_pfb/dena_endbericht_integration_ee_2012.pdf, letzter Abruf am 20.8.2017) (zitiert: *dena,* Integration EE)

– *(Hrsg.),* dena-Netzstudie II – Integration erneuerbarer Energien in die deutsche Stromversorgung im Zeitraum 2015-2020 mit Ausblick auf 2025, Endbericht, November 2010, Berlin (abrufbar unter: https://www.dena.de/fileadmin/user_upload/Download/Dokumente/Studien___Umfragen/Endbericht_dena-Netzstudie_II.PDF, letzter Abruf am 20.8.2017) (zitiert: *dena,* dena-Netzstudie II – Endbericht)

– *(Hrsg.),* dena-Verteilnetzstudie – Ausbau- und Innovationsbedarf der Stromverteilnetze in Deutschland bis 2030, 11.12.2012, Berlin, Abschlussbericht (abrufbar unter: https://shop.dena.de/fileadmin/denashop/media/Downloads_Dateien/esd/9100_dena-Verteilnetzstudie_Abschlussbericht.pdf, letzter Abruf am 20.8.2017) (zitiert: *dena,* dena-Verteilnetzstudie)

– *(Hrsg.),* Strategieplattform Power to Gas, Thesenpapier: Technik und Technologieentwicklung, 3.11.2011 (abrufbar unter: http://www.powertogas.info/

fileadmin/content/Downloads_PtG_neu/PowertoGas_Thesenpapier_Technik.pdf, letzter Abruf am 20.8.2017) (zitiert: *dena,* Power to Gas-Thesenpapier: Technik und Technologieentwicklung)

Deutsches Zentrum für Luft- und Raumfahrt(DLR)/Fraunhofer Institut für Windenergie und Energiesystemtechnik (IWES)/Ingenieurbüro für neue Energien (IFNE) (Hrsg.), „Langfristszenarien und Strategien für den Ausbau der Erneuerbaren Energien in Deutschland bei Berücksichtigung der Entwicklung in Europa und global", Schlussbericht FKZ 03MAP146 im Auftrag des BMU, 29. März 2012 (abrufbar unter: http://www.dlr.de/dlr/Portaldata/1/Resources/bilder/portal/portal_2012_1/leitstudie2011_bf.pdf, letzter Abruf am 20.8.2017) (zitiert: *DLR/IWES/IFNE,* Langfristszenarien und Strategien für den Ausbau der EE – Schlussbericht)

Dietrich, Lars/Ahnsehl, Sascha, Energiespeicherung im Portfolio der Förderung erneuerbarer Energien – der Status Quo, in: et 3/2010, S. 14 ff.

–, Energiespeicherung im Portfolio der Förderung erneuerbarer Energien – Förderungsoptionen und -perspektiven, in: et 4/2010, S. 61 ff.

–, Förderung der Energiespeicherung nach der Energiewende – ein Update, in: et 1,2/2012, S. 135 ff.

Dinter, Jan, Das Gesetz zur Digitalisierung der Energiewende – Startschuss für Smart Meter? Ein Überblick über den Referentenentwurf, in: ER 2015, S. 229 ff.

Drerup, Monika/Bourwieg, Karsten, Zur energierechtlichen Einordnung von netzgekoppelten Stromspeicheranlagen, in: ER 2016, S. 197 ff.

Durner, Wolfgang, Vollzugs- und Verfassungsfragen des NABEG, in: NuR 2012, S. 369 ff.

Eckert, Claudia, Sicherheit im Smart Grid – Eckpunkte für ein Energieinformationsnetz, Alcatel-Lucent-Stiftung Reihe 90, Stuttgart 2011 (abrufbar unter: https://www.aisec.fraunhofer.de/content/dam/aisec/Dokumente/Publikationen/Studien_TechReports/deutsch/sr90_sicherheit_im_energieinformationsnetz_gesamt.pdf, letzter Abruf am 20.8.2017)

Eckert, Claudia/Krauß, Christoph, Sicherheit im Smart Grid, Herausforderungen und Handlungsempfehlungen, in: DuD 2011, S. 535 ff.

Eder, Jost/vom Wege, Jan-Hendrik, Liberalisierung und Klimaschutz im Zielkonflikt: Die neuen gesetzlichen Rahmenbedingungen im Mess- und Zählerwesen Strom und Gas (Teil 2), in: IR 2008, S. 198 ff.

Eder, Jost/vom Wege, Jan-Hendrik/Weise, Michael, Das Messstellenbetriebsgesetz ist verabschiedet – Startschuss für den Rollout!, in: IR 2016, S. 173 ff.

–, Der Rechtsrahmen für Smart Metering – ein konsistentes Gesamtkonzept?, in: ZNER 2012, S. 59 ff.

Eder, Jost/vom Wege, Jan-Hendrik/Weise, Michael/Wengeler, Fritz, Umbruch im Messwesen: Die Messsystemverordnung und ihre Auswirkung auf die Energiewirtschaft, in: et 9/2013, S. 110 ff.

Einhellig, Ludwig/Kappl, Johanna/Lares, Stefan, Die Standardisierung von (netzdienlichen) Zusatzleistungen und Entflechtung nach Messstellenbetriebsgesetz, in: et 5/2017, S. 63 ff.

Eisenbeiß, Gerd, Solares Methan und Power to Gas – kritische Anmerkungen, in: et 12/2011, S. 18 f.

Ekardt, Felix/Valentin, Florian, Das neue Energierecht, EEG-Reform, Nachhaltigkeit, Europäischer und internationaler Klimaschutz, Baden-Baden 2015

Elspas, Maximilian Emanuel/Berg, Sebastian/Günther, Reinald, Das EEG 2017 – Ein Überblick über die Neuerungen, in: KSzW 2016, S. 211 ff.

Energie-Forschungszentrum Niedersachsen (EFZN) (Hrsg.), Studie Eignung von Speichertechnologien zum Erhalt der Systemsicherheit, FA 43/12, Abschlussbericht, 8. März 2013, Goslar (abrufbar unter: http://speicherinitiative.at/assets/Uploads/24-eignung-von-speichertechnologien-zum-erhalt-der-systemsicherheit.pdf, letzter Abruf am 20.8.2017)

Epping, Volker/Hillgruber, Christian, Grundgesetz, Kommentar, 2. Auflage, München 2013 (zitiert: *Bearbeiter,* in: Epping/Hillgruber, GG)

Erbguth, Wilfried, Trassensicherung für Höchstspannungsleitungen: Systemgerechtigkeit und Rechtsschutz, in: DVBl 2012, S. 325 ff.

Ernst&Young (Hrsg.), Kosten-Nutzen-Analyse für einen flächendeckenden Einsatz intelligenter Zähler – Endbericht, im Auftrag des BMWi, Juli 2013 (abrufbar unter: http://www.ey.com/Publication/vwLUAssets/Kosten-Nutzen-Analyse_Roll-out_Smart_Meter/%24FILE/BMWI-Endbericht-KNA-Smart-Metering-2013.pdf, letzter Abruf am 20.8.2017)

– (Hrsg.), Variantenrechnungen von in Diskussion befindlichen Rollout-Strategien – Ergänzungen zur KNA vom Juli 2013, im Auftrag des BMWi, Dezember 2014 (abrufbar unter: https://www.cr-online.de/BMWi-Studienergaenzung_durch_Variantenrechnungen_von_Rollout-Strategien_Stand_Juli_2014.pdf, letzter Abruf am 20.8.2017) (zitiert: *Ernst&Young,* Ergänzungen zur KNA vom Juli 2013)

Euler, Hartmut, Wasserstoff aus Strom bzw. "power to gas", das umwelt- und klimabelastende, teure und unnötige Beschäftigungsprogramm für Atom- und Kohlekraftwerke – Vernetzen statt vernichten –, in: ZNER 2013, S. 487 ff.

Europäische Kommission, Commission Staff Working Paper: Interpretative Note on Directive 2009/72/EC concerning common rules for the internal market in electricity and Directive 2009/73/EC concerning common rules for the internal market in natural gas – Retail Markets, 22. Januar 2010, Brüssel (abrufbar unter: https://ec.europa.eu/energy/sites/ener/files/documents/2010_01_21_retail_markets.pdf, letzter Abruf am 20.8.2017) (zitiert: *Europäische Kommission,* Interpretative Note on Directive 2009/72/EC)

–, Mitteilung „Ein Europäischer Strategieplan für Energietechnologie (SET-Plan)“ vom 22.11.2007, KOM (2007) 723 endg., Brüssel

–, Mitteilung „Ein Fahrplan für den Übergang zu einer wettbewerbsfähigen CO2-armen Wirtschaft bis 2050“ vom 8.3.2011, KOM (2011) 112 endg. (ABl. C 140 vom 11.5.2011), Brüssel

–, Mitteilung „Energiefahrplan 2050“ vom 15.12.2011, KOM (2011) 885 endg. (ABl. C 102 vom 5.4.2012), Brüssel

–, Mitteilung „Erneuerbare Energien: ein wichtiger Faktor auf dem europäischen Energiemarkt“ vom 6.6.2012, KOM (2012) 271 endg., Brüssel

–, Mitteilung „Europa 2020 – Eine Strategie für intelligentes, nachhaltiges und integratives Wachstum“ vom 3.3.2010, KOM (2010) 2020 endg., Brüssel

–, Mitteilung „Intelligente Stromnetze: von der Innovation zur Realisierung“ vom 12.4.2011, KOM (2011) 202 endg., Brüssel

–, Mitteilung „Leitlinien für staatliche Umweltschutz- und Energiebeihilfen 2014-2020“ vom 28.6.2014, (2014/C 200/01), Brüssel

–, Mitteilung „Saubere Energie für alle Europäer“ vom 30.11.2016, COM (2016) 860 final, Brüssel

–, Mitteilung „Saubere Energie für den Verkehr: Eine europäische Strategie für alternative Kraftstoffe“ vom 24.1.2013, COM (2013) 17 final, Brüssel

–, Mitteilung „20 und 20 bis 2020“, KOM (2008) 30 endg. Europäische Kommission, Mitteilung „Energie 2020 – Eine Strategie für wettbewerbsfähige, nachhaltige und sichere Energie“ vom 10.11.2010, KOM (2010) 639 endg., Brüssel

–*(Hrsg.),* Smart Grid Projects Outlook 2014, 2014 (abrufbar unter: http://ses.jrc.ec.europa.eu/sites/ses.jrc.ec.europa.eu/files/u24/2014/report/ld-na-26609-en-n_smart_grid_projects_outlook_2014_-_online.pdf, letzter Abruf am 20.8.2017)

–, Strategiepapier „Eine europäische Strategie für saubere und energieeffiziente Fahrzeuge“ vom 28.4.2010, KOM (2010) 186 endg., Brüssel

–, Vorschlag für eine Richtlinie mit gemeinsamen Vorschriften für den Elektrizitätsbinnenmarkt (Neufassung) vom 23.2.2017, COM (2016) 864 final, Brüssel

–, Weißbuch „Fahrplan zu einem einheitlichen europäischen Verkehrsraum“ vom 28.3.2011, KOM (2011) 144 endg. (ABl. C 140 vom 11.5.2011), Brüssel

European Task Force for the Implementation of Smart Grids into the European Internal Market, Expert Group 1: Functionalities for smart grids and smart meters, Final Deliverable, December 2010, (abrufbar unter: http://www.ieadsm.org/wp/

files/Tasks/Task%2017%20-%20Integration%20of%20Demand%20Side%20 Management,%20Energy%20Efficiency,%20Distributed%20Generation%20 and%20Renewable%20Energy%20Sources/Background%20material/Eg1%20 document%20v_24sep2010%20conf.pdf, letzter Abruf am 20.8.2017) (zitiert: *European Task Force for Smart Grids*, Expert Group 1 – Final Deliverable)

Fachverband Biogas e.V. (Hrsg.), Pressemitteilung 30/11: Energiewende mit Biogas schaffen, 28. Dezember 2011 (abrufbar unter: https://www.biogas.org/edcom/webfvb.nsf/id/DE_PM_30_11, letzter Abruf am 20.8.2017)

Feller, Diane/de Wyl, Christian/Missling, Stefan, Ladestationen für Elektromobilität – regulierter Netzbereich oder Wettbewerb?, in: ZNER 2010, S. 240 ff.

Fest, Claus/Franz, Oliver/Gaul, Armin, Energiewirtschaftliche und energiewirtschaftsrechtliche Fragen der Elektromobilität – Teil 2, in: et 5/2010, S. 79 ff.

Fest, Claus/Franz, Oliver/Haas, Gabriele, Energiewirtschaftliche und energiewirtschaftsrechtliche Fragen der Elektromobilität – Teil 1, in: et 4/2010, S. 93 ff.

Fischerauer, Sven, Regulierung des Zugangs zu Speicheranlagen, München 2010

Flauger, Jürgen, Elektromobilität – endlich Anschluss gefunden, in: et 4/2017, S. 4

Fluhr, Jonas/Stich, Volker, Identifikation in der Elektromobilität, in: Boesche, Katharina Vera/Franz, Oliver/Fest, Claus/Gaul, Armin Joachim (Hrsg.), Berliner Handbuch zur Elektromobilität, München 2013, Kap. 11, Unterkap. 2, S. 286 ff.

Franz, Oliver/Fest, Claus/Gaul, Armin, Die künftige Messaufgabe für Elektromobilität – Analyse und Bewertung, in: Boesche, Katharina Vera/Franz, Oliver/Fest, Claus/Gaul, Armin Joachim (Hrsg.), Berliner Handbuch zur Elektromobilität, München 2013, Kap. 14, Unterkap. 3, S. 378 ff.

Franz, Oliver/Knop, Torsten, Flexible Verbraucher und Erzeuger im Verteilernetz, in: emw 2012, Heft 1, S. 28 ff.

Fraunhofer-Institut für Windenergie und Energiesystemtechnik (IWES)/Institut für Elektrische Anlagen und Energiewirtschaft (IAEW)/Stiftung Umweltenergierecht (Hrsg.), Roadmap Speicher, Bestimmung des Speicherbedarfs in Deutschland im europäischen Kontext und Ableitung von technisch-ökonomischen sowie rechtlichen Handlungsempfehlungen für die Speicherförderung, Endbericht, November 2014 (abrufbar unter: http://stiftung-umweltenergierecht.de/wp-content/uploads/2014/06/stiftung_umweltenergierecht_endbericht_roadmap_speicher_2014.pdf, letzter Abruf am 20.8.2017) (zitiert: *Fraunhofer IWES*, Roadmap Speicher)

Frenz, Walter/Müggenborg, Hans-Jürgen/Cosack, Tilman/Ekardt, Felix (Hrsg.), EEG. Erneuerbare-Energien-Gesetz. Kommentar, 4. Auflage, Berlin 2015 (zitiert: *Bearbeiter*, in: Frenz u.a., EEG 2014)

50Hertz Transmission GmbH/Amprion GmbH/Tennet TSO GmbH/TransnetBW GmbH, Gemeinsame Stellungnahme der Übertragungsnetzbetreiber zum Weißbuch: „Ein Strommarkt für die Energiewende“ (abrufbar unter: https://www.amprion.net/Dokumente/Presse/Stellungnahmen/NB-Stellungnahme_Wei%C3%9Fbuch_Ein-Strommarkt-f%C3%BCr-die-Energiewende-20.08.2015.pdf, letzter Abruf am 20.8.2017) (zitiert: *50Hertz* u.a., Stellungnahme der Übertragungsnetzbetreiber zum Weißbuch)

Gabel, Mathias/Johanndeiter, Silke, Ein Regulierungsdesign für den Stromspeichereinsatz beim Verteilnetz, in: et 6/2017, S. 28 ff.

Gammelin, Cerstin/Balser, Markus, Elektromobilität: Förderung soll 400.000 E-Autos auf die Straße bringen, in: Süddeutsche.de, online-Artikel vom 27. April 2016 (abrufbar unter: http://www.sueddeutsche.de/auto/elektromobilitaet-foerderung-soll-e-autos-auf-die-strasse-bringen-1.2968895, letzter Abruf am 20.8.2017)

Gauggel, Sabine, Öffentliche Ladeinfrastruktur für Elektromobile: Kommunale Handlungsmöglichkeiten, in: IR 2011, S. 252 ff.

Gawel, Erik/Lehmann, Paul/Korte, Klaas/Strunz, Sebastian/Bovet, Jana/Köck, Wolfgang/Massier, Philipp/Löschel, Andreas/Schober, Dominik/Ohlhorst, Dörte/Tews, Kerstin/Schreurs, Miranda/Reeg, Matthias/Wassermann, Sandra, Die Zukunft der Energiewende in Deutschland, in: ZUR 2014, S. 219 ff.

Gawel, Erik/Purkus, Alexandra/Bruttel, Franziska, Auktionen als Förderinstrument für erneuerbare Energien, in: EnWZ 2016, S. 153 ff.

Gent, Kai/Nünemann, Jens, Formen der atypischen Netznutzung gemäß § 19 Abs. 2 S. 1 StromNEV, in: RdE 2008, S. 189 ff.

Gerhager, Stephan, Informationssicherheit im zukünftigen Smart Grid, in: DuD 2012, S. 445 ff.

Germer, Christoph, Der Stromliefervertrag “All-inclusive” nach dem Inkrafttreten des Messstellenbetriebsgesetzes, in: EnWZ 2017, S. 67 ff.

Gersemann, Dieter, Novellierte Anreizregulierungsverordnung 2016, in: EnWZ 2016, S. 531 ff.

Gersemann, Janis, Der Smart Meter Gateway Administrator – Aufgaben und Marktrolle, in: smart.ER I/2014, S. 26 ff.

Gerstner, Verena/Kanatschnig, Johanna, Elektromobilität als dezentrale Speichertechnologie, in: ZNER 2015, S. 424 ff.

Göge, Marc-Stefan/Boers, Stefanie, Gläserne Kunden durch Smart Metering? – Datenschutzrechtliche Aspekte des neuen Zähl- und Messwesen, in: ZNER 2009, S. 368 ff.

Goerdeler, Andreas/Liebich, Christian, Smart Car – Smart Grid – Smart Traffic – Die Bedeutung von IKT für Elektromobilität, in: Boesche, Katharina Vera/

Franz, Oliver/Fest, Claus/Gaul, Armin Joachim (Hrsg.), Berliner Handbuch zur Elektromobilität, München 2013, Kap. 2, S. 21 ff.

Goette, Thomas, Kosten-Nutzen-Analyse Smart Metering – Wichtiger Baustein auf dem Weg zum Smart Grid, in: et 9/2013, S. 91 f.

Gola, Peter/Schomerus, Rudolf (Hrsg.), Bundesdatenschutzgesetz, Kommentar, 12. Auflage, München 2015

Goldschmidt, Tobias, Zertifizierungsanforderungen an Smart Meter Betreiber, in: Schartner, Peter/Lipp, Peter (Hrsg.), D-A-CH Security 2014, Frechen 2014

Grandel, Matthias, Das "Smart Metering Dilemma" – Strategische Überlegungen zum flächendeckenden Einsatz von Smart Metering, in: Servatius, Hans-Gerd/Schneidewind, Uwe/Rohlfing, Dirk (Hrsg.), Smart Energy, Wandel zu einem nachhaltigen Energiesystem, Berlin 2012, S. 221 ff.

Grote, Daniel/Mennel, Tim/Werner, Oliver, Aktivierung von Flexibilität – das Ampelmodell und seine Alternativen, in: et 11/2016, S. 8 ff.

Grothe, Silke/Steible, Bernadette, Smart Grid – Bedingung einer gelungenen Energiewende, in: VBlBW 2015, S. 57 ff.

Groeben, Hans von der/Schwarze, Jürgen/Hatje, Armin, Europäisches Unionsrecht, 7. Auflage, Baden-Baden 2015 (zitiert: *Bearbeiter,* in: von der Groeben/Schwarze/Hatje, EU-Recht)

Guckelberger, Annette, Smart Grids/Smart Meter zwischen umweltverträglicher Energieversorgung und Datenschutz, in: DÖV 2012, S. 613 ff.

Güneysu, Sindy/Vetter, Miriam/Wieser, Matthias, Intelligenter Rechtsrahmen für intelligente Netze (Smart Grids), in: DVBl 2011, S. 870 ff.

Güneysu, Sindy/Wieser, Matthias, Smarte Preise für smarte Netze – Evolution oder Revolution?, in: ZNER 2011, S. 417 ff.

Günther, Reinald, Das KWKG 2017 und die Überarbeitung der EEG-Eigenversorgung, in: ER 2017, S. 3 ff.

Gundel, Jörg, Der Verbraucherschutz im Energiesektor zwischen Marktliberalisierung und Klimaschutzzielen, in: GewArch 2012, S. 137 ff.

Gundel, Jörg/Germelmann, Claas Friedrich, Kein Schlussstein für die Liberalisierung der Energiemärkte: Das Dritte Binnenmarktpaket, in: EuZW 2009, S. 763 ff.

Haber, Alfons/Bliem, Markus, Smart Grids – Auswirkungen auf die Netzentgelte, in: et 1,2/2010, S. 108 ff.

Haller, Barbie Kornelia, Die Evaluierung der Anreizregulierung, in: EnWZ 2014, S. 195 ff.

Hammerstein, Christian von, Netzanschluss und Netzzugang für Kohle- und Gaskraftwerke, in: ZNER 2006, S. 110 ff.

Hammerstein, Christian von/Hoff, Stefanie von, Neue Infrastrukturkonzepte für Elektromobilität, in: ZNER 2011, S. 259 ff.

Hanemann, Philipp/Behnert, Marika/Bruckner, Thomas, Elektromobilität und Strommarkt 2030 – die Ladestrategie macht den Unterschied, in: et 11/2016, S. 77 ff.

Hanke, Stefanie, Rechtliche Fragestellungen zur Elektromobilität, Heute und in Zukunft – aus kommunaler Perspektive, in: KommP Spezial 2013, S. 47 ff.

Hardach, Felix, Die Anreizregulierung der Energieversorgungsnetze, Baden-Baden 2010

Harendt, Bertram/Mayer, Christian A., Rechtliche Rahmenbedingungen für Ladeinfrastruktur im Neubau und Bestand, Ergebnispapier Nr. 11 der Begleit- und Wirkungsforschung Schaufenster Elektromobilität, Dezember 2015, Frankfurt (abrufbar unter: http://schaufenster-elektromobilitaet.org/media/media/documents/dokumente_der_begleit__und_wirkungsforschung/Ergebnispapier_Nr_11_Rechtliche_Rahmenbedingungen_fuer_Ladeinfrastruktur_im_Neubau_und_Bestand.pdf, letzter Abruf am 20.8.2017) (zitiert: *Harendt/Mayer*, Ladeinfrastruktur im Neubau und Bestand)

Harms, Heiko/Hille, Christian/Hörpel, Benjamin, Intelligente Technologien können Kosten drastisch senken, in: ew 2014, S. 72 ff.

Hartwig, Matthias, Öffentliche Ladestationen als Teil des Elektrizitätsversorgungsnetzes der allgemeinen Versorgung – Teil 2, in: ZNER 2013, S. 475 ff.

Haubrich, Melanie Svenja, Datenschutzrechtliche Probleme beim Smart Metering, in: Britz, Gabriele/Eifert, Martin/Reimer, Franz (Hrsg.), Energieeffizienzrecht, Baden-Baden 2010, S. 225 ff.

Hauser, Eva, Leitideen für ein Stromsystem mit einem hohen Anteil fluktuierender Erneuerbarer Erzeugung, in: ER 2013, S. 102 ff.

Hechtfischer, Knut/Pawlitschek, Frank, Mobile Metering: Auf mobiler Messtechnik beruhende Ladeinfrastruktur, in: IR 2012, S. 278 ff.

Heinlein, Björn, Einordnung der Ladesäuleninfrastruktur als Energieanlage sui generis, in: Boesche, Katharina Vera/Franz, Oliver/Fest, Claus/Gaul, Armin Joachim (Hrsg.), Berliner Handbuch zur Elektromobilität, München 2013, Kap. 18 Unterkap. 5, S. 219

–, Einordnung der Ladesäuleninfrastruktur als Energieversorgungsnetz, in: Boesche, Katharina Vera/Franz, Oliver/Fest, Claus/Gaul, Armin Joachim (Hrsg.), Berliner Handbuch zur Elektromobilität, München 2013, Kap. 10 Unterkap. 2, S. 191 ff.

Helbig, Malte, Elektromobilität – die freie Wahl des Stromlieferanten an der Ladesäule für Elektrofahrzeuge, Baden-Baden 2016 (zitiert: *Helbig,* Elektromobilität)

Heller, Hans, Optimierung der energierechtlichen Rahmenbedingungen durch den Einsatz moderner Stromspeichertechnologie, in: EWeRK 2013, S. 177 ff.

Helman, Udi/Hobbs, Benjamin F./O'Neill, Richard P., The Design of US Wholesale Energy and Ancillary Service Auction Markets: Theory and Practice, in: Sioshansi, Fereidoon P. (Hrsg.), Competitive Electricity Marktes, Design, Implementation, Performance, Oxford 2008, S. 179 ff.

Hempel, Rolf, Der Wettbewerb wird den Markt schaffen, in: ZfK 2013, S. 8

Hennig, Bettina/Herz, Steffen, Ausgewählte Rechtsfragen dezentraler Energiekonzepte – Teil 1: Eigenversorgung und Energiespeicher, in: ZNER 2016, S. 30 ff.

Herdegen, Matthias, Grundrechte der Europäischen Union, in: Isensee, Josef/ Kirchhof, Paul (Hrsg.), Handbuch des Staatsrechts, Band X: Deutschland in der Staatengemeinschaft, 3. Auflage, Heidelberg 2012, § 211 (zitiert: *Herdegen,* in: Isensee/Kirchhof, HStR X, 2012)

Herz, Steffen/Hennig, Bettina, Ausgewählte Rechtsfragen dezentraler Energiekonzepte – Teil 2: Mobile Energiespeicherung (Elektromobilität), in: ZNER 2016, S. 132 ff.

Herz, Steffen/Valentin, Florian, Direktvermarktung, Direktlieferung und Eigenversorgung nach dem EEG 2014, in: EnWZ 2014, S. 358 ff.

Heuck, Klaus/Dettmann, Klaus-Dieter/Schulz, Detlef, Elektrische Energieversorgung, 9. Auflage, Wiesbaden 2013

Hladjk, Jörg, Smart Metering und EU-Datenschutzrecht, in: DuD 2011, S. 552 ff.

Hochloff, Patrick/Mackensen, Reinhard/Schlögl, Florian/Rohrig, Kurt, Virtuelle Kraftwerke und Regenerative Kombikraftwerke, in: Müller, Thorsten (Hrsg.), 20 Jahre Recht der Erneuerbaren Energien, Baden-Baden 2012, S. 841 ff.

Höppner, Thomas, Die Regulierung der Netzstruktur, Baden-Baden 2009

Hoff, Stefanie von, Zugangsanspruch zu Elektromobilitätstankstellen, in: ZNER 2009, S. 341 ff.

Hoffmann-Riem, Wolfgang, Der grundrechtliche Schutz der Vertraulichkeit und Integrität eigengenutzter informationstechnischer Systeme, in: JZ 2008, S. 1009 ff.

Horenkamp, Willi/Rolink, Johannes/Rehtanz, Christian, Integration von Elektrofahrzeugen in eine Smart Grid Infrastruktur, in: Boesche, Katharina Vera/ Franz, Oliver/Fest, Claus/Gaul, Armin Joachim (Hrsg.), Berliner Handbuch zur Elektromobilität, München 2013, Kap. 18 Unterkap. 3, S. 470 ff.

Horn, Hans-Detlef, Schutz der Privatsphäre, in: Isensee, Josef/Kirchhof, Paul (Hrsg.), Handbuch des Staatsrechts, Band VII: Freiheitsrechte, 3. Auflage, Heidelberg 2009, § 149 (zitiert: *Horn,* in: Isensee/Kirchhof, HStR VII, 2009)

Hornung, Gerrit, Ein neues Grundrecht, Der verfassungsrechtliche Schutz der „Vertraulichkeit und Integrität informationstechnischer Systeme“, in: CR 2008, S. 299 ff.

Hornung, Gerrit/Fuchs, Katharina, Nutzerdaten im Smart Grid – Zur Notwendigkeit einer differenzierten grundrechtlichen Bewertung, in: DuD 2012, S. 20 ff.

Hoffknecht, Andreas/Wengeler, Fritz/Wunderer, Andreas, Herausforderungen und Chancen für einen regionalen Versorger, in: Servatius, Hans-Gerd/Schneidewind, Uwe/Rohlfing, Dirk (Hrsg.), Smart Energy, Wandel zu einem nachhaltigen Energiesystem, Berlin 2012, S. 113 ff.

Holznagel, Bernd/Schütz (Hrsg.), Raimund, Anreizregulierungsverordnung, Kommentar, München 2013 (zitiert: *Bearbeiter,* in: Holznagel/Schütz, ARegV)

International Organization for Standardization (ISO), Management system standards, ISO/IEC 27001 – Information security management (abrufbar unter: http://www.iso.org/iso/iso27001, letzter Abruf am 20.8.2017) (zitiert: *ISO,* ISO/IEC 27001 – Information security management)

Jäde, Henning, Musterbauordnung 2002 – ein Überblick, in: NVwZ 2003, S. 668 ff.

Jandt, Silke, Wie kann Datenschutz im Energieinformationsnetz gewährleistet werden?, in: Roßnagel, Alexander (Hrsg.), Nutzerschutz, S. 37 ff., Baden-Baden 2012

Jandt, Silke/Roßnagel, Alexander/Volland, Bernd, Datenschutz für Smart Meter, Spezifische Neuregelungen im EnWG, in: ZD 2011, S. 99 ff.

Jarass, Hans D., Charta der Grundrechte der Europäischen Union, Kommentar, 3. Auflage, München 2016 (zitiert: *Jarass,* GRCh)

Jarass, Hans D./Pieroth, Bodo (Hrsg.), Grundgesetz für die Bundesrepublik Deutschland, Kommentar, 14. Auflage, München 2016 (zitiert: *Bearbeiter,* in: Jarass/Pieroth, GG)

Jeske, Tobias, Datenschutzfreundliches Smart Metering, in: DuD 2011, S. 530 ff.

Kachel, Markus, Das Kraft-Wärme-Kopplungsgesetz 2016, in: EnWZ 2016, S. 51 ff.

Kahl, Wolfgang/Bews, James, Das Recht der Energiewende – Rechtspolitische Perspektiven für mehr Effektivität und Kohärenz, in: JZ 2015, S. 232 ff.

–, Ökostromförderung und Verfassung, Eine Untersuchung anhand des Erneuerbare-Energien-Gesetzes 2014, Baden-Baden 2015

–, Rechtsfragen der Energiewende – Teil 1, in: Jura 2014, S. 1004 ff.

Kahl, Wolfgang/Waldhoff, Christian/Walter, Christian (Hrsg.), Bonner Kommentar zum Grundgesetz, Stand: 185. Ergänzungslieferung, Juli 2017, Heidelberg (zitiert: *Bearbeiter,* in: Bonner Kommentar GG)

Kahles, Markus/Müller, Thorsten, Wegfall der EEG-Förderung bei negativen Preisen – § 24 EEG 2014, europarechtliche Hintergründe und Ausgestaltungsoptionen, Würzburger Berichte zum Umweltenergierecht Nr. 13, 8. Juni 2015, Würzburg (abrufbar unter: http://stiftung-umweltenergierecht.de/wp-content/uploads/2016/02/stiftungumweltenergierecht_WueBerichte_13_F%C3%B6rderung-negative-Preise.pdf, letzter Abruf am 20.8.2017)

Kahles, Markus/Pause, Fabian/Papke, Anna/Schülling, Maximilian, Der Vorschlag der EU-Kommission für eine neue Erneuerbare-Energien-Richtlinie, Hintergrundpapier, Würzburger Berichte zum Umweltenergierecht Nr. 24, 21. Dezember 2016 (abrufbar unter: http://stiftung-umweltenergierecht.de/wp-content/uploads/2016/12/stiftung_umweltenergierecht_wueberichte_24_revision_ee_rl.pdf, letzter Abruf am 20.8.2017)

Karg, Moritz, Datenschutzrechtliche Rahmenbedingungen beim Einsatz intelligenter Zähler, in: DuD 2010, S. 365 ff.

Karsten, Till/Leonhardt, Andreas, Datenschutzrechtliche Anforderungen bei intelligenten Messsystemen – Das neue „Gesetz zur Digitalisierung der Energiewende", in: RDV 2016, S. 22 ff.

Keck, Susanne, Energieeffizienzvorgaben auf unionaler und nationaler Ebene, Eine Untersuchung unter besonderer Berücksichtigung der Richtlinie 2012/27/EU und ihrer Umsetzung in deutsches Recht, Berlin 2016

Keil, Eric/Schmelzer, Knut, Systemintegration von Elektromobilität, Herausforderung an das Energiewirtschaftsrecht, eine Standortbestimmung – Teil 2, in: ZNER 2010, S. 563 ff.

Keindl, Dominik/Wolter, Horst, Das Interimsmodell – komplexe Herausforderungen für die Marktteilnehmer, in: et 8/2017, S. 61 ff.

Keppeler, Lutz Martin, Personenbezug und Transparenz im Smart Meter-Datenschutz zwischen europäischem und nationalem Recht, in: EnWZ 2016, S. 99 ff.

Kermel, Cornelia/Dinter, Jan, Gesetz zur Digitalisierung der Energiewende: Das Messstellenbetriebsgesetz im Überblick, in: RdE 2016, S. 158 ff.

Kießling, Andreas, Abschlussbericht Modellstadt Mannheim, Beiträge von moma zur Transformation des Energiesystems für Nachhaltigkeit, Beteiligung, Regionalität und Verbundenheit, 1. Juli 2013 (abrufbar unter: https://www.ifeu.de/wp-content/uploads/moma_Abschlussbericht_ak_V10_1_public.pdf, letzter Abruf am 20.8.2017)

Kilian, Wolfgang/Heussen, Benno (Hrsg.), Computerrechts-Handbuch, Loseblattsammlung, Stand: 32. Ergänzungslieferung, August 2013, München (zitiert: *Bearbeiter,* in: Kilian/Heussen, Computerrecht)

Kment, Martin (Hrsg.), Energiewirtschaftsgesetz, Kommentar, Baden-Baden 2015 (zitiert: *Bearbeiter*, in: Kment, EnWG)

–, Vorbote der Energiewende in der Bundesrepublik Deutschland: das Netzausbau-beschleunigungsgesetz, in: RdE 2011, S. 341 ff.

Knauff, Matthias/Chou, Hsin-I, Die Ausschreibung der Ökostromförderung nach dem EEG aus verfahrensrechtlicher Perspektive, in: EWeRK 2016, S. 160 ff.

Koch, Alexander, Nullförderung für EEG-Anlagen bei negativen Strompreisen, in: KSzW 2016, S. 197 ff.

Kohls, Malte, Denk ich an Deutschland in der Nacht..., in: ZUR 2015, S. 1 f.

Konferenz der Datenschutzbeauftragten des Bundes und der Länder/Düsseldorfer Kreis (Hrsg.), Orientierungshilfe datenschutzgerechtes Smart Metering, Juni 2012 (abrufbar unter: https://www.bfdi.bund.de/SharedDocs/Publikationen/Entschliessungssammlung/DSBundLaender/Orientierungshilfe_SmartMeter.html, letzter Abruf am 20.8.2017) (zitiert: *Konferenz der Datenschutzbeauftragten*, Orientierungshilfe 2012)

Kortlüke, Norbert/Pieprzyk, Björn/Müller, Thorsten/Sailer, Frank/Behlau, Volker, Elektromobilität und Erneuerbare Energien – eine Betrachtung aus ökonomischer und rechtlicher Sicht, Studie für die Energie Impuls OWL e.V., März 2011, Bielefeld (abrufbar unter: http://stiftung-umweltenergierecht.de/wp-content/uploads/2016/02/stiftungumweltenergierecht_Endbericht_Elektromobilitaet-EE_2011.pdf, letzter Abruf am 20.8.2017)

Krebs, Harald, Netzentgelte für Elektrizitätsspeicher, in: RdE 2012, S. 19 ff.

Kreusel, Jochen, Die Wechselwirkung zwischen Smart Markets und Smart Grids, in: et 11/2013, S. 90 ff.

–, Effizienter Zugriff auf dezentrale Ressourcen – Voraussetzung für das Zusammenspiel von Smart Grids und Smart Markets, in: Aichele, Christian/Doleski, Oliver D. (Hrsg.), Smart Market, Vom Smart Grid zum intelligenten Energiemarkt, Wiesbaden 2014, S. 383 ff.

Kruppa, Robert, Kraft-Wärme-Kopplung optimieren, in: Energy 2.0 4/2010, S. 18 ff.

Kühne, Gunter, Das Konzept der Anreizregulierung und das Ziel einer sicheren Energieversorgung, in: Bayer, Walter (Hrsg.), Anreizregulierung in der Bewährung: Notwendige Investitionen in die Netzinfrastruktur?, Jena 2011, S. 11 ff.

Kunze, Christian W./Funk, Sabrina, Nachfrageseitige Flexibilisierung der Elektrizitätswirtschaft – Herausforderung für die Gestaltung neuer Marktrollen, in: EWeRK 2013, S. 252 ff.

Landeck, Erik/Maus, Torsten/Montebaur, Alexander/Müller, Christoph/Nissen, Joachim, Die Verantwortung der Verteilnetzbetreiber für eine erfolgreiche Digitalisierung der Energiewende in Deutschland, in: et 3/2016, S. 43 ff.

Lange, Heiko/Prang, David, Festlegung zur sachgerechten Ermittlung individueller Entgelte nach § 19 II StromNEV – Bewertung für Verteilernetzbetreiber, in: IR 2014, S. 55 ff.

Lange, Knut Werner, Digitalisierung der Energiewirtschaft, in: EWeRK 2016, S. 165 ff.

Lange, Knut Werner/Möllnitz, Christina, Die Digitalisierung der Energiewende, Wie der Messstellenbetrieb funktionieren soll, in: EnWZ 2016, S. 448 ff.

Larenz, Karl, Methodenlehre der Rechtswissenschaft, 6. Auflage, Berlin/Heidelberg 1991

Laupichler, Dennis/Vollmer, Stefan/Bast, Holger/Intemann, Matthias, Das BSI-Schutzprofil: Anforderungen an den Datenschutz und die Datensicherheit für Smart Metering Systeme, in: DuD 2011, S. 542 ff.

Lauterborn, Axel, Netz- und Marktakteure im Smart Market, in: Aichele, Christian/Doleski, Oliver D. (Hrsg.), Smart Market, Vom Smart Grid zum intelligenten Energiemarkt, Wiesbaden 2014, S. 215 ff.

Lehnert, Wieland/Vollprecht, Jens, Der energierechtliche Rahmen für Stromspeicher – noch kein maßgeschneiderter Anzug, ZNER 2012, S. 356 ff.

Lenke, Thomas/Bender, Jürgen/Haastert, Robert/Nasrun, Dennis/Hilbk, Daniel/Wolsing, Marcel, Wandlung zu einem modernen Netzbetreiber durch innovative Technologien, in: et 12/2009, S. 50 ff.

Lietz, Franziska, Die Einspeisung von Wasserstoff und synthetischem Methan in das Erdgasnetz, in: ER 2015, S. 61 ff.

–, Die Qualifikation von Stromspeicherbetreibern als Letztverbraucher – Eine kritische Betrachtung, in: EWeRK 2014, S. 96 ff.

Linßen, Jochen, Standpunkt „Elektromobilität", in: et 3/2015, S. 33 f.

Lohnert, Klaus/Kaczynski, Sebastian, Informationstechnologie als Wegbereiter für Geschäftsprozesse im Smart Market, in: Aichele, Christian/Doleski, Oliver D. (Hrsg.), Smart Market, Vom Smart Grid zum intelligenten Energiemarkt, Wiesbaden 2014, S. 555 ff.

Lorkowski, Jens, Öffentliche Ladeinfrastruktur für Elektrofahrzeuge – Kritischer Erfolgsfaktor oder überflüssiges Beiwerk?, in: Boesche, Katharina Vera/Franz, Oliver/Fest, Claus/Gaul, Armin Joachim (Hrsg.), Berliner Handbuch zur Elektromobilität, München 2013, Kap. 7, S. 115 ff.

Lowe, Philip, Schreiben des Leiters der Generaldirektion Energie der Europäischen Kommission an Hans ten Berge, Generalsekretär von EURELECTRIC vom 31. Mai 2013, Brüssel (abrufbar unter: http://www.vozpopuli.com/upload/Antonio_Munoz/energy-storage-response-from-p-lowe.pdf, letzter Abruf am 20.8.2017)

Luch, Anika D., Das neue „IT-Grundrecht" – Grundbedingung einer „Online-Handlungsfreiheit", in: MMR 2011, S. 75 ff.

Lüdemann, Volker/Jürgens, Christine/Sengstacken, Christin, Datenschutz in intelligenten Stromnetzen (Smart Grids), in: ZNER 2013, S. 592 ff.

Lüdemann, Volker/Ortmann, Manuel Christian/Pokrant, Patrick, Das neue Messstellenbetriebsgesetz, Wegbereiter für ein zukunftsfähiges Smart Metering?, in: EnWZ 2016, S. 339 ff.

–, Datenschutz beim Smart Metering – Das geplante Messstellenbetriebsgesetz (MsbG) auf dem Prüfstand, in: RDV 2016, S. 125 ff.

Mandl, Peter/Bakomenko, Andreas/Weiß, Johannes, Grundkurs Datenkommunikation, 2. Auflage, Wiesbaden 2010

Marburger, Peter, Die Regeln der Technik im Recht, Köln 1979

Maslaton, Martin/Hauk, Ulrich, Das Elektromobilitätsgesetz (EmoG) – „Das wird schon klappen", in: NVwZ 2015, S. 555 ff.

Maunz, Theodor/Dürig, Günter (Begr.), Grundgesetz, Kommentar, Loseblattsammlung, Stand: 79. Ergänzungslieferung, Dezember 2016, München (zitiert: *Bearbeiter*, in: Maunz/Dürig, GG)

Mayer, Christian A./Klein, Carolin, Ladeinfrastruktur für Elektrofahrzeuge – rechtliche Fragestellungen und Herausforderungen, in: et 8/2013, S. 73 ff.

Mayer, Christian A./Warnecke, Thomas, Rechtsfragen individueller Elektromobilität im Straßenverkehr, in: KommJur 2013, S. 361 ff.

Mengersen, Christian, Grundlegende eichrechtliche Anforderungen an Messgeräte, in: Boesche, Katharina Vera/Franz, Oliver/Fest, Claus/Gaul, Armin Joachim (Hrsg.), Berliner Handbuch zur Elektromobilität, München 2013, Kap. 14 Unterkap. 1, S. 355 ff.

Meya, Jasper N./Neetzow, Paul/Neubauer, Linda/Pechan, Anna, Die Menge macht's? Das EEG 2017 und die Folgen für die deutsche Energiewende, in: et 11/2016, S. 34 ff.

Meyer, Jürgen (Hrsg.), Charta der Grundrechte der Europäischen Union, Kommentar, 4. Auflage, Baden-Baden 2014 (zitiert: *Bearbeiter*, in: Meyer, GRCh)

Michaels, Sascha/de Wyl, Christian/Ringwald, Roman, Rechtsprobleme im Zusammenhang mit der Nutzung des öffentlichen Straßenraums für Elektromobilitätsanlagen, in: DÖV 2011, S. 831 ff.

Missling, Stefan, Die neue Anreizregulierungsverordnung (Teil 1), in: IR 2017, S. 2 ff.

–, Die neue Anreizregulierungsverordnung (Teil 2), in: IR 2017, S. 53 ff.

–, Energiewende und Investitionen in Verteilnetze, in: E&M 2013, S. 3

Möhlenkamp, Karen/Milewski, Knut (Hrsg.), EnergieStG/StromStG, Kommentar, München 2012 (zitiert: *Bearbeiter*, in: Möhlenkamp/Milewski, EnergieStG/StromStG)

Mucksch, Harry/Behme, Wolfgang, Das Data Warehouse-Konzept, 4. Auflage, Wiesbaden 2000

Müller, Bilun, Die Förderung der Elektromobilität durch das Recht, in: Korthauer, Reiner, Handbuch Elektromobilität 2015, Frankfurt 2015, S. 159 ff.

Müller, Klaus J., Gewinnung von Verhaltensprofilen am intelligenten Stromzähler, in: DuD 2010, S. 359 ff.

–, Verordnete Sicherheit – das Schutzprofil für das Smart Metering Gateway, in: DuD 2011, S. 547 ff.

Müller, Thorsten/Kahl, Hartmut/Sailer, Frank, Das neue EEG 2014, Systemwechsel beim weiteren Ausbau der Erneuerbaren Energien, in: ER 2014, S. 139 ff.

Müller-Broich, Jan D. (Hrsg.), Kommentar zum Telemediengesetz, Baden-Baden 2012 (zitiert: *Bearbeiter*, in: Müller-Broich, TMG)

Müller-Kirchenbauer, Joachim/Zenke, Ines, Wettbewerbsmarkt für Regel- und Ausgleichsenergie, in: et 11/2001, S. 696 ff.

Münch, Ingo von/Kunig, Philip (Hrsg.), Grundgesetz Kommentar, Band 1: Präambel bis Art. 69, 6. Auflage, München 2012 (zitiert: *Bearbeiter*, in: von Münch/Kunig, GG I)

Münch, Wolfram/Robra, Malte/Volkmann, Lukas/Riegebauer, Philipp/Oesterwind, Dieter, Hybride Wärmeerzeuger als Beitrag zur Systemintegration erneuerbarer Energien, in: et 5/2012, S. 44 ff.

Nationale Plattform Elektromobilität (NPE) (Hrsg.), Die deutsche Normungs-Roadmap Elektromobilität – Version 1, 30. November 2010, Berlin (zitiert: *NPE*, Normungs-Roadmap Elektromobilität, Version 1)

–, Fortschrittsbericht der Nationalen Plattform Elektromobilität (Dritter Bericht), Mai 2012, Berlin (zitiert: *NPE*, Fortschrittsbericht 2012)

–, Fortschrittsbericht 2014 – Bilanz der Marktvorbereitung, Dezember 2014, Berlin (zitiert: *NPE*, Fortschrittsbericht 2014)

–, Ladeinfrastruktur für Elektrofahrzeuge in Deutschland, Statusbericht und Handlungsempfehlungen 2015, November 2015, Berlin (zitiert: *NPE*, Statusbericht Ladeinfrastruktur)

–, Zweiter Bericht der Nationalen Plattform Elektromobilität, Mai 2011, Berlin (zitiert: *NPE*, Zweiter Bericht 2011)

–, Zweiter Bericht der Nationalen Plattform Elektromobilität, Anhang, Mai 2011, Berlin (zitiert: *NPE*, Zweiter Bericht Anhang)

–, Zwischenbericht der Arbeitsgruppe 3, Lade-Infrastruktur und Netzintegration, 30. November 2010, Berlin (zitiert: *NPE*, Zwischenbericht AG 3 2010)

–, Zwischenbericht der Nationalen Plattform Elektromobilität, November 2010, Berlin (zitiert *NPE*, Zwischenbericht 2010)

Neupert, Ulrik/Euting, Thomas/Kretschmer, Thomas/Notthoff, Claudia/Ruhlig, Klaus/Weimert, Birgit, Energiespeicher, Technische Grundlagen und energiewirtschaftliches Potenzial, Stuttgart 2009

N.N., Branchenlösung zur Flexibilisierung, in: ZfK-online, Meldung vom 14. Dezember 2016 (abrufbar unter: http://www.zfk.de/artikel/branchenloesung-zur-flexibilisierung.html, letzter Abruf am 20.8.2017)

Nofz, Melanie/Schomaker, Rahel, Aktuelle Herausforderungen der E-Mobility-Infrastruktur, in: IR 2011, S. 262 ff.

Oertel, Dagmar, Energiespeicher – Stand und Perspektiven, Sachstandsbericht zum Monitoring „Nachhaltige Energieversorgung", Berlin 2008 (abrufbar unter: https://www.tab-beim-bundestag.de/de/pdf/publikationen/berichte/TAB-Arbeitsbericht-ab123.pdf, letzter Abruf am 20.8.2017)

Offner, Georg, Powerline-Datenkommunikation im Smart Grid – effiziente Lösung für Verteil- und Mittelspannungsnetze, in: et 4/2016, S. 14 ff.

Oppen, Margarete von, Stromspeicher: Rechtsrahmen und rechtlicher Optimierungsbedarf, in: ER 2014, S. 9 ff.

Orlamünder, Harald, Der Einsatz von Informations- und Kommunikationstechnik in Stromnetzen – ein Nachhaltiges Energieinformationsnetz, Alcatel-Lucent-Stiftung Reihe 85, Stuttgart 2009 (abrufbar unter: http://www.stiftungaktuell.de/wp-content/uploads/2014/02/SR85_Nachhaltiges_Energieinformationsnetz.pdf, letzter Abruf am 20.8.2017) (zitiert: *Orlamünder*, Nachhaltiges Energieinformationsnetz)

–, Der Einsatz von Informations- und Kommunikationstechnik in Stromnetzen – ein Nachhaltiges Energieinformationsnetz. Aspekte der technischen Kommunikation mit Schwerpunkt Verteilnetzautomatisierung und Elektromobilität, in: *Tenbohlen, Stefan/Orlamünder, Harald/Müller-Elschner, Christian*, Verteilen und Speichern von Energie im Smart Grid, Alcatel-Lucent-Stiftung Reihe 93, Stuttgart 2011, S. 11 ff. (abrufbar unter: http://www.stiftungaktuell.de/wp-content/uploads/2014/02/SR93_Verteilen_und_Speichern_Smart_Grid.pdf, letzter Abruf am 20.8.2017)

Pallas, Frank, Beyond Gut Level – Some Critical Remarks on the German Privacy Approach to Smart Metering, in: *Gutwirth, Serge/Leenes, Ronald/de*

Hert, Paul/Poullet, Yves (Hrsg.), European Data Protection: Coming of Age, Dordrecht 2013, S. 313 ff.

Paskert, Dierk, Die Anreizregulierung: Fit für die Netze der Zukunft?, in: WiVerw 2010, S. 122 ff.

Patzelt, Rupert/Schweinzer, Herbert, Elektrische Meßtechnik, 2. Auflage, Wien 1996

Pehnt, Martin, Elektromobilität und Erneuerbare Energien, in: Müller, Thorsten (Hrsg.), 20 Jahre Recht der Erneuerbaren Energien, Baden-Baden 2012, S. 483 ff.

Pehnt, Martin/Helms, Hinrich/Lambrecht, Udo/Dallinger, David/Wietschel, Martin/Heinrichs, Heidi/Kohrs, Robert/Link, Jochen/Trommer, Stefan/Pollok, Thomas/Behrens, Petra, Elektroautos in einer von erneuerbaren Energien geprägten Energiewirtschaft, in: ZfE 35 (2011), S. 221 ff.

Pehnt, Martin/Höpfner, Ulrich, Wasserstoff- und Stromspeicher in einem Energiesystem mit hohen Anteilen erneuerbarer Energien: Analyse der kurz- und mittelfristigen Perspektive, Kurzgutachten im Auftrag des BMU, Mai 2009, Heidelberg

Petermann, Bernd, Entgelt für dezentrale Einspeisung nach § 18 StromNEV – ein Auslaufmodell, in: EWeRK 2016, S. 185 ff.

Peters, Carsten, Investitionspflichten der Energienetzbetreiber nach dem EnWG, in: ZNER 2007, S. 272 ff.

Pfändler, Miriam, Smart Meter und Smart Grid, Sommerakademie 2011 „Optimierte Verantwortungslosigkeit", 29. August 2011, Bonn/Berlin (abrufbar unter: https://www.datenschutzzentrum.de/uploads/sommerakademie/2011/sak2011-ib8-Smart-Meter-und-Smart-Grid-skript.pdf, letzter Abruf am 20.8.2017)

Pfeifle, Florian, Novelle des Netzregulierungsrechts, in: EnWZ 2013, S. 387 ff.

Plath, Kai-Uwe (Hrsg.), Kommentar zum BDSG und zur DSGVO sowie den Datenschutzbestimmungen von TMG und TKG, 2. Auflage, Köln 2016 (zitiert: *Bearbeiter,* in: Plath, BDSG/DSGVO)

Purkus, Alexandra/Gawel, Erik/Deissenroth, Marc/Nienhaus, Kristina/Wassermann, Sandra, Der Beitrag der Marktprämie zur Marktintegration erneuerbarer Energien – Erfahrungen aus dem EEG 2012 und Perspektiven einer verpflichtenden Direktvermarktung, Helmholtz Zentrum für Umweltforschung – UFZ Discussion Papers, Department of Economics 21/2014, September 2014 (abrufbar unter: https://www.ufz.de/export/data/global/62188_DP_21_2014_Purkus_etal.pdf, letzter Abruf am 20.8.2017) (zitiert: *Purkus* u.a., UFZ Discussion Papers 21/2014)

Quadt, Andre/Franz, Oliver, Szenario 3: Dynamische Tarifierung und Auftragsdatenverarbeitung, in: Raabe, Oliver/Pallas, Frank/Weis, Eva/Lorenz, Mieke/Boesche, Katharina Vera (Hrsg.), Datenschutz in Smart Grids, Anmerkungen und Anregungen, Berlin 2011, S. 85 ff.

Raabe, Oliver, Datenschutz im SmartGrid, Anpassungsbedarf des Rechts und des Systemdatenschutzes, in: DuD 2010, S. 379 ff.

Raabe, Oliver/Lorenz, Mieke, Die datenschutzrechtliche Einwilligung im Internet der Dienste, in: DuD 2011, S. 279 ff.

Raabe, Oliver/Ullmer, Jan, Legal Aspects of Demand Side Management in Germany, in: it 55 (2013), Heft 2, S. 63 ff.

Raabe, Oliver/Lorenz, Mieke/Pallas, Frank/Weis, Eva, Harmonisierung konträrer Kommunikationsmodelle im Datenschutzkonzept des EnWG – „Stern" trifft „Kette", in: CR 2011, S. 831 ff.

–, Szenario 1: „Widerspiegeln" und dynamischer Echtzeittarif mit Smart Metering, in: Raabe, Oliver/Pallas, Frank/Weis, Eva/Lorenz, Mieke/Boesche, Katharina Vera (Hrsg.), Datenschutz in Smart Grids, Anmerkungen und Anregungen, Berlin 2011, S. 10 ff.

Reichert, Carolin/Reimann, Katja/Lohr, Jörg, Elektromobilität – Antworten auf die fünf entscheidenden Fragen, in: Servatius, Hans-Gerd/Schneidewind, Uwe/Rohlfing, Dirk (Hrsg.), Smart Energy, Wandel zu einem nachhaltigen Energiesystem, Berlin 2012, S. 453 ff.

Reif, Sascha/Förster, Hagen, Smart Metering: Der Startschuss zur Einbauverpflichtung ist gefallen, in: et 7/2015, S. 65 f.

Renner, Stephan, Smart Metering und Datenschutz in Österreich, in: DuD 2011, S. 524 ff.

Reshöft, Jan/Schäfermeier, Andreas, EEG. Erneuerbare-Energien-Gesetz. Handkommentar, 4. Auflage, Baden-Baden 2014 (zitiert: *Bearbeiter,* in: Reshöft/Schäfermeier, EEG 2012)

Rettberg, Jan Fritz, Laden von Elektrofahrzeugen – AC oder DC? Schnell oder langsam?, in: IR 2013, S. 290 ff.

Riekert, Christoph, Aufladen von Elektroautos in der Tiefgarage von Mehrfamilienhäusern, in: et 11/2016, S. 75 f.

Riewe, Johannes/Meyer, Jost Hanno, Stromspeicherdefinition im EnWG – Ein Werkzeugkasten aus rechtswissenschaftlicher Sicht, in: EWeRK 2015, S. 138 ff.

Riewe, Johannes/Sauer, Mirko, Einsatz- und Rechtsrahmen für moderne Batteriegroßspeicher – Eigenständiger Speichermarkt oder Modell der Netzbetriebsintegration?, in: EWeRK 2014, S. 79 ff.

Ringel, Christina, Die wirtschaftliche Zumutbarkeit im Energierecht, Baden-Baden 2011

Ringel, Marc, Elektromobilität als Absatzmarkt für Strom aus Erneuerbaren Energien: Möglichkeiten und Grenzen des Geschäftsmodells „Grüne Mobilität“, in: Herbes, Carsten/Friege, Christian (Hrsg.), Marketing Erneuerbarer Energien, Grundlagen, Geschäftsmodelle, Fallbeispiele, Wiesbaden 2015, S. 299 ff.

Rodi, Michael/Hartwig, Matthias, Elektromobilität in der Tiefgarage, in: ZUR 2014, S. 592 ff.

Roß, Andreas, Smart Grids – Welche Intelligenz braucht das Netz der Zukunft?, in: Servatius, Hans-Gerd/Schneidewind, Uwe/Rohlfing, Dirk (Hrsg.), Smart Energy, Wandel zu einem nachhaltigen Energiesystem, Berlin 2012, S. 287 ff.

Roßnagel, Alexander (Hrsg.), Europäische Datenschutz-Grundverordnung, Vorrang des Unionsrechts – Anwendbarkeit des nationalen Rechts, Baden-Baden 2017 (zitiert: *Autor,* in: Roßnagel, DSGVO)

Ruge, Reinhard, Der Umbau der Energienetze und die Koordination mit der Netzplanung, in: Gundel, Jörg/Lange, Knut Werner (Hrsg.), Der Umbau der Energienetze als Herausforderung für das Planungsrecht, Tübingen 2012, S. 85 ff.

Rummich, Erich, Energiespeicher, Renningen 2009

Rumsch, Wolf-Christian, Vorwettbewerbliche Kooperation bei Smart Grid Technologien in der Schweiz, in: Servatius, Hans-Gerd/Schneidewind, Uwe/Rohlfing, Dirk (Hrsg.), Smart Energy, Wandel zu einem nachhaltigen Energiesystem, Berlin 2012, S. 337 ff.

Sachs, Michael/Krings, Thomas, Das neue „Grundrecht auf Gewährleistung der Vertraulichkeit und Integrität informationstechnischer Systeme“, in: JuS 2008, S. 481 ff.

Sachverständigenrat für Umweltfragen (SRU), Wege zur 100% erneuerbaren Stromversorgung, Sondergutachten, Januar 2011, Berlin (zitiert: *SRU,* Wege zur 100% erneuerbaren Stromversorgung)

Säcker, Franz Jürgen (Hrsg.), Berliner Kommentar zum Energierecht, Band 4, 4. Auflage, Frankfurt 2017 (zitiert: *Bearbeiter,* in: Säcker, BerlKommEnR)

– *(Hrsg.),* Berliner Kommentar zum Energierecht, Band 1, 3. Auflage, Frankfurt 2014 (zitiert: *Bearbeiter,* in: Säcker, BerlKommEnR 2014)

– *(Hrsg.),* Berliner Kommentar zum Energierecht, Band 1, 2. Auflage, Frankfurt 2010 (zitiert: *Bearbeiter,* in: Säcker, BerlKommEnR 2010)

– *(Hrsg.),* Berliner Kommentar zum Energierecht, Sonderband zu Band 2, Gesetz für den Ausbau erneuerbarer Energien (Erneuerbare-Energie-Gesetz 2014), 3. Auflage, Frankfurt 2015 (zitiert: *Bearbeiter,* in: Säcker, EEG 2014)

–, Die Aufgaben der Verteilnetzbetreiber bei zunehmender Erzeugung erneuerbarer Energien und der Digitalisierung der Energiemärkte, in: EnWZ 2016, S. 294 ff. (zitiert: *Säcker,* in: Pielow, Sicherheit in der Energiewirtschaft)

–, Die Gewährleistung des Netzzugangs als Voraussetzung für effektiven Stromwettbewerb, in: Pielow, *Johann-Christian (Hrsg.),* Sicherheit in der Energiewirtschaft, Stuttgart u.a. 2007, S. 107 ff.

Säcker, Franz Jürgen/Rixecker, Roland (Hrsg.), Münchener Kommentar zum BGB, Band 1, 7. Auflage, München 2015 (zitiert: *Bearbeiter,* in: MüKo BGB, Bd. 1)

–, Münchener Kommentar zum BGB, Band 4, 7. Auflage, München 2016 (zitiert: *Bearbeiter,* in: MüKo BGB, Bd. 4)

Sailer, Frank, Das Recht der Energiespeicherung am Beispiel von Elektrizität, in: Müller, Thorsten (Hrsg.), 20 Jahre Recht der Erneuerbaren Energien, Baden-Baden 2012, S. 777 ff.

–, Das Recht der Energiespeicherung nach der Energiewende – die neuen Regelungen zur Stromspeicherung im EnWG und EEG, in: ZNER 2012, S. 153 ff.

–, Die besonderen Netzausbaupflichten im EEG und KWKG, Überblick und aktuelle Fragestellungen, in: EnWZ 2016, S. 250 ff.

–, Die Speicherung von Elektrizität im Erneuerbare-Energien-Gesetz, in: ZNER 2011, S. 249 ff.

Saint-Drenan, Yves-Marie/Gerhardt, Norman/Sterner, Michael, Anforderungen an den zukünftigen konventionellen Kraftwerkspark zur Integration eines hohen Anteils Erneuerbarer Energien, in: Müller, Thorsten (Hrsg.), 20 Jahre Recht der Erneuerbaren Energien, Baden-Baden 2012, S. 877 ff.

Saldenholz, Carsten, Auswirkungen der Digitalisierung auf die Aufgabenverteilung von Übertragung- und Verteilnetzbetreibern, in: et 4/2016, S. 8 ff.

Salje, Peter, EEG 2014, Kommentar zum Erneuerbare-Energien-Gesetz, 7. Auflage, Köln 2015

Sauer, Dirk Uwe, Optionen zur Speicherung elektrischer Energie in Energieversorgungssystemen mit regenerativer Stromerzeugung, in: Solarzeitalter 04/2006, S. 12 ff.

Sauer, Mirko, Energiewirtschaftliche Kostenbelastungen beim Einsatz vom Batteriegroßspeichern, in: EWeRK 2015, S. 176 ff.

Sauer, Mirko/Todorovic, Alexander, Die Förderfähigkeit von EE-Strom nach gemeinsamer Zwischenspeicherung mit konventionell erzeugtem Strom, in: EWeRK 2016, S. 306 ff.

Schäfer, Gert, Vorschlag für einen Beschluss der Arbeitsgruppe Regulierung in der Plattform „Zukunftsfähige Netze“ beim BMWi „Verbesserung der Investitionsbedingungen für Energienetzbetreiber unter den Bedingungen der

Energiewende“, vorgelegt zur Sitzung am 4. September 2012 (abrufbar unter: https://www.bundesnetzagentur.de/SharedDocs/Downloads/DE/Sachgebiete/Energie/Unternehmen_Institutionen/Netzentgelte/Evaluierung_ARegV/3ter_Workshop/Beschlussvorschlag%20Kapitalkostenabgleich%20aus%20Plattform%20Netze.pdf?__blob=publicationFile&v=1, letzter Abruf am 20.8.2017)

Schäfer-Stradowsky, Simon/Boldt, Benjamin, “Power to Gas” – gesetzlich konturierte Verwertungspfade für den Weg in die energiepolitische Gegenwart, in: ZUR 2015, S. 451 ff.

Schäferhoff, Mathias, Kapazitätserweiterung des Netzes nach dem Erneuerbare-Energien-Gesetz, Frankfurt am Main 2012

Schantz, Peter, Die Datenschutz-Grundverordnung – Beginn einer neuen Zeitrechnung im Datenschutzrecht, in: NJW 2016, S. 1841 ff.

Scherer, Joachim, Neue Entwicklungen im Recht der regulierten Netzinfrastrukturen, in: NVwZ 2010, S. 1321 ff.

Schill, Wolf-Peter, Systemintegration erneuerbarer Energien: Die Rolle von Speichern für die Energiewende, in: Kemfert, Claudia/Schill, Wolf-Peter/Traber, Thure (Hrsg.), Vierteljahreshefte zur Wirtschaftsforschung 3/2013, Energiewende in Deutschland – Chancen und Herausforderungen, 82. Jahrgang, Berlin, S. 61 ff.

Schmelzer, Knut, Von der Vereinheitlichung zweier Messregimes: Verlieren Betreiber von EE-Anlagen ihre Messzuständigkeit?, in: et 7/2012, S. 80 ff.

Schmid, Jürgen, Speicherungsmöglichkeiten von Überschuss-Energie mit Wasserstoff oder Methan – ein Vergleich, Pressemitteilung des Fraunhofer IWES, Kassel 2011 (abrufbar unter: http://www.bundesnetzagentur.de/SharedDocs/Downloads/DE/Allgemeines/Presse/Pressemitteilungen/2011/111122_PowerToGas_AnlageIWES_pdf.pdf;jsessionid=02AB942C94832516EF546C9C28B8B26C?__blob=publicationFile&v=3, letzter Abruf am 20.8.2017)

Schmidt-Aßmann, Eberhard, Kohärenz und Konsistenz des Verwaltungsrechtschutzes, Herausforderungen angesichts vernetzter Verwaltungen und Rechtsordnungen, Tübingen 2015

Schmidt-Bleibtreu, Bruno/Hofmann, Hans/Henneke, Hans-Günter (Hrsg.), Kommentar zum Grundgesetz, 13. Auflage, Köln 2014 (zitiert: *Bearbeiter,* in: Schmidt-Bleibtreu/Hofmann/Henneke, GG)

Schneider, Carmen/Kirch, Thorsten, Rechtliche Rahmenbedingungen für Stromspeicher, in: RdE 2016, S. 165 ff.

Schneider, Jens-Peter/Theobald, Christian (Hrsg.), Recht der Energiewirtschaft, 4. Auflage, München 2013 (zitiert: *Autor,* in: Schneider/Theobald, EnWR)

Schneidewindt, Holger, Brauchen (deutsche) Verbraucher und Prosumer die EU-Energieunion?, in: ER 2016, S. 16 ff.

Schnurre, Sebastian, Ausgestaltung der Flexibilitätsverordnung nach § 14a EnWG, in: et 11/2016, S. 12 ff.

–, Variable Tarife aus dem Blickwinkel der Lastverlagerung, in: et 6/2014, S. 53 ff.

Scholtka, Boris/Martin, Jule/Sänger, Christoph, Das Strommarktgesetz – ein Strommarktdesign für die Energiewende?, in: ER 2016, S. 249 ff.

Schönberg, Ingo, Smart durch Kommunikation, in: Servatius, Hans-Gerd/Schneidewind, Uwe/Rohlfing, Dirk (Hrsg.), Smart Energy, Wandel zu einem nachhaltigen Energiesystem, Berlin 2012, S. 379 ff.

Schubert, Rupert, Nutzeranreize für Elektrofahrzeuge im Straßenverkehr, in: NZV 2016, S. 153 ff.

Schütte, Peter/Preuß, Malte, Die Planung und Zulassung von Speicheranlagen zur Systemintegration Erneuerbarer Energien, in: NVwZ 2012, S. 535 ff.

Schwab, Adolf J., Elektroenergiesysteme, 4. Auflage, Heidelberg 2015

Schwarz, Eike, Integration erneuerbarer Energien in den Strommarkt, in: ZNER 2014, S. 337 ff.

Schwarze, Jürgen, Soft Law im Recht der Europäischen Union, in: EuR 2011, S. 3 ff.

Schwarze, Jürgen/Becker, Ulrich/Hatje, Armin/Schoo, Johann (Hrsg.), EU-Kommentar, 3. Auflage, Baden-Baden 2012 (zitiert: *Bearbeiter,* in: Schwarze, EU-Kommentar)

Schwintowski, Hans-Peter, Einige Bemerkungen zum Begriff des Letztverbrauchers im Energierecht, in: EWeRK 2016, S. 369 f.

–, Konfiguration und rechtliche Rahmenbedingungen für den modernen Batteriespeichermarkt, in: EWeRK 2015, S. 81 ff.

Sellner, Dieter/Fellenberg, Frank, Atomausstieg und Energiewende 2011 – das Gesetzespaket im Überblick, in: NVwZ 2011, S. 1025 ff.

Servatius, Hans-Gerd/Sörries, Bernd, Innovative Geschäftsmodelle im Smart Market – Flexibilitäten von Energiemengen und neue Plattformen als Eckpfeiler, in: Aichele, Christian/Doleski, Oliver D. (Hrsg.), Smart Market, Vom Smart Grid zum intelligenten Energiemarkt, Wiesbaden 2014, S. 705 ff.

Simitis, Spiros (Hrsg.), Bundesdatenschutzgesetz, Kommentar, 8. Auflage, Baden-Baden 2014 (zitiert: *Bearbeiter,* in: Simitis, BDSG)

Skistims, Hendrik, Smart Homes, Rechtsprobleme intelligenter Haussysteme unter besonderer Beachtung des Grundrechts auf Gewährleistung der Vertraulichkeit und Integrität informationstechnischer Systeme, Baden-Baden 2016

Sobótka, Michał/Weber, Lars, Mit Sicherheit ein hoher Aufwand: Der Prozess der Gateway-Administration im Überblick, in: et 5/2017, S. 13 f.

Sodan, Helge, Grundgesetz, Kommentar, 3. Auflage, München 2015 (zitiert: *Bearbeiter,* in: Sodan, GG)

Sörries, Bernd, Die richtige Verbindung für Smart Grids, in: Energy 2.0 2/2012, S. 54 ff.

–, Intelligente Netze im Energiemarkt: Wettlauf der Synergien mit Telekommunikationsnetzbetreibern und Realitäten, in: CR 2012, S. 707 ff.

Stappert, Holger/Vallone, Angelo/Groß, Franz-Rudolf, Die Netzentgeltbefreiung für Energiespeicher nach § 118 Abs. 6 EnWG, in: RdE 2015, S. 62 ff.

Steinbach, Armin (Hrsg.), NABEG/EnLAG/EnWG: Kommentar zum Recht des Energieleitungsbaus, Berlin 2013 (zitiert: *Bearbeiter,* in: Steinbach, NABEG/EnLAG/EnWG)

Steinwärder, Philipp, Der Smart Market als Aufgabe der Ordnungspolitik, in: Aichele, Christian/Doleski, Oliver D. (Hrsg.), Smart Market, Vom Smart Grid zum intelligenten Energiemarkt, Wiesbaden 2014, S. 142 ff.

Stelter, Christian, Kernprobleme der novellierten Anreizregulierungsverordnung, in: EnWZ 2017, S. 147 ff.

Stelter, Christian/Ipsen, Nils, Das Gesetz zur Weiterentwicklung des Strommarktes (Strommarktgesetz), in: EnWZ 2016, S. 483 ff.

Stenzel, Peter, Standpunkt „Stromspeicher", in: et 9/2015, S. 38 f.

Sterner, Michael, Bioenergy and Renewable Power Methane in Integrated 100% Renewable Energy Systems, Limiting Global Warming by Transforming Energy Systems, Kassel 2009

Stock, Rainer, Investitionen und regulatorische Rahmenbedingungen für Verteilnetzbetreiber, in: Bayer, Walter (Hrsg.), Anreizregulierung in der Bewährung: Notwendige Investitionen in die Netzinfrastruktur?, Jena 2011, S. 29 ff.

Taeger, Jürgen/Gabel, Detlev (Hrsg.), Kommentar zum BDSG und zu den Vorschriften des TKG und TMG, 2. Auflage, Frankfurt 2013 (zitiert: *Bearbeiter,* in: Taeger/Gabel, BDSG)

Theobald, Christian/Theobald, Christiane, Grundzüge des Energiewirtschaftsrechts, 3. Auflage, München 2013

Thomas, Henning, Gegenwärtiger Rechtsrahmen für Power-to-Gas in Deutschland, in: Solarzeitalter 2014, S. 34 ff.

–, In der Entwicklung: Der Rechtsrahmen für erneuerbares Gas aus der Elektrolyse mit (Wind-)Strom, in: ZNER 2011, S. 608 ff.

Thomas, Henning/Altrock, Martin, Einsatzmöglichkeiten für Energiespeicher, in: ZUR 2013, S. 579 ff.

Tönnies, Jan G., Zur Preisgestaltung nach § 40 Abs. 3 EnWG, in: ZNER 2010, S. 259 ff.

Tribess, Alexander, Energiewende und Privatsphäre: Datenschutzrechtliche Aspekte des Smart Metering, in: smart.ER II/2014, S. 14 ff.

Trost, Tobias/Horn, Sönke/Jentsch, Mareike/Sterner, Michael, Erneuerbares Methan: Analyse der CO2-Potenzial für Power-to-Gas Anlagen in Deutschland, Erneuerbare Energien im Gasnetz speichern, in: ZfE 3 (2012) S. 173 ff.

Umweltbundesamt (UBA) (Hrsg.), Energieziel 2050: 100% Strom aus erneuerbaren Quellen, Juli 2010, Dessau-Roßlau (abrufbar unter: http://www.umweltbundesamt.de/sites/default/files/medien/378/publikationen/energieziel_2050.pdf, letzter Abruf am 20.8.2017) (zitiert: *UBA*, Energieziel 2050)

– (Hrsg.), CO2-Emissionsminderung durch Ausbau, informationstechnische Vernetzung und Netzoptimierung von Anlagen dezentraler, fluktuierender und erneuerbarer Energienutzung in Deutschland, Climate Change 20/2011, November 2011, Dessau-Roßlau (abrufbar unter: http://www.umweltbundesamt.de/sites/default/files/medien/461/publikationen/4195.pdf, letzter Abruf am 20.8.2017) (zitiert: *UBA*, Climate Change 20/2011)

Uwer, Dirk/Meinzenbach, Jörg, Verbesserte Investitionsbedingungen für Verteilernetzbetreiber, in: KSzW 2016, S. 160 ff.

Valentin, Florian/Bredow, Hartwig von, Power-to-Gas: Rechtlicher Rahmen für Wasserstoff und synthetisches Gas aus erneuerbaren Energien, in: et 12/2011, S. 99 ff.

Verband der Elektrotechnik (VDE) (Hrsg.), Ein notwendiger Baustein der Energiewende: Demand Side Integration, Lastverschiebungspotentiale in Deutschland, Juni 2012, Frankfurt (abrufbar unter: https://www.vde.com/de/etg/publikationen/studien/etg-vde-studie-lastverschiebungspotenziale, letzter Abruf am 20.8.2017) (zitiert: *VDE*, Demand Side Integration)

– *(Hrsg.),* Energiespeicher in Stromversorgungssystemen mit hohem Anteil erneuerbarer Energieträger, ETG Task Force Energiespeicher, Dezember 2008, Frankfurt (abrufbar unter: https://www.vde.com/de/etg/publikationen/studien/studieenergiespeicher, letzter Abruf am 20.8.2017) (zitiert: *VDE,* Energiespeicher)

– *(Hrsg.),* Positionspapier Energieinformationsnetze und -systeme, Dezember 2010, Frankfurt (abrufbar unter: https://www.vde.com/resource/blob/715720/af0f16c9a99e7b40fc1a46cb5d528cc1/fokusprojekt-1-5-download-positionspapier-data.pdf, letzter Abruf am 20.8.2017) (zitiert: *VDE,* Positionspapier Energieinformationsnetze und -systeme)

– *(Hrsg.),* Smart Distribution 2020, Virtuelle Kraftwerke in Verteilungsnetzen, Technische, regulatorische und kommerzielle Rahmenbedingungen, Juli 2008, Frankfurt (abrufbar unter: https://www.vde.com/de/etg/publikationen/studien/etg-vde-studie-smart-distribution-2020, letzter Abruf am 20.8.2017) (zitiert: *VDE,* Smart Distribution 2020)

– *als Träger der Deutschen Kommission Elektrotechnik Elektronik Informationstechnik im DIN und VDE (DKE) (Hrsg.)*, Die Deutsche Normungsroadmap E-Energy/Smart Grid, Frankfurt/Main, 2010 (abrufbar unter: https://www.dke.de/resource/blob/780292/3ae72fe24a471344af49c56d9ef36265/dke-normungsroadmap-1-ger-data.pdf, letzter Abruf am 20.8.2017) (zitiert: *VDE*, Normungsroadmap Smart Grid)

Verband der Netzbetreiber (VDN) (Hrsg.), TransmissionCode 2007, Version 1.1., August 2007 (abrufbar unter https://www.vde.com/resource/blob/937758/14f1b92ea821e9e19ee13fc798c1ee0e/transmissioncode-2007--netz--und-systemregeln-der-deutschen-uebertragungsnetzbetreiber-data.pdf, letzter Abruf am 20.8.2017) (zitiert: *VDN* TransmissionCode 2007)

– *(Hrsg.)*, DistributionCode 2007, Version 1.1, August 2007 (abrufbar unter: https://www.bdew.de/internet.nsf/id/A2A0475F2FAE8F44C12578300047C92F/$file/DistributionCode2007.pdf, letzter Abruf am 20.8.2017) (zitiert: *VDN* DistributionCode 2007)

Verband kommunaler Unternehmen (VKU) (Hrsg.), Stellungnahme zum Referentenentwurf für die Änderung der Anreizregulierungsverordnung, 3. Mai 2016, Berlin (abrufbar unter: http://www.vku.de/index.php?eID=tx_nawsecuredl&u=0&g=0&t=1474794879&hash=57014397b8e21777afc67ec6a5f08039618942f0&file=fileadmin/media/Dokumente/Energie/160503_VKU-SN_ARegV-Novelle.pdf, letzter Abruf am 20.8.2017) (zitiert: *VKU*, Stellungnahme zum RefE zur Änderung der ARegV)

Verbraucherzentrale Bundesverband e.V. (Hrsg.), Smart Meter Einbau: Zwangsdigitalisierung durch die Kellertür, Stellungnahme des Verbraucherzentrale Bundesverbandes zum Entwurf eines Gesetzes zur Digitalisierung der Energiewende, 9. Oktober 2015, Berlin (abrufbar unter: https://www.vzbv.de/sites/default/files/downloads/Digitalisierung-Energiewende-Stellungnahme-vzbv-2015-10-09.pdf, letzter Abruf am 20.8.2017) (zitiert: *Verbraucherzentrale Bundesverband*, Stellungnahme zum GDEW)

Volk, Gerrit, Ökonomisch-juristische Analyse von Power to gas im Energierecht, in: RdE 2013, S. 361 ff.

Vollprecht, Jens/Altrock, Martin, Die EEG-Novelle 2017: Von Ausschreibungen bis zuschaltbare Lasten, in: EnWZ 2016, S. 387 ff.

Voß, Nadine/Wagner, Florian/Hartmann, Thies Christian, Festlegung zur sachgerechten Ermittlung individueller Netzentgelte nach § 19 II StromNEV – Bewertung für Letztverbraucher, in: IR 2014, S. 76 ff.

Wagner, Astrid, Datenschutzrechtliche Probleme beim Outsourcing, Aachen 2009

vom Wege, Jan-Hendrik/Sösemann, Fabian, Smart Metering in Deutschland – Sein oder Schein? § 21b IIIa und IIIb EnWG, in: IR 2009, S. 55 ff.

vom Wege, Jan-Hendrik/Wagner, Florian, Digitalisierung der Energiewende, Markteinführung intelligenter Messtechnik nach dem Messstellenbetriebsgesetz, in: N&R 2016, S. 2 ff.

vom Wege, Jan-Hendrik/Wagner, Florian/Ruff, Helen, Die Interimslösung der BNetzA – Anpassung der Marktkommunikation an das Messstellenbetriebsgesetz, in: IR 2017, S. 26 ff.

Wehage, Jan-Christoph, Das Grundrecht auf Gewährleistung der Vertraulichkeit und Integrität informationstechnischer Systeme und seine Auswirkungen auf das Bürgerliche Recht, Göttingen 2013 (zitiert: *Wehage*, Vertraulichkeit und Integrität informationstechnischer Systeme)

Weis, Eva, E-Mobility, Energierechtliche Modellierung einer integrationsfähigen IKT-Infrastruktur für öffentliche Ladestationen, Baden-Baden 2014

–, Technischer Datenschutz an öffentlichen Ladestationen unter Berücksichtigung des Referentenentwurfes der Messsystemverordnung, in: Horbach, Matthias (Hrsg.), Informatik 2013, 43. Jahrestagung der Gesellschaft für Informatik e.V., Informatik angepasst an Mensch, Organisation und Umwelt, Bonn 2013, S. 2167 ff.

Weis, Eva/Pallas, Frank/Lorenz, Mieke/Raabe, Oliver, Datenschutz und Elektromobilität, in: Boesche, Katharina Vera/Franz, Oliver/Fest, Claus/Gaul, Armin Joachim (Hrsg.), Berliner Handbuch zur Elektromobilität, München 2013, Kap. 12, S. 297 ff.

Weise, Michael/Wagner, Florian, Auf dem Weg zur sternförmigen Datenkommunikation – Interimsszenario und Zielmodell für die Marktkommunikation 2.0, in: IR 2016, S. 125 ff.

Weitner, Malte, Weiter Unsicherheit bei den Netzentgeltbefreiungen für Stromspeicher, in: et 11/2016, S. 94 ff.

Wendt, Henning, Kapazitätsengpässe beim Netzzugang, Tübingen 2012

Werner, Marcus/Oberste-Dommes, Julius, Smart Home und Vertragsrecht – Verträge im Verhältnis IT-Dienstleister – Energiedienstleister, in: smart.ER I/2014, S. 21 ff.

Wesselak, Viktor/Schabbach, Thomas/Link, Thomas/Fischer, Joachim, Regenerative Energietechnik, 2. Auflage, Heidelberg 2013

Weyer, Hartmut/Lietz, Franziska, Entflechtungsvorgaben für den Betrieb von Stromspeichern – Teil 1, in: ZNER 2014, S. 241 ff.

–, Entflechtungsvorgaben für den Betrieb von Stromspeichern – Teil 2, in: ZNER 2014, S. 356 ff.

Wiesemann, Hans Peter, Orientierungshilfe zum datenschutzgerechten Smart Metering – Ein Licht im Dunkeln?, in: ZD 2012, S. 447 ff.

–, Smart Grids – Die intelligenten Netze der Zukunft, in: MMR 2011, S. 213 f.

–, Smart Metering und E-Mobility, in: Forgó, Nikolaus/Helfrich, Marcus/Schneider, Jochen (Hrsg.), Betrieblicher Datenschutz, München 2014, Kap. 7, S. 533 ff.

Wieser, Matthias, Energiespeicher als zentrale Elemente eines intelligenten Energieversorgungsnetzes – Rechtliche Einordnung, in: ZUR 2011, S. 240 ff.

–, Entflechtung als Störfaktor im intelligenten Elektrizitätsverteilernetz?, in: EurUP 2011, S. 176 ff.

–, Intelligente Elektrizitätsversorgungsnetze – Ausgewählte Rechtsfragen unter besonderer Berücksichtigung des EnWG 2011 und des EEG 2012, München 2014

Wietschel, Martin/Gnann, Till/Plötz, Patrick/Funke, Simon, Wie sieht ein bedarfsgerechter Ladeinfrastrukturaufbau für Elektrofahrzeuge in Deutschland aus?, in: et 12/2015, S. 78 ff.

Wilkes, Birgit, Smart Metering und die Öffnung des Messwesens, in: WuM 2010, S. 615 ff.

Will, Martin, Unbewegte Beweger – Zur bauplanungsrechtlichen Zulässigkeit von Stromtankstellen, in: WiVerw 2014, S. 91 ff.

Windoffer, Alexander/Groß, Johannes, Rechtliche Herausforderungen des „Smart Grid", in: VerwArch 2012, S. 491 ff.

Wustlich, Guido, Das Erneuerbare-Energien-Gesetz 2014, Grundlegend neu – aber auch grundlegend anders?, in: NVwZ 2014, S. 1113 ff.

Wustlich, Guido/Müller, Dominik, Die Direktvermarktung von Strom aus erneuerbaren Energien im EEG 2012 – Eine systematische Einführung in die Marktprämie und die weiteren Neuregelungen zur Marktintegration, in: ZNER 2011, S. 380 ff.

Wyl, Christan de/Ringwald, Roman/Lange, Sebastian, Der rechtssichere Aufbau einer Ladeinfrastruktur im öffentlichen Raum, in: IR 2012, S. 280 ff.

Wyl, Christian de/Wagner, Florian, Aktuelle Entwicklungen der Strombilanzierung: Branchenlösung zu Bilanzkreisvertrag, Nulldurchgängen und der Marktrolle Aggregator, in: IR 2016, S. 146 ff.

Zahoransky, Richard A./Allelein, Hans-Josef/Bollin, Elmar/Rimmler, Michael/Schelling, Udo/Schwarz, Harald, Energietechnik – Systeme zur Energieumwandlung, 7. Auflage, Wiesbaden 2015

Zander, Wolfgang/Nolde, Andreas/Rosen, Ulrich, Kurzgutachten im Auftrag des BDEW: Auswirkungen des geplanten Messstellenbetriebsgesetzes auf das Energiedatenmanagement für betriebliche Anwendungen und Abrechnungszwecke des Verteilnetzbetreibers, 12. April 2016, Aachen (abrufbar unter:

https://www.bdew.de/internet.nsf/id/20160412-pi-neues-gutachten-zeigt-verteilnetzbetreiber-sollten-datendrehscheibe-bleiben-de/$file/Kurzgutachten%20MsbG-E%20für%20den%20BDEW%20-%20Stand%202016%2004%2012.pdf, letzter Abruf am 20.8.2017) (zitiert: *Zander/Nolde/Rosen,* Auswirkungen des MsbG auf das Energiedatenmanagement)

Zayer, Peter, Auf dem Weg zum Smart Grid: Steuern über das intelligente Messsystem, in: et 5/2017, S. 8 ff.

www.ingramcontent.com/pod-product-compliance
Ingram Content Group UK Ltd.
Pitfield, Milton Keynes, MK11 3LW, UK
UKHW021819051026
15588UKWH00010B/126

9 783631 742228